"十三五"高等教育教学改革行动计划系列教材 • 经管类专业基础课

Tax Law

税法

主编 • 梁伟祥

電子工業出版社
Publishing House of Electronics Industry
北京 · BEIJING

图书在版编目（CIP）数据

税法 / 梁伟样主编. —北京：电子工业出版社，2017.1
ISBN 978-7-121-30774-4

Ⅰ. ①税… Ⅱ. ①梁… Ⅲ. ①税法－中国－高等职业教育－教材 Ⅳ. ①D922.22

中国版本图书馆 CIP 数据核字(2016)第 322897 号

策划编辑：尉 敏
责任编辑：李慧君　　文字编辑：杨振英
印　　刷：涿州市京南印刷厂
装　　订：涿州市京南印刷厂
出版发行：电子工业出版社
　　　　　北京市海淀区万寿路 173 信箱　邮编 100036
开　　本：787×1092　1/16　印张：22.5　字数：492 千字
版　　次：2017 年 1 月第 1 版
印　　次：2017 年 1 月第 1 次印刷
定　　价：46.00 元

凡所购买电子工业出版社图书有缺损问题，请向购买书店调换。若书店售缺，请与本社发行部联系，联系及邮购电话：（010）88254888，88258888。
质量投诉请发邮件至 zlts@phei.com.cn，盗版侵权举报请发邮件至 dbqq@phei.com.cn。
本书咨询联系方式：（010）88254199，sjb@phei.com.cn。

出版说明

“十三五”高等教育教学改革行动计划系列教材是电子工业出版社为贯彻落实《国务院关于加快发展现代职业教育的决定》精神，积极响应《高等职业教育创新发展行动计划（2015—2018 年）》，邀请多位职业教育教学专家参与指导，在总结近年来我国高等职业教育教学改革系列成果的基础上，依托国家示范院校，组织全国 20 多所高等职业教育示范院校共同编写，契合当前高等职业教育教学发展趋势的重磅产品。

本系列教材遵循职业教育教学规律，顺应职业教育发展趋势。教材建设充分借鉴了工作过程系统化的课程开发原理，采用项目课程的开发方法，重新设计了各专业的课程体系，围绕专业课程标准进行了教学项目设计。在进行教学项目设计时注重学生在校学习与实际工作的一致性，按照岗位工作内容组织教学内容，按照行业工作过程的顺序梳理教学过程；根据工作项目确定教学项目，根据岗位工作任务设定相关学习目标。通过教材建设，有效推进了项目导向、任务驱动等有利于高职学生能力培养的教学模式的实施。

在系列教材建设过程中始终坚持“能力本位、持续发展、工学结合、校企合作”的职业教育理念，以“职业能力”培养作为根本出发点，以“典型岗位任务”为中心整合“知识、素质、技能”等教学内容，突出能力培养过程所必需的“情境”设计、“职业环境”描述、“实践操作”指导等要素，使学习者在学习中逐渐熟悉职业岗位任务，提高职业岗位能力。同时，教材充分考虑了学生的职业发展诉求，在理论教学内容“必需够用”的基础上，兼顾一定的职业延展性。在完成“相关知识”和“业务操作”的基础上，学生可以通过“相关链接”、“拓展阅读”、“小思考”等栏目，思考实际工作中出现的各类实务性问题，提升在基本学习前提下的创新能力和对职业实践操作的逻辑思维能力。多位具有丰富实践经验的行业专家参与了本次教材建设，从而确保教材贴近行业岗位工作实际。

系列教材内容紧跟时代发展步伐，既充分体现了最新法律法规精神，又真正兼顾了相关行业的最新发展趋势。例如，会计、税法相关教材均反映了最新的营改增内容；市场营销专业教材考虑了互联网技术发展以及新媒体营销等新的业态；国际贸易专业综合考虑了电子商务尤其是跨境电商等近年来的发展趋势。为丰富教材的呈现形式，增强学习者的学习兴趣，部分配套资源丰富的教材在书中设置有二维码，方便学生使用移动设备进行移动学习，既丰富了教学和学习手段，又拓展了相关知识和内容。

本系列教材陆续出版之际，诚挚地感谢山西省财政税务专科学校赵丽生校长在设计思路、专家推荐、大纲审定、教材审定等多个环节给予的倾心指导与帮助。诚挚感谢浙江金融职业学院章安平教授、广州番禺职业技术学院杨则文教授在国际贸易专业和金融专业教材建设上给予的全力指导和帮助。感谢丽水职业技术学院梁伟样院长、无锡商业职业技术学院马元兴教授、安徽商业职业技术学院丁增稳教授、河南财政金融学院宁艳岩副教授等专家给予的鼎力支持和帮助。

衷心地希望本系列教材的出版能够为我国高等职业教育教学改革提供一个新的思路和载体。同时，我们也深深知道本系列教材的问世仅仅是我们在职业教育改革进程中的一个新起点。随着经济社会和各个行业的不断发展以及职业教育教学改革的不断深化，我们将持续对教材进行修订和完善，为我国经济社会建设和职业教育事业的繁荣做出应有的贡献。

“十三五”高等教育教学改革行动计划系列教材编写委员会

前 言

我国社会主义市场经济的良性运行与发展，得益于国家政治稳定和适宜的经济政策及法律制度。税法是国家法律的重要组成部分，在“经济越发展、税收越重要”的今天，税收正越来越深刻地影响着人们的社会经济活动，尤其在实践中更要求征税主体依法行政和纳税主体依法纳税。从某种意义上说，对税法的严格遵守，往往更多地取决于人们对其认识和理解的程度，因此高职院校普遍将“税法”列入经管类专业必修课，以适应经管类专业培养目标的需要。

本书是为高职院校会计、税务、财政、投资理财和市场营销等经管类专业培养技术应用性人才，针对税法课程的教学需要而编写的教材，也可作为在职人员、经济理论工作者以及纳税单位和有关人员的学习用教材或参考书。本教材的编写主要体现了以下几个特点：

（1）与时俱进。本书内容以交稿日止（2016 年 11 月）的我国税收法规、制度为主要依据。包括在 2016 年 5 月 1 日起在全国范围内全面推开营业税改征增值税试点工作等在内，所有政策和税法的变化都在书中进行了体现。

（2）注重实务。注意税收理论与实际工作的结合，并设计了部分案例，突出应纳税额的计算和纳税申报。书中大量列示了企业纳税申报的基本表单，与实际业务完全接轨，是现行法规下企业纳税的全真模拟和实战演练，从而实现高职高专培养高技术应用性人才的根本任务和以就业为导向的办学宗旨。

（3）方式新颖。每章开头加了“引例”、中间穿插“提示”，起到吸引学生、增加相关知识的作用，方便学习及师生互动。

本书由梁伟祥主编，李新红、梁楚楚参编，在修订过程中得到有关部门、企业和任课老师的大力支持，在此，一并表示诚挚的谢意。

税法在变，教材也应及时更新，我们力争使本书内容在每次加印时及时反映最新变化。限于编者水平，对书中存在的缺憾，竭诚欢迎广大读者指正。

编 者

2016 年 11 月

目　录

第一章

总论

学习目标

1. 掌握税收的概念、产生及职能，税法的概念、作用及其构成要素。
2. 理解税收法律关系，税收立法原则、立法机关及程序。
3. 熟悉我国税法的建立、分类及现行的税法体系。

第一节 税法概述

在经济发达国家流行着这样一句富有哲理的名言：人的一生中，有两件事是逃避不了的，那就是税收和死亡。计划经济时代，这句话在中国可能并不适用。但随着社会主义市场经济体制的建立和逐步完善，纳税也成了中国公民不可避免的事情。

既然无法避免，为何不去主动了解？税法是国家法律的重要组成部分，是征纳双方共同遵守的行为规范。你不仅要懂税，而且还要努力降低纳税成本、追求税收利益。税法的概念、地位和作用，税收法律关系、税法构成要素等是税法的基础理论知识，也是学习和研究税法必须首先解决的问题。

一、税收的性质

（一）税收的概念

税收又称“赋税”、“租税”、“捐税”，是国家为了实现其职能，凭借政治权力按照法律规定，强制地、无偿地参与社会剩余产品分配，以取得财政收入的一种规范形式。税收可以从以下四个方面来理解。

1. 税收的本质是一种分配

社会再生产包括生产、分配、交换、消费等环节，周而复始，循环不息。其中，生产创造社会产品；消费耗费社会产品；分配是对社会产品价值量的分割，并决定归谁占有，各占多少；交换是用自己占有的价值量去换取自己所需要的产品，解决使用价值的转移。征税只是从社会产品价值量中分割出一部分集中到政府手中，改变了社会成员与政府各自占有社会产品价值量的份额。因此，税收属于分配范畴。

2. 税收分配以国家为主体，凭借政治权力来实现

社会产品的分配可以分为两大类，一类是凭借资源拥有权力进行的分配，另一类是凭借政治权力进行的分配。税收是以国家为主体，凭借政治权力进行的分配。国家对不能直接占有的产品通过征税方式转变为国家所有，是利益的再分配，如果没有国家的政治权力为保证，征税就难以实现，因此，税收分配所凭借的只能是国家政治权力。

国家征税直接凭借其政治权力，这并不意味着政府可以不顾经济条件而任意征税。经济是政治的基础，每个国家都必须按照本国的具体经济条件确定对什么征税，征多少税。否则，滥用政治权力横征暴敛，必然会影响社会的稳定，阻碍生产力的发展。

3. 征税的目的是满足社会公共需要

有社会存在，就有社会的公共需要存在。国家安全、社会稳定、生活保障等公共需要的满足，必须要由政府集中一部分社会财富来实现。而征税就是政府集中一部分社会财富的最好方式。与此相适应，社会成员之所以要纳税，是因为他们专门从事直接的生产经营活动，而不再兼职执行国家职能，因此需要为此付出一定的费用。

4. 税收具有无偿性、强制性和固定性的特征

国家筹集财政收入的方式除税收外，还有发行公债和收取各种规费等。与其他分配方式相比，税收分配方式具有无偿性、强制性和固定性的特征，习惯上称为税收的“三性”。无偿性是指国家征税后，税款即成为国家的财政收入，既不直接归还纳税人，也不向纳税人支付任何报酬；强制性是指国家以社会管理者的身份，用法律、法规等形式对征收捐税加以规定，并依照法律强制征收；固定性是指国家在征税之前，应以法律形式预先规定征税对象、征收标准、征税方法等，征纳双方必须遵守，不得随意变动。

税收的“三性”是一个完整的统一体，缺一不可，无偿性是税收的核心特征，强制性和固定性是对无偿性的保证和约束。税收的“三性”是税收本质的具体表现，是税收区别于其他财政收入形式的标志。可以这样认为，一种财政收入如果同时具备税收“三性”的形式特征，即便其名称不叫税，实质上也是税收的一种。

（二）税收的产生

税收是一个古老的历史范畴，已经有几千年的历史。

1. 税收产生的条件

一般认为，税收的产生取决于相互制约的两个条件：

（1）国家的产生和存在。国家的产生和存在是税收产生的前提条件，因为税收是国家实现其职能的物质基础，只有出现了国家之后，才有为满足国家政权行使职能而征税的客观需要。税收是以国家为主体，以国家政治权力为依据的特定分配，只有产生了国家，才有课征税收的主体，也才有课征税收的依据，从而使税收的产生成为可能。

（2）私有财产制的存在和发展。私有财产制度的出现同税收的产生也有着直接的必然联系，是税收产生的经济条件。税收是凭借国家政治权力而不是财产权力的分配形式，只有社会上存在着私有财产制度，而国家又需要将一部分不属于自己所有或不直接支配使用的国民收入转变为国家所有的情况下，才有必要采取税收这种强制性方式。可以说，税收是国家对私有财产行使支配权的表现，也是对私有财产的一种侵犯，因此，只有社会上存在着私有财产制度这样的经济条件，税收才会产生。

2. 我国税收发展的历程

（1）夏商周时期的“贡助彻”。夏、商、周时代的贡、助、彻，是我国税收的雏形阶段。《孟子·滕文公上》记载：“夏后氏五十而贡，殷人七十而助，周人百亩而彻，其实皆什一也。”夏王朝的贡赋分为两种：一种是王室对其所属部落以及用武力征服的部落所强制征收的土贡，一般为当年的土特产品，但到了商代、周代，土贡分为九类，称为“九贡”，贡品包括牲畜、丝织品、用器用具、珠宝、珍品等；另一种是平民因耕种土地而向贵族或王室的纳贡，一般是根据土地若干年的收获量定出一个平均数，并按期抽取一定的比例。

到了商代，贡法演变为助法，助法是借助平民公田的力役课征，即在井田制度下，八家平民在各自私田的基础上来共同耕种公田，公田上的收获全部归王室所有。

及至周代，助法进一步演变为彻法，彻法是按亩征收实物的课税制度，即每户农奴或平民耕种的土地，在收获之后，要以其中一定的产量交纳给王室。彻法按土地数量进行课征，比贡法和助法有了很大的进步。

国家以贡、助、彻形式征收土地产物，既有税的因素，又有租的成分，具有租税不分的性质。对商业和手工业征收“关市之赋”、“山泽之赋”，即对经过关卡或上市交易的物品以及伐木、采矿、狩猎、捕鱼、煮盐等进行征税，这是我国最早出现的工商税收。

（2）春秋时期鲁国的“初税亩”。到了春秋时期，为了增加财政收入和抑制开垦私田，鲁国鲁宣公十五年（公元前 594 年）开始对井田以外的私田征税，宣布不论公田和私田一律按亩征税，史称“初税亩”，征收的比例，基本上为 1/10，实行初税亩以后，土地所有者只要纳税，全部收获可以自己支配。初税亩顺应了土地私有制这一必然发展趋势，这是历史上一项重大的经济改革，也是我国农业税制从雏形阶段进入成熟时期的标志，正式确立起了以私有制为基础的，完全意义上的税收制度。

（三）税收的职能

税收的职能是指税收自身所固有的功能。我国税收具有组织财政收入、调节经济和监督社会经济活动的职能。

1. 组织财政收入

税收组织财政收入的职能是指税收通过参与社会产品的分配，形成国家财政收入，归国家支配使用，满足国家实现其职能的需要。组织财政收入的职能是税收最基本的职能，不论是什么性质国家的税收，不论是什么种类的税收，都具有这一职能。

2. 调节经济

税收调节经济的职能是指税收在积累国家财政资金过程中，通过设置不同的税种、税目，确定不同的税率，对不同的部门、单位、个人以及不同产业、产品的收入进行调节，以调整经济利益关系，促进社会经济按照客观规律发展。税收是一种经济杠杆，通过征、不征、多征、少征、加征、减免等办法，造成对纳税人物质利益的不同影响，引导纳税人调整自己的活动，以配合产业政策，促进生产结构、消费结构的调整，优化资源配置。

3. 监督社会经济活动

税收监督社会经济活动的职能是指税收在参与社会产品分配和再分配过程中，对社会产品的生产、流通、分配和消费进行制约和控制。税收监督职能是通过税收征管来实现的，通过税收监督，一方面要求纳税人依法纳税，以保证国家履行其职能的物质需要；另一方面对社会再生产的各个环节进行监督，制止、纠正经济运行中的违法现象，打击经济领域的犯罪活动，保证税收分配的顺利进行，促进国民经济的健康发展。

二、税法的概念

税法是国家制定的，用于调整国家和纳税人之间在征纳税方面的权利与义务关系的法律规范的总称，是征税人（政府）与纳税人依法征税、依法纳税的行为准则，即国家有关征税的法律。

前面所说的税收是经济学概念，而税法则是法学的概念，税收与税法密不可分，税法是税收的法律表现形式；税收则是税法所确定的具体内容。

税法有广义与狭义之分，广义的税法是指国家立法机关、政府及其有关部门制定的有关税收方面的法律、规章、制度等；而狭义的税法仅指国家立法机关或其授权制定的税收法律，这是严格意义上的税法。本书所讲的税法是指广义上的税法，即通常所言的税收制度，税收制度是在税收分配活动中税收征纳双方所应遵守的行为规范的总和，其内容主要包括各税种的法律法规以及为了保证这些税法得以实施的税收征收管理制度和税收管理体制。

三、税收法律关系

税收法律关系是指国家与纳税人之间在税收分配及其管理活动中，以国家强制力保证实施的，具有经济内容的权利与义务的关系。

从税法的性质上看，税收法律关系是一种国家意志关系，对什么征税、对谁征税、征多少税，都是国家以法律形式规定的，反映国家的意志而不是纳税人的意志；从税法的经济内容上看，税收法律关系是一种财产所有权或支配权单向转移的关系，表示纳税人履行了纳税义务就意味着将一定的社会财富从社会各阶级、阶层、单位或个人手中无偿地转移到国家手中。

（一）税收法律关系的构成

税收法律关系在总体上与其他法律关系一样，都是由法律关系的主体、客体和内容三方面构成的，但在三方面的内涵上，税收法律关系则具有特殊性。

1. 税收法律关系的主体

税收法律关系的主体是指参与税收法律关系享有权利和承担义务的人，包括征税主体和纳税主体。在我国，征税主体指依法行使课税权的各级国家机关，包括各级税务机关、海关和财政机关；纳税主体指依法负有纳税义务的单位和个人，包括法人、自然人和其他组织，即国有、集体、私营、股份制和其他经济组织以及个体工商户、居民和在中国境内取得应税收入的外国个人。

在税收法律关系中主体双方法律地位是平等的，只是因为主体双方是行政管理者与被管理者的关系，所以双方的权利与义务不对等，因此，与一般民事法律关系中主体双方权利与义务平等是不一样的，这是税收法律关系的一个重要特征。

2. 税收法律关系的客体

税收法律关系的客体是指税收法律关系主体的权利和义务共同指向的对象，表现为征税对象，包括物、货币和行为。例如，所得税法律关系客体就是生产经营所得和其他所得；财产税法律关系客体即财产；流转税法律关系客体就是货物销售收入或劳务收入。

税收法律关系的客体也是国家利用税收杠杆调整和控制的目标，国家在一定时期根据客观经济形势发展的需要，通过扩大或缩小征税范围调整征税对象，以达到限制或鼓励国民经济中某些产业、行业发展的目的。

3. 税收法律关系的内容

税收法律关系的内容是指税收法律关系主体所享有的权利和所承担的义务。这是税收法律关系中最实质的东西，也是税法的灵魂。它规定权利主体可以有什么行为，不可以有什么行为，若违反了这些规定须承担什么样的法律责任。

税务机关的权利主要表现在依法进行税务管理、税款征收、税务检查及对违法者进行处罚；其义务主要是向纳税人宣传、咨询、辅导税法，对纳税人情况进行保密，依法办事、依法计征，及时把征收的税款解缴国库，依法受理纳税人对税收争议申诉等。

纳税人的权利主要有税法知情权、多缴税款申请退还权、延期纳税权、依法申请减免税权、申请税务复议和提起诉讼权等；其义务主要是按税法规定依法办理税务登记、进行纳税申报、接受税务检查、依法缴纳税款和接受违法处理等。

（二）税收法律关系的产生、变更与消灭

税法是引起税收法律关系的前提条件，但税法本身并不能产生具体的税收法律关系。税收法律关系的产生、变更和消灭必须有能够引起税收法律关系产生、变更或消灭的客观情况，也就是由税收法律事实来决定。税收法律事实可以分为税收法律事件和税收法律行为。

税收法律事件是指不以税收法律关系权利主体的意志为转移的客观事件，例如，自然灾害可以导致税收减免，从而改变税收法律关系内容的变化。税收法律行为是指税收法律关系主体在正常意志支配下做出的活动，例如，纳税人开业经营即产生税收法律关系，纳税人转业或停业就造成税收法律关系的变更或消灭。

（三）税收法律关系的保护

税收法律关系的保护是指保障征纳税权利主体行使权利和监督义务主体履行义务的活动。其实质就是保护国家正常的经济秩序，保障国家的财政收入，维护纳税人的合法权益。

税收法律关系的保护方式较多，税法中关于限期纳税、征收滞纳金和罚款的规定，以及税法中对纳税人不服税务机关征税处理决定，可以申请复议或提出诉讼的规定等都是对税收法律关系的直接保护。税收法律关系的保护对权利主体双方是对等的，不能只对一方保护而对另一方不予保护，对权利享有者的保护本身就是对义务承担者的制约。

四、税法的构成要素

税法构成要素是指各种单行税法具有的共同的基本要素的总称。首先，税法构成要素既包括实体性的，也包括程序性的；其次，税法构成要素是所有完善的单行税法都共同具备的，仅为某一税法所单独具有而非普遍性的内容，不构成税法要素，如扣缴义务人。税法的构成要素一般包括总则、纳税人、征税对象、税目、税率、纳税环节、纳税时间、纳税地点、减税免税、罚则、附则等项目。

（一）总则

总则主要包括立法依据、立法目的、适用原则等。

（二）纳税人

纳税人也称纳税主体，是税法规定直接负有纳税义务的单位和个人，它是税款的法律承担者。纳税人可以是自然人，也可以是法人。

1. 自然人

自然人是对能够独立享受法律规定的民事权利，并承担相应民事义务的普通人的总

称。凡是在我国居住，可享受民事权利并承担民事义务的中国人、外国人或无国籍人，以及虽不在我国居住，但受我国法律管辖的中国人或外国人，都属于负有纳税义务的自然人。

2. 法人

法人，是指依照法定程序成立，有一定的组织机构和法律地位，能以自己的名义独立支配属于自己的财产、收入，承担法律义务，行使法律规定的权利的社会组织。如企业、事业单位、国家机关、社会团体、学校等都属于法人。法人若有税法规定的应税财产、收入和特定行为，就对国家负有纳税义务。

在实际纳税工作中要注意纳税人与扣缴义务人的区别。扣缴义务人是指按照税法规定负有扣缴税款义务的单位和个人。确定扣缴义务人有利于加强税收的源泉控制，简化征税手续，减少税款流失。但扣缴义务人不是纳税主体，而是纳税人和税务机关的中介。如果扣缴义务人按照税务机关和税法的要求，认真履行了扣缴义务，税务机关将给予其一定的手续费；反之，如果他们未按规定代扣代缴，使代扣代缴的税款不能按时缴入国库或帮助纳税人偷逃税款，就要追究其法律责任。

（三）征税对象

征税对象又称课税对象，是征税的目的物，即对什么东西征税，是征税的客体，是一种税区别于另一种税的主要标志。征税对象体现不同税种征税的基本界限，决定着不同税种名称的由来以及各种税种在性质上的差别，并对税源、税收负担等产生直接影响。与课税对象密切相关的两个概念：税目和税基，税目本身也是一个重要的税法要素，下面单独讨论。而税基又叫计税依据，是据以计算征税对象应纳税款的直接数量依据，它解决对征税对象课税的计算问题，是征税对象的量的规定，是应纳税额计算的基础。具体分为三种：一是从价计征，即以计税金额为计税依据；二是从量计征，即以征税对象的实物单位量（如重量、体积等）为计税依据；三是复合计税，即同时以征税对象的计税金额和实物单位为计税依据。

（四）税目

税目是税法中规定应征税的具体项目，是征税对象的具体化，反映各税种具体的征税范围，是对征税对象质的界定，体现每个税种的征税广度。凡列入税目的即应税项目，未列入税目的，则不属于应税项目。并非所有的税种都需要规定税目，有些税种不分征税对象的具体项目，一律按照征税对象的应纳数额采用同一税率计征税款，因此一般无须设置税目，如企业所得税。税目一般分为列举税目和概括税目两种：①列举税目，它是指将每一种商品或经营项目等，采用一一列举的方法，分别规定税目，必要时还可以在税目之下划分若干子目，如消费税。②概括税目，它是指按照商品大类或行业，采用概括方法设计税目。

（五）税率

税率是对征税对象的征收比例或征收额度，是衡量税负轻重的重要标志，体现了课税的深度。税率是最活跃、最有力的税收杠杆，是税收制度的核心。按照税率的表现形式，可以分为以绝对量形式表示的税率和以百分比形式表示的税率，常见有以下几种形式。

1. 比例税率

比例税率是对同一征税对象或同一税目，不论数额大小，都按同一比例征税的税率，税额与计税依据之间的比例是固定的。我国现行的增值税、企业所得税等均采用比例税率。采用比例税率，计算简便，符合税收效率原则，对同一征税对象的不同纳税人税负相同，有利于企业在基本相同的条件下展开竞争。但不分纳税人实际环境差异按同一税率征税，这与纳税人的实际负担能力不完全相符，在调节企业利润水平方面有一定的局限性，难以体现税收的公平原则。

2. 累进税率

累进税率是指把计税依据按一定的标准划分为若干个等级，从低到高分别规定逐级递增的税率。这种税率形式的特点是税率等级与计税依据的数额等级同方向变动，有利于按纳税人的不同负担能力设计税率，更加符合税收公平的原则。累进税率按其累进依据和累进方式不同有以下三种形式。

（1）全额累进税率。它是指将计税依据划分为若干个等级，从低到高每一个等级规定一个适用税率，当计税依据由低的一级升到高的一级时，全部计税依据均按高一级税率计算应纳税额。这种方式计算简便，但累进程度急剧，特别是在两个等级的临界处，会出现应纳税额增加超过计税依据增加的不合理现象。这种方法目前在世界各国已很少使用。

（2）超额累进税率。它是指将计税依据划分为若干个等级，从低到高每一个等级规定一个适用税率，一定数额的计税依据可以同时适用几个等级的税率，每超过一级，超过部分按高一级的税率计税，各等级应纳税额之和为纳税人的应纳税总额。这种方式累进程度比较缓和，目前已被多数国家所采用，如工资、薪金所得的个人所得税税率等。

（3）超率累进税率。它是指以征税对象的某种比例为累进依据，按超额累进方式计算应纳税额的税率。其计税原理与超额累进税率相同，只是税率累进的依据不是征税对象的绝对数额，而是相对比率（增值率等），如我国现行的土地增值税税率。

3. 定额税率

定额税率是按征税对象确定的计算单位直接规定一个固定税额，而不是规定征收比例，因此也称固定税额，是税率的一种特殊形式。它与征税对象的价值量无关，不受征税对象价值量变化的影响。它一般适用于从量计征的税种，如城镇土地使用税、车船税等。

（六）纳税环节

纳税环节是指按税法规定对处于不断运动中的纳税对象选定的应当征税的环节，如流转在生产和流通环节纳税、所得税在分配环节纳税等。从具体税种来说，每个税种都有特定的纳税环节，不同税种因涉及的纳税环节多少不同，就形成了不同的课征制。课征制具体包括一次课征和多次课征，凡只在一个环节征税的称为一次课征制，如我国的资源税只在开采环节征税；凡在两个及两个以上环节征税的称为多次课征制，如我国的增值税对商品的生产、批发和零售均征税。

（七）纳税时间

纳税时间是指税法规定的关于税款缴纳时间方面的限定，具体包括以下三个方面。

（1）纳税义务发生时间。它是指应税行为发生的时间。

（2）纳税期限。每隔固定时间汇总一次纳税义务的时间。税法规定了每种税的纳税期限，如《增值税暂行条例》规定，增值税的纳税期限分别为 1 日、3 日、5 日、10 日、15 日、1 个月或者 1 个季度。纳税人的具体纳税期限，由主管税务机关根据纳税人应纳税额的大小分别核定；不能按照固定期限纳税的，可以按次纳税。

（3）缴库期限。税法规定的纳税期满后，纳税人将应纳税款缴入国库的期限。如《增值税暂行条例》规定，纳税人以 1 个月或者 1 个季度为 1 个纳税期的，自期满之日起 15 日内申报纳税。

（八）纳税地点

纳税地点是指税法规定的纳税人缴纳税款的地点，如纳税人的户籍所在地、居住地、营业执照颁发地、生产经营所在地等。一般来说，这些地点接近或一致，但也有许多不一致的情况，如在此地登记而跨地区经营的情况。

（九）减税免税

减税免税是对某些纳税人或征税对象的鼓励或照顾措施。减税是对应纳税额少征一部分税款，而免税是对应纳税额全部免征税款。减税免税可以分为税基式减免、税率式减免和税额式减免三种形式。

1. 税基式减免

税基式减免是通过直接缩小计税依据的方式来实现的减税免税。其涉及的概念包括起征点、免征额、项目扣除以及跨期结转等。

起征点是征税对象达到一定数额开始征税的起点，对征税对象数额未达到起征点的不征税，达到起征点的按全部数额征税。免征额是在征税对象的全部数额中免予征税的数额，对免征额的部分不征税，仅对超过免征额的部分征税。项目扣除则是指在征税对象中扣除一定项目的数额，以其余额作为依据计算税额。跨期结转是指将以前纳税年度的经营亏损从本纳税年度经营利润中扣除。

2. 税率式减免

税率式减免即通过直接降低税率的方式实现的减税免税。它包括重新确定税率、选用其他税率、零税率。

3. 税额式减免

税额式减免即通过直接减少应纳税额的方式实现的减税免税，包括全部免征、减半征收、核定减免率以及另定减征额等。

（十）罚则

罚则是指对纳税人违反税法的行为采取的处罚措施。违法行为是承担法律责任的前提，而罚则是追究法律责任的必然结果，它是税收强制性特征的具体体现。

（十一）附则

附则一般都规定与该税法紧密相关的内容，如该税法的解释权、生效时间等。

五、税法的作用

税法是我国法律体系的重要组成部分，其调整的对象涉及社会经济活动的各个方面，与国家的整体利益及单位和个人的直接利益有着密切的关系，并且在建立和发展我国社会主义市场经济体制中，国家通过制定、实施税法加强对国民经济的宏观调控，其地位和作用将越来越重要。

1. 税法是国家组织财政收入的法律方式

为了维护国家机器的正常运转以及促进国民经济健康发展，必须筹集大量的资金，即组织国家财政收入，税收是筹集国家财政资金的最主要渠道。为了保证税收组织财政收入职能的发挥，必须通过制定税法，以法律的形式确定企业、单位和个人履行纳税义务的具体项目、数额和纳税程序，惩治偷逃税款的行为，防止税款流失，保证国家依法征税，及时足额地取得税收收入。

2. 税法是国家宏观调控经济的法律手段

建立和发展社会主义市场经济体制，需要运用法律、经济的手段宏观调控经济。税收作为国家宏观调控的重要手段，通过制定税法，以法律的形式确定国家与纳税人之间的利益分配关系，调节社会成员的收入水平，调整产业结构和社会资源的优化配置，使之符合国家的宏观经济政策；同时，以法律的平等原则，公平经营单位和个人的税收负担，鼓励平等竞争，为市场经济的发展创造良好的条件。

3. 税法是国家维护经济秩序的法律工具

由于税法的贯彻执行，涉及从事生产经营活动的每个单位和个人，一切经营单位和个人通过办理税务登记、建账建制、纳税申报，其各项经营活动都将纳入税法的规范制约和管理范围，都将较全面地反映出纳税人的生产经营情况。这样税法就确定了一个规范有效的纳税秩序和经济秩序，监督经营单位和个人依法经营，加强经济核算，提高经营管理水平；同时，税务机关按照税法规定对纳税人进行税务检查，严肃查处偷逃税款及其他违反税法规定的行为，也将有效地打击各种违法经营活动，为国民经济的健康发展创造一个良好、稳定的经济秩序。

4. 税法是国家保护纳税人合法权益的法律依据

税法在确定税务机关征税权利和纳税人履行纳税义务的同时，相应规定了税务机关承担的义务和纳税人享有的权利，如纳税人享有发票购买权、延期纳税权、多缴税款申请退还权、依法申请复议或提起诉讼权等；税法还严格规定了对税务机关执法行为的监督制约制度，如进行税收征管必须按照法定的权限和程序进行，造成纳税人合法权益损失的要负赔偿责任等。所以，税法不仅是税务机关征税的法律依据，同时也是纳税人保护自身合法权益的重要法律依据。

5. 税法是国家维护其经济权益的法律保障

在国际经济交往中，任何国家对进出口贸易、技术交流与合作，以及在本国境内从事生产经营的外国企业和个人都拥有税收管辖权，这是国家权益的具体体现。我国在平等互利的基础上，不断扩大和发展同各国、各地区的经济贸易往来及交流与合作，利用外资、引进技术的规模、渠道和形式都有很大发展，我国在建立和完善涉外税法的同时，还同许多国家签订了避免双重征税的协议。这些税法规定既维护了国家的经济权益，又为鼓励外商投资、保护国外企业和个人在华合法经营，以及发展国家间平等的经济技术合作关系，提供了可靠的法律保障。

第二节 税收立法

税收立法是指有权的机关依据一定的程序，遵循一定的原则，运用一定的技术，制定、公布、修改、补充和废止有关税收法律、法规、规章的活动。税收立法是税法实施的前提，有法可依，有法必依，执法必严，违法必究，是税收立法与税法实施过程中必须遵循的基本原则，为此，我们在学习具体税法前，先要学习税收立法的基本原则，熟悉立法机关和立法程序等内容。

一、税收立法的原则

税收立法原则是指税收立法活动中必须遵循的准则。我国的税收立法原则是根据我国的社会性质和具体国情而建立的，是立法机关根据社会经济活动、经济关系，特别是税收征纳双方的特点确定的，主要有以下几个方面。

（一）从实际出发的原则

在制定税法时要求从中国国情出发，充分尊重社会经济发展规律和税收分配理论，要客观反映一定时期国家社会、政治、经济等各方面的实际情况，既不能被某些条条框框所束缚，也不能盲目抄袭别国的立法模式。

（二）公平原则

在税收立法原则中一定要体现公平原则。所谓公平，就是要体现合理负担的原则。对条件大体相同的就应履行同等的纳税义务，即同一行业、同种产品的税负大体一致；从税收负担能力上看，负担能力大的应多纳税，负担能力小的应少纳税，没有负担能力的不纳税；从纳税人所处的生产和经营环境看，由于客观环境优越而取得超额收入或级差收益者应多纳税，反之少纳税；从税负平衡看，不同地区、不同行业间及多种经济成分之间的实际税负尽可能公平。

（三）民主决策的原则

民主决策原则是指税收立法过程中必须充分倾听群众的意见，严格按照法定程序进行，确保税收法律能体现广大群众的根本利益。遵循这一原则，坚持民主决策，体现立法机关的主体地位和作用；对税收法案的讨论和审议，应进行充分的辩论，听取不同方面的意见和建议；立法过程要公开化，让广大公众及时了解税收立法的全过程，以及立法过程中各个环节的争论和如何达成共识的情况。

（四）原则性与灵活性相结合的原则

在制定税法时，要求明确、具体、严谨、周密，但是，为了保证税法制定后在全国范围内、在各个地区都能贯彻执行，不致与现实脱节，又要求在制定税法时不能规定得过细过死，应坚持原则性与灵活性相结合的原则。具体来讲，就是税收立法权只能由国家最高权力机关来行使，未经法律授权，任何地区和部门都不得擅自变更税法规定，也不能违背税法制定所谓的“土政策”、“土规定”；为了照顾不同地区、特别是少数民族地区不同的情况和特点，充分发挥地方的积极性，在某些情况下，允许地方在遵守国家法律、法规的前提下，制定适合当地的实施办法等。因此，只有贯彻这个原则，才能制定出既符合全国统一性要求，又能适应各地区实际情况的税法。

（五）法律的稳定性、连续性与废、改、立相结合的原则

税法的制定是与一定经济基础相适应的，税法一经制定，在一定阶段内就要保持其稳定性，不能朝令夕改、变化不定。如果税法经常变动，不仅会破坏税法的权威性和严肃性，而且还会给国家政治、经济生活带来不利影响。但是，这种稳定性不是绝对的，因为社会政治、经济状况是不断变化的，税法也要进行相应的发展变化。这种变化具体表现在，有的税法已经过时需废除；有的税法部分失去效力需要修改、补充；根据新的情况，需要制定新的税法。此外，还必须注意保持税法的连续性，即税法不能中断，在新的税法未制定前，原有的税法不应终止；在修改、补充或制定新的税法时，应保持与原有税法的承续关系，应在原有税法的基础上，结合新的实践经验，修改、补充原有的税法和制定新税法。只有遵循这个原则，才能适宜制定出符合社会政治、经济发展规律的税法。

二、税收立法机关

我国的立法体制是：全国人民代表大会及其常务委员会行使立法权，制定法律；国务院及所属各部委，有权根据宪法和法律制定行政法规和规章；地方人民代表大会及其常务委员会，在不违背宪法、法律、行政法规的前提下，有权制定地方性法规，但要报全国人民代表大会常务委员会和国务院备案；民族自治地方的人民代表大会有权依照当地民族政治、经济和文化的特点，制定自治条例和单行条例。根据国家立法体制规定，所制定的一系列税收法律、法规、规章和规范性文件，构成了我国的税收法律体系。根据制定税法的机关及法律级次的不同，可以将税法划分为以下几个层面。

1. 全国人民代表大会和全国人大常务委员会制定的税收法律

我国的税收法律立法权，由全国人民代表大会及其常务委员行使，其他任何机关都没有制定税收法律的权力。在税法体系中，凡是基本的、全局性的问题，都需要由全国人大及其常务委员会以税收法律的形式制定实施，并且在全国范围内，无论对国内纳税人，还是涉外纳税人都普遍适用。现行税法中，《个人所得税法》、《企业所得税法》、《税收征收管理法》、《车船税法》等都属于税收法律的范畴。除《宪法》外，在税收法律体系中，税收法律具有最高的法律效力，是其他机关制定税收法规、规章的法律依据，其他各级机关制定的税收法规、规章，都不得与《宪法》和税收法律相抵触。

2. 全国人大或人大常委会授权立法

授权立法是指全国人民代表大会及其常务委员会根据需要，授权国务院制定的具有法律效力的暂行规定或条例。国务院经授权立法所制定的规定与条例，与行政法规不同，它的法律地位高于行政法规，具有国家法律的地位，但立法程序上还需报全国人大常委会备案。授权立法的暂行条例通过实施逐渐成熟后，再提请立法机关审议通过，从而成为正式的税收法律。国务院在 1994 年税制改革中制定实施的增值税、营业税、消费税、资源税和土地增值税等五个暂行条例都属于授权立法。

3. 国务院制定的税收行政法规

国务院作为最高国家权力机关的执行机关，是最高的国家行政机关，拥有广泛的行政立法权。国务院可根据宪法和法律，规定行政措施，制定行政法规，发布决定和命令。行政法规作为一种法律形式，在中国法律体系中处于低于税收法律，但高于部门税收规章、地方法规的地位，也是在全国范围内普遍适用的。税收行政法规主要是国务院根据税收法律制定的具体实施细则，如国务院发布的《个人所得税法实施条例》就属于税收行政法规。

4. 地方人民代表大会及其常务委员会制定的税收地方性法规

现行法律规定，省、市、自治区的人民代表大会以及省、市、自治区的人民政府所在地的市和经国务院批准的较大的市的人民代表大会有制定地方性法规的权力。由于我国在税收立法中坚持“统一立法”的原则，因此，地方的税收立法权限受到比较大的限制。目前，除了海南省、民族自治地区在遵循宪法、法律和行政法规的原则基础上，可以制定有关税收的地方性法规外，其他省、直辖市都无权制定税收地方性法规。

5. 国务院税务主管部门制定的税收部门规章

国务院各部、委员会根据法律和国务院的行政法规、决定、命令，在本部门的权限内，发布命令、指示和规章；各部、委员会工作中的方针、政策、计划和重大行政措施，应向国务院请示报告，由国务院决定。制定税收部门规章的范围包括对有关税收法律、法规的具体解释，税收征收管理的具体规定、办法等。税收部门规章在全国范围内具有普遍适用的效力，但如与税收法律、行政法规抵触则无效。有权制定税收部门规章的税务主管部门是财政部和国家税务总局。财政部颁发的《增值税暂行条例实施细则》、国家税务总局颁发的《税务代理试行办法》等都属于税收部门规章。

6. 地方政府制定的税收地方规章

现行法律规定，省、市、自治区以及省、市、自治区的人民政府所在地的市和经国务院批准的较大的市的人民政府，可以根据法律和国务院的行政法规制定规章。例如，国务院发布实施的城市维护建设税、房产税等地方性税种暂行条例，都规定省、市、自治区人民政府可根据条例制定实施细则。

三、税收立法程序

税收立法程序是指国家权力机关及其授权机关，在制定、修改、补充、废止等税收立法活动中，必须遵循的法定步骤和方法。目前，我国税收立法程序主要包括以下几个阶段。

1. 提议阶段

无论是税法的制定，还是税法的修改、补充和废止，一般都是由国务院授权其税务主管部门（财政部或国家税务总局）负责立法的调查研究等准备工作，并提出立法方案或税法草案，上报国务院；国务院法制局将税法草案发给有关部门征求意见或修改后，提交国务院审议；国务院审查通过后，提交全国人民代表大会或常务委员会审查。

2. 审议阶段

税收法规由国务院法制局负责审议。税收法律在经国务院审议通过后，以议案的形式提交全国人民代表大会常务委员会的有关工作部门，在广泛征求国务院各有关单位和各地意见并做修改后，提交全国人民代表大会或其常务委员会审议通过。

3. 通过阶段

税收行政法规由国务院常务委员会议审议，总理签署后正式通过；税收法律在全国人民代表大会或其常务委员会开会期间，先听取国务院关于制定税法议案的说明，然后经过讨论，以简单多数的方式通过。

4. 公布阶段

未经公开发布的税法是不具备正式法律效力的，税收行政法规以国务院令的名义发布实施，并刊登在《国务院公报》上；通过的税收法律以国家主席令的形式发布，并在《人民日报》等全国性重要报刊上全文刊登。税法的公布期限和生效期限有时是一致的，即从公布之日起执行；有时是不一致的，或是公布之日前的某个时日就开始生效，或是从公布之日以后的某个时日实行，我国税法的生效期限大多为后者。

四、税法的实施

税法的实施即税法的执行。它包括税收执法和守法两个方面：一方面要求税务机关和税务人员正确运用税收法律，并对违法者实施制裁；另一方面要求税务机关、税务人员、公民、法人、社会团体及其他组织严格遵守税收法律。

由于税法具有多层次的特点，因此，在税收执法过程中，对其适用性或法律效力的判断，一般按以下原则掌握：一是层次高的法律优于层次低的法律；二是同一层次的法律中，特别法优于普通法；三是国际法优于国内法；四是实体法从旧、程序法从新。

税法实施的核心是遵守税法。所谓遵守税法是指税务机关、税务人员都有必须遵守税法的规定，严格依法办事、依率计征。遵守税法是保证税法得以顺利实施的重要条件，任何违反税收法律、行政法规的行为都要受到法律制裁。

第三节 税法体系

从法律角度来讲，税法体系是一个国家在一定时期内、一定体制下以法定形式规定的各种税收法律、法规的总和。但从税收工作的角度来看，税法体系往往被称为税收制度。国家税收制度的建立，要根据本国的具体政治经济条件，各国的政治经济条件不同，税收制度也不尽相同，具体征税办法也各不相同，因此，熟悉我国自己的税法体系就显得尤为重要。

一、我国税制改革的进展

新中国成立 60 多年来，中国税收制度先后进行了五次重大改革。

第一次是新中国成立之初的 1950 年。在总结老解放区税制建设的经验和清理旧中国税收制度的基础上建立了人民共和国的新税制。全国共设 14 种税收，即货物税、工商业税、盐税、关税、薪给报酬所得税、存款利息所得税、印花税、遗产税、交易税、屠宰税、房产税、地产税、特种消费行为税和使用牌照税。

第二次是 1958 年的税制改革。其主要内容是简化税制，以适应社会主义改造基本完成、经济管理体制改革以后的形势的要求。全国共设工商税制 9 个税种（工商统一税、工商所得税、盐税、屠宰税、利息所得税、城市房地产税、车船使用牌照税、文化娱乐税和牲畜交易税）；其他 5 个税种（农业税、牧业税、契税、关税、船舶吨税）。

第三次是 1973 年的税制改革。其主要内容仍然是简化税制，这是"文化大革命"的产物。全国共设工商税制 7 个税种，取消了利息所得税、文化娱乐税、牲畜交易税，新增了工商税（将原来的盐税名义上并入工商税，实际上仍然按原来的办法征收）、集市交易税；其他 5 个税种不变。

第四次是 1984 年的税制改革。其主要内容是普遍实行国有企业"利改税"和全面改革工商税收制度，以适应发展有计划的社会主义商品经济的要求。全国共设工商税制 32 个税种（产品税、营业税、资源税、盐税、国有企业所得税、国有企业调节税、国有企业奖金税、国有企业工资调节税、固定资产投资方向调节税、城市维护建设税、烧油特别税、特别消费税、个人所得税等 32 种）；其他 5 个税种（农业税、牧业税、契税、关税、1987 年开征的耕地占用税）。

第五次是 1994 年的税制改革。其主要内容是对工商税制进行了一次全面性和结构性的重大改革，以适应建立社会主义市场经济体制的客观要求，这就是现行的税收制度。

1994 年税制改革总的指导思想是：统一税法、公平税负、简化税制、合理分权，理顺分配关系，保障财政收入，建立符合社会主义市场经济要求的税收体系。深化税制改革遵循的基本原则包括：有利于调动中央、地方两方面的积极性和加强中央的宏观调控能力；有利于发挥税收调节个人收入和地区间经济发展的作用，促进经济和社会的协调发展；有利于实现公平税负、促进平等竞争；有利于体现国家的产业政策，促进经济结构的调整，促进国民经济持续、快速、健康发展和整体效益的提高；有利于税种的简化、规范。

这次税制改革涉及税种之广、变革幅度之大是前所未有的。改革的主要内容包括以下六个方面：第一，以推进规范化的增值税为核心，相应设置消费税、营业税，建立起交叉征收、双层调节的新的流转税制格局。第二，统一内资企业所得税，取消"国有企业调节税"和对国有企业征收的国家能源交通重点建设基金和预算调节基金，同时建立起新的规范化的企业还贷制度。第三，将原有的个人所得税、个人收入调节税和城乡个体工商户所得税统一为修改后的个人所得税，主要对高收入者征收，对中低收入者少征或不征。第四，开征土地增值税、证券交易税，拟开征遗产和赠与税；改革资源税和城市维护建设税；简并盐税、烧油特别税；取消一些与形势发展不相适应的其他税种。第五，按照理顺分配关系规范分配方式的原则，调整减税免税的范围和内容；较大幅度地压缩了减免税项目，除税法规定的减免税项目外，非经国务院批准，任何地方部门一律无权规定免税、减税。同时，逐步取消对经营性亏损企业的减免照顾，对由于自然灾害等种种客观原因而导致生产经营困难的企业，对符合国家产业政策确实需要扶持的企业等，除严格按照税法规定办理减税、免税外，其他的原则上都由财政统筹考虑，通过财政支出的形式解决。第六，颁发

并修改《中华人民共和国税收征收管理法》及其实施细则，结束了税收征管法律法规不统一的历史，强化了税务机关的税收强制执法权，完善了对税务机关的执法制约制度和对纳税人合法权益的保护制度，健全了对税收违法行为的处罚制度，将税收征管工作纳入系统化、规范化、法制化的轨道。

任何改革都不可能一蹴而就，税制改革同样需不断完善：2008 年 1 月 1 日开始统一了内外资企业所得税；2009 年 1 月 1 日起开始在全国范围内实现增值税由生产型向消费型的转变；2009 年 1 月 1 日起进行成品油消费税的改革，取消公路养路费等收费，提高成品油消费税单位税额，2014 年、2015 年、2016 年前后三次调整消费税税目及税率；2005 年、2007 年、2011 年前后三次修订个人所得税法；2011 年 11 月 1 日起实施修订后的资源税暂行条例，天然气、原油由原来的定额税率调整为比例税率；2016 年 7 月 1 日起，资源税中除黏土、砂石等个别矿产品采用定额税率外，其他均改为比例税率；2011 年 2 月 25 日第十一届全国人大第十九次常务会议通过了《中华人民共和国车船税法》，自 2012 年 1 月 1 日起施行；从 2012 年 1 月 1 日上海市开始，在交通运输业和部分现代服务业进行营业税改征增值税的试点工作，并在 2013 年 8 月 1 日将试点工作推广到全国；2014 年 1 月 1 日起将邮政业纳入试点范围；2014 年 6 月 1 日起将电信业纳入试点范围；2016 年 5 月 1 日起，在全国范围内全面推开营业税改征增值税试点，建筑业、房地产业、金融业、生活服务业等全部营业税纳税人，纳入试点范围，由缴纳营业税改为缴纳增值税，从此营业税退出了历史舞台。

2016 年 12 月 25 日，第十二届全国人大第二十五次常务会议通过了《中华人民共和国环境保护税法》，自 2018 年 1 月 1 日起施行，依法征收环境保护税，不再征收排污费。

二、税法的分类

税法分类是指按一定标准，把性质、内容、特点相同或相似的税法归为一类的方法。在税法体系中，按不同的标准可分为不同类型的税法。

（一）以税法内容和职能为标准的分类

按照其基本内容和职能作用的不同，税法可分为税收基本法、税收实体法、税收程序法三种。

（1）税收基本法是规定税收性质、立法、种类、体制和税务机构以及征纳双方权利与义务等内容的法律规范。它是税法体系的主体和核心，起着税收母法的作用。目前，我国还没有制定统一的税收基本法，但随着我国社会主义市场经济的发展和税收法制的不断完善，研究和出台税收基本法已经为期不远了。

（2）税收实体法是规定税种及其征税对象、纳税人、税目税率、计税依据、纳税地点等要素内容的法律规范。如《中华人民共和国个人所得税法》、《中华人民共和国增值税暂行条例》等，就属于税收实体法。

（3）税收程序法是规定税收管理工作的步骤和方法等方面的法律规范。它主要包括税务管理法、纳税程序法、发票管理法、税务处罚法和税务争议处理法等，如《中华人民共和国税收征收管理法》、《中华人民共和国发票管理办法》、《税务行政复议规则》等，就属于税收程序法的范畴。

（二）以征税对象为标准的分类

按照其所规定的征税对象的不同，税法可分为流转税法、所得税法、资源税法、财产税法和行为目的税法五种。

（1）流转税法是规定对货物流转额和劳务收入额征税的法律规范，如增值税、消费税和关税等税的税法。其特点是与商品生产、流通、消费有着密切的联系，不受成本费用的影响而收入具有“刚性”，有利于国家发挥对经济的宏观调控作用。流转税法为世界各国，尤其为发展中国家所重视和运用，是我国现行税制中最大一类税收。

（2）所得税法是规定对纳税单位和个人获取各种所得或利润额征税的法律规范，如企业所得税、个人所得税等税法。其特点是可以直接调节纳税人的收入水平，发挥税收公平税负和调整分配关系的作用，所得税法为世界各国所普遍运用，尤其在市场经济发达和经济管理水平较高的国家更受重视。

（3）资源税法是规定对纳税人利用各种资源所获得收入征税的法律规范，如资源税、城镇土地使用税等税法。其特点是调节因自然资源或客观原因所形成的级差收入，避免资源浪费，保护和合理使用国家自然资源。资源税法一般针对利用自然资源、设备、资金、人才等资源所获得收益或级差收入的征税需要而制定。

（4）财产税法是规定对纳税人财产的价值或数量征税的法律规范，如房产税等税法。其特点是避免利用财产投机取巧和财产的闲置浪费，促进财产的节约和合理利用。因此，财产税法一般通过课征财产富有者以平均社会财富，课征财产闲置者以促进合理使用为根本目的，同时为增加国家财政收入的需要而制定。

（5）行为目的税法是规定对某些特定行为及为实现国家特定政策目的征税的法律规范，如印花税、城市维护建设税等税法。其特点是可选择面较大，设置和废止相对灵活，可以因时因地制宜制定具体征管办法，有利于国家限制和引导某些特定行为而达到预期的目的。行为目的税法一般是国家为实现某些经济政策、限制特定行为，并为一定目的需要而制定的。

（三）以税收管辖权为标准的分类

按照主权国家行使税收管辖权的不同，税法可分为国内税法、国际税法和外国税法三种。

国内税法是指按照属人或属地原则，规定一个国家的内部税收法律制度；国际税法是指国家间形成的税收法律制度，主要包括双边或多边国家间的税收协议、条约和国际惯例等；外国税法是指外国各个国家制定的税收法律制度。

（四）以税收收入归属和征管权限为标准的分类

按照税收收入归属和征管权限的不同，税法可分为中央税、地方税和中央与地方共享税三种。

中央税属于中央政府的财政收入，由国家税务局、海关征收管理，如消费税、关税等为中央税；地方税属于各级地方政府的财政收入，由地方税务局征收管理，如房产税、城镇土地使用税、土地增值税等为地方税；中央与地方共享税属于中央政府和地方政府的共同收入，目前主要由国家税务局征收管理，如增值税等。

三、我国现行的税法体系

（一）税收实体法体系的构成

1994 年我国通过大规模的工商税制改革，已在主体上形成了我国工商税制的整体格局，连同我国现行有效的其他税种，我国现行税法体系中共有 26 种税，已开征的有 24 种，可分为 3 大类：①由税务机关负责征收的税种，包括增值税、消费税、营业税（2016 年 5 月 1 日起全面推开营业税改征增值税后，营业税退出历史舞台）；车辆购置税；企业所得税、外商投资企业和外国企业所得税（从 2008 年 1 月 1 日起改征企业所得税）、个人所得税；资源税、房产税、城市房地产税（从 2009 年 1 月 1 日起改征房产税）、城镇土地使用税、车船税、车船使用牌照税（从 2007 年 1 月 1 日起改征车船税）、土地增值税、印花税（含证券交易）、城市维护建设税、固定资产投资方向调节税（2000 年 1 月 1 日起暂停征收）、筵席税（2003 年起已经停征）、屠宰税（2006 年 2 月 17 日起废止）共 19 种，这就是通常所说的工商税；②由海关负责征收的关税、船舶吨税；③由财政机关负责征收的农业税、牧业税、耕地占用税、契税共 4 种（从 1996 年起少数地区改由税务机关负责征收，从 2005 年起契税由地方税务机关直接征收，从 2006 年起农业税、牧业税全部废止，增设烟叶税）。另外在 1994 年的《工商税制改革实施方案》中所提及的证券交易税、遗产和赠与税，目前尚未开征。

2016 年 5 月 1 日全面推开营业税改征增值税后，目前实际征收的共有 17 个税种。另外，环境保护税从 2018 年 1 月 1 日起开征。根据分税制财政管理体制，税收收入分为中央收入、地方收入和中央地方共享收入，如表 1-1 所示。

表 1-1 我国现行税种

序号	税 种	中央税	地方税	中央与地方共享税	备 注
1	增值税	√		√	海关代征的增值税为中央固定收入；其他为共享，中央分享 75%，地方分享 25%。2016 年 5 月 1 日，全面推开“营改增”后，试点期间，分享比例调整为各占 50%
2	消费税	√			含海关代征的消费税

续表

序号	税　　种	中央税	地方税	中央与地方共享税	备　　注
3	关税	√			
4	企业所得税	√		√	从 2002 年起铁道运输、邮电、国有商业银行、开发行、农发行、进出口行以及海洋石油天然气企业缴纳的所得税为中央收入；其他由中央与地方共享，中央分享60%，地方政府分享 40%
5	个人所得税			√	从 2002 年开始调整为共享税，中央分享 60%，地方政府分享 40%
6	房产税		√		
7	契税		√		
8	车船税		√		从 2007 年 1 月 1 日起由车船使用税改为车船税；从2012 年 1 月 1 日起执行新的车船税法
9	印花税	√	√		从 2016 年 1 月 1 日起，证券交易印花税收入归中央，其他印花税收入归地方
10	城市维护建设税	√	√		铁路部门、各银行总行、各保险总公司等集中缴纳的城市维护建设税为中央固定收入，其他为地方收入
11	耕地占用税		√		
12	车辆购置税	√			从 2001 年 1 月 1 日起开征
13	资源税	√	√		按不同的资源品种划分，大部分资源税作为地方税，海洋石油企业缴纳的资源税作为中央收入
14	城镇土地使用税		√		
15	土地增值税		√		
16	烟叶税		√		从 2006 年 4 月 1 日起开征
17	船舶吨税	√			仅对境外港口进入境内港口的船舶征税
18	环境保护税				从 2018 年 1 月 1 日起开征

注：表中“√”表示“是”。

（二）税收程序法体系的构成

我国的税收程序法是以 2001 年 4 月九届全国人大常委会第二十一次会议通过修订的《中华人民共和国税收征收管理法》为核心。此外，还包括 2002 年 10 月国务院发布的《税收征收管理法实施细则》；经国务院批准、财政部发布的《发票管理办法》；国家税务总局陆续发布的《关于贯彻实施税收征收管理法及其实施细则若干问题的规定》、《发票管理办法实施细则》、《税务行政复议规则》、《税务稽查工作规程》和《税务代理试行办法》，以及参照执行的《行政处罚法》、《行政诉讼法》和《国家赔偿法》等。

本章小结

本章内容结构如图 1-1 所示。

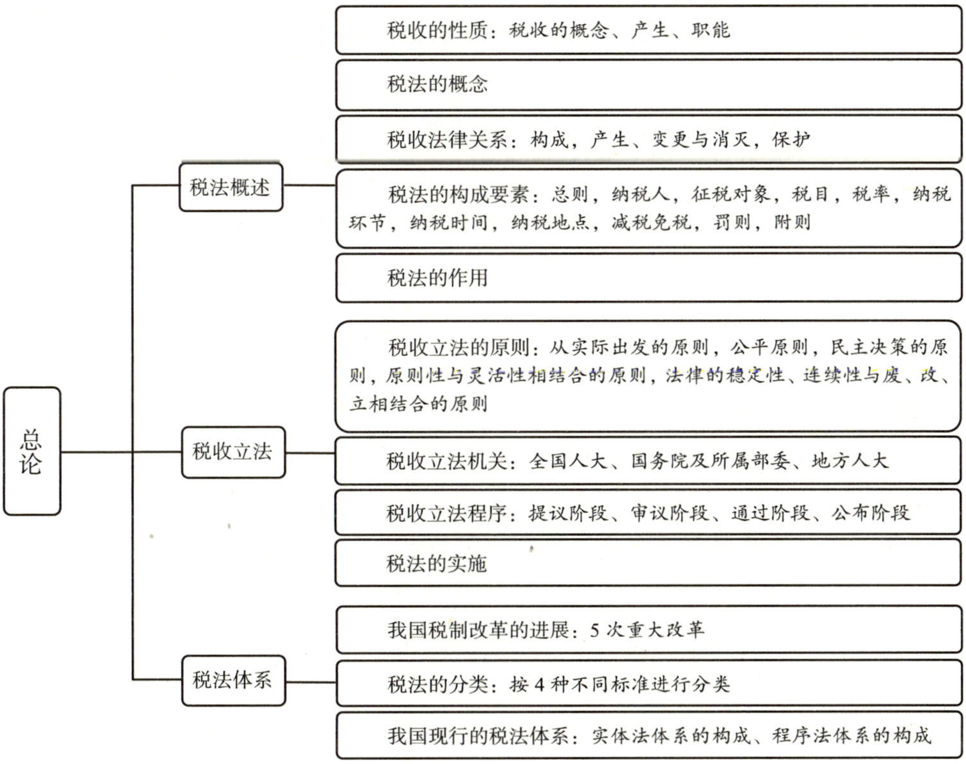

图 1-1　本章内容结构

习题训练

一、判断题

1. 税收分配凭借政治权力为主，财产权力为辅。（　　）

2. 税收的“三性”是不同社会制度下税收的共性，是税收区别于其他财政收入形式的标志。（　　）

3. 累进税率的基本特点是税率等级与征税对象的数额等级同方向变动，所以在级距临界点附近会出现税负增加超过征税对象数额增加的不合理现象。（　　）

4. 对同一征税对象，不论数额多少，均按同一比例征税的税率称为定额税率。 （　　）

5. 起征点是指达到或超过的就其全部数额征税，达不到的不征税；而免征额是指达到和超过的，可按扣除其该数额后的余额计税。 （　　）

6. 税法与税收密不可分，税法是税收的法律表现形式，税收则是税法所确定的具体内容。 （　　）

7. 尽管税收法律、法规和规章的制定机关不同，但它们的法律效率是相同的。 （　　）

8. 地方人大及其常委会制定的地方税收法规、部门规章或地方规章不得与税收行政法规相抵触，否则无效。 （　　）

9. 现行税法中，《个人所得税法》、《企业所得税法》、《税收征收管理法》、《车船税法》等都属于税收法律的范畴。 （　　）

10. 按照税法的基本内容和职能作用的不同，税法可分为税收基本法、税收实体法、税收程序法三种。 （　　）

二、单项选择题

1. 税制构成要素中区分不同税种的标志是（　　）。

A. 纳税人　　B. 征税对象　　C. 税目　　D. 税率

2. 税法上规定的纳税人是指直接（　　）的单位和个人。

A. 负有纳税义务　　B. 最终负担税款

C. 代收代缴税款　　D. 承担纳税担保

3. 税收法律关系的主体是指（　　）。

A. 征税方　　B. 征纳双方　　C. 纳税方　　D. 税务机关

4. 某纳税人某月取得收入250元，税率为10%，假定起征点和免征额均为240元，则按起征点和免征额办法计算，分别应纳税（　　）。

A. 25元和1元　　B. 25元和24元　　C. 24元和1元　　D. 1元和0元

5. 税收法规是国家最高行政机关根据其职权或国家最高权力的授权，依据宪法和税收法律，通过一定法律程序制定的规范性税收文件。下列属于税收法规的是（　　）。

A. 个人所得税法律　　B. 增值税暂行条例

C. 税务行政复议规则　　D. 税务代理试行办法

6. 有权制定税收法律的机关是（　　）。

A. 全国人大及其常委会　　B. 财政部

C. 全国人大财经委员会　　D. 国家税务总局

7. 下列税收法规中属于部门规章的有（　　）。

A.《企业所得税法实施条例》　　B.《增值税暂行条例》

C.《消费税暂行条例实施细则》 D.《车船税法》

8. 行为目的税是规定对某些特定行为及为实现特定目的征税的法律规范。在下列税法中，属于行为目的税的是（ ）。

A. 消费税 B. 增值税 C. 印花税 D. 房产税

9. 我国现行税法体系中，采用多次课征的税种是（ ）。

A. 增值税 B. 消费税 C. 车船税 D. 资源税

10. 以商品或劳务的流转额为征税对象的税种是（ ）。

A. 流转税 B. 所得税 C. 财产税 D. 资源税

三、多项选择题

1. 税收职能是税收的一种长期固定的属性，我国社会主义税收的职能是（ ）。

A. 组织财政收入职能 B. 调控经济运行职能

C. 促进经济发展职能 D. 监督管理经济职能

2. 下列有关税收概念的说法中正确的是（ ）。

A. 征税的主体是国家 B. 国家征税的依据是其政治权力

C. 税收分配的客体是所有社会产品 D. 税收具有强制性、无偿性、固定性的特征

3. 税收产生取决于相互制约的几个条件，其条件是（ ）。

A. 国家的产生 B. 社会公共品 C. 私有财产制 D. 生产制度化

4. 税收立法原则是指税收立法活动中应遵循的准则，一般包括（ ）原则。

A. 公平性 B. 民主性 C. 均衡性 D. 稳定性

5. 我国税收立法的一般程序是（ ）。

A. 提出税法草案 B. 制定税法草案

C. 通过税法草案 D. 公布实施税法

6. 下列各项中，有权制定税收规章的税务主管机关有（ ）。

A. 国家税务总局 B. 财政部 C. 国务院办公厅 D. 海关总署

7. 下列税种中，由全国人民代表大会立法确立的有（ ）。

A. 增值税 B. 消费税 C. 个人所得税 D. 企业所得税

8. 以下属于中央税的有（ ）。

A. 消费税 B. 企业所得税 C. 关税 D. 增值税

9. 依据一般的税法适用原则，对于一项新税法公布实施之前发生的纳税义务在新税法公布实施之后进入税款征收程序的，下列说法正确的有（ ）。

A. 实体法从旧 B. 实体法从新 C. 程序法从旧 D. 程序法从新

10. 下列属于税收实体法的有（ ）。

A. 企业所得税法 B. 消费税暂行条例

C. 税收征收管理法 D. 车船税法

第二章

增值税法

学习目标

1. 掌握增值税的基本法律知识，熟悉增值税的概念、类型和作用；会判断哪些业务应当征收增值税以及适用哪种税率。
2. 掌握增值税应纳税额的计算方法，能根据业务资料正确计算增值税一般纳税人的进项税额、销项税额和当期应纳税额，以及小规模纳税人的应纳增值税额。
3. 掌握增值税纳税申报表的填制方法，能根据业务资料填制增值税一般纳税人与小规模纳税人的纳税申报表，并能进行增值税网上申报。
4. 能用“免、抵、退”方法计算增值税应免抵和应退的税款，会办理出口货物退（免）增值税工作。

第一节 增值税概述

引　例

浙江安大木地板有限责任公司属于一般纳税人，主营销售各种木地板业务，兼营木地板安装服务，下设三个部门：采购部门负责采购木地板；安装部门负责安装木地板；销售部门负责销售木地板，三个部门的收支均由公司实行统一核算。2016 年 7 月，安装部门安装木地板收入 60 万元。其中，安装自己销售的地板收入 35 万元，安装其他企业的地板收入 25 万元。而销售部门的收入由销售木地板收入、销售复合地板收入和销售实木地板收入组成。2016 年 7 月，销售部门销售木地板收入 150 万元、销售复合地板收入 120 万元、销售实木地板收入 180 万元。

浙江安大木地板有限责任公司销售木地板、复合地板和实木地板以及安装木地板服务的收入应当如何进行税务处理?

增值税在我国开征虽然不过 20 多年,但已是我国第一大税种,现占到全部税收收入的近 30%。它与多数企业息息相关,因此,熟悉增值税业务显得十分重要。增值税许多业务又与今后要学的营业税联系在一起,不同的纳税人适用不同的税收政策、不同的税率,因此在学习增值税时,首先要搞懂增值税的基本法律知识。

一、增值税的性质

(一)增值税的概念

增值税是以商品在流转过程中产生的增值额为计税依据而征收的一种流转税。所谓增值额有理论增值额和法定增值额之分,理论增值额是指生产者或经营者于一定时期内,在商品生产经营过程中新创造的那部分价值,包括工资、奖金、利息、利润和其他增值项目;法定增值额是指各国根据各自的国情和政策需要,在其增值税法中明确规定的增值额。各国在确定法定增值额时,允许纳税人从其销售额或收入额中扣除的项目或范围有所不同,主要表现为对购进固定资产的处理方法不同。理论增值额与法定增值额可能一致,也可能不一致。目前,各国实行的增值税一般是以法定增值额为计税依据的。

我国现行的增值税是对在我国境内销售货物、提供加工修理修配劳务和销售服务、无形资产、不动产,以及进口货物的单位和个人,就其取得的货物、劳务或应税服务的销售额,以及进口货物金额计算税款,并实行税款抵扣制的一种流转税。现行增值税法规是国务院在 1993 年年底颁布、1994 年 1 月 1 日起实施的《中华人民共和国增值税暂行条例》,2008 年 11 月进行了修订,2013 年 8 月 1 日起在全国范围内对交通运输业和部分现代服务业实行营业税改征增值税的试点工作(简称“营改增”);2014 年 1 月 1 日起,试点范围扩大到铁路运输和邮政业服务;2014 年 6 月 1 日起,又将电信业服务纳入试点范围;2016 年 5 月 1 日起,在全国范围内全面推开“营改增”试点。

(二)增值税的类型

根据税基和购进固定资产的进项税额是否扣除及如何扣除的不同,各国增值税可分为生产型增值税、收入型增值税和消费型增值税三种类型。

1. 生产型增值税

它是指在计算应纳税额时,只允许从当期销项税额中扣除原材料等劳动对象的已纳税款,而不允许扣除固定资产所含税款的增值税。作为课税对象的法定增值额既包括新创造的价值,又包括当期计入成本的固定资产部分,大致为理论增值额与固定资产折旧之合。从整个社会经济来看,它相当于国民生产总值,故称为生产型增值税。这种类型增值税的法定增值额大于理论增值额,对固定资产耗费形成的价值存在重复征税,不利于鼓励投资,但有利于确保财政收入。少数发展中国家和我国(2008 年 12 月底前)实行的增值税主要属于这种类型。

2. 收入型增值税

它是指在计算应纳税额时，除扣除中间产品已纳税款，还允许在当期销项税额中扣除固定资产当期折旧部分所含的增值税。作为课税对象的法定增值额为工资、奖金、利息、利润和其他增值性费用之和。从整个社会经济来看，它相当于国民收入，故称为收入型增值税。这种类型增值税的法定增值额与理论增值额相同，是一种标准的增值税。由于外购固定资产的价值以计提折旧的方式逐步转入产品价值之中，而不同企业的折旧方法又不尽相同，且缺乏统一的结转凭证，难以操作，影响了它的推广应用。拉丁美洲的一些国家的增值税大多选择这种类型。

3. 消费型增值税

它是指在计算应纳税额时，除扣除中间产品已纳税款，对纳税人购入固定资产的已纳税款，允许一次性地从当期销项税额中全部扣除，从而使纳税人用于生产应税产品的全部外购生产资料都不负担增值税。作为课税对象的法定增值额为当期全部销售额或收入额扣除全部外购生产资料价款后的余额。从整个社会经济来看，它相当于全部消费资料的价值，故称为消费型增值税。由于外购固定资产的成本可凭发票一次性全部扣除，既便于操作，又便于管理，因而是最能体现增值税优越性的一种类型，但它会在一定程度上减少财政收入。西方发达国家大多实行这种增值税，2009 年 1 月 1 日开始，我国实行增值税转型，全面实施消费型增值税。

（三）增值税的特点

（1）不重复征税，具有税收中性。增值税在计税原理上是以商品或劳务价值中的增值额为征税对象，可避免对同一对象重复征税，同一货物在其各个生产、流通环节的税负大致相同，使得增值税对生产经营活动以及消费行为基本不发生影响。增值税具有中性税收的特点，从而有利于生产的专业化分工，提高社会经济资源的利用效率。

（2）税源广阔，具有普遍性。增值税不仅可以对制造业征收，而且可以对贸易行业征收；不仅可以在生产环节征收，而且可以在批发、零售及进口诸环节征收。一切从事生产经营活动并取得经营收入的单位和个人都应依法缴纳增值税。

（3）实行税款抵扣制度，具有可操作性。由于新增价值或商品附加值在商品流通过程中是一个难以准确计算的数据，因此，在增值税的实际操作上采用税款抵扣法计算，可根据货物或应税劳务销售额，按照规定的税率计算税款，然后从中扣除上一道环节已纳增值税税款，其余额即纳税人应缴纳的增值税税款。这种计算办法同样体现了不重复征税的特点。

（4）逐个环节价外征收，具有转嫁性。增值税是在商品交易额或劳务价值之外，由卖方向买方收取，由买方所承担的增值税，又会通过其销售活动全部转移给下一个环节（下一个买方）而得到足额补偿。因此，从形式上讲，增值税税收负担是由不能再行转嫁的最终消费者承担的。

（四）增值税的作用

（1）平衡税负，促进专业化分工和公平竞争。增值税不重复征税的特点，使得各生产和流通环节的增值税税负基本相同，避免出现生产环节越多、越往后，税负越重的情况，为各生产环节的生产经营者提供了一个公平竞争的税收环境，有利于生产的专业化分工和协作，优化社会资源配置。

（2）保证财政收入的稳定增长。增值税征收面积广泛，不受企业生产组织形式、产品结构和流转环节变化的影响，必然会随着整个社会经济的增长而增长。同时，由于增值税采用税款抵扣制度，使前后各环节相互联系，有利于税务稽查，有效地防止偷逃税款，从而能有效地保证一国财政收入的稳定增长。

（3）促进国际贸易。对于货物出口或对外提供劳务，增值税一般实行零税率，其应纳的增值税会出现负数，使经营者能得到国家相应数额的退税，这样出口货物或劳务的价格中不含增值税，有利于降低货物或劳务的价格，提高其在国际市场上的竞争力。同时，由于进口货物或劳务要征收相应的增值税，使其与国内的货物或劳务税务相同，有利于保护本国的民族工业。

（4）相互勾稽，防止偷税、漏税。由于增值税实行逐个环节征收，前后相扣，形成一种相互勾稽的链条关系。在凭发票抵扣制度下，可促使购买方向销售方索要发票，从而使得买卖双方建立起相互制约的关系，税务部门可通过发票对纳税人进行交叉审计，防止并及时发现偷税、漏税现象。

二、增值税的纳税人

增值税的纳税人，是指在中国境内销售货物或提供加工、修理修配劳务和销售服务、无形资产、不动产，以及进口货物的单位和个人。单位是指企业、行政单位、事业单位、军事单位、社会团体及其他单位；个人是指个体工商户和其他个人。根据纳税人经营规模以及会计核算的健全程度不同，可分为小规模纳税人和一般纳税人。

单位以承包、承租、挂靠方式经营的，承包人、承租人、挂靠人（统称承包人）以发包人、出租人、被挂靠人（统称发包人）名义对外经营并由发包人承担相关法律责任的，以该发包人为纳税人。否则，以承包人为纳税人。

在我国境外的单位或者个人在境内发生应税行为，在境内未设有经营机构的，购买方为增值税扣缴义务人。

（一）小规模纳税人

小规模纳税人是指年应税销售额在规定标准以下，并且会计核算不健全，不能按规定报送有关税务资料的增值税纳税人。

小规模纳税人年应税销售额的标准为：①从事货物生产或提供应税劳务的纳税人，以及以从事货物生产或提供应税劳务为主，并兼营货物批发或零售的纳税人，年应税销售额在50万元及以下的；②从事货物批发或零售的纳税人，年应税销售额在80万元及以下的；③从事销售服务、无形资产或者不动产的纳税人，年应税销售额在500万元及以下的。

年应税销售额超过规定标准的其他个人不属于一般纳税人，年应税销售额超过规定标准但不经常发生应税行为的单位和个体工商户可选择按小规模纳税人纳税。

小规模纳税人不能领购和使用增值税专用发票的，按简易计税办法计算缴纳增值税。发生应税行为，购买方索取增值税专用发票的，可以向主管税务机关申请代开。

年应税销售额未超过规定标准的纳税人，会计核算健全，能够提供准确税务资料的，可以向主管税务机关办理一般纳税人资格登记，成为一般纳税人。

【提示】

所谓年应税销售额，是指纳税人在连续不超过12个月的经营期内累计应征增值税销售额，含减免税销售额、发生境外应税行为销售额以及按规定已从销售额中差额扣除的部分。如果该销售额为含税的，应按照适用税率或征收率换算为不含税的销售额。

（二）一般纳税人

应税行为的年应征增值税销售额超过财政部和国家税务总局规定标准的纳税人为一般纳税人。

下列纳税人不办理一般纳税人登记：

① 个体工商户以外的其他个人。

② 选择按照小规模纳税人纳税的非企业性单位。

③ 选择按照小规模纳税人纳税的不经常发生应税行为的企业。

除国家税务总局另有规定外，一经登记为一般纳税人后，不得转为小规模纳税人。

三、增值税的征税范围

增值税的征收范围，包括在我国境内销售货物，提供应税劳务，销售服务、无形资产或不动产及进口货物。

（一）征税范围的一般规定

1. 销售货物

这里所称的货物是一个增值税法规中的特定概念，是指有形动产，包括电力、热力、气体在内。销售货物是指有偿转让货物的所有权，能从购买方取得货币、货物或其他经济利益。境内销售货物，是指所销售货物的起运地或所在地在我国境内。

2. 提供加工、修理修配劳务

所谓加工，是指受托加工货物，即由委托方提供原料及主要材料，受托方按照委托方的要求制造货物并收取加工费的业务。所谓修理修配，是指受托方对损伤和丧失功能的货物进行修复，使其恢复原状和功能的业务。境内提供应税劳务，是指所提供的应税劳务发生在境内。

3. 销售服务、无形资产或不动产

销售服务、无形资产或不动产，是指有偿提供服务、有偿转让无形资产或不动产，但属于下列非经营活动的情形除外：①行政单位收取的同时满足相关条件的政府性基金或者行政事业性收费；②单位或者个体工商户聘用的员工为本单位或者雇主提供取得工资的服务；③单位或者个体工商户为聘用的员工提供服务；④财政部和国家税务总局规定的其他情形。

“在境内销售服务、无形资产或不动产”是指：①服务（租赁不动产除外）或者无形资产（自然资源使用权除外）的销售方或者购买方在境内；②所销售或者租赁的不动产在境内；③所销售自然资源使用权的自然资源在境内。

下列情形不属于在境内销售服务或者无形资产：①境外单位或者个人向境内单位或者个人销售完全在境外发生的服务；②境外单位或者个人向境内单位或者个人销售完全在境外使用的无形资产；③境外单位或者个人向境内单位或者个人出租完全在境外使用的有形动产。

（1）销售服务。销售服务是指提供交通运输服务、邮政服务、电信服务、建筑服务、金融服务、现代服务、生活服务。

1）交通运输服务。

交通运输服务是指利用运输工具将货物或者旅客送达目的地，使其空间位置得到转移的业务活动，包括陆路运输服务、水路运输服务、航空运输服务和管道运输服务。

① 陆路运输服务。陆路运输服务是指通过陆路（地上或者地下）运送货物或者旅客的运输业务活动，包括铁路运输、公路运输、缆车运输、索道运输、地铁运输、城市轻轨运输等。出租车公司向使用本公司自有出租车的出租车司机收取的管理费用，按陆路运输服务缴纳增值税。

② 水路运输服务。水路运输服务是指通过江、河、湖、川等天然、人工水道或者海洋航道运送货物或者旅客的运输业务活动。水路运输的程租、期租业务，属于水路运输服务。

③ 航空运输服务。航空运输服务是指通过空中航线运送货物或者旅客的运输业务活动。航空运输的湿租业务，属于航空运输服务。航天运输服务按照航空运输服务征收增值税。

④ 管道运输服务。管道运输服务是指通过管道设施输送气体、液体、固体物质的运输业务活动。

无运输工具承运业务，按照交通运输服务缴纳增值税。无运输工具承运业务是指经营者以承运人身份与托运人签订运输服务合同，收取运费并承担承运人责任，然后委托实际承运人完成运输服务的经营活动。

2）邮政服务。邮政服务是指中国邮政集团公司及其所属邮政企业提供邮件寄递、邮政汇兑和机要通信等邮政基本服务的业务活动，包括邮政普遍服务、邮政特殊服务和其他邮政服务。

① 邮政普遍服务。邮政普遍服务是指函件、包裹等邮件寄递，以及邮票发行、报刊发行和邮政汇兑等业务活动。

② 邮政特殊服务。邮政特殊服务是指义务兵平常信函、机要通信、盲人读物和革命烈士遗物的寄递等业务活动。

③ 其他邮政服务。其他邮政服务是指邮册等邮品销售、邮政代理等业务活动。

3）电信服务。电信服务是指利用有线、无线的电磁系统或者光电系统等各种通信网络资源，提供语音通话服务，传送、发射、接收或者应用图像、短信等电子数据和信息的业务活动，包括基础电信服务和增值电信服务。

① 基础电信服务。基础电信服务是指利用固网、移动网、卫星、互联网，提供语音通话服务的业务活动，以及出租或者出售带宽、波长等网络元素的业务活动。

② 增值电信服务。增值电信服务是指利用固网、移动网、卫星、互联网、有线电视网络，提供短信和彩信服务、电子数据和信息的传输及应用服务、互联网接入服务等业务活动。卫星电视信号落地转接服务，按照增值电信服务计算缴纳增值税。

4）建筑服务。建筑服务是指各类建筑物、构筑物及其附属设施的建造、修缮、装饰，线路、管道、设备、设施等的安装以及其他工程作业的业务活动，包括工程服务、安装服务、修缮服务、装饰服务和其他建筑服务。

① 工程服务。工程服务是指新建、改建各种建筑物、构筑物的工程作业，包括与建筑物相连的各种设备或者支柱、操作平台的安装或者装设工程作业，以及各种窑炉和金属结构工程作业。

② 安装服务。安装服务是指生产设备、动力设备、起重设备、运输设备、传动设备、医疗实验设备以及其他各种设备、设施的装配、安置工程作业，包括与被安装设备相连的工作台、梯子、栏杆的装设工程作业，以及被安装设备的绝缘、防腐、保温、油漆等工程作业。

③ 修缮服务。修缮服务是指对建筑物、构筑物进行修补、加固、养护、改善，使之恢复原来的使用价值或者延长其使用期限的工程作业。

④ 装饰服务。装饰服务是指对建筑物、构筑物进行修饰装修，使之美观或者具有特定用途的工程作业。

⑤ 其他建筑服务。其他建筑服务是指上列工程作业之外的各种工程作业服务。

5）金融服务。金融服务是指经营金融保险的业务活动，包括贷款服务、直接收费金融服务、保险服务和金融商品转让。

① 贷款服务。贷款服务是指将资金贷与他人使用而取得利息收入的业务活动。各种占用、拆借资金取得的收入，以及融资性售后回租、押汇、罚息、票据贴现、转贷等业务取得的利息及利息性质的收入和以货币资金投资收取的固定利润或者保底利润，按照贷款服务缴纳增值税。

② 直接收费金融服务。直接收费金融服务是指为货币资金融通及其他金融业务提供相关服务并且收取费用的业务活动。

③ 保险服务。保险服务是指投保人根据合同约定，向保险人支付保险费，保险人对于合同约定的可能发生的事故因其发生所造成的财产损失承担赔偿保险金责任，或者当被保险人死亡、伤残、疾病或者达到合同约定的年龄、期限等条件时承担给付保险金责任的商业保险行为，包括人身保险服务和财产保险服务。

④ 金融商品转让。金融商品转让是指转让外汇、有价证券、非货物期货和其他金融商品所有权的业务活动。金融商品转让不得开具增值税专用发票。

6）现代服务。现代服务是指围绕制造业、文化产业、现代物流产业等提供技术性、知识性服务的业务活动，包括研发和技术服务、信息技术服务、文化创意服务、物流辅助服务、租赁服务、鉴证咨询服务、广播影视服务、商务辅助服务和其他现代服务。

① 研发和技术服务。研发和技术服务包括研发服务、技术转让服务、技术咨询服务、合同能源管理服务、工程勘察勘探服务。

② 信息技术服务。信息技术服务是指利用计算机、通信网络等技术对信息进行生产、收集、处理、加工、存储、运输、检索和利用，并提供信息服务的业务活动，包括软件服务、电路设计及测试服务、信息系统服务和业务流程管理服务。

③ 文化创意服务。文化创意服务包括设计服务、知识产权服务、广告服务和会议展览服务。

④ 物流辅助服务。物流辅助服务包括航空服务、港口码头服务、货运客运场站服务、打捞救助服务、装卸搬运服务、仓储服务和收派服务。

⑤ 租赁服务。租赁服务包括融资租赁服务和经营租赁服务。

⑥ 鉴证咨询服务。鉴证咨询服务包括认证服务、鉴证服务和咨询服务。翻译服务和市场调查服务按照咨询服务缴纳增值税。

⑦ 广播影视服务。广播影视服务包括广播影视节目（作品）的制作服务、发行服务和播映（含放映）服务。

⑧ 商务辅助服务。商务辅助服务包括企业管理服务、经纪代理服务、人力资源服务、安全保护服务。

⑨ 其他现代服务。其他现代服务是指除研发和技术服务、信息技术服务、文化创意服务、物流辅助服务、租赁服务、鉴证咨询服务、广播影视服务和商务辅助服务以外的现代服务。

7）生活服务。生活服务是指为满足城乡居民日常生活需求提供的各类服务活动，包括文化体育服务、教育医疗服务、旅游娱乐服务、餐饮住宿服务、居民日常服务和其他生活服务。

① 文化体育服务。文化体育服务包括文化服务和体育服务。文化服务是指为满足社会公众文化生活需求提供的各种服务。体育服务是指组织举办体育比赛、体育表演、体育活动，以及提供体育训练、体育指导、体育管理的业务活动。

② 教育医疗服务。教育医疗服务包括教育服务和医疗服务。教育服务是指提供学历教育服务、非学历教育服务、教育辅助服务的业务活动。医疗服务是指提供医学检查、诊断、治疗、康复、预防、保健、接生、计划生育、防疫服务等方面的服务，以及与这些服务有关的提供药品、医用材料器具、救护车、病房住宿和伙食的业务。

③ 旅游娱乐服务。旅游娱乐服务包括旅游服务和娱乐服务。旅游服务是指根据旅游者的要求，组织安排交通、游览、住宿、餐饮、购物、文娱、商务等服务的业务活动。娱乐服务是指为娱乐活动同时提供场所和服务的业务。

④ 餐饮住宿服务。餐饮住宿服务包括餐饮服务和住宿服务。餐饮服务是指通过同时提供饮食和饮食场所的方式为消费者提供饮食消费服务的业务活动。住宿服务是指提供住宿场所及配套服务等的活动。

⑤ 居民日常服务。居民日常服务是指主要为满足居民个人及其家庭日常生活需求提供的服务，包括市容市政管理、家政、婚庆、养老、殡葬、照料和护理、救助救济、美容美发、按摩、桑拿、氧吧、足疗、沐浴、洗染、摄影扩印等服务。

⑥ 其他生活服务。其他生活服务是指除文化体育服务、教育医疗服务、旅游娱乐服务、餐饮住宿服务和居民日常服务之外的生活服务。

（2）销售无形资产。销售无形资产是指转让无形资产所有权或者使用权的业务活动。无形资产包括技术、商标、著作权、商誉、自然资源使用权和其他权益性无形资产。

（3）销售不动产。销售不动产是指转让不动产所有权的业务活动。不动产是指不能移动或者移动后会引起性质、形状改变的财产，包括建筑物、构筑物等。

4. 进口货物

进口货物是指将货物从我国境外移送至我国境内的行为。税法规定，凡进入我国海关境内的货物，应于进口报关时向海关缴纳进口环节增值税。

（二）属于征税范围的几个特殊项目

（1）货物期货。

（2）银行销售金银。

（3）典当业的死当物品销售和寄售业代委托人销售寄售物品。

（4）集邮商品（如邮票、首日封、邮折等）的生产以及销售。

（三）属于征税范围的几个特殊行为

1. 视同销售行为

单位或个体经营者的下列行为，视同销售货物、服务、无形资产或者不动产行为：

① 将货物交付其他单位或者个人代销。

② 销售代销货物。

③ 设有两个以上机构并实行统一核算的纳税人，将货物从一个机构移送其他机构用于销售，但相关机构在同一县（市）的除外。

④ 将自产或者委托加工的货物用于免税项目、简易计税项目。

⑤ 将自产、委托加工的货物用于集体福利或个人消费。

⑥ 将自产、委托加工或购进的货物作为投资，提供给其他单位或个体工商户。

⑦ 将自产、委托加工或购进的货物分配给股东或投资者。

⑧ 将自产、委托加工或购进的货物无偿赠送给其他单位或者个人。

⑨ 向其他单位或者个人无偿提供服务、转让无形资产或者不动产，但用于公益事业或者以社会公众为对象的除外。

【提示】

视同销售行为中，所涉及的外购货物进项税额，凡符合规定的，允许作为当期进项税额抵扣。其中，购进货物用于④、⑤项的，进项税不得抵扣，已经抵扣的，应作为进项税额转出处理。

2. 混合销售行为

一项销售行为如果既涉及货物又涉及服务，为混合销售。从事货物的生产、批发或者零售的单位和个体工商户的混合销售行为，按照销售货物缴纳增值税；其他单位和个体工商户的混合销售行为，按照销售服务缴纳增值税。

上述从事货物的生产、批发或者零售的单位和个体工商户，包括以从事货物的生产、批发或者零售为主，并兼营销售服务的单位和个体工商户在内。

3. 兼营行为

纳税人销售货物、加工修理修配劳务、服务、无形资产或者不动产，适用不同税率或者征收率的，应当分别核算适用不同税率或者征收率的销售额，未分别核算销售额的，按照以下方法适用税率或者征收率：

① 兼有不同税率的销售货物、加工修理修配劳务、服务、无形资产或者不动产，从高适用税率。

② 兼有不同征收率的销售货物、加工修理修配劳务、服务、无形资产或者不动产，从高适用征收率。

③ 兼有不同税率和征收率的销售货物、加工修理修配劳务、服务、无形资产或者不动产，从高适用税率。

纳税人兼营免税、减税项目的，应当分别核算免税、减税项目的销售额；未分别核算的，不得免税、减税。

4. 代购货物

代购货物，凡同时具备下列条件，代购环节货物本身不征收增值税，仅按其手续费收入计缴增值税；如果不同时具备以下条件，无论会计准则规定如何处理，均应缴纳增值税。

（1）受托方不垫付资金。

（2）销售方将发票开具给委托方，由受托方将发票转交给委托方。

（3）受托方按销售方实际收取的销售额和增值税额与委托方结算款项，并另收手续费。

代理进口货物的行为，属于代购货物行为，应按增值税代购货物的征税规定执行。

引例解析

引例中浙江安大木地板有限责任公司的经营范围包括木地板销售和木地板安装，也就是说，顾客不买木地板，公司也可以为顾客提供安装木地板服务，而且二者没有必然的从属关系，属于兼营行为，企业应分别核算，按不同税率缴纳增值税：销售地板收入，包括销售木地板、复合地板、实木地板收入，应按销售货物申报缴纳增值税；而木地板安装劳务属于服务业，应按销售服务业申报缴纳增值税，这样对企业也更为有利。

四、增值税的税率、征收率、抵扣率

（一）基本税率

增值税一般纳税人销售或者进口货物，提供加工、修理修配劳务，除低税率适用范围和销售个别旧货适用征收率外，税率一律为17%，这就是通常说的基本税率。

（二）低税率

增值税一般纳税人销售或者进口下列货物，按低税率计征增值税，低税率为13%：粮食、食用植物油、自来水、鲜奶；暖气、冷气、热水、煤气、石油液化气、天然气、沼气、居民用煤炭制品；图书、报纸、杂志；饲料、化肥、农药、农机（不包括农机零部件）、农膜；农产品、音像制品、电子出版物、二甲醚；国务院规定的其他货物。

（三）零税率

纳税人出口货物，税率为零，但国务院另有规定的除外。

【提示】

不适用零税率的货物：原油、柴油、援外货物、天然牛黄、麝香、铜及铜基合金、白银、糖和新闻纸等。

纳税人兼营不同税率的货物或者应税劳务（例如，某商场既销售税率为17%的商品，又销售税率为13%的粮食、食用油等；某农业机械厂既生产销售税率为13%的农机，又对外提供税率为 17%的加工、修理修配业务），应当分别核算不同税率货物或者应税劳务的销售额；未分别核算销售额的，从高适用税率。

（四）销售服务、无形资产或者不动产的税率

（1）提供交通运输、邮政、基础电信、建筑、不动产租赁服务，销售不动产，转让土地使用权，税率为11%。

（2）提供有形动产租赁服务，税率为17%。

（3）除了以上两种情形外，纳税人发生其他销售服务、无形资产应税行为，税率为6%。

（4）境内单位和个人发生财政部和国家税务总局规定范围内的跨境应税行为，税率为零。

（五）征收率

1. 小规模纳税人

① 销售货物、加工修理修配劳务、服务、无形资产的征收率为3%。

② 销售自己使用过的固定资产，减按2%征收率征收增值税。

③ 销售旧货，按3%征收率减按2%征收增值税。

④ 销售不动产（不含个体工商户销售购买的住房和其他个人销售不动产），按照 5%的征收率征收增值税。

⑤ 房地产开发企业中的小规模纳税人，销售自行开发的房地产项目，按5%的征收率征收增值税。

⑥ 出租不动产（不含个人出租住房），按5%的征收率征收增值税。

2. 一般纳税人

（1）3%征收率（销售自产货物）。从2014年7月1日起，一般纳税人销售自产的下列货物，可选择按简易办法依 3%征收率征收增值税：①县级及县级以下小型水力发电单位生产的电力。小型水力发电单位，是指各类投资主体建设的装机容量为5万千瓦以下（含5万千瓦）的小型水力发电单位。②建筑用和生产建筑材料所用的砂、土、石料。③以自己采掘的砂、土、石料或其他矿物连续生产的砖、瓦、石灰（不含黏土实心砖、瓦）。④用微生物、微生物代谢产物、动物毒素、人或动物的血液或组织制成的生物制品。⑤自来水。⑥商品混凝土（仅限于以水泥为原料生产的水泥混凝土）。

（2）3%征收率。从2014年7月1日起，一般纳税人销售下列货物，暂按简易办法依

3%征收率征收增值税：①寄售商店代销寄售物品。②典当业销售死当物品。③经国务院或其授权机关批准认定的免税商店零售免税货物。

（3）3%征收率减按2%征收。适用情形包括：①一般纳税人销售旧货，按简易办法依3%征收率减按2%征收增值税，不得抵扣进项税额。②一般纳税人销售自己使用过的固定资产，区分不同情况征收增值税：一般纳税人销售自己使用过的2009年1月1日或纳入营改增试点之日后购进或自制的固定资产，按照适用税率征收增值税；销售自己使用过的2008年12月31日或纳入营改增试点之日前购进或自制的固定资产，按3%征收率减按2%征收增值税并且不得开具增值税专用发票，或者依照3%征收率缴纳增值税，可开具增值税专用发票。

（4）3%征收率（销售服务）。从2016年5月1日起，一般纳税人发生下列特定应税服务，可以选择简易计税方法按3%计税，但一经选择，36个月内不得变更。

① 公共交通运输服务。公共交通运输服务包括轮客渡、公交客运、地铁、城市轻轨、出租车、长途客运、班车。

② 经认定的动漫企业为开发动漫产品提供的动漫脚本编撰、形象设计、背景设计、动画设计、分镜、动画制作、摄制、描线、上色、画面合成、配音、配乐、音效合成、剪辑、字幕制作、压缩转码服务，以及在境内转让动漫版权。

③ 电影放映服务、仓储服务、装卸搬运服务、收派服务和文化体育服务。

④ 在纳入营改增试点之日前取得的有形动产为标的物提供的经营租赁服务。

⑤ 在纳入营改增试点之日前签订的尚未执行完毕的有形动产租赁合同。

⑥ 以清包工方式提供的建筑服务。清包工方式是指施工方不采购建筑工程所需的材料或只采购辅助材料，并收取人工费、管理费或者其他费用的建筑服务。

⑦ 为甲供工程提供的建筑服务。甲供工程是指全部或部分设备、材料、动力由工程发包方自行采购的建筑工程。

⑧ 为建筑工程老项目提供的建筑服务。建筑工程老项目是指合同注明的开工日期在2016年4月30日前的建筑工程项目。

（5）5%征收率（销售或出租不动产）。从2016年5月1日起，一般纳税人发生下列特定应税行为，可以选择简易计税方法计税，但一经选择，36个月内不得变更。纳税人在不动产所在地按5%预缴税款后，向机构所在地主管税务机关进行纳税申报。

① 销售其2016年4月30日前取得或者自建的不动产。

② 房地产开发企业销售自行开发的房地产老项目。

③ 出租其2016年4月30日前取得的不动产。公路经营企业中的一般纳税人收取试点前开工的高速公路的车辆通行费，可依照5%的征收率减按3%征收。

3. 其他

① 其他个人销售其取得（不含自建）的不动产（不含其购买的住房），按照 5%的征收率征税。

② 其他个人出租其取得的不动产（不含住房），按照 5%的征收率征税。

③ 个人出租住房，按照 5%的征收率减按 1.5%征收。

（六）抵扣率（扣除率）

对企业从非增值税纳税人处购进免税农产品，由于不能得到增值税专用发票，为了不增加企业的增值税税负，税法规定了按抵扣率计算抵扣进项税额。

增值税一般纳税人购进农业生产者销售的免税农业产品和向小规模纳税人购买农业产品，按买价 13%的抵扣率计算进项税额，买价包括纳税人购进农产品在农产品收购发票或者销售发票上注明的价款和按规定缴纳的烟叶税。价款是指经上级主管税务机关批准使用的收购凭证上注明的价款。对一般纳税人购进农业产品开具的粮食收购发票（税务机关统一印制），可以按收购发票上注明的价款计算进项税额。

五、增值税的优惠政策

增值税的减免项目等优惠政策，由国务院统一规定，任何地区和部门都不得擅自出台优惠政策，现行的优惠政策主要有以下几种。

（一）增值税法定免税项目

（1）农业生产者销售的自产农业产品。

（2）避孕药品和用具。

（3）古旧图书。

（4）直接用于科学研究、科学试验和教学的进口仪器、设备。

（5）外国政府、国际组织无偿援助的进口物资和设备。

（6）由残疾人组织直接进口供残疾人专用的物品。

（7）个人销售自己使用过的物品。

（二）其他减免税的有关规定

（1）对销售下列自产货物实行免征增值税政策：①再生水；②以废旧轮胎为全部生产原料生产的胶粉；③翻新轮胎；④生产原料中掺兑废渣比例不低于 30%的特定建材商品。

（2）对污水处理劳务免征增值税。

（3）对销售下列自产货物实行增值税即征即退的政策：①以工业废气为原料生产的高纯度二氧化碳产品；②以垃圾为原料生产的电力或者热力，垃圾用量占发电燃料的比重不低于 80%；③以煤炭开采过程中伴生的舍弃物油母页岩为原料生产的页岩油；④以废旧沥青混凝土为原料生产的再生沥青混凝土，废旧沥青混凝土用量占生产原料的比重不低于

30%；⑤采用旋窑法工艺生产并且生产原料中掺兑废渣比例不低于30%的水泥（包括水泥燃料）。

（4）销售下列自产货物实现的增值税实行即征即退50%的政策：①以退役军用发射药为原料生产的涂料硝化棉粉，退役军用发射药在生产原料中的比重不低于90%；②对燃煤发电厂及各类工业企业产生的烟气、高硫天然气进行脱硫生产的副产品；③以废弃酒糟和酿酒底锅水为原料生产的蒸汽、活性炭、白炭黑、乳酸、乳酸钙、沼气，废弃酒糟和酿酒底锅水在生产原料中所占的比重不低于80%；④以煤矸石、煤泥、石煤、油母页岩为燃料生产的电力和热力，煤矸石、煤泥、石煤、油母页岩用量占发电燃料的比重不低于60%；⑤利用风力生产的电力；⑥部分新型墙体材料产品。

（5）对销售自产的综合利用生物柴油实行增值税先征后退政策。综合利用生物柴油，是指以废弃的动物油和植物油为原料生产的柴油。废弃的动物油和植物油用量占生产原料的比重不低于70%。

（6）增值税一般纳税人销售其自行开发生产的软件产品（含将进口软件产品进行本地化改造后对外销售）按17%的税率征收增值税后，对其增值税实际税负超过3%的部分实行即征即退政策。本地化改造是指对进口软件产品进行重新设计、改造、转换等，单纯对进口软件产品进行汉字化处理不包括在内。

（7）对农民专业合作社销售本社成员生产的农业产品，视同农业生产者销售自产农业产品，免征增值税；对农民专业合作社向本社成员销售的农膜、种子、种苗、化肥、农药、农机免征增值税。

【提示】

① 即征即退是指指税务机关将应征的增值税征收入库后，即时退还；先征后退是指按税法规定缴纳的税款，由税务机关征收入库后，再由税务机关按规定的程序给予部分或全部退税。先征后退与即征即退差不多，两者相比，先征后退有比较严格的退税程序和管理规定，所以在退税时间上有所差异而已。② 纳税人销售货物、劳务或者应税服务适用免税规定的，可以放弃免税，依照条例的规定缴纳增值税。放弃免税后，36个月内不得再申请免税。

（三）营业税改征增值税试点过渡优惠政策

1. 免征增值税项目

（1）托儿所、幼儿园提供的保育和教育服务。

（2）养老机构提供的养老服务。

（3）残疾人福利机构提供的育养服务。

（4）婚姻介绍服务。

（5）殡葬服务。

（6）残疾人员本人为社会提供的医疗服务。

（7）医疗机构提供的医疗服务。

（8）从事学历教育的学校提供的教育服务。

（9）学生勤工俭学提供的服务。

（10）农业机耕、排灌、病虫害防治、植物保护、农牧保险以及相关技术培训业务，家禽、牲畜、水生动物的配种和疾病防治。

（11）纪念馆、博物馆、文化馆、文物保护单位管理机构、美术馆、展览馆、书画院、图书馆在自己的场所提供文化体育服务取得的第一道门票收入。

（12）寺院、宫观、清真寺和教堂举办文化、宗教活动的门票收入。

（13）行政单位之外的其他单位收取的符合相关规定条件的政府性基金和行政事业性收费。

（14）个人转让著作权。

（15）个人销售自建自用住房。

（16）2018 年 12 月 31 日前，公共租赁住房经营管理单位出租公共租赁住房。

（17）台湾航运公司、航空公司从事海峡两岸海上直航、空中直航业务在大陆取得的运输收入。

（18）纳税人提供的直接或者间接国际货物运输代理服务。

（19）以下利息收入：①2016 年 12 月 31 日前，金融机构农户小额贷款；②国家助学贷款；③国债、地方政府债；④人民银行对金融机构的贷款；⑤住房公积金管理中心用住房公积金在指定的委托银行发放的个人住房贷款；⑥外汇管理部门在从事国家外汇储备经营过程中，委托金融机构发放的外汇贷款；⑦统借统还业务中，企业集团或企业集团中的核心企业以及集团所属财务公司按不高于支付给金融机构的借款利率水平或者支付的债券票面利率水平，向企业集团或者集团内下属单位收取的利息。

（20）被撤销金融机构以货物、不动产、无形资产、有价证券、票据等财产清偿债务。

（21）保险公司开办的一年期以上人身保险产品取得的保费收入。

（22）下列金融商品转让收入：①合格境外投资者（QFII）委托境内公司在我国从事证券买卖业务；②香港市场投资者（包括单位和个人）通过沪港通买卖上海证券交易所上市 A 股；③对香港市场投资者（包括单位和个人）通过基金互认买卖内地基金份额；④证券投资基金（封闭式证券投资基金、开放式证券投资基金）管理人运用基金买卖股票、债券；⑤个人从事金融商品转让业务。

（23）金融同业往来利息收入。

（24）符合规定条件的担保机构从事中小企业信用担保或者再担保业务取得的收入（不含信用评级、咨询、培训等收入）3 年内免征增值税。

（25）国家商品储备管理单位及其直属企业承担商品储备任务，从中央或者地方财政取得的利息补贴收入和价差补贴收入。

（26）纳税人提供技术转让、技术开发和与之相关的技术咨询、技术服务。

（27）同时符合下列条件的合同能源管理服务：①节能服务公司实施合同能源管理项目相关技术，应当符合国家质量监督检验检疫总局和国家标准化管理委员会发布的《合同能源管理技术通则》（GB/T24915—2010）规定的技术要求；②节能服务公司与用能企业签订节能效益分享型合同，其合同格式和内容，符合《中华人民共和国合同法》和《合同能源管理技术通则》（GB/T24915—2010）等规定。

（28）2017 年 12 月 31 日前，科普单位的门票收入，以及县级及以上党政部门和科协开展科普活动的门票收入。

（29）政府举办的从事学历教育的高等、中等和初等学校（不含下属单位），举办进修班、培训班取得的全部归该学校所有的收入。

（30）政府举办的职业学校设立的主要为在校学生提供实习场所、并由学校出资自办、由学校负责经营管理、经营收入归学校所有的企业，从事“现代服务”（不含融资租赁服务、广告服务和其他现代服务）、“生活服务”（不含文化体育服务、其他生活服务和桑拿、氧吧）业务活动取得的收入。

（31）家政服务企业由员工制家政服务员提供家政服务取得的收入。

（32）福利彩票、体育彩票的发行收入。

（33）军队空余房产租赁收入。

（34）为了配合国家住房制度改革，企业、行政事业单位按房改成本价、标准价出售住房取得的收入。

（35）将土地使用权转让给农业生产者用于农业生产。

（36）涉及家庭财产分割的个人无偿转让不动产、土地使用权。

（37）土地所有者出让土地使用权和土地使用者将土地使用权归还给土地所有者。

（38）县级以上地方人民政府或自然资源行政主管部门出让、转让或收回自然资源使用权（不含土地使用权）。

（39）为安置随军家属就业而新开办的企业（随军家属必须占企业总人数的 60%（含）以上，并有军（含）以上政治和后勤机关出具的证明）和从事个体经营的随军家属（必须有师以上政治机关出具的可以表明其身份的证明）自办理税务登记事项之日起，其提供的应税服务 3 年内免征增值税。

（40）从事个体经营的军队转业干部和为安置自主择业的军队转业干部就业而新开办的企业（军队转业干部占企业总人数 60%（含）以上），自办理税务登记事项之日起，其提供的应税服务 3 年内免征增值税。自主择业的军队转业干部必须持有师以上部队颁发的转业证件。

2. 不征收增值税项目

（1）根据国家指令无偿提供的铁路运输服务、航空运输服务，属于公益事业的服务。

（2）存款利息。

（3）被保险人获得的保险赔付。

（4）房地产主管部门或者其指定机构、公积金管理中心、开发企业以及物业管理单位代收的住宅专项维修资金。

（5）在资产重组过程中，通过合并、分立、出售、置换等方式，将全部或者部分实物资产以及与其相关联的债权、负债和劳动力一并转让给其他单位和个人，其中涉及的不动产、土地使用权转让行为。

3. 增值税即征即退

（1）一般纳税人提供管道运输服务，对其增值税实际税负超过 3%的部分实行增值税即征即退政策。

（2）经人民银行、银监会或者商务部批准从事融资租赁业务的试点纳税人中的一般纳税人，提供有形动产融资租赁服务和有形动产融资性售后回租服务，对其增值税实际税负超过 3%的部分实行增值税即征即退政策。

增值税实际税负，是指纳税人当期提供应税服务实际缴纳的增值税税额占纳税人当期提供应税服务取得的全部价款和价外费用的比例。

4. 扣减增值税

失业人员、退役士兵就业：

（1）持《就业失业登记证》（注明“自主创业税收政策”或附着《高校毕业生自主创业证》）人员或退役士兵从事个体经营的，在 3 年内按照每户每年 8 000 元为限额依次扣减其当年实际应缴纳的增值税、城市维护建设税、教育费附加和个人所得税。限额标准最高可上浮 20%，各省、自治区、直辖市人民政府可根据本地区实际情况，在此幅度内确定限额标准，并报财政部和国家税务总局备案。试点纳税人年度应缴纳税款小于上述扣减限额的，以其实际缴纳的税款为限；大于上述扣减限额的，应当以上述扣减限额为限。

（2）商贸企业、服务型企业、劳动就业服务企业中的加工型企业和街道社区具有加工性质的小型企业实体，在新增加的岗位中，当年新招用持《就业失业登记证》人员或退役士兵，与其签订 1 年以上期限劳动合同并依法缴纳社会保险费的，在 3 年内按照实际招用人数予以定额依次扣减增值税、城市维护建设税、教育费附加和企业所得税优惠。定额标准为每人每年 4 000 元，最高可上浮 30%（招用自主就业退役士兵的最高可上浮 50%）。由试点地区省级人民政府根据本地区实际情况在此幅度内确定具体定额标准，并报财政部和国家税务总局备案。上述优惠政策的执行期限为 2016 年 5 月 1 日至 2016 年 12 月 31 日，纳税人在 2016 年 12 月 31 日未享受满 3 年的，可继续享受至 3 年期满为止。

5. 其他减免规定

（1）金融企业发放贷款后，自结息日起 90 天内发生的应收未收利息按现行规定缴纳增值税，自结息日起 90 天后发生的应收未收利息暂不缴纳增值税，待实际收到利息时按规定缴纳增值税。

（2）个人将购买不足 2 年的住房对外销售的，按照 5%的征收率全额缴纳增值税。个人将购买 2 年及以上的住房对外销售的，免征增值税（北京市、上海市、广州市、深圳市除外）；北京市、上海市、广州市、深圳市个人购买 2 年及以上非普通住房对外销售的，以销售收入减去购买房屋的价款后的差额按照 5%的征收率缴纳增值税，购买 2 年及以上的普通住房对外销售的，免征增值税。

纳税人发生应税行为同时适用免税和零税率规定的，纳税人可以选择适用免税或者零税率。

（四）起征点

对销售额未达到规定起征点的个人（包括小规模纳税人的个体工商户和其他个人），可以免缴增值税。2011 年 11 月 1 日起增值税的起征点为：

按期纳税的，为月销售额 5 000 ~ 20 000 元（含本数）。

按次纳税的，为每次（日）销售额 300 ~ 500 元（含本数）。

对增值税小规模纳税人中月销售额未达到 2 万元的企业或非企业性单位，免征增值税。2017 年 12 月 31 日前，对月销售额 2 万元（含本数）至 3 万元的增值税小规模纳税人，免征增值税。

起征点的调整由财政部和国家税务总局规定。省、自治区、直辖市财政厅（局）和国家税务局应当在规定的幅度内，根据实际情况确定本地区适用的起征点，并报财政部和国家税务总局备案。

六、增值税专用发票

增值税专用发票是一般纳税人销售货物、加工修理修配劳务、服务、无形资产或者不动产开具的发票，是购买方支付增值税额并可按照增值税有关规定据以抵扣增值税进项税额的合法证明。由于其所具备的特殊作用，我国对增值税专用发票制定了严格的管理规定。

（一）增值税专用发票的领购和开具范围

1. 领购范围

一般纳税人可以凭发票领购簿、IC 卡和经办人身份证明领购增值税专用发票。一般纳税人有下列情形之一的，不得领购开具专用发票。

（1）会计核算不健全，不能向税务机关准确提供增值税销项税额、进项税额、应纳税额数据及其他有关增值税税务资料的。

（2）有《中华人民共和国税收征收管理法》规定的税收违法行为，拒不接受税务机关处理的。

（3）有下列行为之一，经税务机关责令限期改正而仍未改正的：虚开增值税专用发票；私自印制专用发票；向税务机关以外的单位和个人买取专用发票；借用他人专用发票；未按《增值税专用发票使用规定》第十一条开具专用发票；未按规定保管专用发票和专用设备；未按规定申请办理防伪税控系统变更发行；未按规定接受税务机关检查。

2. 开具范围

一般纳税人发生应税行为，应当向索取增值税专用发票的购买方开具增值税专用发票，并在增值税专用发票上注明销售额和销项税额。

属于下列情形之一的，不得开具增值税专用发票：

（1）向消费者个人销售货物、加工修理修配劳务、服务、无形资产或者不动产的。

（2）适用免征增值税规定的应税行为。

增值税小规模纳税人发生应税行为，购买方索取增值税专用发票的，可以向主管税务机关申请代开。

（二）增值税专用发票的基本内容和开具要求

增值税专用发票由基本联次或者基本联次附加其他联次构成。基本联次为三联，依次为记账联、抵扣联和发票联。记账联，作为销售方核算销售收入和增值税销项税额的凭证；抵扣联，作为购买方报送主管税务机关认证和留存备查的凭证；发票联，作为购买方核算采购成本和增值税进项税额的凭证。其他联次用途，由一般纳税人自行确定。

增值税一般纳税人应通过增值税防伪税控系统开具专用发票。防伪税控系统是指经国务院同意推行的，使用专用设备和通用设备、运用数字密码和电子存储技术管理专用发票的计算机管理系统。其中专用设备包括金税卡、IC 卡、读卡器等，通用设备包括计算机、打印机、扫描器具等。

增值税专用发票应按照增值税纳税义务的发生时间开具，不得提前或滞后，并与实际交易相符。开具时应项目齐全，字迹清楚，不得压线、错格，发票联和抵扣联加盖财务专用章或者发票专用章。对不符合上列要求的专用发票，购买方有权拒收。

对已开具增值税专用发票的销售货物、加工修理修配劳务、服务、无形资产或者不动产，销售方要及时足额计入当期销售额计税。凡开具了增值税专用发票，其销售额未按规定计入销售账户核算的，一律按偷税论处。

（三）增值税专用发票进项税额的抵扣

除国家税务总局另有规定外，用于抵扣增值税进项税额的专用发票应经税务机关认证相符。纳税人应在增值税专用发票开具之日起 180 日内到税务机关认证，经过认证的增值税专用发票，应在认证通过的当月按规定核算当期进项税额并申报抵扣，否则不予抵扣进项税额。税务机关认证后，应向纳税人提供一份“增值税专用发票抵扣联认证清单”，以备企业作为纳税申报附列资料。自 2016 年 5 月 1 日起，纳税信用 A 级、B 级纳税人对取得的增值税专用发票可以不再进行认证，通过增值税发票税控开票软件登录本省增值税发票查询平台，查询、选择用于申报抵扣或者出口退税的增值税发票信息（简称“选择抵扣”）。

（四）开具增值税专用发票后发生退货或销售折让的处理

一般纳税人在开具专用发票当月，发生销货退回、开票有误等情形，收到退回的发票联、抵扣联符合作废条件的（收到退回的发票联、抵扣联时间未超过销售方开票当月；销售方未抄税并且未记账；购买方未认证或者认证结果为“纳税人识别号认证不符”、“专用发票代码、号码认证不符”），按作废处理；开具时发现有误的，可即时作废。作废专用发票须在防伪税控系统中将相应的数据电文按“作废”处理，在纸质专用发票（含未打印的专用发票）各联次上注明“作废”字样，全部联次留存。

一般纳税人取得专用发票后，发生销货退回、开票有误等情形但不符合作废条件的，或者因销货部分退回及发生销售折让的，购买方应向主管税务机关填报“开具红字增值税专用发票申请单”（简称“申请单”）。

主管税务机关对一般纳税人填报的“申请单”进行审核后，出具“开具红字增值税专用发票通知单”（简称“通知单”）。“通知单”应与“申请单”一一对应。除不符合作废条件的销货退回、部分退回及销售折让等情况外，购买方必须暂依“通知单”所列增值税税额从当期进项税额中转出，未抵扣增值税进项税额的可列入当期进项税额，待取得销售方开具的红字专用发票后，与留存的“通知单”一并作为记账凭证。销售方凭购买方提供的“通知单”开具红字专用发票，在防伪税控系统中以销项负数开具。红字专用发票应与“通知单”一一对应。

（五）丢失已开具增值税专用发票的处理

一般纳税人丢失已开具增值税专用发票的发票联和抵扣联，购买方凭销售方提供的相应增值税专用发票记账联复印件及销售方所在地主管税务机关出具的“丢失增值税专用发票已报税证明单”，经购买方主管税务机关审核同意后，可作为增值税进项税额的抵扣凭证。如果丢失前尚未认证的，购买方需凭销售方提供的相应增值税专用发票记账联复印件到主管税务机关进行认证。

一般纳税人丢失已开具专用发票的抵扣联，如果丢失前已认证相符的，可使用专用发票发票联复印件留存备查；如果丢失前未认证的，可使用专用发票发票联到主管税务机关认证，专用发票发票联复印件留存备查。

一般纳税人丢失已开具专用发票的发票联，可将专用发票抵扣联作为记账凭证的附件，专用发票抵扣联复印件留存备查。

第二节 增值税税款计算

引 例

某电子设备生产厂（一般纳税人），本月向某商场批发货物一批，开具增值税专用发票注明价款为 200 万元；向消费者零售货物，开具的普通发票注明的价款为 50 万元。

该电子设备生产厂的本月销售额中，既有不含税的销售额，也有含税的零售额，请问，如何计算该电子设备生产厂本月的计税销售额和销项税额。

一、一般纳税人应纳税额的计算

根据税法规定，一般纳税人实行进项抵扣法。一般纳税人凭增值税专用发票及其合法扣税凭证注明税款进行抵扣，其应缴增值税的计算公式为：

当期应缴增值税=当期销项税额–当期进项税额

（一）销项税额的计算

销项税额是纳税人发生应税行为，按照销售额和增值税税率计算，并向购买方收取的增值税税额，其计算公式为：

销项税额=销售额×适用税率

1. 一般销售方式下销售额的确定

销售额是指纳税人发生应税行为取得的全部价款和价外费用，但是不包括收取的销项税额，体现增值税为价外税的性质。因此，销售额的确定主要是确定价款和价外费用。

价外费用是指价外收取的各种性质的收费，包括价外向购买方收取的手续费、补贴、基金、集资费、返还利润、奖励费、违约金、滞纳金、延期付款利息、赔偿金、代收款项、代垫款项、包装费、包装物租金、储备费、优质费、运输装卸费以及其他各种性质的价外收费。无论其会计制度规定如何核算，均应并入销售额计算应纳税额。但下列项目不包括在内：①向购买方收取的销项税额；②受托加工应征消费税的消费品所代收代缴的消费税；③符合国家税收法律、法规规定条件代为收取的政府性基金或者行政事业性收费；④以委托方名义开具发票代委托方收取的款项。

纳税人按照人民币以外的货币结算销售额的，应当折合成人民币计算，折合率可以选择销售额发生的当天或者当月 1 日的人民币汇率中间价。纳税人应当在事先确定采用何种折合率，确定后 12 个月内不得变更。

税法规定各种性质的价外费用都要并入销售额计算征税，目的是防止企业以各种名义的收费减少销售额逃避纳税。但是在计算应缴税额时应当注意的是，对增值税一般纳税人向购买方收取的价外费用和逾期包装物的押金应视作含税收入，在计算时应换算成不含税收入再并入销售额。

另外，纳税人发生应税行为价格明显偏低或偏高且不具有合理商业目的的，或者有视同销售行为而无销售额的，主管税务机关有权按下列顺序确定销售额。

① 按纳税人最近时期同类货物、劳务、服务、无形资产或者不动产的平均价格确定。

② 按其他纳税人最近时期同类货物、劳务、服务、无形资产或者不动产的平均价格确定。

③ 按组成计税价格确定，组成计税价格的公式为：

$$组成计税价格=成本\times（1+成本利润率）$$

属于应征消费税的货物，其组成计税价格中应加计消费税额。

成本利润率由国家税务总局确定。

2. 特殊销售货物方式下销售额的确定

（1）折扣、折让方式销售货物。纳税人采用的折扣方式一般有折扣销售、销售折扣和销售折让三种形式。不同折扣方式下其计税销售额也有所差别：

① 折扣销售（商业折扣）。折扣销售是指由于购货方购货数量较大等原因而给予购货方的价格优惠。按税法规定：如果销售额和折扣额在同一张发票上分别注明的，可以按折扣后的销售额征收增值税；如果将折扣额另开发票，不论其在财务上如何处理，均不得从销售额中减除折扣额。另外，折扣销售仅限于价格折扣，不包括实物折扣。实物折扣不得从货物销售额中减除，应按增值税条例“视同销售货物”中的“赠送他人”计征增值税。

② 销售折扣（现金折扣）。销售折扣是指为了鼓励及早付款而给予购货方的一种折扣优待。销售折扣不得从销售额中减除。因为销售折扣发生在销货之后，是一种融资性质的理财费用。

③ 销售退回或折让。销售退回或折让是指货物售出后，由于品种、质量等原因购货方要求予以退货或要求销货方给予购货方的一种价格折让。由于是货物的品种和质量问题而引起的销售额减少，对手续完备的销售退回或折让而退还给购买方的增值税，可从发生销售退回或折让的当期的销项税额中扣减。对于销售回扣，其实质是种变相的商业贿赂，不得从销售额中减除。

（2）以旧换新方式销售货物。以旧换新方式销售货物是指纳税人在销售货物过程中，折价收回同类旧货物，并以折价款部分冲减新货物价款的一种销售方式。

采取以旧换新方式销售货物的（金银首饰除外），应按新货物的同期销售价格确定销售额，不得扣减旧货物的收购价格，对有偿收回的旧货物，不得抵扣进项税额。金银首饰以旧换新业务，可按销售方实际收取的不含增值税的全部价款征收增值税。

（3）还本销售方式销售货物。还本销售是指将货物销售出去以后，到约定的期限再由销货方一次或分次将购货款部分或全部退还给购货方的一种销售方式，其实质是一种以提供货物换取还本不付息的融资行为。税法规定纳税人采取还本销售方式销售货物，其销售额应是货物的销售全价，不得从销售额中减除还本支出。

（4）以物易物方式销售货物。以物易物是指购销双方不是以货币结算或主要不以货币结算，而是以货物相互结算，实现货物购销，是一种较为特殊的货物购销方式。虽然这种方式没有涉及货币收支，但其本质也是一种购销行为。税法规定，以物易物双方都应作购销处理，以各自发出的货物核算销售额，并以此计算销项税额，以各自收到的货物按规定核算购货额，并以此计算进项税额。以物易物双方，如果未相互开具增值税专用发票，也应计算销项税额，但没有进项税额。如果双方相互开具了增值税专用发票，则双方既要计算销项税额，也可抵扣进项税额。

（5）包装物租金、押金的计价。包装物租金作为价外费用，计入销售额计算销项税额；纳税人为销售货物而出租出借包装物所收取的押金，单独记账核算的，不计入销售额征税。但对逾期未收回包装物而不再退还的押金，应换算成不含税收入后计入销售额，按所包装货物的税率计税。另外，对销售除啤酒、黄酒以外的其他酒类产品，其包装物押金一律计入销售额，一并计税。

3. 特殊销售服务、不动产、无形资产方式下销售额的确定

（1）折扣方式销售服务、无形资产或者不动产。如果将价款和折扣额在同一张发票上的"金额"栏分别注明的，纳税人可以按价款减除折扣额后的金额作为销售额计算缴纳增值税；如果没有在同一张发票上的"金额"栏分别注明的，纳税人不得按价款减除折扣额后的金额作为销售额，应按价款作为销售额计算缴纳增值税。

（2）贷款服务。以提供贷款服务取得的全部利息及利息性质的收入为销售额。

（3）直接收费金融服务。以提供直接收费金融服务收取的手续费、佣金、酬金、管理费、服务费、经手费、开户费、过户费、结算费、转托管费等各类费用为销售额。

（4）金融商品转让。按照卖出价扣除买入价后的余额为销售额。转让金融商品出现的正负差，按盈亏相抵后的余额为销售额。若相抵后出现负差，可结转下一纳税期与下期转让金融商品销售额相抵，但年末时仍出现负差的，不得转入下一个会计年度。金融商品转让，不得开具增值税专用发票。

（5）经纪代理服务。以取得的全部价款和价外费用，扣除向委托方收取并代为支付的政府性基金或者行政事业性收费后的余额为销售额。向委托方收取的政府性基金或者行政事业性收费，不得开具增值税专用发票。

（6）融资租赁和融资性售后回租业务。经批准提供融资租赁服务，以取得的全部价款和价外费用，扣除支付的借款利息、发行债券利息和车辆购置税后的余额为销售额；提供融资性售后回租服务，以取得的全部价款和价外费用（不含本金），扣除对外支付的借款利息、发行债券利息后的余额作为销售额。

（7）航空运输企业的销售额。不包括代收的机场建设费和代售其他航空运输企业客票而代收转付的价款。

（8）提供客运场站服务。以其取得的全部价款和价外费用，扣除支付给承运方运费后的余额为销售额。

（9）提供旅游服务。可以选择以取得的全部价款和价外费用，扣除向旅游服务购买方收取并支付给其他单位或者个人的住宿费、餐饮费、交通费、签证费、门票费和支付给其他接团旅游企业的旅游费用后的余额为销售额。选择该办法计算销售额的试点纳税人，向旅游服务购买方收取并支付的上述费用，不得开具增值税专用发票，可以开具普通发票。

（10）提供建筑服务适用简易计税方法的，以取得的全部价款和价外费用扣除支付的分包款后的余额为销售额。

（11）房地产开发企业中的一般纳税人销售其开发的房地产项目（选择简易计税方法的房地产老项目除外），以取得的全部价款和价外费用，扣除受让土地时向政府部门支付的土地价款后的余额为销售额。

（12）销售其2016年4月30日前取得（不含自建）的不动产选择简易计税方法的，以取得的全部价款和价外费用减去该项不动产购置原价或者取得不动产时的作价后的余额为销售额；自建的不动产，以取得的全部价款和价外费用为销售额。

上述（5）~（12）项的规定从全部价款和价外费用中扣除的价款，应当取得符合法律、行政法规和国家税务总局规定的有效凭证，否则不得扣除。同时纳税人取得的凭证属于增值税扣税凭证的，其进项税额不得从销项税额中抵扣。

4. 价税合计情况下含税销售额的换算

为了符合增值税价外税的特点，增值税纳税人在填写进销货发票及其他纳税凭证时应该分别填列不含税的销售额和相应的税款。在实际工作中，多方面原因使一般纳税人销售货物、加工修理修配劳务、服务、无形资产或者不动产时，未开具增值税专用发票，或采用销售额和增值税额一起收取的方法，此情况下销售价格是销售额和销项税额的合并定价，因而销售额是含税的销售额。

对于一般纳税人取得的含税销售额，在计算销项税额时，必须换算为不含税的销售额。含税销售额与不含税销售额的换算方法如下：

含税销售额=不含税销售额×（1+增值税税率）

不含税销售额=含税销售额÷（1+增值税税率）

引例解析

引例中电子设备生产厂开具增值税专用发票注明价款是不含税销售额，不需换算；普通发票注明的价款是含税销售额，需要换算。计算如下：

向商场销售的计税销售额=200（万元）

向消费者零售的计税销售额=50÷（1+17%）=42.74（万元）

合计计税销售额=200+42.74=242.74（万元）

销项税额=242.74×17%=41.27（万元）

【提示】

销售价款中是否含税的判断可以遵循以下原则：

① 普通发票中注明的价款一定是含税价格，如商场向消费者销售的“零售价格”。

② 增值税专用发票中记载的“价格”一定是不含税价格。

③ 增值税纳税人销售货物同时收取的价外收入或逾期包装物押金收入等一般为含税收入。

（二）进项税额的计算

纳税人购进货物或者接受应税劳务和应税服务支付或者负担的增值税额为进项税额。在同一项购销业务中，进项税额与销项税额相对应，即销售方收取的销项税额就是购买方支付的进项税额。

一般纳税人应纳增值税的核心是用收取的销项税额扣除其支付的进项税额，余额就是纳税人应实际缴纳的增值税税额。但并不是所有的进项税额都可以抵扣。对此，税法明确规定了进项税额的抵扣范围。

1. 准予抵扣的进项税额

一般纳税人购进货物、加工修理修配劳务、服务、无形资产或者不动产所支付的进项税额，准予从销项税额中抵扣的有以下两种情形。

（1）以票抵扣。纳税人购进货物、加工修理修配劳务、服务、无形资产或者不动产取得下列法定扣税凭证，其进项税额允许抵扣：

① 从销售方取得的增值税专用发票（含税控机动车销售统一发票，下同）上注明的增值税税额。

② 从海关取得的海关进口增值税专用缴款书上注明的增值税税额。

③ 从境外单位或者个人购进服务、无形资产或者不动产，自税务机关或者扣缴义务人取得的解缴税款的完税凭证上注明的增值税税额。

适用一般计税方法的试点纳税人，2016 年 5 月 1 日后取得并在会计制度上按固定资产核算的不动产或者 2016 年 5 月 1 日后取得的不动产在建工程，其进项税额应自取得之日起分 2 年从销项税额中抵扣，第一年抵扣比例为 60%，第二年抵扣比例为 40%。

（2）计算抵扣。购进农产品，除取得增值税专用发票或者海关进口增值税专用缴款书外，按照农产品收购发票或者普通增值税发票上注明的农产品买价和13%的扣除率计算的进项税额。其中，买价是指纳税人购进农产品在农产品收购发票或者增值税普通发票上注明的价款和按规定缴纳的烟叶税。计算公式为：

进项税额=买价×扣除率

2. 不得抵扣的进项税额

下列项目的进项税额不得从销项税额中抵扣：

（1）用于适用简易计税方法计税项目、免征增值税项目、集体福利或者个人消费的购进货物、加工修理修配劳务、服务、无形资产和不动产。其中涉及的固定资产、无形资产、不动产，仅指专用于上述项目的固定资产、无形资产（不包括其他权益性无形资产）、不动产。

（2）非正常损失的购进货物及相关的加工修理修配劳务和交通运输业服务。非正常损失（下同），是指因管理不善造成被盗、丢失、霉烂变质，以及因违反法律法规造成货物或者不动产被依法没收、销毁、拆除的情形。

（3）非正常损失的在产品、产成品所耗用的购进货物（不包括固定资产）、加工修理修配劳务或者交通运输业服务。

（4）非正常损失的不动产，以及该不动产所耗用的购进货物、设计服务和建筑服务。

（5）非正常损失的不动产在建工程所耗用的购进货物、设计服务和建筑服务。纳税人新建、改建、扩建、修缮、装饰不动产，均属于不动产在建工程。

（6）购进的旅客运输服务、贷款服务、餐饮服务、居民日常服务和娱乐服务。

（7）纳税人接受贷款服务向贷款方支付的与该笔贷款直接相关的投融资顾问费、手续费、咨询费等费用。

（8）财政部和国家税务总局规定的其他情形。

上述讲的固定资产是指使用期限超过 12 个月的机器、机械、运输工具以及其他与生产经营有关的设备、工具、器具等。和会计准则相比，不包括不动产及不动产在建工程。

纳税人取得的增值税扣税凭证不符合法律、行政法规或者国家税务总局有关规定的，其进项税额不得从销项税额中抵扣。

上述（1）中情形规定不得抵扣且未抵扣进项税额的固定资产、无形资产、不动产，发生用途改变，用于允许抵扣进项税额的应税项目，可在用途改变的次月按照下列公式计算可以抵扣的进项税额：

可以抵扣的进项税额=固定资产、无形资产、不动产净值÷（1+适用税率）×适用税率

固定资产、无形资产或者不动产净值，是指纳税人根据财务会计制度计提折旧或摊销后的余额。

此外，一般计税方法的纳税人，兼营简易计税方法计税项目、免征增值税项目而无法

划分不得抵扣的进项税额，按照下列公式计算不得抵扣的进项税额：

不得抵扣的进项税额=当期无法划分的全部进项税额×（当期简易计税方法计税项目销售额+免征增值税项目销售额）÷当期全部销售额

3. 扣减进项税额

（1）已抵扣进项税额的购进货物（不含固定资产）、劳务、服务，发生不得抵扣进项税额的情形（简易计税方法计税项目、免征增值税项目除外）时，应当将该进项税额从当期进项税额中扣减；无法确定该进项税额的，按照当期实际成本计算应扣减的进项税额。

（2）已抵扣进项税额的固定资产、无形资产或者不动产，发生不得抵扣进项税额的情形时，按照下列公式计算不得抵扣的进项税额：

不得抵扣的进项税额=固定资产、无形资产或者不动产净值×适用税率

（3）因销售折让、中止或者退回而退还给购买方的增值税税额，应当从当期的销项税额中扣减；因销售折让、中止或者退回而收回的增值税税额，应当从当期的进项税额中扣减。

【例 2-1】甲企业是增值税一般纳税人，2016 年 6 月有关生产经营业务如下：

（1）从 A 公司购进生产用原材料，取得 A 公司开具的增值税专用发票，注明货款 200 万元、增值税 34 万元。合同约定运输由甲企业自己负责，甲企业支付运输公司运费取得增值税专用发票，注明运输费 5 万元，增值税 0.55 万元。

（2）从 B 公司购进维修设备用零部件，由于 B 公司为小规模纳税人，取得 B 公司开具的普通发票，注明价款 11.7 万元。

（3）从农业生产者手中购进免税农产品，收购凭证上注明收购货款是 50 万元。委托运输公司运输，取得增值税专用发票，注明运输费 2 万元，增值税 0.22 万元。

要求：计算该企业当月可以抵扣的进项税额。

分析：

（1）分别从 A 公司和运输公司取得了增值税专用发票，可以凭票抵扣。

进项税额=34+0.55=34.55（万元）

（2）由于从 B 公司取得的是普通发票，所以不能抵扣进项税额。

（3）购进免税农产品，可以按收购凭证注明的收购价款计算抵扣 13%；支付运输费取得增值税专用发票，可以凭票抵扣。

进项税额=50×13%+0.22=6.72（万元）

当月可以抵扣的进项税额=34.55+6.72=41.27（万元）

（三）应纳税额的计算

增值税销项税额与进项税额确定后就可以得出实际应纳的增值税税额，增值税一般纳税人应纳税额的计算方法如下：

应纳税额=当期销项税额–当期进项税额

上式计算结果得正数，为当期应纳增值税；如果计算结果为负数，则形成留抵税额，待下期抵扣，下期应纳税额的计算公式变为：

应纳税额=当期销项税额–当期进项税额–上期留抵税额

【例 2-2】某运输企业为一般纳税人，2015 年 10 月取得交通运输收入 111 万元（含税），当月外购汽油 10 万元，购入运输车辆 20 万元（不含税金额，取得增值税专用发票），发生的联运支出 50 万元（不含税金额，取得增值税专用发票）。

请计算该纳税人 2015 年 10 月的应纳增值税税额。

计算过程如下：

销项税额=111÷（1+11%）×11%=11（万元）

可抵扣的进项税额=10×17%+20×17%+50×11%=1.7+3.4+5.5=10.6（万元）

2015 年 10 月的应纳增值税税额=11–10.6=0.4（万元）

（四）建筑服务及不动产预缴税额的计算

（1）一般纳税人跨县（市）提供建筑服务，适用一般计税方法计税的，应以取得的全部价款和价外费用为销售额计算应纳税额。纳税人应以取得的全部价款和价外费用扣除支付的分包款后的余额，按照 2%的预征率在建筑服务发生地预缴税款后，向机构所在地主管税务机关进行纳税申报。

（2）一般纳税人销售其 2016 年 5 月 1 日后取得（不含自建）的不动产，应适用一般计税方法，以取得的全部价款和价外费用为销售额计算应纳税额。纳税人应以取得的全部价款和价外费用减去该项不动产购置原价或者取得不动产时的作价后的余额，按照 5%的预征率在不动产所在地预缴税款后，向机构所在地主管税务机关进行纳税申报。

（3）一般纳税人销售其 2016 年 5 月 1 日后自建的不动产，应适用一般计税方法，以取得的全部价款和价外费用为销售额计算应纳税额。纳税人应以取得的全部价款和价外费用，按照 5%的预征率在不动产所在地预缴税款后，向机构所在地主管税务机关进行纳税申报。

（4）房地产开发企业采取预收款方式销售所开发的房地产项目，在收到预收款时按照 3%的预征率预缴增值税。

（5）一般纳税人出租其 2016 年 5 月 1 日后取得的、与机构所在地不在同一县（市）的不动产，应按照 3%的预征率在不动产所在地预缴税款后，向机构所在地主管税务机关进行纳税申报。

（6）一般纳税人销售其 2016 年 4 月 30 日前取得的不动产（不含自建），选择一般计税方法计税的，以取得的全部价款和价外费用为销售额计算应纳税额。纳税人应以取得的全部价款和价外费用减去该项不动产购置原价或者取得不动产时的作价后的余额，按照

5%的预征率在不动产所在地预缴税款后，向机构所在地主管税务机关进行纳税申报。

（7）房地产开发企业中的一般纳税人销售房地产老项目，以及一般纳税人出租其2016年4月30日前取得的不动产，选择一般计税方法计税的，应以取得的全部价款和价外费用，按照3%的预征率在不动产所在地预缴税款后，向机构所在地主管税务机关进行纳税申报。

（8）一般纳税人销售其2016年4月30日前自建的不动产，选择一般计税方法计税的，应以取得的全部价款和价外费用为销售额计算应纳税额。纳税人应以取得的全部价款和价外费用，按照5%的预征率在不动产所在地预缴税款后，向机构所在地主管税务机关进行纳税申报。

【例2-3】某建筑企业（一般纳税人）机构所在地为A省，2016年8月在B省提供建筑服务（非简易计税项目）取得建筑服务收入（含税）1 665万元，支付分包款555万元。购入建筑材料可抵扣的进项税额为80万元。要求：计算在B省建筑服务发生地预缴的增值税税额和回A省机构所在地纳税申报时应缴的增值税税额。

在B省建筑服务发生地预缴的增值税税额=（1 665−555）÷（1+11%）×2%=20（万元）

回A省机构所在地纳税申报时应缴的增值税税额=1 665÷（1+11%）×11%−20−80−555÷（1+11%）×11%=10（万元）

二、小规模纳税人应纳税额的计算

小规模纳税人销售货物、加工修理修配劳务、服务、无形资产或者不动产，实行按照销售额和增值税征收率计算应纳税额的简易计税办法，不得抵扣进项税额。小规模纳税人应纳增值税额计算公式：

应纳税额=销售额×征收率

按照税法规定，小规模纳税人销售货物只能开具普通销货发票，不能使用增值税专用发票，其购进货物不论是否取得增值税专用发票，都不能抵扣进项税额，但购进税控收款机除外。

上述公式中的销售额为不含税销售额，纳税人采用销售额和应纳税额合并定价方法的，应将含税销售额换算成不含税销售额，其计算公式为：

销售额=含税销售额÷（1+征收率）

纳税人提供适用简易计税方法计税的，因销售折让、中止或者退回而退还给购买方的销售额，应当从当期销售额中扣减。扣减当期销售额后仍有余额造成多缴的税款，可以从以后的应纳税额中扣减。

【例 2-4】某商业企业为增值税小规模纳税人，2016 年第三季度发生以下销售业务：

（1）销售给某小型超市一批肥皂，销售收入 103 000 元。

（2）将本季所购日用品销售给消费者，销售收入 20 600 元。

（3）销售给某制造企业货物一批，取得销货款 15 000 元，由税务机关代开增值税专用发票。

（4）本季度，提供个人消费者餐饮服务，取得销售收入 72 100 元。

要求：计算该商业企业第三季度的应纳税额。

分析：

先将含税销售额换算为不含税销售额，即：

不含税销售额=103 000÷（1+3%）+20 600÷（1+3%）+ 72 100÷（1+3%）=190 000（元）

本季应纳税额=（190 000+15 000）×3%=6 150（元）

小规模纳税人销售或者出租不动产应纳税额计算的相关规定如下。

① 小规模纳税人销售其取得（不含自建）的不动产（不含个体工商户销售购买的住房和其他个人销售不动产），应以取得的全部价款和价外费用减去该项不动产购置原价或者取得不动产时的作价后的余额为销售额，按照 5%的征收率计算应纳税额。纳税人按照上述方法在不动产所在地预缴税款后，向机构所在地主管税务机关进行纳税申报。

② 小规模纳税人销售其自建的不动产，应以取得的全部价款和价外费用为销售额，按照 5%的征收率计算应纳税额。纳税人按照上述方法在不动产所在地预缴税款后，向机构所在地主管税务机关进行纳税申报。

③ 房地产开发企业中的小规模纳税人，销售自行开发的房地产项目，按照 5%的征收率计税。

④ 小规模纳税人出租其取得的不动产（不含个人出租住房），按照 5%的征收率计算应纳税额。如果不动产与机构所在地不在同一县的，纳税人按照上述方法在不动产所在地预缴税款后，向机构所在地主管税务机关进行纳税申报。

⑤ 小规模纳税人跨县（市）提供建筑服务，应以取得的全部价款和价外费用扣除支付的分包款后的余额为销售额，按照 3%的征收率计算应纳税额。纳税人应按照上述计税方法在建筑服务发生地预缴税款后，向机构所在地主管税务机关进行纳税申报。

三、进口货物应纳税额的计算

无论是一般纳税人还是小规模纳税人申报进口货物都应缴纳增值税，需按规定的组成计税价格和规定的税率计算增值税税额。其计算公式为：

应纳税额=组成计税价格×税率

组成计税价格有以下两种情况。

① 进口货物只征收增值税的，其组成计税价格为：

组成计税价格=关税完税价格+关税=关税完税价格×（1+关税税率）

② 进口货物同时征收消费税的，其组成计税价格为：

组成计税价格=关税完税价格+关税+消费税
=关税完税价格×（1+关税税率）÷（1–消费税税率）

关于“关税完税价格”的确认问题，将在本教材第四章关税法中详细介绍。

另外根据税法规定，纳税人进口货物，从海关取得的海关进口增值税专用缴款书上注明的增值税税额可以在计算本月应纳增值税税额时作为进项税额抵扣。

【例 2-5】某进出口公司（增值税一般纳税人）2015 年 11 月报关进口数码相机 60 000 台，每台关税完税价格为 3 000 元，进口关税税率为 60%。已交进口关税和海关代征的增值税并已取得增值税完税凭证。当月以不含税售价每台 5 600 元全部售出（数码相机不需缴纳消费税）。

该公司当月进口环节和销售环节应纳增值税税额计算如下。

（1）进口环节应纳税额的计算：

组成计税价格=关税完税价格+关税
=3 000×60 000+3 000×60 000×60%=288 000 000（元）

进口环节应纳税额=组成计税价格×适用税率=288 000 000×17%=48 960 000（元）

（2）国内销售环节应纳增值税税额的计算：

应纳税额=当期销项税额–当期进项税额
=5 600×60 000×17%–48 960 000=8 160 000（元）

四、扣缴义务人应扣缴税额的计算

境外单位或者个人在境内销售服务、无形资产或者不动产，在境内未设有经营机构的，扣缴义务人按照下列公式计算应扣缴税额：

应扣缴税额=购买方支付的价款÷（1+税率）×税率

【例 2-6】境外公司为某纳税人提供咨询服务，合同价款 106 万元，且该境外公司没有在境内设立经营机构，应以服务购买方为增值税扣缴义务人，则购买方应当扣缴的税额计算如下：

应扣缴增值税税额=106÷（1+6%）×6%=6（万元）

工作实例

增值税应纳税额的计算

美途汽车集团为增值税一般纳税人，2016 年 5 月尚未抵扣完的进项税额为 5 100 元。该企业 2016 年 6 月有关生产经营业务如下：

① 以交款提货方式销售 A 型小汽车 10 辆给汽车销售公司，每辆不含税售价 15 万元，开具增值税专用发票注明应收价款 150 万元，款项全部收回。

② 销售 B 型小汽车 50 辆给特约经销商，每辆不含税售价 12 万元，向特约经销商开具了增值税专用发票，注明价款 600 万元、增值税 102 万元。

③ 企业将某单位逾期未退还包装物押金 4 万元转作其他业务收入。

④ 购进机械设备取得增值税专用发票注明价款 20 万元、进项税额 3.4 万元；支付运费取得增值税专用发票，注明运输费 5 万元，税款 0.55 万元，该设备当月投入使用。

⑤ 当月购进原材料取得增值税专用发票注明金额 600 万元、进项税额 102 万元，支付购进原材料运费取得增值税专用发票，注明运输费 20 万元，税款 2.2 万元；支付装卸费，取得增值税专用发票，注明装卸费 3 万元，税款 0.18 元。

⑥ 企业以商业汇票方式购入包装物一批，价款为 6 万元，增值税额为 1.02 万元。

⑦ 企业因材料质量问题将上月所购材料退还给供货方，收回价款 4 万元，增值税额为 0.68 万元。

⑧ 委托一企业加工一批材料，发出原材料成本 200 万元，支付加工费 10 万元（不含税），材料加工完成后验收入库。

⑨ 企业将购进的钢材转用于企业职工集体福利。按企业材料成本计算方法确定，该材料成本为 52 万元，其进项税额为 8.84 万元。

⑩ 当月因管理不善，发生意外事故，库存原材料损失价值 35 万元，经批准，计入营业外支出。

要求：计算该集团本月应缴纳的增值税额。

操作步骤

第一步：逐笔分析经济业务，确定是销项税额还是进项税额，并计算出具体数额。

① 销售 A 型小汽车给汽车销售公司应纳增值税，则：

销项税额=1 500 000×17%=255 000（元）

② 销售 B 型小汽车给特约经销商应纳增值税，则：

销项税额=1 020 000（元）

③ 逾期未退还包装物押金应纳增值税，因为押金是含税价，因此应换算成不含税价后征收增值税，则：

销项税额=［40 000÷（1+17%）］×17%=5 811.97（元）

④ 购进生产经营用固定资产取得增值税专用发票和货物运输业增值税专用发票，其进项税额允许抵扣，则：

允许抵扣的进项税额=34 000+5 500=39 500（元）

⑤ 购进材料取得增值税专用发票和运输费用的增值税专用发票，其进项税额允许抵扣，则：

允许抵扣的进项税额=1 020 000+22 000+1 800=1 043 800（元）

⑥ 购进包装物取得增值税专用发票，其进项税额允许抵扣，则：

允许抵扣的进项税额=10 200（元）

⑦ 因材料质量问题将上月所购材料退还给供货方，根据红字增值税专用发票，其税额应冲减可抵扣的进项税额，则：

进项税额=–6 800（元）

⑧ 委托加工支付加工费，其进项税额允许抵扣，则：

允许抵扣的进项税额=100 000×17%=17 000（元）

⑨ 企业将购进货物改变用途于其他方面的，其进项税额应作转出，则：

进项税额转出=88 400（元）

⑩ 管理不善，发生原材料意外损失，其进项税额应作转出，则：

进项税额转出=350 000×17%=59 500（元）

第二步：计算本期销项税额。

当期销项税额=255 000+1 020 000+5 811.97=1 280 811.97（元）

第三步：计算本期可抵扣的进项税额。

当期进项税额=39 500+1 043 800+10 200–6 800+17 000=1 103 700（元）

进项税额转出=88 400+ 59 500=147 900（元）

第四步：计算本期增值税实际应纳税额。

当期应纳税额=当期销项税额–当期进项税额+进项税额转出–上期留抵税额

=1 280 811.97–1 103 700+147 900–5 100=319 911.97（元）

第三节 增值税纳税申报

作为涉税岗位的人员，每月在规定时间内，在做好增值税专用发票的认证、抄税、报税的基础上，需要根据涉税业务资料计算应纳的增值税税额，选择申报方式、准备申报材料，进行纳税申报和税款缴纳工作。以第二节中的工作实例美途汽车集团为例来学习增值税的纳税申报过程。

一、增值税的征收管理

（一）纳税义务发生时间

（1）纳税人发生应税行为，为收讫销售款项或者取得索取销售款项凭据的当天；先开具发票的，为开具发票的当天。按销售结算方式的不同，具体分为下列几种形式：

① 采取直接收款方式销售货物，不论货物是否发出，均为收到销售款或者取得索取销售款凭据的当天。

② 采取托收承付和委托银行收款方式销售货物，为发出货物并办妥托收手续的当天。

③ 采取赊销和分期收款方式销售货物，为书面合同约定的收款日期的当天，无书面合同的或者书面合同没有约定收款日期的，为货物发出的当天。

④ 采取预收货款方式销售货物，为货物发出的当天，但生产销售生产工期超过 12 个月的大型机械设备、船舶、飞机等货物，为收到预收款或者书面合同约定的收款日期的当天。

⑤ 纳税人提供建筑服务、租赁服务采取预收款方式的，其纳税义务发生时间为收到预收款的当天。

⑥ 委托其他纳税人代销货物，为收到代销单位的代销清单或者收到全部或者部分货款的当天。未收到代销清单及货款的，为发出代销货物满 180 天的当天。

⑦ 销售应税劳务，为提供劳务的同时收讫销售款或者取得索取销售款的凭据的当天。

⑧ 纳税人从事金融商品转让的，为金融商品所有权转移的当天。

⑨ 纳税人发生视同销售行为，其纳税义务发生时间为货物移送、服务及无形资产转让完成的当天或者不动产权属变更的当天。

（2）进口货物，为报关进口的当天。

（3）增值税扣缴义务发生时间为纳税人增值税纳税义务发生的当天。交通运输业、邮政业、电信业和部分现代业试点纳税人发生视同提供应税服务的，则为应税服务完成的当天。

（二）纳税期限

增值税的纳税期限分别为 1 日、3 日、5 日、10 日、15 日、1 个月或者 1 个季度。纳税人的具体纳税期限，由主管税务机关根据纳税人应纳税额的大小分别核定；不能按照固定期限纳税的，可以按次纳税。

纳税人以 1 个月或者 1 个季度为 1 个纳税期的，自期满之日起 15 日内申报纳税；以 1 日、3 日、5 日、10 日或者 15 日为 1 个纳税期的，自期满之日起 5 日内预缴税款，于次月 1 日起 15 日内申报纳税并结清上月应纳税款。扣缴义务人解缴税款的期限，依照纳税义务人规定执行。纳税人进口货物，应当自海关填发海关进口增值税专用缴款书之日起 15 日内缴纳税款。

以 1 个季度为纳税期限的规定适用于小规模纳税人、银行、财务公司、信托投资公司、信用社以及财政部和国家税务总局规定的其他纳税人。

（三）纳税地点

（1）固定业户应当向其机构所在地或者居住地主管税务机关申报纳税。总机构和分支机构不在同一县（市）的，应当分别向各自所在地的主管税务机关申报纳税；经国务院财政部和国家税务总局或者其授权的财政和税务机关批准，可以由总机构汇总向总机构所在地的主管税务机关申报纳税；跨县（市）提供建筑服务或者销售取得的不动产，应按规定在建筑服务发生或不动产所在地预缴税款后，向机构所在地主管税务机关进行纳税申报。

（2）非固定业户应当向应税行为发生地主管税务机关申报纳税；未申报纳税的，由其机构所在地或者居住地的主管税务机关补征税款。

（3）其他个人提供建筑服务，销售或者租赁不动产，转让自然资源使用权，应向建筑服务发生地、不动产所在地、自然资源所在地主管税务机关申报纳税。

（4）进口货物，应当向报关地海关申报纳税。

（5）扣缴义务人应当向其机构所在地或者居住地的主管税务机关申报缴纳其扣缴的税款。

二、增值税的申报

（一）一般纳税人的纳税申报

1. 申报程序

一般纳税人办理纳税申报，需要经过专用发票认证（或选择抵扣）、抄税、报税、办理申报、税款缴纳等工作。

（1）专用发票认证（或选择抵扣）。增值税专用发票的认证方式可选择手工认证和网上认证，手工认证是单位办税员月底持专用发票“抵扣联”到所属主管税务机关服务大厅“认证窗口”进行认证；网上认证是纳税人月底前通过扫描仪将专用发票抵扣联扫入认证专用软件，生成电子数据，将数据文件传给税务机关完成认证。自 2016 年 5 月 1 日起，纳税信用 A 级、B 级纳税人对取得的增值税专用发票可以不再进行认证，通过增值税发票税控开票软件登录本省增值税发票查询平台，查询、选择用于申报抵扣或者出口退税的增值税发票信息。

（2）抄税。抄税是在当月的最后一天，通常是在次月 1 日早上开票前，利用防伪税控开票系统进行抄税处理，将本月开具增值税专用发票的信息读入 IC 卡（抄税完成后本月不允许再开具发票）。

（3）报税。报税是在报税期内，一般单位在 15 日前，将 IC 卡拿到税务机关，由税务人员将 IC 卡的信息读入税务机关的金税系统。经过抄税，税务机关确保了所有开具的销项发票进入了金税系统；经过报税，税务机关确保了所有抵扣的进项发票都进入了金税系统，就可以在系统内由系统自动进行比对，确保任何一张抵扣的进项发票都有销项发票与其对应。

（4）办理申报。申报工作可分为上门申报和网上申报。上门申报是指在申报期内，携带填写的申报表、资产负债表、利润表及其他相关材料到主管税务机关办理纳税申报，税务机关审核后将申报表退还一联给纳税人。网上申报是指纳税人在征税期内，通过互联网将增值税纳税申报表主表、附表及其他必报资料的电子信息传送至电子申报系统。纳税人应从办理税务登记的次月 1 日起 15 日内，不论有无销售额，均应按主管税务机关核定的纳税期限按期向当地税务机关申报。

（5）税款缴纳。税务机关将申报表单据送到开户银行，由银行进行自动转账处理。对于未实行税库银联网的纳税人还需自己到税务机关指定的银行进行现金缴纳。

2. 申报资料

电子信息采集系统中一般纳税人的纳税申报资料包括以下几项。

（1）必需填报资料：①增值税纳税申报表（一般纳税人适用）和反映本期销售情况明细的附列资料（一），反映本期进项税额明细的附列资料（二），反映营改增纳税人服务、不动产和无形资产扣除明细的附列资料（三），反映税额抵减情况表附列资料（四），反映不动产分期抵扣计算表附列资料（五）以及固定资产（不含不动产）进项税额抵扣情况表、本期抵扣进项税额结构明细表、增值税减免税申报明细表、营改增税负分析测算明细表；②备份数据软盘和 IC 卡；③资产负债表和利润表。

（2）其他必报资料：①海关完税凭证抵扣清单；②代开发票抵扣清单；③主管国税机关规定的其他必报资料。

（3）备查资料：①已开具普通发票存根联；②符合抵扣条件并且在本期申报抵扣的增值税专用发票抵扣联；③海关进口货物完税凭证、购进农产品普通发票存根联原件及复印件；④收购发票；⑤代扣代缴税款凭证存根联；⑥主管税务机关规定的其他备查资料。备查资料是否需要在当期报送，由各级国家税务局确定。

工作实例

增值税纳税申报表的填写

接本章第二节中的工作实例，以美途汽车集团 2016 年 6 月增值税申报为例，说明增值税纳税申报表的填写过程。

操作步骤

第一步：申报期内，凭“应交税费——应交增值税”明细账，填写增值税纳税申报表附列资料（一）（见表 2-1）、附列资料（二）（见表 2-2）、固定资产（不含不动产）进项税额抵扣明细表（见表 2-3）。

第二步：根据“应交税费——应交增值税”明细账，附列资料（一）、附列资料（二）、固定资产（不含不动产）进项税额抵扣明细表，填写增值税纳税申报表，如表 2-4 所示。

表 2-1　增值税纳税申报表附列资料（一）

（本期销售情况明细）

税款所属时间：2016 年 6 月 1 日至 2016 年 6 月 30 日

纳税人名称：（公章）美途汽车集团　　　　金额单位：元至角分

项目及栏次				开具增值税专用发票		开具其他发票		未开具发票		纳税检查调整		合计			服务、不动产和无形资产扣除项目本期实际扣除金额	扣除后	
				销售额	销项（应纳）税额	销售额	销项（应纳）税额	销售额	销项（应纳）税额	销售额	销项（应纳）税额	销售额	销项（应纳）税额	价税合计		含税（免税）销售额	销项（应纳）税额
				1	2	3	4	5	6	7	8	9=1+3+5+7	10=2+4+6+8	11=9+10	12	13=11−12	14=13÷（100%+税率或征收率）×税率或征收率
一、一般计税方法计税	全部征税项目	17%税率的货物及加工修理修配劳务	1	7 500 000	1 275 000			34 188.03	5 811.97			7 534 188.03	12 80811.97	—	—	—	—
		17%税率的服务、不动产和无形资产	2														
		13%税率	3											—	—	—	—
		11%税率	4														
		6%税率	5														
	其中：即征即退项目	即征即退货物及加工修理修配劳务	6	—	—	—	—	—	—	—	—			—	—	—	—
		即征即退服务、不动产和无形资产	7	—	—	—	—	—	—	—	—			—	—	—	—
二、	全部征税项目	6%征收率	8							—	—			—	—	—	—
		5%征收率的货物及加工修理修配劳务	9a							—	—			—	—	—	—

续表

项目及栏次				开具增值税专用发票		开具其他发票		未开具发票		纳税检查调整		合计			服务、不动产和无形资产扣除项目本期实际扣除金额	扣除后	
				销售额	销项（应纳）税额	销售额	销项（应纳）税额	销售额	销项（应纳）税额	销售额	销项（应纳）税额	销售额	销项（应纳）税额	价税合计		含税（免税）销售额	销项（应纳）税额
				1	2	3	4	5	6	7	8	9=1+3+5+7	10=2+4+6+8	11=9+10	12	13=11−12	14=13÷（100%+税率或征收率）×税率或征收率
二、简易计税方法计税	全部征税项目	5%征收率的服务、不动产和无形资产	9b							—	—						
		4%征收率	10							—	—			—	—	—	—
		3%征收率的货物及加工修理修配劳务	11							—	—			—	—	—	—
		3%征收率的服务、不动产和无形资产	12							—	—						
		预征率　%	13a							—	—						
		预征率　%	13b							—	—						
		预征率　%	13c							—	—						
	其中：即征即退项目	即征即退货物及加工修理修配劳务	14	—	—	— —	—	—	—	—	—			—	—	—	—
		即征即退服务、不动产和无形资产	15	—	—	— —	—	—	—	—	—						
三、免抵退税	货物及加工修理修配劳务		16	—	—		—		—	—	—		—	—	—	—	—
	服务、不动产和无形资产		17	—	—		—		—	—	—		—				—
四、免税	货物及加工修理修配劳务		18				—		—	—	—		—	—	—	—	—
	服务、不动产和无形资产		19	—	—		—		—	—	—		—				—

表 2-2 增值税纳税申报表附列资料（二）

（本期进项税额明细）

税款所属时间：2016 年 6 月 1 日至 2016 年 6 月 30 日

纳税人名称：（公章）美途汽车集团　　　　金额单位：元（列至角分）

一、申报抵扣的进项税额				
项　　目	栏　　次	份　　数	金　　额	税　　额
（一）认证相符的增值税专用发票	1=2+3	7	6 640 000.00	1 110 500.00
其中：本期认证相符且本期申报抵扣	2	7	6 640 000.00	1 110 500.00
前期认证相符且本期申报抵扣	3			
（二）其他扣税凭证	4=5+6+7+8			
其中：海关进口增值税专用缴款书	5			
农产品收购发票或者销售发票	6			
代扣代缴税收缴款凭证	7		—	
其他	8			
（三）本期用于购建不动产的扣税凭证	9			
（四）本期不动产允许抵扣进项税额	10	—	—	
（五）外贸企业进项税额抵扣证明	11	—	—	
当期申报抵扣进项税额合计	12=1+4−9+10+11	7	6 640 000.00	1 110 500.00

二、进项税额转出额		
项　　目	栏　　次	税　　额
本期进项税转出额	13=14 至 23 之和	154 700.00
其中：免税项目用	14	
集体福利、个人消费	15	88 400.00
非正常损失	16	59 500.00
简易计税办法征税项目用	17	
免抵退税办法不得抵扣的进项税额	18	
纳税检查调减进项税额	19	
红字专用发票信息表注明的进项税额	20	
上期留抵税额抵减欠税	21	
上期留抵税额退税	22	
其他应作进项税额转出的情形	23	6 800.00

三、待抵扣进项税额				
项　　目	栏　　次	份　　数	金　　额	税　　额
（一）认证相符的增值税专用发票	24	—	—	—
期初已认证相符但未申报抵扣	25			

续表

项　　目	栏　　次	份　　数	金　　额	税　　额
本期认证相符且本期未申报抵扣	26			
期末已认证相符但未申报抵扣	27			
其中：按照税法规定不允许抵扣	28			
（二）其他扣税凭证	29=30 至 33 之和			
其中：海关进口增值税专用缴款书	30			
农产品收购发票或者销售发票	31			
代扣代缴税收缴款凭证	32		—	
其他	33			
	34			
四、其他				
项　　目	栏　　次	份　　数	金　　额	税　　额
本期认证相符的增值税专用发票	35	7	6 640 000.00	1 110 500.00
代扣代缴税额	36	—	—	

表 2-3　固定资产（不含不动产）进项税额抵扣明细表

纳税人名称（公章）：美途汽车集团　　填表日期：2016 年 7 月 14 日　　金额单位：元至角分

项　　目	当期申报抵扣的固定资产进项税额	当期申报抵扣的固定资产进项税额累计
增值税专用发票	34 000.00	34 000.00
海关进口增值税专用缴纳书		
合　　计	34 000.00	34 000.00

表 2-4　增值税纳税申报表

（一般纳税人适用）

根据国家税收法律法规及增值税相关规定制定本表。纳税人不论有无销售额，均应按税务机关核定的纳税期限填写本表，并向当地税务机关申报。

税款所属时间：自 2016 年 6 月 1 日至 2016 年 6 月 30 日　填表日期：2016 年 7 月 14 日

纳税人识别号：　　　　　　　　　　所属行业：制造业

纳税人名称	美途汽车集团（公章）	法定代表人姓名		注册地址		生产经营地址	
开户银行及账号			登记注册类型			电话号码	

项　　目		栏　　次	一般项目		即征即退项目	
			本月数	本年累计	本月数	本年累计
销售额	（一）按适用税率计税销售额	1	7 534 188.03			
	其中：应税货物销售额	2	7 534 188.03			
	应税劳务销售额	3				

续表

项目		栏次	一般项目		即征即退项目	
			本月数	本年累计	本月数	本年累计
销售额	纳税检查调整的销售额	4				
	（二）按简易办法计税销售额	5				
	其中：纳税检查调整的销售额	6				
	（三）免、抵、退办法出口销售额	7			—	—
	（四）免税销售额	8			—	—
	其中：免税货物销售额	9			—	—
	免税劳务销售额	10			—	—
税款计算	销项税额	11	1 280 811.97			
	进项税额	12	1 110 500.00			
	上期留抵税额	13	5 100.00			—
	进项税额转出	14	154 700.00			
	免、抵、退应退税额	15			—	—
	按适用税率计算的纳税检查应补缴税额	16			—	—
	应抵扣税额合计	17=12+13−14−15+16	960 900.00	—		—
	实际抵扣税额	18（如 17<11，则为 17，否则为 11）	960 900.00			
	应纳税额	19=11−18	319 911.97			
	期末留抵税额	20=17−18				—
	简易计税办法计算的应纳税额	21				
	按简易计税办法计算的纳税检查应补缴税额	22			—	—
	应纳税额减征额	23				
	应纳税额合计	24=19+21−23	319 911.97			
税款缴纳	期初未缴税额（多缴为负数）	25				
	实收出口开具专用缴款书退税额	26			—	—
	本期已缴税额	27=28+29+30+31				
	① 分次预缴税额	28		—		—
	② 出口开具专用缴款书预缴税额	29		—	—	—
	③ 本期缴纳上期应纳税额	30				
	④ 本期缴纳欠缴税额	31				
	期末未缴税额（多缴为负数）	32=24+25+26−27	319 911.97			

续表

<table>
<tr><td colspan="2" rowspan="2">项　目</td><td rowspan="2">栏　次</td><td colspan="2">一般项目</td><td colspan="2">即征即退项目</td></tr>
<tr><td>本月数</td><td>本年累计</td><td>本月数</td><td>本年累计</td></tr>
<tr><td rowspan="6"></td><td>其中：欠缴税额（≥0）</td><td>33=25+26−27</td><td></td><td>—</td><td></td><td>—</td></tr>
<tr><td>本期应补（退）税额</td><td>34=24−28−29</td><td>319 911.97</td><td>—</td><td></td><td>—</td></tr>
<tr><td>即征即退实际退税额</td><td>35</td><td>—</td><td>—</td><td></td><td></td></tr>
<tr><td>期初未缴查补税额</td><td>36</td><td></td><td></td><td>—</td><td>—</td></tr>
<tr><td>本期入库查补税额</td><td>37</td><td></td><td></td><td>—</td><td>—</td></tr>
<tr><td>期末未缴查补税额</td><td>38=16+22+36−37</td><td></td><td></td><td>—</td><td>—</td></tr>
<tr><td>授权声明</td><td colspan="2">如果你已委托代理人申报，请填写下列资料：
为代理一切税务事宜，现授权
（地址）　　　为本纳税人的代理申报人，任何与本申报表有关的往来文件，都可寄予此人。
授权人签字：</td><td>申报人声明</td><td colspan="3">本纳税申报表是根据国家税收法律法规及相关规定填报的，我确定它是真实的、可靠的、完整的。
声明人签字：</td></tr>
</table>

主管税务机关：　　　　接收人：　　　　接收日期：

3. 申报缴纳

按主管税务机关规定的纳税期限携带填列准确无误的申报资料到申报征收窗口办理申报缴款手续。以国税机关填开的“中华人民共和国税收通用缴款书”为完税凭证，作会计处理依据。

（二）小规模纳税人的纳税申报

小规模企业无论当季有无销售额，均应填报“增值税纳税申报表（适用小规模纳税人）”，于季满次月 15 日前报主管税务征收机关，并提供以下资料：

（1）增值税小规模纳税人纳税申报表（见表 2-5）及其附列资料。

（2）资产负债表、利润表。

（3）主管税务机关要求的其他资料。

表 2-5　增值税纳税申报表

（适用小规模纳税人）

纳税人识别号：

纳税人名称（公章）：　　　　金额单位：元（列至角分）

税款所属期：　年　月　日至　年　月　日　　　　填表日期：　年　月　日

<table>
<tr><td rowspan="4">一、计税依据</td><td rowspan="3">项　目</td><td rowspan="3">栏　次</td><td colspan="2">本期数</td><td colspan="2">本年累计</td></tr>
<tr><td>货物及劳务</td><td>服务、不动产和无形资产</td><td>货物及劳务</td><td>服务、不动产和无形资产</td></tr>
<tr></tr>
<tr><td>（一）应征增值税不含税销售额（3%征收率）</td><td>1</td><td></td><td></td><td></td><td></td></tr>
</table>

续表

	项　　目	栏　　次	本期数		本年累计	
			货物及劳务	服务、不动产和无形资产	货物及劳务	服务、不动产和无形资产
一、计税依据	税务机关代开的增值税专用发票不含税销售额	2				
	税控器具开具的普通发票不含税销售额	3				
	（二）应征增值税不含税销售额（5%征收率）	4	—		—	
	税务机关代开的增值税专用发票不含税销售额	5	—		—	
	税控器具开具的普通发票不含税销售额	6	—		—	
	（三）销售使用过的固定资产不含税销售额	7（7≥8）				
	其中：税控器具开具的普通发票不含税销售额	8		—		—
	（四）免税销售额	9=10+11+12				
	其中：小微企业免税销售额	10				
	未达起征点销售额	11				
	其他免税销售额	12				
	（五）出口免税销售额	13（13≥14）				
	其中：税控器具开具的普通发票销售额	14				
二、税款计算	本期应纳税额	15				
	本期应纳税额减征额	16				
	本期免税额	17				
	其中：小微企业免税额	18				
	未达起征点免税额	19				
	应纳税额合计	20=15–16				
	本期预缴税额	21			—	—
	本期应补（退）税额	22=20–21			—	—

纳税人或代理人声明：	如纳税人填报，由纳税人填写以下各栏：
本纳税申报表是根据国家税收法律法规及相关规定填报的，我确定它是真实的、可靠的、完整的。	办税人员：　　　　财务负责人： 法定代表人：　　　　联系电话：
	如委托代理人填报，由代理人填写以下各栏：
	代理人名称（公章）：　　　　经办人： 联系电话：

主管税务机关：　　　　接收人：　　　　接收日期：

纳税人按主管税务机关规定的纳税期限携带填列准确无误的申报资料到申报征收窗口办理申报缴款手续。以国税机关填开的“中华人民共和国税收通用缴款书”为完税凭证，作会计处理依据。

第四节 增值税出口退税

引 例

甲企业是自营出口生产企业（增值税一般纳税人），出口货物的征税率为17%，退税率为11%，上月末留抵税款6万元。2016年1月发生以下业务：

（1）外购原材料，支付价款400万元，增值税额68万元，取得增值税专用发票。

（2）本月内销货物取得不含税收入200万元。

（3）本月出口货物的销售额折合人民币400万元。

要求：计算甲企业1月出口业务应退的税额。

出口货物以不含国内流转税的价格参与全球市场竞争，是国际通行的惯例。我国依照国际惯例实行出口货物退（免）税政策，目的是平衡税负，使本国出口货物与其他国家或地区生产的货物具有相对平等的税收条件，这在客观上有利于发展外向型经济、增加出口、扩大出口创汇。

一、出口货物退（免）税的基本政策

我国出口货物纳税的基本政策分为以下三种情况。

1. 出口免税并退税

该政策是指对货物在出口销售环节不征增值税。对货物在出口前实际承担的税收负担，按规定的出口退税率计算后予以退还。其具体适用对象有：①生产企业自营或委托外贸企业代理出口自产货物；②有出口经营权的外贸企业收购后直接出口或委托其他外贸企业代理出口的货物；③出口企业从小规模纳税人购进并取得增值税专用发票的抽纱、工艺品、香料油、山货、草柳竹藤制品、渔网渔具、松香、五倍子、生漆、鬃尾、山羊板皮、纸制品12类货物；④特定企业出口的特定货物。

2. 出口免税但不退税

该政策是指出口环节免征增值税。适用该政策的货物因为在前一道生产、销售环节或进口环节是免税的，其价格本身就是不含税的，因此也无须退税。具体适用对象有：①属于生产企业的小规模纳税人自营出口或委托外贸企业代理出口的自产货物；②外贸企业从小规模纳税人购进并持普通发票的货物出口；③外贸企业直接购进国家规定的免税货物（包括免税农业产品）出口的；④其他的免税货物或项目。

3. 出口环节不免税也不退税

出口不免税是指对国家限制或禁止出口的某些货物，出口环节视同内销环节，照常征收增值税；出口不退税是指不退还货物出口前其所负担的增值税。具体适用对象有：①国家计划外出口的原油；②援外出口货物；③天然牛黄、麝香、铜及铜基合金（出口电解铜按 17%退税率退还增值税）、白银等。

二、出口货物退（免）税的范围

对出口的凡属于已征或应征增值税的货物，除国家明文规定不予退（免）税的货物，以及出口企业从小规模纳税人购进，持有普通发票的部分货物外，其他出口货物都属于出口退（免）税的范围。一般而言，应同时具备以下 4 个条件：①属于增值税范围的货物；②报关离境的货物；③财务上作销售处理的货物；④出口收汇并已核销的货物。

生产企业承接国外修理修配业务以及利用国际金融组织或外国政府贷款采用国际招标方式、国内企业中标或外国企业中标后分包给国内企业销售的货物，可以比照出口货物，实行免、抵、退税管理办法。

出口的机械手表（含机芯）、化妆品、乳胶制品和其他橡胶制品、黄金首饰、珠宝玉石、水貂皮、鱼翅、鲍鱼、海参、鱼唇、干贝、燕窝等货物，除国家指定的出口企业可以退税外，其他非指定的企业不能享受出口退税。

三、出口应税服务、无形资产退（免）税的范围

单位和个人提供适用零税率的应税服务和无形资产，如果属于适用增值税一般计税方法的，生产企业实行免抵退税办法，外贸企业外购服务或者无形资产出口实行免退税办法，外贸企业直接将服务或自行研发的无形资产出口，视同生产企业连同其出口货物统一实行免抵退税办法。如果属于适用简易计税方法的，实行免征增值税办法。

（一）适用增值税零税率的范围

自 2016 年 5 月 1 日起，单位和个人销售下列服务和无形资产适用增值税零税率。

（1）国际运输服务，是指：①在境内载运旅客或货物出境；②在境外载运旅客或货物入境；③在境外载运旅客或货物。

（2）航天运输服务。

（3）向境外单位提供的完全在境外消费的下列服务：①研发服务，②合同能源管理服务，③设计服务，④广播影视节目（作品）的制作和发行服务，⑤软件服务，⑥电路设计

及测试服务，⑦信息系统服务，⑧业务流程管理服务，⑨离岸服务外包业务，⑩转让技术。

（4）财政部和国家税务总局规定的其他服务。

（二）应税服务免税的范围

单位和个人提供的下列应税服务或无形资产免征增值税，但财政部和国家税务总局规定适用零税率的除外。

（1）下列服务：①工程项目在境外的建筑服务；②工程项目在境外的工程监理服务；③工程、矿产资源在境外的工程勘察勘探服务；④会议展览地点在境外的会议展览服务；⑤存储地点在境外的仓储服务；⑥标的物在境外使用的有形动产租赁服务；⑦在境外提供的广播影视节目（作品）的播映服务；⑧在境外提供的文化体育服务、教育医疗服务、旅游服务。

（2）为出口货物提供的邮政服务、收派服务、保险服务。

（3）向境外单位提供的完全在境外消费的下列服务和无形资产：①电信服务；②知识产权服务；③物流辅助服务（仓储服务、收派服务除外）；④鉴证咨询服务；⑤专业技术服务；⑥商务辅助服务；⑦广告投放地在境外的广告服务；⑧无形资产。

（4）以无运输工具承运方式提供的国际运输服务。

（5）为境外单位之间的货币资金融通及其他金融业务提供的直接收费金融服务，且该服务与境内的货物、无形资产和不动产无关。

（6）财政部和国家税务总局规定的其他服务。

按照国家有关规定应取得相关资质的国际运输服务项目，纳税人取得相关资质的，适用增值税零税率政策；未取得的，适用增值税免税政策。

四、出口货物（服务）增值税退税率

1994 年实行的新税制，对出口货物增值税实行了零税率，货物出口时，按其征税率退税。从 1995 年 7 月 1 日起，我国连续多次调低了出口货物退税率。为抵御 1997 年亚洲金融危机、2008 年由美国引起的全球金融危机，缓解出口企业生存压力，解决人员就业问题，改观出口增量回落现象，保持我国外贸经济平稳发展，国家及时运用财税政策适当地调整了出口退税率。目前，我国出口货物的退税率在 5%～17%之间。

服务和无形资产的退税率为其在境内提供服务和无形资产的增值税税率，即 6%、11% 和 17%三档。实行退（免）税办法的服务和无形资产，如果主管税务机关认定出口价格偏高的，有权按照核定的出口价格计算退（免）税；核定的出口价格低于外贸企业购进价格的，低于部分对应的进项税额不予退税，转入成本。境内的单位和个人销售适用增值税零税率的服务或无形资产的，可以放弃适用增值税零税率，选择免税或按规定缴纳增值税。放弃适用增值税零税率后，36 个月内不得再申请适用增值税零税率。

五、增值税退（免）税额的计算

不同的出口货物（服务）适用不同的税收政策，因此不是所有出口的货物（服务）都要计算退税额。出口货物（服务）只有在适用既免税又退税的政策时，才会涉及如何计算退税问题。

由于各类企业对于出口货物或服务的会计核算不同，有的对出口货物或服务单独核算，有的对出口货物或服务和内销统一核算。我国目前主要有两种退税计算方法：一是“免、抵、退”办法，主要适用于自营和委托出口自产货物的生产企业以及提供适用零税率的应税服务和无形资产的企业；二是“先征后退”办法，主要适用于收购货物出口的外贸企业。

（一）货物出口“免、抵、退”税的计算办法

生产企业自营或委托外贸企业代理出口自产货物，除另有规定外，增值税一律实行“免、抵、退”管理办法。这里所说的生产企业是指独立核算，经主管国税机关登记为增值税一般纳税人，并且具有实际生产能力的企业和企业集团。

“免”税，是指对生产企业出口的自产货物和视同自产货物，免征本企业生产销售环节增值税；“抵”税，是指生产企业出口自产货物和视同自产货物所耗用的原材料、零部件、燃料、动力等所含应予退还的进项税额，抵顶内销货物的应纳税额；“退”税，是指生产企业出口的自产货物和视同自产货物在当月内应抵顶的进项税额大于应纳税额时，对未抵顶完的税额部分予以退税。

免、抵、退税的计算公式和步骤如下。

1. 当期应纳税额的计算

（1）当期应纳税额=当期内销货物的销项税额–（当期进项税额–当期免、抵、退税不得免征和抵扣税额）–上期留抵税额。

（2）当期免、抵、退税不得免征和抵扣税额=当期出口货物离岸价×外汇人民币折合价×（当期出口货物征税率–出口货物退税率）–当期免、抵、退税不得免征和抵扣税额抵减额。

（3）当期免、抵、退税不得免征和抵扣税额抵减额=当期免税购进原材料价格×（出口货物征税率–出口货物退税率）。

免税购进原材料包括从国内购进免税原材料和进料加工免税进口料件，其中进料加工免税进口料件的价格为组成计税价格。其计算公式为：

进料加工免税进口料件的组成计税价格=货物到岸价+海关实征关税+海关实征消费税

如果当期没有免税购进原材料，前述公式中的“当期免、抵、退税不得免征和抵扣税额抵减额”不用计算。

若上述计算结果为正数，说明从内销货物销项税额中抵扣后仍有余额，该余额则为企业当期应纳的增值税税额，无退税额；若计算结果为负数，则当期期末留抵税额等于当期

应纳税额绝对数，有应退税额，应退税额大小待下面步骤分析确定。

2. 当期免、抵、退税额的计算

（1）当期免、抵、退税额=出口货物离岸价×外汇人民币折合价×出口货物退税率–免、抵、退税额抵减额。

（2）免、抵、退税额抵减额=免税购进原材料价格×出口货物退税率。

值得注意的是：出口货物离岸价（FOB）以出口发票计算的离岸价为准。出口发票不能如实反映实际离岸价的，企业必须按照实际离岸价向主管国税机关进行申报，同时主管税务机关有权依照《中华人民共和国税收征收管理法》、《中华人民共和国增值税暂行条例》等有关规定予以核定。

如果当期没有免税购进原材料，“免、抵、退税额抵减额”不用计算。

3. 当期应退税额和免、抵税额的计算

① 如当期应纳税额≥0，则：

当期应退税额=0

② 如当期应纳税额＜0，且当期期末留抵税额＜当期免抵退额，则：

当期应退税额=当期期末留抵税额
当期免抵税额=当期免抵退税额–当期应退税额

③ 如当期应纳税额＜0，且当期期末留抵税额≥当期免抵退额，则：

当期应退税额=当期免抵退额
当期免抵税额=0

公式中的“当期”是指一个纳税申报期，征税率和退税率是指出口货物的征税率和退税率。当期期末留抵税额根据当期增值税纳税申报表中的“期末留抵税额”确定。

引例解析

根据本节引例资料，甲企业1月出口业务应退增值税额计算如下。

（1）当期免抵退税不得免征和抵扣税额=400×（17%–11%）=24（万元）。

（2）当期应纳税额=200×17%–（68–24）–6=34–44–6=–16（万元）。

当期期末留抵税额=16（万元）。

（3）免、抵、退税额=400×11%=44（万元）。

（4）当期期末留抵税额<当期免抵税额，则：

当期应退税额=16（万元）;

当期免抵税额=44–16=28（万元）。

（二）应税服务、无形资产出口“免、抵、退”税的计算办法

免抵退税办法是指零税率应税服务、无形资产提供者提供零税率应税服务和无形资产，免征增值税，相应的进项税额抵减应纳增值税额（不包括适用增值税即征即退、先征后退政策的应纳增值税税额），未抵减完的部分予以退还。具体计算步骤如下。

1. 计算零税率应税服务（含无形资产）当期免抵退税额

$$当期零税率应税服务免抵退税额=当期零税率应税服务免抵退税计税价格\times外汇人民币牌价\times零税率应税服务退税率$$

零税率应税服务免抵退税计税价格为提供零税率应税服务取得的全部价款，扣除支付给非试点纳税人价款后的余额。

2. 计算当期应退税额和当期免抵税额

① 当期期末留抵税额≤当期免抵退税额时：

$$当期应退税额=当期期末留抵税额$$
$$当期免抵税额=当期免抵退税额-当期应退税额$$

② 当期期末留抵税额＞当期免抵退税额时：

$$当期应退税额=当期免抵退税额$$
$$当期免抵税额=0$$

“当期期末留抵税额”为当期增值税纳税申报表的“期末留抵税额”。

零税率应税服务提供者如同时有货物出口的，可结合现行出口货物免抵退税公式一并计算免抵退税。

【例 2-7】国内某大型航空公司主要经营国内和经批准的境外航空客、货、邮、行李运输业务及延伸服务，注册地点在上海浦东，2011 年年底被上海市国税局认定为增值税一般纳税人，2016 年 6 月经营情况如下：国内运输收入 24 000 万元，国际运输业务收入 15 000 万元，航空地面服务收入 9 000 万元；油料支出、飞机维修等可抵扣的进项税额为 4 000 万元。则其 9 月应退增值税额计算如下：

① 当期应纳税额=24 000×11%+9 000×6%–4 000=–820（万元）。

即，期末留抵税额=820（万元）。

② 免抵退税额=15 000×11%=1 650（万元）。

③ 当期应退税额=820（万元）。

④ 当期免抵税额=1 650–820=830（万元）。

（三）“先征后退”的计算办法

“先征后退”是指出口货物在生产（购货）环节按规定缴纳增值税，货物出口后由收

购出口的企业向其主管出口退税的税务机关申请办理出口货物退税。“先征后退”方式目前主要适用于有进出口经营权的外贸企业直接出口或委托其他外贸企业代理出口的货物，以及其他特准退税的企业出口的货物。

（1）对有进出口经营权的外贸企业收购货物直接出口或委托其他外贸企业代理出口货物，应按照购进货物所取得的增值税专用发票上注明的计税金额和该货物适用的退税率计算退税。其计算公式为：

应退税额=出口货物不含增值税的购进金额×出口退税率

或　　=出口货物的进项税额–出口货物不予退税的税额

出口货物不予退税的税额=出口货物不含增值税的购进金额×（增值税法定税率–退税税率）

【例 2-8】某进出口公司 2016 年 3 月出口美国平纹布 2 000 平方米，进货增值税专用发票列明单价 20 元/平方米，计税金额 40 000 元，退税税率 13%。则：

应退税额=2 000×20×13%=5 200（元）

（2）外贸企业委托生产企业加工收回后出口的货物，按照购进国内原辅材料的增值税专用发票的进项税额和相应的退税率计算原辅材料的退税额。支付的加工费的退税率，凭受托方开具的加工费的增值税专用发票的退税率确定，其计算公式如下：

应退税额=购进国内原辅材料的进项税额×相应退税率+加工费×相应退税率

【例 2-9】某进出口公司 2016 年 6 月购进牛仔布委托加工成服装出口。取得牛仔布增值税发票一张，注明计税金额 10 000 元（退税税率 13%）；取得服装加工费计税金额 2 000 元（退税税率 17%）。则：

应退税额=10 000×13%+2 000×17%=1 640（元）

（3）外贸企业从小规模纳税人购进并持普通发票的货物出口，不得退税，但对出口抽纱、工艺品、香料、山货、松香、五倍子等 12 类货物，考虑其占我国出口比重较大及其生产、采购的特殊因素，凭税务机关代开的增值税专用发票予以退税。计算公式如下：

应退税额=税务机关代开的增值税专用发票注明的金额×退税率

【例 2-10】某进出口公司 2016 年 4 月购进某增值税小规模纳税人生产的抽纱工艺品 2 000 打（套）全部出口，取得税务机关代开的增值税专用发票，发票注明金额 50 000 元，退税税率 3%。则：

应退税额=50 000×3%=1 500（元）

六、出口货物退（免）税管理

1. 出口货物退（免）税的登记

出口企业持商务部及其授权单位批准其出口经营权的批件和工商营业执照，于批准之日起 30 日内向所在地主管退税业务的税务机关办理退税登记。

出口企业如发生撤销、变更情况，应于批准撤销、变更之日起 30 日内，向所在地主管出口退税业务的税务机关办理注销或变更退税登记手续。

2. 出口货物退（免）税申报

（1）出口企业应设专职或兼职办理出口退税的人员，经税务机关培训考核后，发给办税员证，没有办税员证的人员不得办理出口退税业务。

（2）出口企业应在货物报关出口并在财务上作销售处理后，按月填报出口货物退（免）税申报表和经征税部门审核签章的当期增值税纳税申报表及有关退税凭证。出口货物退免税申报表分两类：生产企业的申报表有生产企业出口货物免、抵、退税申报明细表（格式可参见表 2-6），生产企业出口货物免、抵、退税申报汇总表（格式可参见表 2-7）；外贸企业的申报表有企业外贸出口退税汇总申报表（格式可参见表 2-8）等。

（3）出口企业代理其他企业出口后，应在货物报关出口之日起 60 天内凭出口货物报关单、代理出口协议，向主管国家税务机关申请开具代理出口货物证明，并及时转给委托出口企业。

3. 办理出口退税必须提供的凭证

（1）购进出口货物的增值税专用发票（抵扣联）、出口销售发票。

（2）盖有海关验讫章的出口货物报关单（出口退税专用）。

（3）查账时提供出口货物销售明细账。

（4）有委托业务的需提供由受托方税务机关签发的代理出口证明；有远期收汇业务的需提供由当地外经贸主管部门签发的中、远期结汇证明。

工作实例

出口货物增值税退（免）税的处理

某自营出口生产企业是增值税一般纳税人，出口货物的征税率为 17%，退税率为 13%。2016 年 3 月购进原材料一批，取得的增值税专用发票注明价款 200 万元，外购货物准予抵扣进项税款 34 万元，货已入库。当月海关进口料件的组成计税价格 50 万元，进口手册号为 C4708230028，已按规定向税务机关办理了“生产企业进料加工贸易免税证明”。上期期末留抵税额 3 万元。当月内销货物销售额 170 万元，销项税额 28.9 万元。本月出口货物销售折合人民币 130 万元。

要求：试计算该企业本期免、抵、退税额，并填报相关申报表。

操作步骤

第一步，分析购进原材料及进口料件涉税情况。

购进原材料时，其进项税额可以抵扣，则：

允许抵扣的进项税额=34（万元）

第二步，分析内销、出口7货物涉税情况。

实现内销收入时，应缴纳销项税额，则：

销项税额=28.9（万元）

第三步，计算免、抵、退税不得免征和抵扣税额。

免、抵、退税不得免征和抵扣税额抵减额=50×（17%–13%）=2（万元）

免、抵、退税不得免征和抵扣税额=130×（17%–13%）–2=3.2（万元）

第四步，计算应纳增值税税额。

应纳增值税税额=28.9–（34–3.2）–3=–4.9（万元）

第五步，计算出口货物免、抵、退税额。

免、抵、退税额抵减额=50×13%=6.5（万元）

出口货物免、抵、退税额=130×13%–6.5=10.4（万元）

第六步，计算当期应退税额及当期免、抵税额。

当期期末留抵税额4.9万元小于当期免、抵、退税额10.4万元，则：

当期应退税额=4.9（万元）

当期免抵税额=10.4–4.9=5.5（万元）

第七步，根据会计账簿登记资料和海关出口货物报关单等凭证，填报相关申报表。

根据上述内容，分别填列生产企业出口货物免、抵、退税申报明细表（见表2-6）、生产企业出口货物免、抵、退税申报汇总表（见表2-7）及外贸企业出口货物退税汇总申报表（见表2-8）。

表 2-6　生产企业出口货物免、抵、退税申报明细表

企业代码：××××××

企业名称：××××××　　纳税人识别号：××××××　　所属期：××××年××月　　单位：元至角分

序号	出口发票号码	出口报关单号	出口日期	代理证明号	核销单号	出口商品代码	出口商品名称	计量单位	出口数量	出口销售额		征税税率	退税税率	出口销售额乘征退税率之差	出口销售额乘退税率	海关进料加工手册	单证不齐标志	备注
										美元	人民币							
1	2	3	4	5	6	7	8	9	10	11	12	13	14	15=12×（13−14）	16=12×14	17	18	19
××	××	××	××	××	××	××	××	××	×		1 300 000	17%	13%	52 000	169 000	C4708230028	H	
合　计											1 300 000	17%	13%	52 000	169 000			

出口企业	退税部门
兹声明以上申报无讹并愿意承担一切法律责任。 （公章） 经办人：　　财务负责人： 企业负责人：　　年　月　日	（章） 经办人：　　复核人：　　负责人：　　年　月　日

注：① 生产企业应按当期出口并在财务上做销售后的所有出口明细填报本表，一式三份；

② 对单证不齐的在“单证不齐标志”栏内做相应标志，缺少报关单的填列 B、缺少核销单的填列 H、缺少代理证明的填列 D、缺少两项以上的，同时填列两个以上对应字母，单证齐全后销号；对前期单证不齐，当期收集齐全的，可在当期免、抵、退税申报时填报本表一并申报，在“单证不齐标志”栏内填写原申报时的所属期和申报序号；

③ 中标销售的机电产品，应在“备注”栏内填注 ZB 标志，退税部门人工审单时应审核规定的特殊退税凭证，计算机审核时将做特殊处理。

表 2-7　生产企业出口货物免、抵、退税申报汇总表

纳税人识别号：××××××　　　　纳税人名称（公章）：××××××

海关代码：××××××　　　　税款所属期限：自　年　月　日　至　年　月　日

申报日期：××××××　　　　单位：元（列至角分）

项　目	栏　次	当期	本年累计	与增值税纳税申报表差额
		(a)	(b)	(c)
当期免抵退出口货物销售额（美元）	1			—
当期免抵退出口货物销售额	2=3+4	1 300 000		
其中：单证不齐销售额	3			—
单证齐全销售额	4	1 300 000		—
前期出口货物当期收齐单证销售额	5		—	—
单证齐全出口货物销售额	6=4+5	1 300 000		—
不予免抵退出口货物销售额	7			—
出口销售额乘征退税率之差	8	52 000		—
上期结转免抵退税不得免征和抵扣税额抵减额	9		—	—
免抵退税不得免征和抵扣税额抵减额	10	20 000		—
免抵退税不得免征和抵扣税额	11（如 8＞9+10 则为 8–9–10，否则为 0）	32 000		
结转下期免抵退税不得免征和抵扣税额抵减额	12（如 9+10＞8 则为 9+10–8，否则为 0）	0	—	—
出口销售额乘退税率	13	169 000		—
上期结转免抵退税额抵减额	14		—	—
免抵退税额抵减额	15	65 000		—
免抵退税额	16（如 13＞14+15 则为 13–14–15，否则为 0）	104 000		—
结转下期免抵退税额抵减额	17（如 14+15＞13 则为 14+15–13，否则为 0）		—	—
增值税纳税申报表期末留抵税额	18	49 000	—	—
计算退税的期末留抵税额	19=18–11c	49 000	—	—
当期应退税额	20（如 16＞19 则为 19，否则为 16）	49 000		—
当期免抵税额	21=16–20	55 000		—
出口企业申明：		退税部门		
兹声明以上申报无讹并愿意承担一切法律责任。 经办人： 财务负责人：　　　（公章） 企业负责人：　　　年　月　日		经办人： 复核人：　　（章） 负责人：　年　月　日		

表 2-8　外贸企业出口货物退税汇总申报表

（适用增值税一般纳税人）

申报年月：　　年　　月　　　　　　　　　　　　　　　申报批次：
纳税人识别号：　　　　　　　　　　　　　　　　　　　海关代码：
纳税人名称（公章）：　　　　申报日期：　年　月　日　　金额单位：元至角分、美元

<table>
<tr><td colspan="3">出口企业申报</td><td colspan="2">主管退税机关审核</td></tr>
<tr><td>出口退税出口申报明细</td><td>份，记录</td><td>条</td><td>审核情况</td><td>机审情况</td></tr>
<tr><td>出口发票</td><td>张，出口额</td><td>美元</td><td rowspan="14"></td><td rowspan="13">本次机审通过退增值税额　元
其中：上期结转疑点退增值税　元
本期申报数据退增值税　元

本次机审通过退消费税额　元
其中：上期结转疑点退消费税　元
本期申报数据退消费税　元

结余疑点数据退增值税　元
结余疑点数据退消费税　元</td></tr>
<tr><td>出口报关单</td><td>张，</td><td></td></tr>
<tr><td>代理出口货物证明</td><td>张，</td><td></td></tr>
<tr><td>收汇核销单</td><td>张，收汇额</td><td>美元</td></tr>
<tr><td>远期收汇证明</td><td>张，其他凭证</td><td>张</td></tr>
<tr><td>出口退税进货明细申报表</td><td>份，记录</td><td>条</td></tr>
<tr><td>增值税专用发票</td><td>张，其中非税控专用发票</td><td>张</td></tr>
<tr><td>普通发票</td><td>张，专用税票</td><td>张</td></tr>
<tr><td>其他凭证</td><td>张，总进货金额</td><td>元</td></tr>
<tr><td>总进货税额</td><td>元，</td><td></td></tr>
<tr><td>其中：增值税</td><td>元，消费税</td><td>元</td></tr>
<tr><td>本月申报退税额</td><td>元，</td><td></td></tr>
<tr><td>其中：增值税</td><td>元，消费税</td><td>元</td></tr>
<tr><td>进料应抵扣税额</td><td>元，</td><td></td><td>授权人申明</td></tr>
<tr><td colspan="3">申请开具单证</td><td rowspan="9"></td><td rowspan="9">（如果你已委托代理申报人，请填写下列资料）
为代理出口货物退税申报事宜，现授权
为本纳税人的代理申报人，任何与本申报表有关的文件都可寄与此人。

授权人签字　　　　（盖章）</td></tr>
<tr><td>代理出口货物证明</td><td>份，记录</td><td>条</td></tr>
<tr><td>代理进口货物证明</td><td>份，记录</td><td>条</td></tr>
<tr><td>进料加工免税证明</td><td>份，记录</td><td>条</td></tr>
<tr><td>来料加工免税证明</td><td>份，记录</td><td>条</td></tr>
<tr><td>出口货物转内销证明</td><td>份，记录</td><td>条</td></tr>
<tr><td>补办报关单证明</td><td>份，记录</td><td>条</td></tr>
<tr><td>补办收汇核销单证明</td><td>份，记录</td><td>条</td></tr>
<tr><td>补办代理出口证明</td><td>份，记录</td><td>条</td></tr>
<tr><td colspan="3">出口企业申报</td><td colspan="2">主管退税机关审核</td></tr>
<tr><td>内销抵扣专用发票</td><td>张，其他非退税专用发票</td><td>张</td><td rowspan="2">审单人：</td><td rowspan="2">审核人：

年　月　日</td></tr>
<tr><td colspan="3">申报人申明</td></tr>
<tr><td colspan="3">此表各栏目填报内容是真实、合法的，与实际出口货物情况相符。此次申报的出口业务不属于“四自三不见”等违背正常出口经营程序的出口业务。否则，本企业愿意承担由此产生的相关责任。
企业填表人：
财务负责人：　　　　（公章）
企业负责人：　　　　年　月　日</td><td colspan="2">签批人：　　　　（公章）

年　月　日</td></tr>
</table>

本章小结

本章增值税法内容结构如图 2-1 所示。

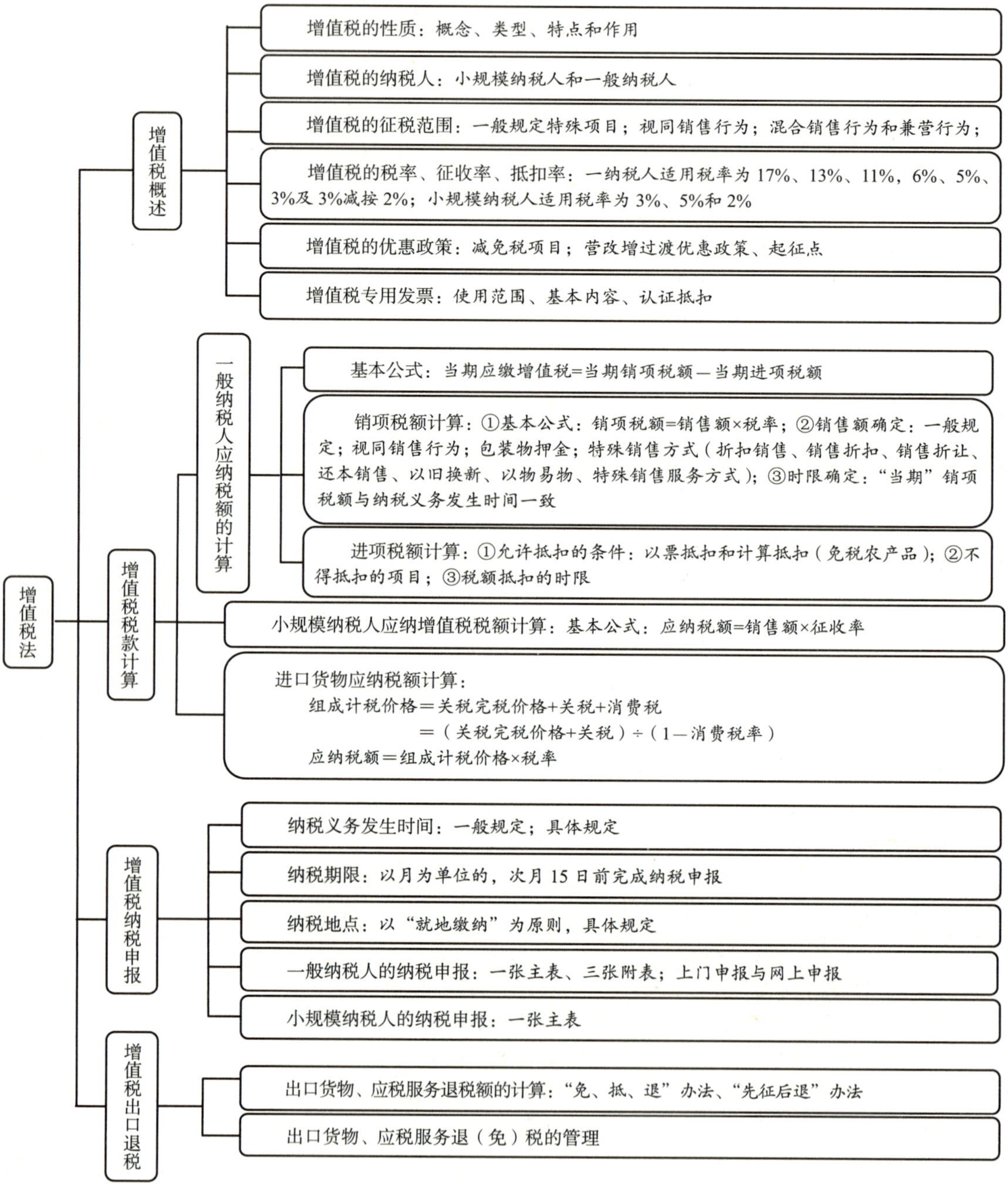

图 2-1　增值税法内容结构

习题训练

一、判断题

1. 纳税人出口货物，税率为零，因此一般纳税人的税率有两档，即基本税率和零税率。 (　　)

2. 免征增值税的农业产品按照买价的13%的扣除率计算进项税额，准予抵扣。 (　　)

3. 增值税专用发票只限于增值税的一般纳税人和小规模纳税人领购使用，非增值税纳税人不得领购使用。 (　　)

4. 小规模纳税人一律按照销售额3%的征收率计算应纳税款，不得抵扣进项税额。 (　　)

5. 小规模纳税人如符合规定条件，需开具专用发票的，可由当地税务机关代开增值税专用发票。 (　　)

6. 增值税的计税依据是不含增值税的价格，它的最终承担者是经营者。 (　　)

7. 应纳税额等于当期销项税额减当期进项税额，因此，所有的进项税额都可以抵扣，不足部分可以结转下期继续抵扣。 (　　)

8. 商业企业采取分期付款方式购进货物的，凡是发生销售方先全额开具专用发票，购货方再按规定分期付款情况的，应在每次支付款项以后申报抵扣进项税额。(　　)

9. 纳税人采取折扣方式销售货物，销售额和折扣额不在同一张发票上分别注明的，可按折扣后销售额征收增值税。 (　　)

10. 增值税一般纳税人将外购货物作为职工集体福利，应视同销售计征增值税。 (　　)

11. 进口货物纳税义务发生的时间为报关进口后15天。 (　　)

12. 总机构和分支机构不在同一县（市）的，应当分别向各自所在地主管税务机关申报纳税。 (　　)

13. 委托其他纳税人代销货物，其纳税义务发生时间为收到代销单位的代销清单或者收到全部或者部分货款的当天。未收到代销清单及货款的，其纳税义务发生时间为发出代销货物满180天的当天。 (　　)

14. 纳税人销售货物或者应税劳务，先开具发票的，其增值税纳税义务发生时间为实际收到款项的当天。 (　　)

15. 外贸企业从小规模纳税人处购进并持有普通发票的货物出口，一律免税但不予退税。 (　　)

二、单项选择题

1. 我国现行的增值税采用（　　）。

A. 价内税　　B. 价外税　　C. 定额税　　D. 累进税

2. 下列货物适用 17%增值税税率的是（　　）。

A. 生产销售啤酒　　B. 生产销售煤炭

C. 生产销售石油液化气　　D. 生产销售暖气

3. 纳税人销售的下列货物中，属于免征增值税的货物是（　　）。

A. 销售农业机械　　B. 销售煤炭

C. 销售日用百货　　D. 销售自产的农产品

4. 现行增值税纳税人中所称中华人民共和国境内是指销售货物的（　　）在我国境内。

A. 起运地　　B. 最终销售地　　C. 货物支付地　　D. 企业所在地

5. 以生产或提供劳务为主并兼营货物批发或零售的纳税人年应税销售额在（　　）的应办理增值税一般纳税人登记手续。

A. 50 万元以下　　B. 50 万元以上

C. 80 万元以下　　D. 80 万元以上

6. 下列货物目前允许按 13%抵扣进项税额的有（　　）。

A. 购进免税农产品　　B. 购进废旧物资

C. 购进固定资产　　D. 购进原材料支付运输费用

7. 增值税一般纳税人销售货物或者应税劳务，采用销售额和销项税额合并定价方法的，其计算销售额的公式是（　　）。

A. 销售额=含税销售额÷（1+税率）　　B. 销售额=不含税销售额÷（1+税率）

C. 销售额=含税销售额÷（1–税率）　　D. 销售额=不含税销售额÷（1–税率）

8. 某服装厂将自产的服装作为福利发给本厂职工，该批产品制造成本共计 10 万元，利润率为 10%，按当月同类产品的平均售价计算为 18 万元，计征增值税的销售额为（　　）。

A. 10 万元　　B. 9 万元　　C. 11 万元　　D. 18 万元

9. 某商场实行还本销售家具，家具现售价 16 500 元，5 年后还本，该商场增值税的计税销售额是（　　）元。

A. 16 500　　B. 3 300　　C. 1 650　　D. 不征税

10. 纳税人当期的进项税额大于当期的销项税额时，对不足抵扣部分的处理办法是（　　）。

A. 税务部门予以退税　　B. 不再给予抵扣

C. 可抵扣以前欠税　　D. 结转下期继续抵扣

11. 某商场为增值税一般纳税人，因管理不善发生火灾，库存外购冰箱 10 台损坏，每台零售价 1 440 元，每台进价 1 000 元（不含税），不得抵扣的进项税额为（　　）元。

A. 1 700　　B. 14 400　　C. 12 307.69　　D. 8 547

12. 下列外购项目（　　），不得抵扣进项税额。

A. 用于简易计税方法的计税项目　　B. 无偿赠送他人

C. 对外投资　　D. 用于换取生产资料

13. 增值税的纳税期限为（　　）。

A. 5 日、10 日、15 日、1 个月

B. 1 日、5 日、10 日、15 日、1 个月

C. 1 日、3 日、5 日、10 日、15 日、1 个月

D. 1 日、3 日、5 日、10 日、15 日、1 个月或 1 个季度

14. 在“免、抵、退”办法中，当期应退税额应根据（　　）原则确定。

A.“期末留抵税额”与“当期免抵退税额”孰小

B.“期末留抵税额”与“当期免抵退税额”孰大

C.“当期应纳税额”与“当期免抵退税额”孰小

D.“当期应纳税额”与“当期免抵退税额”孰大

15. 某电器生产企业自营出口自产货物，2016 年 1 月末计算出的期末留抵税款为 8 万元，当期免抵退税额为 12 万元，则当期免抵税额为（　　）。

A. 8 万元　　B. 12 万元　　C. 4 万元　　D. 15 万元

三、多项选择题

1. 应交增值税的行业是（　　）。

A. 商品流通行业　　B. 建筑业

C. 交通运输业　　D. 制造业

2. 划分一般纳税人和小规模纳税人的标准有（　　）。

A. 销售额达到规定标准　　B. 经营效益好

C. 会计核算健全　　D. 有上级主管部门

3. 下列各项中，属于增值税征税范围的有（　　）。

A. 销售钢材　　B. 销售自来水　　C. 销售电力　　D. 销售房屋

4. 单位和个人提供的下列劳务，应征增值税的有（　　）。

A. 汽车的修配　　B. 房屋的修理

C. 受托加工的白酒　　D. 房屋的装潢

5. 下列项目，属于免征增值税的有（　　）。

A. 农业生产者销售自产的粮食　　B. 药厂销售避孕药品

C. 个人销售自己使用过的物品　　D. 机械厂销售农业机具

6. 只开具发票而不开具专用发票的情况包括（　　）。

A. 向消费者销售货物或者提供应税劳务的

B. 销售免税货物的

C. 小规模纳税人销售货物或者提供应税劳务的

D. 向小规模纳税人销售货物或者提供应税劳务的

7. 某单位外购如下货物，按增值税有关规定不能作为进项税额抵扣的有（　　）。

A. 外购的生产性固定资产　　B. 外购货物用于免税项目

C. 外购货物用于集体福利　　D. 外购货物用于无偿赠送他人

8. 按现行增值税制度规定，下列行为应按“提供加工和修理修配劳务”征收增值税的是（　　）。

A. 商店服务部为顾客修理手表　　B. 企业受托为另一企业加工服装

C. 企业为另一企业修理锅炉　　D. 汽车修配厂为本厂修理汽车

9. 增值税法规定，对销售除（　　）以外的其他酒类产品而收取的包装押金，无论是否返还、会计上如何核算，均应并入当期销售额计征增值税。

A. 啤酒　　B. 黄酒　　C. 白酒　　D. 药酒

10. 增值税的计税依据销售额中，价外费用不包含的项目有（　　）。

A. 包装物租金　　B. 委托加工应税消费品代收代缴的消费税

C. 增值税税款　　D. 包装费、装卸费

11. 甲厂用自产锅炉换取乙厂的钢材作为生产材料，双方互开了增值税发票，则下列说法正确的有（　　）。

A. 甲厂应计算销项税　　B. 甲厂应抵扣进项税

C. 乙厂应计算销项税　　D. 乙厂应抵扣进项税

12. 下列关于纳税义务发生时间的表述中正确的有（　　）。

A. 委托其他纳税人代销货物，其纳税义务发生时间为收到代销款的当天

B. 销售应税劳务的，其纳税义务发生时间为提供劳务同时收讫销售额或取得索取销售额的凭据的当天

C. 企业采取分期收款方式销售货物的，其纳税义务的发生时间为书面合同规定的收款日期

D. 先开具发票的，其纳税义务的发生时间为开具发票的当天

13. 下列关于增值税纳税地点的陈述中，正确的有（　　）。

A. 进口货物应当由进口人或者代理人向报送地海关申报纳税

B. 固定业户应当向其机构所在地主管税务机关申报纳税

C. 固定业户跨县（市）提供建筑服务或者销售取得的不动产，应按规定在建筑服务发生或不动产所在地预缴税款后，向机构所在地主管税务机关进行纳税申报

D. 非固定业户销售货物或者应税劳务，应当向销售地或应税劳务地主管税务机关申请纳税

14. 我国的出口退（免）税方法有（　　）。

A. 出口不免税也不退税　　B. 出口免税不退税

C. 出口不免税退税　　D. 出口免税并退税

15. 根据增值税现行规定，下列企业可享受出口货物退（免）税政策的有（　　）。

A. 经国家商务主管部门及其授权单位批准的有进出口经营权的外贸企业

B. 经国家商务主管部门及其授权单位批准的有进出口经营权的自营生产企业

C. 委托外贸企业代理出口的生产企业

D. 借出口经营权、挂靠出口货物的企业

四、业务题

1. 甲企业（增值税一般纳税人）销售给乙公司 5 000 套服装，每套不含税价格为 80 元，由于乙公司购买数量多，甲企业按原价的 8 折优惠销售（与销售业务开具了一张发票），并提供 1/10，n/20 的销售折扣。乙公司于 10 日内付款。

要求：计算甲企业此项业务的计税销售额。

2. 某家电生产企业为增值税一般纳税人，本月向市职工活动中心赠送自产液晶电视 10 台，每台电视的成本价 3 000 元，市场销售价格 5 000 元（不含税）；赠送新研制的新型节能空调 5 台，每台成本价 8 000 元，市场上尚无同类产品销售。家电产品的成本利润率为 10%。

要求：请计算该家电企业本月的计税销售额。

3. 某电子企业为增值税一般纳税人，2016 年 7 月发生下列经济业务：

（1）销售 A 产品 50 台，不含税单价为 8 000 元。货款收到后，向购买方开具了增值税专用发票，并将提货单交给了购买方。截至月底，购买方尚未提货。

（2）将 20 台新试制的 B 产品分配给投资者，单位成本为 6 000 元。该产品尚未投放市场。

（3）单位内部职工集体福利领用甲材料 1 000 千克，每公斤单位成本为 50 元。

（4）企业某项免征增值税项目领用甲材料 200 千克，每公斤单位成本为 50 元，同时领用 A 产品 5 台。

（5）当月丢失库存乙材料 800 公斤，每公斤单位成本为 20 元，作待处理财产损溢处理。

（6）当月发生购进货物的全部进项税额为 70 000 元。

其他相关资料：上月进项税额已全部抵扣完毕，本月取得的进项税额抵扣凭证均已申报抵扣。购销货物增值税税率均为 17%，税务局核定的 B 产品成本利润率为 10%。

要求：

（1）计算当月销项税额。

（2）计算当月可抵扣进项税额。

（3）计算当月应缴增值税税额。

4. 某工业企业（增值税一般纳税人），2016 年 7 月购销业务情况如下：

（1）购进生产原料一批，取得的增值税专用发票上注明的价、税款分别是 23 万元、

3.91 万元，专用发票当月通过认证并申报抵扣。另支付运费取得增值税专用发票，注明运输费 3 万元，增值税 0.33 万元。

（2）购进钢材 20 吨，已验收入库；取得的增值税专用发票上注明的价、税款分别是 8 万元、1.36 万元，专用发票当月通过认证并申报抵扣。

（3）直接向农民收购用于生产加工的农产品一批，经税务机关批准的收购凭证上注明的价款为 42 万元。

（4）以托收承付方式销售产品一批，货物已发出并办妥银行托收手续，但货款未到，向买方开具的增值税专用发票注明不含税销售额为 42 万元。

（5）期初留抵进项税额 0.5 万元。

要求：计算该企业当期应纳增值税税额。

5. 某商业企业是增值税一般纳税人，2016 年 6 月末留抵税额 2 000 元，7 月发生下列业务：

（1）购入商品一批，取得增值税专用发票，价款 10 000 元，税款 1 700 元。

（2）3 个月前从农民手中收购的一批粮食毁损，账面成本 5 220 元。

（3）从农民手中收购大豆 1 吨，税务机关规定的收购凭证上注明收购款为 1 500 元。

（4）从小规模纳税人处购买商品一批，取得税务机关代开的发票，价款为 30 000 元，税款为 900 元，款已付，货物未入库，发票已认证。

（5）购买建材一批用于修缮仓库，取得增值税专用发票，注明价款 20 000 元，税款 3 400 元。

（6）零售日用商品，取得含税收入 150 000 元。

（7）将 2 个月前购入的一批布料捐赠受灾地区，账面成本为 20 000 元，同类商品不含税销售价格为 30 000 元。

（8）外购电脑 20 台，取得增值税专用发票，每台不含税单价为 6 000 元，购入后 5 台办公使用，5 台捐赠希望小学，另 10 台全部零售，零售价每台 8 000 元。

假定相关可抵扣进项税额的发票均通过认证并申报抵扣。

要求：

（1）计算当期全部可从销项税额中抵扣的增值税进项税合计数（考虑转出的进项税额）。

（2）计算当期增值税销项税额。

（3）计算当期应纳增值税税额。

6. 某生产企业为增值税一般纳税人，某年 6 月外购原材料取得防伪税控系统开具的增值税专用发票，注明进项税额为 137.7 万元并通过主管税务机关认证。当月内销货物取得不含税销售额 150 万元，外销货物取得收入 115 万美元（美元与人民币的比价为 1∶6.55），该企业适用增值税税率为 17%，出口退税率为 13%。

要求：计算该企业 6 月“免、抵、退”税额。

第三章

消费税法

学习目标

1. 掌握消费税的基本法律知识，熟悉消费税的概念、特点及作用；会判断哪些项目应征收消费税；选择具体适用税率。
2. 掌握消费税计税依据的确定方法，能根据业务资料计算应纳消费税税额。
3. 掌握消费税的纳税申报表的填制方法，能根据业务资料填制消费税纳税申报表、相关附表及税款缴纳书。
4. 熟悉消费税出口退税的相关规定，掌握消费税出口退税额的计算；会办理出口货物退（免）消费税工作。

第一节 消费税概述

引 例

宝利珠宝饰品制造公司（中国人民银行批准的金银首饰经营单位）为增值税一般纳税人，从事金银首饰经销和加工生产业务。2015 年 12 月发生如下经营业务：①向某大型商场（金银首饰经营单位）销售黄金项链 100 条；②同时向该商场销售自产包金项链 5 条、镀金项链 5 条；③向消费者销售自产纯金项链 200 条；④向消费者销售自产高档手表 20 块。

请问：上述四笔经济业务中，哪些需要征收消费税？各采用什么样的税率？

在我国的税制结构体系中，消费税是增值税的配套税种，征税的目的是调节产业结构，限制某些奢侈品、高能耗产品的生产，正确引导消费，保证国家财政收入。消费税与增值税同为流转税，凡征收消费税的物品一般要征收增值税，并且税率为 17%。然而一个是价外税，一个是价内税，征税环节也不一样，其计税依据也不完全相同。在学习消费税之时，先熟悉消费税的基本知识就显得十分重要。

一、消费税的性质

（一）消费税的概念

消费税是对在我国境内从事生产、委托加工和进口应税消费品的单位和个人，就其应税消费品的销售额或销售量征收的一种税。简单地说，消费税是对特定的消费品征收的一种税。

消费税是一种古老的税种，在西方最早产生于古罗马帝国，因当时农业和手工业的发展，城市的兴起与商业的繁荣，相继开征了诸如盐税、酒税等产品税，这就是消费税的雏形。目前，消费税是世界各国广泛实行的一个税种，并在各开征国家税收收入中占有相当比重，特别为发展中国家所重视。

我国对消费品的课税由来已久，早在周朝征收的“山泽之赋”就具有消费税的性质；在西汉时对酒的课税，体现了“寓禁于征”的政策；以后各朝代征收的酒税、烟税和茶税等均属消费税的范畴。新中国成立后，在 1950 年 1 月全国统一设置的 14 种税中就有特种消费行为税；1953 年税制改革时取消特种消费行为税，但有关对筵席、舞场等的征税并入营业税中；1988 年开征筵席税，属于消费行为税；1989 年重新开征特别消费税，但仅对生产和进口小轿车、彩色电视机（1992 年停征）征收，并于 1994 年取消。

为了调节消费结构、抑制不合理消费行为，国务院于 1993 年 12 月颁布了《中华人民共和国消费税暂行条例》，并于 1994 年开始实施。它是由原产品税脱胎而来的，我国解放初期征收的货物税，20 世纪 50 年代征收的商品流通税和从 1958 年 9 月开始至 1973 年征收的工商统一税以及 1973 年至 1983 年征收的工商税中相当于货物税的部分,1983 至 1984 年前征收的产品税、增值税，实质上是相当于或其中部分相当于消费税的性质的，只不过我国一直未命名消费税，或没有单独成为一个税种而已。现行实施的消费税是 1994 年实行全面税制改革中开始独立设置的税种，是在增值税普遍调节的基础上，体现国家对某些特殊消费品进行的特殊调节。

从 2006 年 4 月 1 日起，对我国现行消费税的税目、税率及相关政策进行调整，是 1994 年税制改革以来消费税最大规模的一次调整。此次政策调整的主要内容是：新增高尔夫球及球具、高档手表、游艇、木制一次性筷子、实木地板等税目；增列成品油税目，原汽油、柴油税目作为此税目的两个子目，同时新增石脑油、溶剂油、润滑油、燃料油、航空煤油五个子目；取消“护肤护发品”税目；调整部分税目税率，涉及税率调整的有白酒、小汽车、摩托车、汽车轮胎几个税目。

2008 年 11 月 10 日修订了《中华人民共和国消费税暂行条例》，从 2009 年 1 月 1 日起施行，主要是开征燃油特别消费税，提高了成品油消费税税额。2009 年 5 月，对烟产品的税率和征收环节做了相应的调整。从 2014 年 12 月 1 日起，提高了成品油消费税单位税额，取消了对酒精、汽车轮胎、气缸容量在 250 毫升以下小排量摩托车等产品征收消费税。从 2015 年 2 月 1 日起对电池、涂料征收消费税。

（二）消费税的特点

一般来说，消费税的征税对象主要是与居民消费相关的最终消费品和消费行为。与其他税种比较，消费税有如下几个特点。

1. 征收范围的选择性

各国目前征收的消费税实际上都属于对特定消费品或消费行为征收的税种。尽管各国征税范围宽窄有别，但都是在人们普遍消费的大量消费品中或消费行为中有选择地确定若干个征税项目，在税法中列举征税。我国消费税目前主要包括了特殊消费品、奢侈品、高能耗消费品、不可再生的资源消费品。与国外消费税相比，我国的征税范围更显偏窄，即未包括特殊消费行为的征税。

2. 征税环节的单一性

消费税主要采取在生产的产品出厂销售或从国外进口应税消费品时进行征税，一般在其他环节（如流通、消费等环节）不再征税（金银首饰、钻石首饰改在零售环节征消费税），这就是通常所说的一次课征制（从 2009 年 5 月 1 日起对卷烟在批发环节加征一道从价消费税，2015 年 5 月 10 日起调整为从价、从量双重征税；超豪华小汽车从 2016 年 12 月 1 日起零售环节再加征一次消费税）。用外购已税的消费品作为原材料和委托加工消费品已被扣缴消费税后继续生产消费品销售的，采取扣除已纳（扣）税额办法避免重复课征消费税。

3. 征收方法的灵活性

消费税采取从价计征、从量计征、复合计征三种方法进行征税。对一部分价格变化较大，且便于按价格核算的应税消费品实行从价计征；对一部分价格变动较小，品种、规格比较单一的大宗应税消费品实行从量计征；对卷烟、白酒实行从价、从量相结合的复合计征办法。

4. 适用税率的差别性

消费税实行差别税率，以更好地发挥其独特的调节功能。根据消费品的不同种类、档次（豪华程度、结构性能）或者消费品中某一物质成分的含量，以及消费品的市场供求状况、价格水平、国家的产业政策和消费政策等情况，对消费品制定高低不同的税率、税额，以体现国家的特定调节政策。

5. 税收负担的转嫁性

增值税实行价外计税，而消费税是价内税，即消费税款含在应税消费品价格之中。因此，消费税无论是在哪个环节征收，只要是价内计税，消费品中所含的消费税款最终都是由购买应税消费品者负担，生产销售应税消费品的企业和个人虽是纳税人，但其所缴纳的税款最终转嫁到了消费者身上。

（三）消费税的作用

消费税的内涵及特点决定了其在税制和社会经济发展中的重要地位，集中体现了国家的产业政策，强化了国家对经济进行宏观调控的手段，其作用主要表现在以下几个方面。

1. 体现消费政策，优化资源配置

为了抑制对人体健康不利或者过度消费会对人体有害的消费品的生产，将烟、酒、鞭炮、焰火列入消费税征税范围，达到“寓禁于征”的目的；为了调节特殊消费，将摩托车、小汽车、贵重首饰、珠宝玉石、高尔夫球及球具、高档手表、游艇列入征税范围；为了节约一次性能源，限制过量消费，将汽油、一次性木制筷子、实木地板列入征税范围。通过对消费品课税，以消费需求拉动供给，使产业、产品结构得到优化，从而实现资源的优化配置。

2. 调整消费结构，抑制超前消费

我国目前总体财力有限，个人生活水平还不够宽裕，需要在政策上正确引导人们的消费方向。在消费税立法过程中，对人们日常消费的基本生活用品和企业正常的生产消费物品不征收消费税。2006 年税制改革取消了对于护肤护发品征收消费税，在此基础上增加了高尔夫球及球具，高档手表、游艇等属于奢侈品或超前消费的物品征收消费税，调整了税目和税率结构，起到引导消费、抑制高水平或超前消费的作用。

3. 稳定税收来源，保证财政收入

消费税是价内税，税额的实现不受成本等因素的影响，而且消费税的应税品目又大多属于使用广泛、消费量大、具有传统征收高税习惯的重点税源行业的商品，税源稳定、可靠；同时，消费税按消费品的销售额或销售数量征税，使税收与应税消费品生产的增长趋势相适应，保证了财政收入的稳定增长。

4. 调节支付能力，缓解分配不公

个人生活水平或贫富状况很大程度体现在支付能力上。通过对某些奢侈品或特殊消费品征收消费税，从调节个人支付能力的角度间接增加某些消费者的税收负担或增加消费支出的超额负担，使高收入者的高消费受到一定抑制，低收入者或消费基本生活用品的消费者则不负担消费税，支付能力不受影响。所以开征消费税有利于配合个人所得税及其他有关税种进行调节，缓解目前存在的社会分配不公矛盾。

二、消费税的纳税人

消费税的纳税人，是在中华人民共和国境内生产、委托加工和进口应税消费品的单位和个人。金银首饰、钻石首饰消费税在零售环节征收，在我国境内从事金银首饰、钻石首饰零售业务的单位和个人为消费税的纳税人，委托加工、委托销售金银首饰、钻石首饰的，受托方也是纳税人；自 2009 年 5 月 1 日起对卷烟在批发环节加征一道消费税，因此从事卷烟批发的单位和个人也是消费税纳税人。

这里所谓“中华人民共和国境内”，是指生产、委托加工和进口应税消费品的起运地或所在地在中国境内。所谓“单位”，是指国有企业、集体企业、私营企业、股份制企业、外商投资企业、外国企业和其他企业，以及行政单位、事业单位、军事单位、社会团体和其他单位。所谓“个人”，是指个体经营者和包括中国公民和外国公民在内的其他个人。

三、消费税的征税范围

（一）征税范围的确定原则

（1）特殊消费品。对人类健康、社会秩序、生态环境等方面造成危害的特殊消费品，如烟、酒、鞭炮、焰火等。

（2）奢侈品、非生活必需品，如贵重首饰、高档化妆品等。

（3）高能耗及高档消费品，如小汽车、摩托车等。

（4）不可再生和替代的资源类消费品，如汽油、柴油等。

（二）征税范围的具体规定

消费税的征税范围包括烟、酒、高档化妆品、贵重首饰及珠宝玉石、鞭炮焰火、成品油、摩托车、小汽车、高尔夫球及球具、高档手表、游艇、木制一次性筷子、实木地板、电池、涂料共 15 个税目，有的税目还可进一步划分若干子目。其具体范围如下。

1. 烟

本税目下设卷烟（分生产环节和批发环节）、雪茄烟和烟丝 3 类。

卷烟的征税范围包括各种规格、型号的国产卷烟、进口卷烟、白包卷烟、手工卷烟等；雪茄烟的征税范围包括各种规格、型号的雪茄烟；烟丝的征税范围包括以烟叶为原料加工生产的不经卷制的散装烟，如斗烟、莫合烟、烟末、水烟、黄红烟丝等。

2. 酒

本税目下设粮食白酒、薯类白酒、啤酒、黄酒、其他酒 5 个子目。

酒是指酒精度在 1 度以上的各种酒类饮料，包括粮食白酒、薯类白酒、啤酒、黄酒和其他酒。

饮食业、商业、娱乐业举办的啤酒屋（啤酒坊）利用啤酒生产设备生产的啤酒，应当征收消费税；无醇啤酒比照啤酒征税；“果啤”属于啤酒，应征消费税。

3. 高档化妆品

本税目征税范围包括高档美容、修饰类化妆品、高档护肤类化妆品和成套化妆品。

高档美容、修饰类化妆品和高档护肤类化妆品是指生产（进口）环节销售（完税）价格（不含增值税）在 10 元/毫升（克）或 15 元/片（张）及以上的美容、修饰类化妆品和护肤类化妆品。从 2016 年 10 月 1 日起，取消对普通美容、修饰类化妆品征收消费税。舞台、戏剧、影视演员化妆用的上妆油、卸妆油、油彩、发胶和头发漂白剂等，不属于本税目征收范围。

4. 贵重首饰及珠宝玉石

本税目征税范围包括各种金银珠宝首饰和经采掘、打磨、加工的各种珠宝玉石。

5. 鞭炮焰火

本税目征税范围包括各种鞭炮、焰火。体育上用的发令纸、鞭炮引线不按本税目征税。

6. 成品油

本税目下设汽油、柴油、石脑油、溶剂油、润滑油、燃料油、航空煤油七个子目。

7. 摩托车

本税目征税范围包括轻便摩托车、摩托车。摩托车包括两轮车、边三轮车、正三轮车等。发动机气缸容量 250 毫升（不含）以下的小排量摩托车不征收消费税。

8. 小汽车

本税目下设乘用车、中轻型商用客车、超豪华小汽车子目。

乘用车征收范围包括含驾驶员座位在内最多不超过 9 个座位（含）的，在设计和技术特性上用于载运乘客和货物的各类乘用车。

中轻型商用客车征收范围包括含驾驶员座位在内的座位数在 10～23 座（含 23 座）的，在设计和技术特性上用于载运乘客和货物的各类中轻型商用客车。

含驾驶员人数（额定载客）为区间值的（如 8～10 人、17～26 人）小汽车，按其区间值下限人数确定征收范围。电动汽车不属于本税目征收范围。

超豪华小汽车征收范围为每辆零售价格 130 万元（不含增值税）及以上的乘用车和中轻型商用客车。

9. 高尔夫球及球具

本税目包括高尔夫球、高尔夫球杆及高尔夫球包（袋）等。

高尔夫球是指重量不超过 45.93 克、直径不超过 42.67 毫米的高尔夫球运动比赛、练习用球；高尔夫球杆是指被设计用来打高尔夫球的工具，由杆头、杆身和握把三部分组成；高尔夫球包（袋）是指专用于盛装高尔夫球及球杆的包（袋）。

10. 高档手表

本税目是指销售价格（不含增值税）每只在 10 000 元（含）以上的各类手表。

11. 游艇

本税目是指长度大于 8 米小于 90 米，船体由玻璃钢、钢、铝合金、塑料等多种材料制作，可以在水上移动的水上浮载体。按照动力划分，游艇分为无动力艇、帆艇和机动艇。

本税目征收范围包括艇身长度大于 8 米（含）小于 90 米（含），内置发动机，可以在水上移动，一般为私人或团体购置，主要用于水上运动和休闲娱乐等非牟利活动的各类机动艇。

12. 木制一次性筷子

本税目征税范围包括以木材为原料经过锯段、浸泡、旋切、刨切、烘干、筛选、打磨、倒角、包装等环节加工而成的各类一次性使用的筷子。

13. 实木地板

本税目是指以木材为原料，经锯割、干燥、刨光、截断、开榫、涂漆等工序加工而成的块状或条状的地面装饰材料。实木地板按生产工艺不同，可分为独板（块）实木地板、实木指接地板、实木复合地板三类；按表面处理状态不同，可分为未涂饰地板（白坯板、素板）和漆饰地板两类。

本税目征收范围包括各类规格的实木地板、实木指接地板、实木复合地板及用于装饰墙壁、天棚的侧端面为榫、槽的实木装饰板。未经涂饰的素板属于本税目征税范围。

14. 电池

本税目征税范围包括原电池、蓄电池、燃料电池、太阳能电池和其他电池。原电池又称一次电池，是按不可以充电设计的电池，包括锌原电池、锂原电池和其他原电池，也可以分为无汞原电池和含汞原电池；蓄电池又称二次电池，是按可充电、重复使用设计的电池，包括酸性蓄电池、碱性或其他非酸性蓄电池、氧化还原液流电池和其他蓄电池；燃料电池是指通过一个电化学过程，将连续供应的反应物和氧化剂的化学能直接转换为电能的电化学发电装置；太阳能电池是指将太阳光能转换成电能的装置。

15. 涂料

涂料是指涂于物体表面能形成具有保护、装饰或特殊性能的固态涂膜的一类液体或固体材料的总称。

四、消费税的税率

消费税实行比例税率、定额税率和从量定额与从价定率相结合的复合计税 3 种形式，共设置了 20 多档不同的税率（税额）。多数消费品采用比例税率，最高税率为 56%，最低税率为 1%；对成品油和黄酒、啤酒等实行定额税率；对卷烟、粮食白酒、薯类白酒实行从量定额与从价定率相结合计算应纳税额的复合计税办法。现行消费税税目税率（税额）如表 3-1 所示。

表 3-1 消费税税目税率（税额）

税目		征税范围	计税单位	税率（税额）
一、烟	1. 卷烟（生产环节）	甲类卷烟：每标准条（200 支，下同）调拨价 70 元（含 70 元，不含增值税，下同）以上		56%
			标准箱（50 000 支，下同）	150 元/箱（0.003 元/支；0.6 元/条）
		乙类卷烟：每标准条调拨价 70 元以下		36%

续表

<table>
<tr><th colspan="2">税　目</th><th>征税范围</th><th>计税单位</th><th>税率（税额）</th></tr>
<tr><td rowspan="5">一、烟</td><td>1. 卷烟（生产环节）</td><td>乙类卷烟：每标准条调拨价 70 元以下</td><td>标准箱</td><td>150 元/箱（0.003 元/支；0.6 元/条）</td></tr>
<tr><td rowspan="2">2. 卷烟（批发环节）</td><td rowspan="2"></td><td></td><td>11%</td></tr>
<tr><td>支</td><td>0.005 元</td></tr>
<tr><td>3. 雪茄烟（生产环节）</td><td>包括各种规格、型号的雪茄烟</td><td></td><td>36%</td></tr>
<tr><td>4. 烟丝（生产环节）</td><td>包括以烟叶为原料加工生产的不经卷制的散装烟</td><td></td><td>30%</td></tr>
<tr><td rowspan="8">二、酒</td><td rowspan="2">1. 粮食白酒</td><td rowspan="2">以高粱、玉米、大米、糯米、大麦、小麦、青稞等各种粮食为原料</td><td></td><td>20%</td></tr>
<tr><td>斤（500 克）</td><td>0.5 元</td></tr>
<tr><td rowspan="2">2. 薯类白酒</td><td rowspan="2">以白薯、木薯、马铃薯、芋头、山药等各种干鲜薯类为原料；用甜菜酿制的白酒，比照薯类白酒征税</td><td></td><td>20%</td></tr>
<tr><td>斤（500 克）</td><td>0.5 元</td></tr>
<tr><td rowspan="2">3. 啤酒（含果啤）</td><td>出厂价（含包装物及押金）3 000 元（含 3 000 元，不含增值税，下同）以上</td><td>吨</td><td>250 元</td></tr>
<tr><td>出厂价 3 000 元以下</td><td>吨</td><td>220 元</td></tr>
<tr><td>4. 黄酒</td><td>包括各种原料酿制的黄酒和酒精度超过 12 度（含 12 度）的土甜酒</td><td>吨</td><td>240 元</td></tr>
<tr><td>5. 其他酒</td><td>包括糠麸白酒、其他原料白酒、土甜酒、复制酒、果木酒、汽酒、药酒等</td><td></td><td>10%</td></tr>
<tr><td colspan="2">三、高档化妆品</td><td>包括高档美容、修饰类化妆品、高档护肤类化妆品和成套化妆品</td><td></td><td>15%</td></tr>
<tr><td colspan="2">四、贵重首饰及珠宝玉石</td><td>包括各种金、银、珠宝首饰及珠宝玉石</td><td></td><td>10%</td></tr>
<tr><td colspan="2">五、鞭炮焰火</td><td></td><td></td><td>15%</td></tr>
<tr><td rowspan="7">六、成品油</td><td>1. 汽油</td><td>以汽油、汽油组分调和生产的甲醇汽油、乙醇汽油也属于本税目征收范围</td><td>升</td><td>1.52 元</td></tr>
<tr><td>2. 柴油</td><td>以柴油、柴油组分调和生产的生物柴油也属于本税目征收范围</td><td>升</td><td>1.20 元</td></tr>
<tr><td>3. 石脑油</td><td></td><td>升</td><td>1.52 元</td></tr>
<tr><td>4. 溶剂油</td><td></td><td>升</td><td>1.52 元</td></tr>
<tr><td>5. 润滑油</td><td></td><td>升</td><td>1.52 元</td></tr>
<tr><td>6. 燃料油</td><td></td><td>升</td><td>1.20 元</td></tr>
<tr><td>7. 航空煤油</td><td></td><td>升</td><td>1.20 元</td></tr>
</table>

续表

税目		征税范围	计税单位	税率（税额）
七、摩托车		气缸容量在250毫升的		3%
		气缸容量在250毫升以上的		10%
八、小汽车	1．乘用车（生产、进口环节）	气缸容量（排气量，下同）在1.0升（含）以下的		1%
		气缸容量在1.0升以上至1.5升（含）的		3%
		气缸容量在1.5升以上至2.0升（含）的		5%
		气缸容量在2.0升以上至2.5升（含）的		9%
		气缸容量在2.5升以上至3.0升（含）的		12%
		气缸容量在3.0升以上至4.0升（含）的		25%
		气缸容量在4.0升以上的		40%
	2. 中轻型商用客车（生产、进口环节）			5%
	3. 超豪华小汽车	每辆零售价格130万元（不含增值税）及以上的乘用车和中轻型商用客车		10%（生产进口环节按子税目1和子税目2的规定征收）
九、高尔夫球及球具				10%
十、高档手表				20%
十一、游艇				10%
十二、木制一次性筷子				5%
十三、实木地板				5%
十四、电池				4%
十五、涂料				4%

注：① 自1995年1月1日起金银首饰（包括金基、银基合金首饰，以金、银和金基、银基合金的镶嵌首饰）、铂金首饰（从2003年5月1日起）和钻石及钻石饰品（从2002年1月1日起）的纳税环节由生产环节、进口环节转至零售环节，税率改为5%。不属于上述范围的首饰，仍按10%的税率在原纳税环节计缴。

② 自2006年4月1日起，取消“护肤护发品”税目，将原属于护肤护发品征税范围的高档护肤类化妆品列入化妆品税目。

③ 自2009年1月1日起，航空煤油暂缓征收消费税；对用外购或委托加工收回的已税汽油生产的乙醇汽油免税。

④ 娱乐业、饮食业自制啤酒，一律按250元/吨征税。

⑤ 自2014年12月1日起，提高成品油消费税率，取消了对酒精、汽车轮胎、气缸容量在250毫升以下摩托车、含铅汽车等产品征收消费税。

⑥ 自2015年2月1日起，对电池、涂料征收消费税。但对无汞原电池、锂原电池、金属氢化物镍蓄电池、锂离子蓄电池、太阳能电池、燃料电池和全钒液流电池免征消费税；对施工状态下挥发性有机物含量低于420克/升（含）的涂料免征消费税。

⑦ 自 2016 年 10 月 1 日起，取消对普通美容、修饰类化妆品征收消费税，仅对高档美容、修饰类化妆品、高档护肤类化妆品和成套化妆品征收消费税，并将税率由原来的 30%降为 15%。

⑧ 自 2016 年 12 月 1 日起，对超豪华小汽车，在生产（进口）环节按现行税率征收消费税基础上，在零售环节加征消费税，税率为 10%。

在消费税税率选择中，应注意以下几个具体问题。（1）对兼营不同税率的应税消费品适用税目税率的规定。对纳税人兼营不同税率的应税消费品，应当分别核算其销售额或销售数量。未分别核算销售额或销售数量的，或者将不同税率的应税消费品组成成套消费品销售的，从高适用税率。

（2）对卷烟适用税目税率的具体规定。对白包卷烟、手工卷烟、自产自用没有同牌号规格调拨价格的卷烟、委托加工没有同牌号规格调拨价格的卷烟、未经国务院批准纳入计划的企业和个人生产的卷烟，除定额税率征收外，一律按 56%的比例税率征收。

（3）消费税税目、税率（税额）的调整由国务院确定，地方无权调整。

引例解析

宝利珠宝饰品制造公司发生的下列业务：①向大型商场销售黄金项链时，由于金银首饰在零售环节征收消费税，宝利珠宝饰品制造公司不征收消费税。由大型商场在出售时征收消费税，税率为 5%。②向大型商场销售自产包金项链和镀金项链时，要征收消费税，因为包金项链、镀金项链在生产环节征消费税，税率为 10%。③向消费者销售自产纯金项链，由于是向消费者销售，属于零售环节，要征收消费税，税率为 5%。④向消费者销售自产高档手表，要征收消费税，高档手表在生产环节征税，税率为 20%。

第二节 消费税税款计算

引　例

2015 年东风酒业集团向其所属销售公司销售粮食白酒 5 000 斤，每斤售价为 60 元，同类白酒对外销售价格为每斤 150 元，东风酒业集团按照税法规定计算销售白酒应纳的消费税税额为 62 500 元，当销售公司再对外销售时，则无须缴纳消费税。如果该批白酒由东风酒业集团直接对外销售，则应缴纳的消费税税额为 152 500 元，销售给销售公司可直接为东风酒业集团节省税款 9 万元。

请问：这样的纳税筹划合理吗？

一、直接对外销售应税消费品应纳税额的计算

直接对外销售应税消费品消费税额的计算一般有三种方法，即从价定率法、从量定额法、从价定率和从量定额复合计税法。

（一）从价定率法应纳税额的计算

消费税是价内税，即以含消费税的价格作为计税价格，应纳税额的计算取决于应税消费品的销售额和适用税率两个因素。其计算公式为：

应纳税额=应税消费品的计税销售额×比例税率

1. 计税销售额的一般规定

纳税人对外销售其生产的应税消费品，应当以其销售额为依据计算纳税。这里的销售额包括向购货方收取的全部价款和价外费用。由于消费税和增值税实行交叉征收，消费税实行价内税，增值税实行价外税，因此实行从价定率征收消费税的消费品，其消费税税基和增值税税基是一致的，即都是以含消费税而不含增值税的销售额作为计税基数，所以在第二章中有关增值税确认销售额的规定同样适用于消费税，在此不再重复。

【例 3-1】某日化厂为增值税一般纳税人，2016 年 11 月销售高档化妆品，开具增值税专用发票注明的销售额为 300 000 元；开具普通发票注明的销售额为 46 800 元。要求计算该日化厂 11 月应缴纳的消费税额。

计税依据=300 000+46 800÷（1+17%）=340 000（元）

应纳消费税额=340 000×15%=51 000（元）

2. 计税销售额的特殊规定

（1）包装物及押金的计税销售额。

① 应税消费品连同包装物销售的，无论包装物是否单独计价，也不论在会计上如何核算，均应并入应税消费品的销售额中征收消费税。

② 如果包装物不作价随同产品销售而是收取押金，此项押金不应并入应税消费品的销售额中纳税。但对因逾期未收回的包装物不再退还的和已收取一年以上的押金，应并入应税消费品的销售额，按照应税消费品的适用税率缴纳消费税。

③ 对既作价随同应税消费品销售，又另外收取押金的包装物的押金，凡纳税人在规定的期限内不予退还的，均应并入应税消费品的销售额，按照应税消费品的适用税率缴纳消费税。

④ 对酒类产品生产企业销售酒类产品（从价定率办法征收的）而收取的包装物押金，无论押金是否返还与会计上如何核算，均需并入酒类产品销售额中，依酒类产品的适用税率征收消费税。但以上规定不适用于实行从量定额征收消费税的啤酒和黄酒产品。

【提示】

几种包装物押金的税务处理的比较如表 3-2 所示。

表 3-2 包装物押金的税务处理比较

押金种类	收取时，未逾期	逾期时
一般应税消费品的包装物押金	不缴增值税，不缴消费税	缴纳增值税，缴纳消费税（押金需换算为不含税价）
酒类产品包装物押金（除啤酒、黄酒外）	缴纳增值税、消费税（押金需换算为不含税价）	不再缴纳增值税、消费税
啤酒、黄酒包装物押金	不缴增值税；不缴消费税	只缴纳增值税；不缴纳消费税（因为从量征收）

（2）纳税人销售的应税消费品，如果是以外汇计算销售额的，应当按外汇牌价折合成人民币计算应纳税额。

（3）纳税人通过自设非独立核算门市部销售的自产应税消费品，应当按照门市部对外销售金额缴纳消费税。

（4）纳税人用于换取生产资料和消费资料、投资入股和抵偿债务等方面的应税消费品，应当以纳税人同类应税消费品的最高销售价格作为计税依据计算消费税。

（5）白酒生产企业向商业销售单位收取的“品牌使用费”是随着应税白酒的销售而向购货方收取的，属于应税白酒销售价款的组成部分，因此，不论企业采取何种方式或以何种名义收取价款，均应并入白酒的销售额中缴纳消费税。

（6）从 2009 年 8 月 1 日起，白酒生产企业销售给销售单位的白酒，生产企业消费税计税价格低于销售单位对外销售价格 70%以下的，税务机关应核定消费税最低计税价格；已核定最低计税价格的白酒，销售单位对外销售价格持续上涨或下降时间达到 3 个月以上、累计上涨或下降幅度在 20%（含）以上的白酒，税务机关应重新核定最低计税价格。

引例解析

引例中东风酒业集团公司采用低价销售给自己所属的销售公司，然后再由销售公司对外销售的做法不符合税法规定。当白酒生产企业销售给销售单位的白酒，生产企业消费税计税价格低于销售单位对外销售价格 70%以下的，税务机关应核定消费税最低计税价格。东风酒业集团公司的计税价格为 60 元，而对外销售的价格为 150 元，税务机关可以根据实际情况对计税价格进行调整，最低不低于 105 元（150×70%），需要按调整后的价格计算应纳消费税税额。

（二）从量定额法应纳税额的计算

按从量定额办法计算消费税，应纳税额的计算取决于应税消费品的销售数量和单位税额两个因素。其基本计算公式为：

应纳税额=应税消费品的销售数量×单位税额

1. 应税消费品销售数量的确定

根据应税消费品的应税行为，应税消费品的数量具体规定如下：

（1）销售应税消费品的，为应税消费品的销售数量。纳税人通过自设的非独立核算门市部销售自产应税消费品的，应当按照门市部对外销售数量征收消费税。

（2）自产自用应税消费品的（用于连续生产应税消费品的除外），为应税消费品的移送使用数量。

（3）委托加工应税消费品的，为纳税人收回的应税消费品数量。

（4）进口的应税消费品，为海关核定的应税消费品进口征税数量。

2. 计量单位的换算标准

按照消费税暂行条例规定，对黄酒、啤酒、成品油等应税消费品采取从量定额办法计算应纳税额。其计量单位的换算标准如下：

啤酒	1 吨=988 升	黄酒	1 吨=962 升
汽油	1 吨=1 388 升	柴油	1 吨=1 176 升
石脑油	1 吨=1 385 升	溶剂油	1 吨=1 282 升
润滑油	1 吨=1 126 升	燃料油	1 吨=1 015 升
航空煤油	1 吨=1 246 升		

【例 3-2】某炼油厂采购原油 40 吨，加工成无铅汽油 12 吨，其应纳消费税税额计算如下：

应纳消费税税额=12×1 388×1.52=25 317.12（元）

（三）从价定率和从量定额复合计税法应纳税额的计算

现行消费税的征税范围中，实行复合计税方法的消费品有卷烟、粮食白酒和薯类白酒。其计算公式为：

应纳税额=应税消费品销售额×比例税率+应税消费品销售数量×单位税额

粮食白酒、薯类白酒的计税依据与前面从价定率、从量定额相同，卷烟的计税依据有以下几方面的特殊规定。

（1）纳税人销售的卷烟因放开销售价格而经常发生价格上下浮动的，应以该牌号规格卷烟销售当月的加权平均价格确定征收类别和适用税率，但销售的卷烟有下列情况之一者，不得列入加权平均计算：一是销售价格明显偏低而无正当理由的；二是无销售价格的。

（2）卷烟由于接装过滤嘴、改变包装或其他原因提高销售价格后，应按照新的销售价格确定征税类别和适用税率。

（3）实际销售价格高于计税价格和核定价格的卷烟，按实际销售价格征收消费税；实际销售价格低于计税价格和核定价格的卷烟，按计税价格或核定价格征收消费税。

（4）非标准条（每条包装多于或者少于 200 支）包装卷烟应当折算成标准条包装卷烟的数量，依其实际销售收入计算确定其折算成标准条包装后的实际销售价格，并确定适用的比例税率。折算的实际销售价格高于计税价格的，应按照折算的实际销售价格确定适用比例税率；折算的实际销售价格低于计税价格的，应按照同牌号规格标准条包装卷烟的计税价格和适用税率征税。卷烟的折算标准如下：

1 箱=250 条 1 条=10 包 1 包=20 支

【例 3-3】某卷烟厂出售卷烟 20 个标准箱，每标准条调拨价格 80 元，共计 400 000 元，烟丝 45 000 元，采用托收承付结算方式，货已发出并办妥托收手续。其应纳消费税税额计算如下：

应纳消费税税额=20×150+400 000×56%+45 000×30%=240 500（元）

（四）已纳消费税扣除的计算

为了避免重复征税，现行税法规定，将外购应税消费品继续生产应税消费品销售的，准予从应纳消费税税额中按当期生产领用数量计算扣除外购已税消费品已纳的消费税税款。

1. 扣税范围

在消费税 15 个税目中，除酒、小汽车、高档手表、游艇、电池、涂料等 6 个税目外，其余税目有扣税规定：

（1）外购已税烟丝为原料生产的卷烟。

（2）外购已税化妆品为原料生产的化妆品。

（3）外购已税珠宝玉石为原料生产的贵重首饰及珠宝玉石。

（4）外购已税鞭炮焰火为原料生产的鞭炮焰火。

（5）外购已税摩托车为原料生产的摩托车（如用外购两轮摩托车改装三轮摩托车）。

（6）外购已税杆头、杆身和握把为原料生产的高尔夫球杆。

（7）外购已税木制一次性筷子为原料生产的木制一次性筷子。

（8）外购已税实木地板为原料生产的实木地板。

（9）外购已税石脑油为原料生产的应税消费品。

（10）外购已税润滑油为原料生产的润滑油，已税汽油、柴油为原料生产的汽油、柴油。

2. 扣税方法

上述当期准予扣除外购应税消费品已纳消费税税款的，在计税时按当期生产领用数量计算。

（1）从价定率。

当期准予扣除的外购应税消费品已纳税款=当期准予扣除的外购应税消费品买价×外购应税消费品适用税率

当期准予扣除的外购应税消费品买价=期初库存的外购应税消费品买价+当期购进的外购应税消费品买价–期末库存的外购应税消费品买价

外购已税消费品的买价是指购货发票上注明的销售额（不包括增值税税款）。

纳税人用外购的已税珠宝玉石生产的改在零售环节征收消费税的金银首饰（镶嵌首饰），在计税时一律不得扣除外购珠宝玉石的已纳税款。允许扣除已纳税款的应税消费品只限于从工业企业购进的应税消费品和进口环节已缴纳消费税的应税消费品，对从境内商业企业购进应税消费品的已纳税款一律不得扣除。

（2）从量定额。

当期准予扣除的外购应税消费品已纳税款=当期准予扣除的外购应税消费品数量×外购应税消费品单位税额

当期准予扣除的外购应税消费品数量=期初库存的外购应税消费品数量+当期购进的外购应税消费品数量–期末库存的外购应税消费品数量

【例 3-4】某化妆品厂 11 月发生如下业务：①购进化工 A 材料 2 千克，价款 10 000 元，增值税 1 700 元；②购进散装香粉 1 千克，价款 10 000 元，增值税 1 700 元；③生产口红及精致香粉，领用 A 材料 1 千克及散装香粉 0.5 千克；④销售口红 5 箱，不含税价 5 000 元；⑤销售香粉 1 箱，含税价 35 100 元。其应纳增值税及消费税税额计算如下：

销售香粉的不含增值税价款=35 100/（1+17%）=30 000（元）

增值税销项税额=5 000×17%+30 000×17%=5 950（元）

应纳增值税税额=销项税额–进项税额=5 950–（1 700+1 700）=2 250（元）

应纳消费税税额=（5 000+30 000）×15%–10 000/2×15%=4 500（元）

二、自产自用应税消费品应纳税额的计算

（一）自产自用应税消费品的确定

所谓自产自用，是指纳税人生产应税消费品后，不是直接用于对外销售，而是用于自己连续生产应税消费品或用于其他方面。根据《中华人民共和国消费税暂行条例》规定，纳税人用于连续生产应税消费品，不缴纳消费税；用于其他方面的，于移送使用时缴纳消费税。

所谓“连续生产应税消费品”，是指作为生产最终应税消费品的直接材料，并构成最终产品实体的应税消费品。对自产自用的应税消费品，用于连续生产应税消费品的不再征

税，体现了税不重征和计税简便的原则，避免了重复征税。例如，卷烟厂生产的烟丝，如果直接对外销售，应缴纳消费税，但如果烟丝用于本厂连续生产卷烟，其烟丝就不征收消费税，只对最终生产出来的卷烟征收消费税。

所谓“用于其他方面的”，是指纳税人用于生产非应税消费品和在建工程、管理部门、非生产机构、提供劳务，以及用于馈赠、赞助、集资、广告、样品、职工福利、奖励等方面的应税消费品。企业自产的应税消费品虽然没有用于销售或连续生产应税消费品，但只要是用于税法所规定的范围都要视同销售，依法缴纳消费税。

（二）自产自用应税消费税计税依据的确定

根据《中华人民共和国消费税暂行条例》的规定，纳税人自产自用的应税消费品，凡用于其他方面应当纳税的，其销售额的核算顺序如下。

（1）按照纳税人生产的当月同类消费品的销售价格计算纳税。

（2）如果当月同类消费品各期销售价格高低不同，应按销售数量加权平均计算。但销售的应税消费品有下列情况之一的，不得列入加权平均计算：①销售价格明显偏低又无正当理由的；②无销售价格的。

（3）如果当月无销售或者当月未完结，应按照同类消费品上月或最近月份的销售价格计算纳税。

（4）没有同类消费品销售价格的，按照组成计税价格计算纳税。

实行从价定率办法计算纳税的组成计税价格的计算公式为：

组成计税价格=（成本+利润）÷（1–比例税率）

实行复合计税办法计算纳税的组成计税价格的计算公式为：

组成计税价格=（成本+利润+自产自用数量×定额税率）÷（1–比例税率）

上述公式中所称的“成本”是指应税消费品的产品生产成本。公式中所称“利润”是指根据应税消费品的全国平均成本利润率计算的利润。全国平均利润率由国家税务总局确定，具体规定如下：

① 甲类卷烟	10%	⑪ 摩托车	6%
② 乙类卷烟	5%	⑫ 乘用车	8%
③ 雪茄烟	5%	⑬ 中轻型商用客车	5%
④ 烟丝	5%	⑭ 高档手表	20%
⑤ 粮食白酒	10%	⑮ 高尔夫球及球具	10%
⑥ 薯类白酒	5%	⑯ 游艇	10%
⑦ 其他酒	5%	⑰ 木制一次性筷子	5%
⑧ 化妆品	5%	⑱ 实木地板	5%
⑨ 鞭炮、焰火	5%	⑲ 电池	4%

⑩ 贵重首饰及珠宝玉石 6% ⑳ 涂料 7%

（三）自产自用应税消费品应纳税额的具体计算方法

（1）从价定率征税的应税消费品应纳税额的计算：

应纳消费税税额=自产自用同类应税消费品销售额或组成计税价格×适用税率

（2）从量定额征税的应税消费品应纳税额的计算：

应纳消费税额=应税消费品移送使用数量×单位税额

（3）复合计税方法征税的应税消费品应纳税额的计算：

应纳消费税额=自产自用同类应税消费品销售额或组成计税价格×适用税率+应税消费品移送使用数量×单位税额

【例 3-5】某酒厂将自产薯类白酒 1 吨发放给职工作福利，该薯类白酒对外销售价格为每吨 7 000 元，生产成本 4 000 元/吨，成本利润率 5%。其应纳消费税税额计算如下：

应纳消费税税额=7 000×20%+2 000×0.5=2 400（元）

如果该种薯类白酒没有同类消费品的销售价格，其生产成本为 4 000 元，则其组成计税价格计算如下：

消费税组成计税价格=［4 000×（1+5%）+2 000×0.5］÷（1–20%）=6 500（元）

应纳消费税税额=6 500×20%+2 000×0.5=2300（元）

三、委托加工应税消费品应纳税额的计算

（一）委托加工应税消费品的确定

委托加工应税消费品，是指由委托方提供原料和主要材料，受托方只收取加工费和代垫部分辅助材料加工的应税消费品。对于由受托方提供原材料生产的应税消费品，或者受托方先将原材料卖给委托方，然后再接受加工的应税消费品，以及由受托方以委托方名义购进原材料生产的应税消费品，无论纳税人在财务上是否作销售处理，都不得作为委托加工应税消费品，而应当按照销售自制应税消费品缴纳消费税。由此可见，作为委托加工的应税消费品，必须具备两个条件：其一是由委托方提供原料和主要材料；其二是受托方只收取加工费和代垫部分辅助材料。无论是委托方还是受托方，凡不符合规定条件的，都不能按委托加工应税消费品进行税务处理，只能按照销售自制应税消费品缴纳消费税。这种处理方法体现了税收管理的源泉控制原则，避免了应缴税款的流失。

（二）委托加工应税消费品计税依据的确定

委托加工的应税消费品，按照受托方的同类消费品的销售价格计算纳税，同类消费品的销售价格是指受托方当月销售的同类消费品的销售价格，如果当月同类消费品各期销售

价格高低不同，应按销售数量加权平均计算。但销售的应税消费品有下列情况之一的，不得列入加权平均计算：①销售价格明显偏低又无正当理由的；②无销售价格的。如果当月无销售或者当月未完结，应按照同类消费品上月或最近月份的销售价格计算纳税。没有同类消费品销售价格的，按照组成计税价格计算纳税。

实行从价定率办法计算纳税的组成计税价格的计算公式为：

组成计税价格=（材料成本+加工费）÷（1−比例税率）

实行复合计税办法计算纳税的组成计税价格的计算公式为：

组成计税价格=（材料成本+加工费+委托加工数量×定额税率）÷（1−比例税率）

上述公式中的“材料成本”，是指委托方所提供加工材料的实际成本。委托加工应税消费品的纳税人必须在委托加工合同上如实注明（或以其他方式提供）材料成本，凡未提供材料成本的，受托方所在地主管税务机关有权核定其材料成本。税法严格规定委托方提供原料和主要材料必须如实提供材料成本的目的是防止假冒委托加工应税消费品或少报材料成本逃避纳税的问题。

公式中的“加工费”，是指受托方加工应税消费品向委托方收取的全部费用（包括代垫辅助材料的实际成本，不包括增值税税金），这是税法对受托方的要求。受托方必须如实提供向委托方收取的全部费用，这样才能既保证组成计税价格及代收代缴消费税准确计算出来，也使受托方按加工费得以正确计算其应纳的增值税。

（三）委托加工应税消费品应纳税额的具体计算方法

（1）从价定率征税的应税消费品应纳税额的计算：

应纳消费税税额=委托加工同类应税消费品销售额或组成计税价格×适用税率

（2）从量定额征税的应税消费品应纳税额的计算：

应纳消费税税额=纳税人收回的应税消费品数量×单位税额

（3）复合计税方法征税的应税消费品应纳税额的计算：

应纳消费税税额=委托加工同类应税消费品销售额或组成计税价格×适用税率+纳税人收回的应税消费品数量×单位税额

（四）委托加工应税消费品消费税的缴纳

（1）对委托加工应税消费品的应纳消费税，采取由受托方代收代缴税款的办法，由受托方在向委托方交货时代收代缴消费税。委托方将收回的应税消费品，以不高于受托方的计税价格出售的，为直接出售，不再缴纳消费税；委托方以高于受托方的计税价格出售的，不属于直接出售，需按照规定申报缴纳消费税，在计税时准予扣除受托方已代收代缴的消费税。受托方必须严格履行代收代缴义务，否则要承担税收法律责任。

（2）纳税人委托个体经营者加工应税消费品，一律在收回加工应税消费品后向所在地主管税务机关缴纳消费税。

（3）受托方没有代收代缴消费税的，委托方应补交税款，补税的计税依据为：①已直接销售的，按销售额计税；②未销售或不能直接销售的（如收回后用于连续生产等），按组成计税价格计税。

【例 3-6】甲企业受托加工一批高档化妆品，委托方提供的材料成本为 95 000 元，双方协议加工费为 5 240 元，甲企业应代收代缴的消费税税额计算如下：

组成计税价格=（95 000+5240）÷（1−15%）=117 929.41（元）

应代收代缴消费税税额=117 929.41×15%=17 689.41（元）

（五）委托加工收回的应税消费品已纳税款的扣除

纳税人委托加工的应税消费品已由受托方代收代缴消费税，如果委托方收回货物后用于连续生产应税消费品的，其已纳税款准予按照规定从连续生产的应税消费品应纳消费税税额中扣除，这种扣税方法与外购已税消费品连续生产应税消费品的扣税范围、扣税方法、扣税环节相似。

1. 扣税范围

（1）以委托加工收回的已税烟丝为原料生产的卷烟。

（2）以委托加工收回的已税化妆品为原料生产的化妆品。

（3）以委托加工收回的已税珠宝玉石为原料生产的贵重首饰及珠宝玉石。

（4）以委托加工收回的已税鞭炮、烟火为原料生产的鞭炮、焰火。

（5）以委托加工收回的已税摩托车为原料生产的摩托车。

（6）以委托加工收回的已税杆头、杆身和握把为原料生产的高尔夫球杆。

（7）以委托加工收回的已税木制一次性筷子为原料生产的木制一次性筷子。

（8）以委托加工收回的已税实木地板为原料生产的实木地板。

（9）以委托加工收回的已税石脑油为原料生产的应税消费品。

（10）以委托加工收回的已税润滑油为原料生产的润滑油，已税汽油、柴油为原料生产的汽油、柴油。

2. 扣税方法

当期准予扣除的委托加工应税消费品已纳税款=期初库存的委托加工应税消费品已纳税款+当期收回的委托加工应税消费品已纳税款−期末库存的委托加工应税消费品已纳税款

纳税人用委托加工收回的已税珠宝玉石生产的改在零售环节征收消费税的金银首饰，在计税时一律不得扣除委托加工收回的珠宝玉石的已纳消费税税款。委托加工应税消费品已纳税款为代扣代收税款凭证注明的受托方代收代缴的消费税税额。

【提示】

委托加工业务中委托方与受托方的关系如表 3-3 所示。

表 3-3 委托加工业务中委托方与受托方的关系

项目	委托方	受托方
委托加工成立的条件	提供原料和主要材料	只收取加工费和代垫辅料
加工及提货时涉及的流转税	① 购进材料涉及增值税进项税 ② 支付加工费涉及增值税进项税 ③ 视同自产消费品应缴消费税	① 购买辅料涉及增值税进项税 ② 收取加工费和代垫辅料涉及增值税销项税
消费税纳税环节	提货时受托方代收代缴(受托方为个体户的除外)	交货时代收代缴委托方消费税
代收代缴后消费税的相关处理	① 不高于受托方计税价格直接出售的不再缴纳消费税 ② 连续加工应税消费品销售后在出厂环节缴纳的消费税,可按规定在生产领用后抵扣已纳消费税	及时解缴代收代缴税款

四、进口应税消费品应纳税额的计算

(一)进口一般应税消费品应纳税额的计算

纳税人进口应税消费品,按照组成计税价格和规定的税率计算应纳税额。组成计税价格包括到岸价格、关税和消费税三部分。

1. 实行从价定率办法应纳税额的计算

应纳税额的计算公式为:

应纳税额=组成计税价格×消费税税率

组成计税价格=(关税完税价格+关税)÷(1–消费税税率)

公式中所称的“关税完税价格”,是指海关核定的关税计税价格。

2. 实行从量定额办法应纳税额的计算

应纳税额的计算公式为:

应纳税额=应税消费品数量×消费税单位税额

3. 实行从价定率和从量定额复合征税办法应纳税额的计算

应纳税额的计算公式为:

应纳税额=组成计税价格×消费税税率+应税消费品数量×消费税单位税额

组成计税价格=（关税完税价格+关税+进口数量×消费税单位税额）÷（1–消费税比例税率）

注意：进口环节消费税除国务院另有规定者外，一律不得给予减税、免税。

【例 3-7】某公司进口成套高档化妆品一批，该批高档化妆品关税完税价格为 40 万元，关税税率为 50%。其应纳消费税税额计算如下：

消费税组成计税价格=400000×（1+50%）÷（1–15%）=705882.35（元）

应纳消费税税额=705882.35×15%=105882.35（元）

（二）进口卷烟应纳税额的计算

从 2009 年 5 月 1 日起，进口卷烟的消费税适用比例税率进行了调整，其消费税应纳税额的计算方法如下。

1. 进口卷烟消费税适用比例税率的确定

① 每标准条进口卷烟（200 支）确定消费税适用比例税率的价格=（关税完税价格+关税+消费税定额税）÷（1–消费税税率）。其中，关税完税价格和关税为每标准条的关税完税价格及关税税额；消费税定额税为每标准条（200 支）0.6 元（依据现行消费税定额税率折算而成）；消费税税率固定为 36%。

② 每标准条进口卷烟（200 支）确定消费税适用比例税率的价格≥70 元人民币的，适用比例税率为 56%；每标准条进口卷烟（200 支）确定消费税适用比例税率的价格<70 元人民币的，适用比例税率为 36%。

2. 进口卷烟应纳税额的具体计算方法

进口卷烟消费税组成计税价格=（关税完税价格+关税+消费税定额税款）÷（1–进口卷烟消费税适用比例税率）

应纳消费税税额=进口卷烟消费税组成计税价格×进口卷烟消费税适用比例税率+海关核定的进口卷烟数量×消费税定额税率

其中，消费税定额税率为每标准箱（50 000 支）150 元。

【例 3-8】某公司从境外进口 10 箱卷烟，经海关核定，关税的完税价格为 100 000 元，关税 25 000 元。应纳消费税税额计算如下：

每标准条进口卷烟适用比例税率的价格=（100 000+25 000+150×10）÷（1–36%）÷（10×250）=79.06（元）>70（元），所以，进口卷烟的适用比例税率为 56%。

进口卷烟消费税组成计税价格 =（关税完税价格+关税+消费税定额税）÷（1–进口卷烟消费税适用比例税率）=（100 000+25 000+150×10）÷（1–56%）=287 500（元）

应纳消费税税额=进口卷烟消费税组成计税价格×进口卷烟消费税适用比例税率+海关

核定的进口卷烟数量×消费税定额税率=287 500×56%+10×150=162 500（元）

五、批发和零售环节应税消费品应纳税额的计算

（一）批发环节应纳税额的计算

批发环节的应税消费品特指卷烟，在我国境内从事卷烟批发业务的所有单位和个人，应就其批发销售的所有牌号、规格的卷烟，自 2015 年 5 月 10 日起，按 11%的比例税率、每支 0.005 元的定额税率双重计征消费税。此外，计算批发环节卷烟消费税还应注意：

（1）应将卷烟销售额与其他商品销售额分开核算，未分开核算的，一并征收消费税。

（2）卷烟批发企业之间销售的卷烟不缴纳消费税，只有将卷烟销售给零售商等其他单位和个人时才缴纳消费税。

（3）卷烟批发企业在计算卷烟消费税时不得扣除卷烟生产环节已缴纳的消费税税额。

【例 3-9】某市烟草集团公司属增值税一般纳税人，持有烟草批发许可证，2016 年 6 月收回委托加工的卷烟 200 箱，集团公司将其中 20 箱销售给烟草批发商 N 企业，取得含税销售收入 86.58 万元；80 箱销售给烟草零售商 Y 专卖店，取得不含税销售收入 320 万元；100 箱作为股本与 F 企业合资成立一家烟草零售经销商 Z 公司。

要求：（1）计算集团公司向 N 企业销售卷烟应缴纳的消费税税额。

（2）计算集团公司向 Y 专卖店销售卷烟应缴纳的消费税税额。

（3）计算集团公司向 Z 公司投资应缴纳的消费税税额

计算分析过程如下：

（1）因为 N 企业是烟草批发商，批发商之间不征消费税，因此，向 N 企业销售卷烟应纳消费税为零。

（2）向 Y 专卖店销售卷烟应纳消费税=320×11%+80×50 000×0.005/10 000=37.2（万元）。

（3）向 Z 公司投资应纳消费税=100×320÷80×11%+100×50 000×0.005/10 000=46.5（万元）。

（二）零售环节应纳税额的计算

零售环节的应税消费品特指金银首饰、钻石及钻石饰品。“金银首饰”特指金、银和金基、银基合金首饰，以及金、银和金基、银基合金的镶嵌首饰。自 2016 年 12 月 1 日起，对超豪华小汽车，在生产（进口）环节按现行税率征收消费税基础上，在零售环节加征消费税，税率为 10%。

对既销售金银首饰，又销售非金银首饰的生产经营单位，应分别核算两类商品的销售额。凡划分不清楚或不能分别核算的，在生产环节销售的，一律从高适用税率征收消费税；在零售环节销售的，一律按金银首饰征收消费税。金银首饰与其他产品组成套装消费品销售的，应按销售额全额征收消费税。对纳税人采取以旧换新方式销售金银首饰的，按实际收取的不含增值税价款计算消费税。

【例 3-10】东方珠宝店是一家经批准有权经营金银首饰的珠宝零售店，为增值税一般纳税人，2016 年 5 月涉税业务如下：

（1）金银首饰及珠宝玉石零售金额共计 253 800 元，其中：金银首饰 114 660 元，钻石及钻石饰品 95 940 元，其他首饰 43 200 元。

（2）采取以旧换新方式销售金项链 100 条，新项链每条零售价 3 000 元，旧项链每条作价 2 000 元，每条项链实收差价款 1 000 元。

要求：计算东方珠宝店 5 月应缴纳的消费税税额。

计算分析过程如下：

（1）根据消费税法规规定，金银首饰和珠宝玉石的消费税在零售环节缴纳，其他首饰消费税应在生产、进口或委托加工环节缴纳。

消费税税额=（114 660+95 940）÷（1+17%）×5%=9 000（元）

（2）金银首饰零售环节以旧换新应以实际取得不含税价款为消费税计税依据。

消费税税额=100×1000÷（1+17%）×5%=4 273.5（元）

工作实例

消费税应纳税额的计算

2016 年 10 月，某高校会计专业毕业生赵小芬到 ABC 股份有限责任公司报税岗位上班。该公司主要生产经营酒类、卷烟和高档化妆品，10 月发生如下经济业务。

① 10 月 1 日，销售高档化妆品 100 套，已知增值税专用发票上注明的价款为 30 000 元，税额为 5 100 元，款已收到。

② 10 月 4 日，将自己生产的啤酒 20 吨销售给家乐超市，货款已收到；另外将 10 吨让客户及顾客免费品尝。该啤酒出厂价为 2 800 元 / 吨，成本为 2 000 元 / 吨。

③ 10 月 10 日，销售粮食散白酒 20 吨，单价 7 000 元，价款 140 000 元。

④ 10 月 20 日，用自产粮食白酒 10 吨抵偿华盛超市货款 70 000 元，不足或多余部分不再结算。该粮食白酒每吨本月售价在 5 500～6 500 元浮动，平均售价为 6 000 元。

⑤ 10 月 25 日，将一批自产的高档化妆品作为福利发给职工个人，这批高档化妆品的成本为 10 000 元。假设该类高档化妆品不存在同类消费品销售价格。

⑥ 2016 年 9 月 10 日，将外购的价值 100 000 元的烟叶发给嘉华加工公司，委托其加工成烟丝。嘉华加工公司代垫辅助材料价值 4 000 元（款已付），本月应支付的加工费为 36 000 元（不含税）、增值税为 6 120 元。10 月 5 日，ABC 公司以银行存款付清全部款项和代缴的消费税；6 日，收回已加工的烟丝并全部生产卷烟 10 箱；25 日，该批卷烟全部用于销售，总售价为 300 000 元，款已收到。

⑦ 10 月 26 日，向陈氏超市销售用上月外购烟丝生产的卷烟 20 个标准箱，每标准条调拨价格 80 元，共计 400 000 元（购入烟丝支付含增值税价款为 93 600 元），采取托

收承付结算方式，货已发出并办妥托收手续。

⑧ 10 月 28 日，从国外购进成套化妆品，关税完税价格 80 000 美元，关税税率为 50%。假定当日美元对人民币的汇率为 1∶6.65，货款全部以银行存款付清。

请问：赵小芬如何计算该公司 10 月应纳的消费税税额？

操作步骤

第一步：判断经济业务类型。

属于直接对外销售应税消费品业务的有：①、②部分、③、④、⑦。

属于自产自用应税消费品业务的有：②部分、⑤。

属于委托加工应税消费品业务的有：⑥。

属于进口应税消费品业务的有：⑧。

第二步：分别确定计税依据并逐项计算应纳消费税税额。

① 计税销售额=30 000 元；应纳消费税税额=30 000×15%=4 500（元）。

② 对外销售的计税销售量=20 吨；应纳消费税税额=20×220=4 400（元）；

免费品尝的计税销售量=10 吨；应纳消费税税额=10×220=2 200（元）。

③ 计税销售额=140 000（元）；计税销售量=20×2 000=40 000（斤）；

应纳消费税税额=140 000×20%+40 000×0.5=48 000（元）。

④ 计税销售额=10×6 500=65 000（元）；计税销售量=10×2 000=20 000（斤）；

应纳消费税税额=65 000×20%+20 000×0.5=23 000（元）。

⑤ 组成计税价格=10 000×（1+5%）÷（1–15%）=12 352.94（元）；

应纳消费税税额=12 352.94×15%=1 852.94（元）。

⑥ 烟丝组成计税价格=（100 000+4 000+36 000）÷（1–30%）=200 000（元）；

嘉华公司代收代缴烟丝的消费税税额=200 000×30%=60 000（元）；

每条卷烟价格=300 000÷（10×250）=120（元）；

按 56%税率计税，则卷烟应纳消费税额=300 000×56%+10×150–60 000=109 500（元）。

⑦ 外购烟丝已纳的消费税税额（可抵扣）=93 600÷（1+17%）×30%=24 000（元）；

出售卷烟计税销售额=400 000 元；计税销售量=20 箱；

应纳消费税税额=（400 000×56%+20×150）–24 000=203 000（元）。

⑧ 进口高档化妆品组成计税价格=80 000×6.65×（1+50%）÷（1–15%）=938 823.53（元）；

海关代征的高档化妆品消费税=938 823.53×15%=140 823.53（元）。

第三步：汇总计算本月应纳消费税总额。

ABC 股份有限责任公司 10 月应申报缴纳的消费税税额=4 500+4 400+2 200+48 000+23 000+1 852.94+109 500+203 000=396 452.94（元）；

海关代征的消费税税额=140 823.53（元）；
嘉华公司代收代缴的消费税税额=60 000（元）。

第三节 消费税纳税申报

作为报税岗位的会计人员，每月在规定时间内，需要根据会计资料计算应纳消费税税额，选择申报方式、准备申报材料，进行纳税申报和税款缴纳工作。本节以第二节的工作实例ABC股份有限责任公司为例来学习消费税的纳税申报过程。

一、消费税的征收管理

（一）纳税义务发生时间

纳税人生产的应税消费品于销售时纳税，进口应税消费品应于报关进口环节纳税，但金银首饰、钻石及钻石饰品在零售环节纳税。消费税纳税义务发生时间，以货款结算方式或行为发生时间分别确定。

（1）纳税人销售的应税消费品，其纳税义务发生时间为：①采取赊销和分期收款结算方式的，为纳税人书面合同约定的收款日期的当天，书面合同没有约定收款日期或者无书面合同的，为发出应税消费品的当天；②采取预收货款结算方式的，为纳税人发出应税消费品的当天；③采取托收承付和委托银行收款方式销售的应税消费品，为纳税人发出应税消费品并办妥托收手续的当天；④采取其他结算方式的，为纳税人收讫销售款或者取得索取销售款凭据的当天。

（2）自产自用的应税消费品，其纳税义务的发生时间，为纳税人移送使用当天。

（3）委托加工的应税消费品，其纳税义务的发生时间，为纳税人提货的当天。

（4）进口的应税消费品，其纳税义务的发生时间，为纳税人报关进口的当天。

（二）纳税期限

按照《中华人民共和国消费税暂行条例》规定，消费税的纳税期限分别为1日、3日、5日、10日、15日、1个月或者1个季度。纳税人的具体纳税期限，由主管税务机关根据纳税人应纳税额的大小分别核定其具体的纳税期限；如果不能按照固定期限纳税，则可以按次纳税。

纳税人以一个月为一期纳税的，自期满之日起15日内申报纳税；以1日、3日、5日、10日、或者15日为一期纳税的，自期满之日起5日内预缴税款于次月1日起至15日内申报纳税并结清上月应纳税款。

纳税人进口应税消费品，应当自海关填发税款缴款书之日起15日内缴纳税款。

（三）纳税地点

（1）纳税人销售的应税消费品，以及自产自用的应税消费品，除国家另有规定的外，应当向纳税人机构所在地或居住地主管税务机关申报纳税。

（2）委托加工的应税消费品，由受托方向其所在地主管税务机关代收代缴消费税税款；委托个人加工的应税消费品，由委托方向其机构所在地或者居住地主管税务机关申报纳税。

（3）进口的应税消费品，由进口人或者其代理人向报关地海关申报纳税。

（4）纳税人到外县（市）销售或委托外县（市）代销自产应税消费品的，于应税消费品销售后，回纳税人机构所在地或居住地缴纳消费税。

（5）纳税人的总机构与分支机构不在同一县（市）的，应当分别向各自机构所在地的主管税务机关申报纳税。但经财政部、国家税务总局或者其授权的财政、税务机关批准，可以由总机构汇总向总机构所在地的主管税务机关申报纳税。

（6）纳税人销售的应税消费品，如因质量等原因由购买者退回时，经机构所在地或者居住地主管税务机关审核批准后，可退还已缴纳的消费税税款，但不能自行直接抵减应纳税款。

二、消费税的申报

纳税人无论当期有无销售或是否盈利，均应在次月 1 日至 15 日内根据应税消费品分别填写烟类应税消费品消费税纳税申报表、酒类应税消费品消费税纳税申报表、成品油消费税纳税申报表、小汽车消费税纳税申报表、其他应税消费品消费税纳税申报表，向主管税务机关进行纳税申报。

除了纳税申报表以外，每类申报表都有附表，如本期准予扣除计算表、本期代收代缴税额计算表、生产经营情况表、准予扣除消费税凭证明细表等，在申报时一并填写。

工作实例

消费税纳税申报

接本章第二节的工作实例，填报 ABC 股份有限责任公司 10 月消费税的纳税申报表，办理 2016 年 10 月消费税的缴纳工作。

操作步骤

第一步：分析经济业务内容，选择纳税申报表。

采用烟类应税消费品消费税纳税申报表的业务有⑥、⑦。

采用酒类应税消费品消费税纳税申报表的业务有②、③、④。

采用其他应税消费品消费税纳税申报表的业务有①、⑤。

第二步：分别填制纳税申报表。

根据经济业务内容分别填制表 3-4、表 3-5、表 3-6、表 3-7。

表 3-4 烟类应税消费品消费税纳税申报表

税款所属期：2016 年 10 月 1 日 至 2016 年 10 月 31 日

纳税人名称（公章）： 纳税人识别号：

填表日期：2016 年 11 月 14 日 单位：卷烟万支、雪茄烟支、烟丝千克；金额单位：元（列至角分）

项目 应税消费品名称	适用税率		销售数量	销售额	应纳税额
	定额税率	比例税率			
卷烟	30 元/万支	56%	150	700 000	396 500
卷烟	30 元/万支	36%			
雪茄烟	—	36%			
烟丝	—	30%			
合计	—	—	—	—	396 500

本期准予扣除税额：84 000 本期减（免）税额： 期初未缴税额：	**声明** 此纳税申报表是根据国家税收法律的规定填报的，我确定它是真实的、可靠的、完整的。 经办人（签章）： 财务负责人（签章）： 联系电话：
本期缴纳前期应纳税额： 本期预缴税额： 本期应补（退）税额：312 500 期末未缴税额：	（如果你已委托代理人申报，请填写） **授权声明** 为代理一切税务事宜，现授权______（地址）______为本纳税人的代理申报人，任何与本申报表有关的往来文件，都可寄予此人。 授权人签章：

以下由税务机关填写

受理人（签章）： 受理日期： 年 月 日 受理税务机关（章）：

表 3-5 本期准予扣除税额计算表

税款所属期：2016 年 10 月 1 日 至 2016 年 10 月 31 日

纳税人名称（公章）： 纳税人识别号：

填表日期：2016 年 11 月 14 日 单位：卷烟万支、雪茄烟支、烟丝千克；金额单位：元（列至角分）

一、当期准予扣除的委托加工烟丝已纳税款计算	
1. 期初库存委托加工烟丝已纳税款：	
2. 当期收回委托加工烟丝已纳税款：	60 000
3. 期末库存委托加工烟丝已纳税款：	

续表

4. 当期准予扣除的委托加工烟丝已纳税款：	60 000
二、当期准予扣除的外购烟丝已纳税款计算	
1. 期初库存外购烟丝买价：	24 000
2. 当期购进烟丝买价：	
3. 期末库存外购烟丝买价：	
4. 当期准予扣除的外购烟丝已纳税款：	24 000
三、本期准予扣除税款合计	84 000

表 3-6 酒类应税消费品消费税纳税申报表

税款所属期：2016 年 10 月 1 日 至 2016 年 10 月 31 日

纳税人名称（公章）： 纳税人识别号：

填表日期：2016 年 11 月 14 日 金额单位：元（列至角分）

项目 应税消费品名称	适用税率		销售数量	销售额	应纳税额
	定额税率	比例税率			
粮食白酒	0.5 元/斤	20%	60 000	205 000	71 000
薯类白酒	0.5 元/斤	20%			
啤酒	250 元/吨	—			
啤酒	220 元/吨	—	30		6 600
黄酒	240 元/吨	—			
其他酒	—	10%			
合计	—	—	—	—	77 600

本期准予扣除税额： 本期减（免）税额： 期初未缴税额：	**声明** 此纳税申报表是根据国家税收法律的规定填报的，我确定它是真实的、可靠的、完整的。 经办人（签章）： 财务负责人（签章）： 联系电话：
本期缴纳前期应纳税额： 本期预缴税额： 本期应补（退）税额：77 600 期末未缴税额：	（如果你已委托代理人申报，请填写） **授权声明** 为代理一切税务事宜，现授权____________（地址）____________为本纳税人的代理申报人，任何与本申报表有关的往来文件，都可寄予此人。 授权人签章：

以下由税务机关填写

受理人（签章）： 受理日期： 年 月 日 受理税务机关（章）：

表 3-7 其他应税消费品消费税纳税申报表

税款所属期：2016 年 10 月 1 日 至 2016 年 10 月 31 日

纳税人名称（公章）： 纳税人识别号：□□□□□□□□□□□□□□□□□□□□

填表日期：2016 年 11 月 14 日 金额单位：元（列至角分）

项目 应税消费品名称	适用税率	销售数量	销售额	应纳税额
高档化妆品	15%		42 352.94	6 352.94
合计	—	—	—	6 352.94

本期准予扣除税额： 本期减（免）税额： 期初未缴税额：	**声明** 此纳税申报表是根据国家税收法律的规定填报的，我确定它是真实的、可靠的、完整的。 经办人（签章）： 财务负责人（签章）： 联系电话：
本期缴纳前期应纳税额： 本期预缴税额： 本期应补（退）税额：6 352.94 期末未缴税额：	（如果你已委托代理人申报，请填写） **授权声明** 为代理一切税务事宜，现授权________________（地址）__________为本纳税人的代理申报人，任何与本申报表有关的往来文件，都可寄予此人。 授权人签章：

以下由税务机关填写

受理人（签章）： 受理日期： 年 月 日 受理税务机关（章）：

第四节 消费税出口退税

引 例

外贸公司从某化妆品厂购入高档化妆品一批，增值税专用发票注明价款 250 万元，增值税 42.5 万元，外贸公司将该批高档化妆品销往国外，离岸价为 40 万美元（当日外汇牌价 1∶6.65），并按规定申报办理消费税退税。消费税税率为 15%，增值税退税率为 11%。

要求：计算外贸公司应收的消费税退税额。

一、出口应税消费品退（免）税政策的适用范围

出口应税消费品退（免）消费税在政策适用上分为三种情况。

（一）出口免税并退税

适用这个政策的是：有出口经营权的外贸企业购进应税消费品直接出口，以及外贸企业受其他外贸企业委托代理出口应税消费品。需要注意的是，外贸企业只有受其他外贸企业委托，代理出口应税消费品才可办理退税，外贸企业受其他企业（主要是非生产性的商贸企业）委托，代理出口应税消费品是不予退（免）税的。这个政策限定与前述出口货物退（免）增值税的政策规定是一致的。

（二）出口免税但不退税

适用这个政策的是：有出口经营权的生产性企业自营出口或生产企业委托外贸企业代理出口自产的应税消费品，依据其实际出口数量免征消费税，不予办理退还消费税。这里，免征消费税是指对生产性企业按其实际出口数量免征生产环节的消费税；不予办理退还消费税，是指因已免征生产环节的消费税，该应税消费品出口时，已不含有消费税，所以也无须再办理退还消费税了。这与前述出口货物退（免）增值税的规定不一致，原因是消费税仅在生产环节征收，生产环节免征，出口的应税消费品就不含有消费税；而增值税却在货物销售的各个环节征收，生产企业出口货物时，已纳的增值税就需退还。

（三）出口不免税也不退税

适用这个政策的是：除生产企业、外贸企业外的其他企业，具体是指一般商贸企业，这类企业委托外贸企业代理出口应税消费品一律不予退（免）税。

二、出口应税消费品的退税率

计算出口应税消费品应退消费税的税率或单位税额，依据《中华人民共和国消费税暂行条例》所附《消费税税目税率（税额）表》执行。这是退（免）消费税与退（免）增值税的一个重要区别：当出口的货物是应税消费品时，其退还增值税要按规定的退税率计算，其退还消费税则按该应税消费品所适用的消费税税率计算。

企业应将不同消费税税率的出口应税消费品分开核算和申报，凡划分不清适用税率的，一律从低适用税率计算应退消费税税额。

三、出口应税消费品退税额的计算

1. 从价征收计算退税额

从价定率计征消费税的应税消费品，应依照外贸企业从工厂购进货物时征收消费税的

价格计算应退消费税税款，其计算公式为：

应退消费税税额=出口货物的工厂销售额×税率

公式中“出口货物的工厂销售额”不包含增值税，对含增值税的购进金额应换算成不含增值税的金额。

2. 从量征收计算退税额

从量定额计征消费税的应税消费品，应按货物购进和报关出口的数量计算应退消费税税款，其计算公式为：

应退消费税税额=出口数量×单位税额

3. 复合征收计算退税额

复合计征消费税的应税消费品，应按货物购进和报关出口的数量以及外贸企业从工厂购进货物时征收消费税的价格计算应退消费税税款，其计算公式为：

应退消费税税额=出口货物的工厂销售额×税率+出口数量×单位税额

【提示】

消费税与增值税出口退税政策差异如表 3-8 所示。

表 3-8 消费税与增值税出口退税政策差异

项　　目	增值税出口退税	消费税出口退税
适用退税率	法定退税率	征税率即退税率
生产企业自营出口或委托外贸企业代理出口	采用“免、抵、退”办法，运用特定公式和适用退税率计算退税额	采用出口免税不退税政策，不计算退税
外贸企业收购货物出口	采用“先征后退”办法，用收购价款和适用退税率计算退税额	采用出口免税并退税政策，用收购价和适用征税率计算退税额

引例解析

根据本节引例资料，计算外贸公司应收的消费税退税额如下：

应退增值税税额=2 500 000×11%=275 000（元）

应退消费税税额=2 500 000×15%=375 000（元）

本章小结

本章消费税法内容结构如图 3-1 所示。

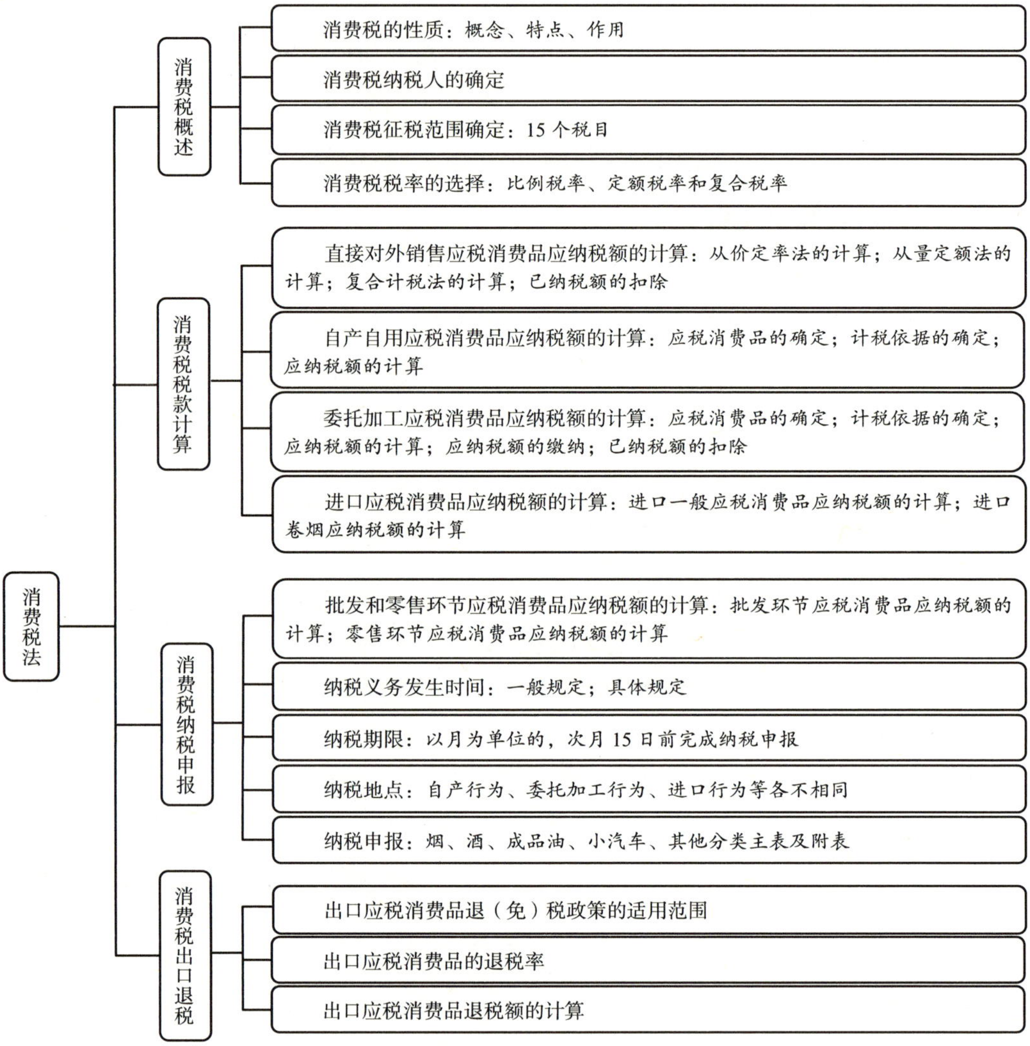

图 3-1　本章内容结构

习题训练

一、判断题

1. 石化厂销售汽油应征收消费税，不征收增值税。（　　）

2. 委托加工应税消费品的纳税义务人是受托方。（　　）

3. 纳税人将自产、委托加工收回和进口的应税消费品发放给本企业职工，均应视同销售征收消费税和增值税。（　　）

4. 影视演员化妆用的上妆油不属于应税消费品。（　　）

5. 受托方以委托方名义购买原材料生产应税消费品的，可作为委托加工的应税消费品，由受托方向委托方交货时代收代缴。（　　）

6. 生产企业销售酒类产品而收取的包装物押金，无论押金是否返还及会计上如何核算，均不需并入酒类产品销售额计征消费税。（　　）

7. 应税消费品的销售额包括向购买方收取的全部价款和价外费用，但承运部门的运费发票直接开具给购货方的除外。（　　）

8. 纳税人用外购的已税珠宝玉石生产的改在零售环节征收消费税的金银首饰（含镶嵌首饰），在计税时一律不得扣除外购珠宝玉石的已纳税款。（　　）

9. 企业在没有同类产品售价的情况下，可以按企业的实际成本利润率推算计税价格来计算该类产品的应纳消费税。（　　）

10. 用外购已税白酒生产的白酒，其消费税的计税依据为销售额扣除外购已税白酒进价后的余额。（　　）

11. 纳税人用于换取生产资料和消费资料、投资入股、抵偿债务的应税消费品，应以纳税人同类消费品的平均销售价格为依据计算消费税。（　　）

12. 包装物连同应税消费品销售单独计价的，包装物不征收消费税。（　　）

13. 委托加工应税消费税品的，消费税应由委托方向受托方所在地主管税务机关申报纳税。（　　）

14. 纳税人进口应税消费品，应当自海关填发税款缴款书次日起15日内缴纳税款。（　　）

15. 有出口经营权的生产性企业自营出口的适用出口免税但不退税。（　　）

二、单项选择题

1. 消费税属于（　　）。

A. 价内税　　B. 价外税转价内税　　C. 价外税　　D. 价内税转价外税

2. 下列货物应当缴纳消费税的有（　　）。

A. 汽车厂生产的小汽车移送至改装分厂改装加长型豪华小轿车

B. 汽车厂生产的小轿车用于本厂研究所做碰撞实验

C. 汽车制造商赞助汽车拉力赛的越野车

D. 汽车轮胎厂生产的子午线轮胎

3. 依据消费税的有关规定，下列行为中应缴纳消费税的是（　　）。

A. 进口卷烟　　B. 进口服装

C. 零售高档化妆品　　D. 零售白酒

4. 下列各项中，应同时征收增值税和消费税的是（　　）。

A. 批发的白酒　　B. 零售的金银首饰

C. 生产环节销售的普通护肤护发品　　D. 零售的卷烟

5. 依据消费税的有关规定，下列消费品中属于消费税征税范围的是（　　）。

A. 木制一次性筷子　　B. 电动汽车

C. 演员化妆用的上妆油　　D. 体育上用的鞭炮引线

6. 一位客户向某汽车制造厂（增值税一般纳税人）订购自用汽车一辆，支付货款（含税）250 800 元，另付设计、改装费 30 000 元。该辆汽车计征消费税的销售额为（　　）。

A. 214 359 元　　B. 240 000 元　　C. 250 800 元　　D. 280 800 元

7. 下列各项中，应按当期生产领用数量计算准予扣除外购的应税消费品已纳消费税税款规定的是（　　）。

A. 外购已税白酒生产的药酒

B. 外购已税化妆品生产的化妆品

C. 外购已税白酒生产的巧克力

D. 外购已税珠宝玉石生产的金银镶嵌首饰

8. 甲企业委托乙企业加工应税消费品，是指（　　）。

A. 甲发料，乙加工

B. 甲委托乙购买原材料，由乙加工

C. 甲发订单，乙按甲的要求加工

D. 甲先将资金划给乙，乙以甲的名义购料并加工

9. 进口应税消费品应按组成计税价格计算纳税，组成计税价格公式为（　　）。

A.（成本+利润）÷（1−消费税税率）

B.（材料成本+加工费）÷（1−消费税税率）

C.（关税完税价格+关税）÷（1−消费税税率）

D. 销售额 ÷（1+征收率）

10. 星果酒厂本月销售果啤 10 吨，售价 2 500 元/吨（不含增值税），同时包装物收押金 6 000 元，则下列陈述正确的是（　　）。

A. 该厂应纳消费税税额为 2 200 元　　B. 该厂的应纳消费税税额为 2 500 元

C. 确定税率时押金不作考虑　　D. 果啤押金并入计税价格一同计税

11. 下列各项中，符合消费税纳税义务发生时间规定的是（　　）。

A. 进口的应税消费品，为取得进口货物的当天

B. 自产自用的应税消费品，为移送使用的当天

C. 委托加工的应税消费品，为支付加工费的当天

D. 采取预收货款结算方式的，为收到预收款的当天

12. 下列各项中，符合消费税有关规定的是（　　）。

A. 纳税人的总、分支机构不在同一县（市）的，一律在总机构所在地缴纳消费税

B. 纳税人销售的应税消费品，除另有规定外，应向纳税人机构所在地或居住地税务机关申报纳税

C. 纳税人委托加工应税消费品，其纳税义务发生时间，为纳税人支付加工费的当天

D. 因质量原因由购买者退回的消费品，可退已征的消费税，也可直接抵减应纳税额

13. 纳税人进口的应税消费品，其纳税义务的发生时间为（　　）的当天。

A. 纳税人办完入关手续　　B. 消费品报关进口

C. 纳税人提货　　D. 纳税人接到通知

14. 某消费税纳税人销售应税消费品，其纳税义务发生时间为（　　）。

A. 采取预收货款结算方式的，应为收到货款的当天

B. 采取托收承付结算方式的，为货物发出的当天

C. 采取赊销方式的，以双方约定的任一时间

D. 采取分期收款结算方式的，为销售合同规定的收款日期的当天

15. 某外贸公司 2016 年 11 月从生产企业购入高档化妆品一批，取得的增值税专用发票注明价款 25 万元，增值税 4. 25 万元；支付购买高档化妆品的运费，取得的增值税专用发票注明运输费 30 000 元，税款 3 300 元。当月将该批高档化妆品全部出口取得销售收入 35 万元。该外贸公司出口高档化妆品应退的消费税为（　　）。

A. 3.75 万元　　B. 4.2 万元　　C. 4.85 万元　　D. 5.25 万元

三、多项选择题

1. 下列各项中，符合消费税有关征收规定的有（　　）。

A. 以外购的不同品种白酒勾兑的白酒，一律按照粮食白酒的税率征税

B. 对用薯类和粮食以外的其他原料混合生产的白酒，一律按照薯类白酒的税率征税

C. 对用粮食和薯类、糠麸等多种原料混合生产的白酒，一律按照薯类白酒的税率征税

D. 外购酒精生产的白酒，凡酒精所用原料无法确定的，一律按照粮食白酒的税率征税

2. 下列各项中，应当交消费税的有（　　）。

A. 用于本企业连续生产的应税消费品

B. 用于奖励代理商销售业绩的应税消费品

C. 用于本企业生产基建工程的应税消费品

D. 用于捐助国家指定的慈善机构的应税消费品

3. 视同销售计征消费税的消费品有（　　）。

A. 纳税人用于连续生产的应税消费品　　B. 用于职工福利的应税消费品

C. 用于奖励的应税消费品　　D. 委托加工的应税消费品

4. 应征收消费税的产品有（　　）。

A. 将自产的应税消费品用来奖励职工　　B. 将出厂前的化妆品进行化学检验

C. 自行车轮胎　　D. 作为展销品的高档化妆品

5. 下列属于零售环节征收消费税的货物是（　　）。

A. 珠宝玉石　　B. 金银首饰　　C. 钻石饰品　　D. 钻石

6. 依据消费税的有关规定，下列消费品中属于高档化妆品税目的有（　　）。

A. 香水、香精　　B. 高档护肤类化妆品

C. 指甲油、蓝眼油　　D. 演员化妆用的上妆油、卸妆油

7. 下列消费品属于消费税征税范围的有（　　）。

A. 未经涂饰的素板　　B. 汽油　　C. 卸妆油　　D. 沙丁车

8. 以下属于消费税的纳税义务人的有（　　）。

A. 生产应税消费品的单位和个人

B. 进口应税消费品的单位和个人

C. 委托加工应税消费品的单位和个人

D. 金银首饰的零售单位和个人

9. 纳税人销售应税消费品向购买方收取的价外费用不包括（　　）。

A. 手续费　　B. 承运部门开具给购货方的运费发票

C. 违约金　　D. 委托方代收代缴的消费税

10. 下列情形的应税消费品，以同期应税消费品最高销售价格作为计税依据的有（　　）。

A. 用于抵偿债务的应税消费品　　B. 用于馈赠的应税消费品

C. 换取生产资料的应税消费品　　D. 换取消费资料的应税消费品

11. 下列应税消费品销售时可以扣除外购已税消费品已纳税额的有（　　）。

A. 外购已税烟丝生产的卷烟　　B. 外购已税小汽车改装生产的小汽车

C. 外购已税白酒生产的酒　　D. 外购已税化妆品生产的化妆品

12. 纳税人销售的应税消费品，以外汇结算销售额的，其销售额的人民币折合率可以选择（　　）的国家外汇牌价（原则上为中间价）。

A. 结算的当天　　B. 结算的次日

C. 结算的当月 1 日　　D. 结算的当月的月末

13. 关于消费税纳税义务发生时间的说法，正确的有（　　）。

A. 某酒厂销售葡萄酒 20 箱并收取价款 4 800 元，其纳税义务发生时间为收款的当天

B. 某汽车厂自产自用 3 台小汽车，其纳税义务发生时间为移送使用的当天

C. 某烟花企业采用托收承付结算方式销售焰火，其纳税义务发生时间为发出焰火并办妥托收手续的当天

D. 某化妆品厂采用赊销方式销售高档化妆品，合同约定收款日期为 6 月 30 日，实际收到货款为 7 月 30 日，其纳税义务发生时间为 6 月 30 日

14. 关于自产自用消费品的业务，以下说法正确的有（　　）。

A. 某企业将自产的杆头用于本企业高尔夫球杆的生产，应该在杆头移送时，将杆头应纳的消费税计入高尔夫球杆成本

B. 某企业将自产的高档化妆品用于企业经销点的试用产品，应该在高档化妆品移送时，将高档化妆品的消费税计入销售费用

C. 某企业将自产的白酒用于巧克力的生产，应该在白酒移送时，将白酒的消费税计入巧克力的成本

D. 某企业将自产的烟丝用于卷烟的生产，应该在烟丝移送时，将烟丝的消费税计入卷烟的成本

15. 生产自产产品自营出口或委托外贸企业代理出口自产的应税消费品，其出口退税政策是（　　）。

A. 增值税采用免抵退税政策　　B. 消费税采用免税并退税政策

C. 增值税采用先征后退政策　　D. 消费税采用免税但不退税政策

四、业务题

1. 某化妆品公司为庆祝三八“妇女节”，特别生产精美高档套装化妆品，全公司 600 名职工每人发一套，此套化妆品没有供应市场，每套生产成本 100 元，若国家税务总局确定高档化妆品全国平均成本利润率为 5%，高档成套化妆品消费税税率为 15%。

要求：计算该公司应纳消费税税额。

2. 甲企业为增值税一般纳税人，4 月接受某烟厂委托加工烟丝，甲企业自行提供烟叶的成本为 35 000 元，代垫辅料价值为 2 000 元，发生加工支出 4 000 元。

要求：计算甲企业应代收代缴的消费税税额。

3. 甲酒厂为增值税一般纳税人，7 月发生以下业务：

（1）从农业生产者手中收购粮食 30 吨，每吨收购价 2 000 元，共计支付收购价款 60 000 元。

（2）甲酒厂将收购的粮食从收购地直接运往异地的乙酒厂生产加工白酒，白酒加工完毕，企业收回白酒 8 吨，取得乙酒厂开具防伪税控的增值税专用发票，注明加工费 25 000 元，代垫辅料价值 15 000 元，加工的白酒当地无同类产品市场价格。

（3）本月内甲酒厂将收回的白酒批发售出 7 吨，每吨不含税销售额为 16 000 元。

（4）另外支付给运输单位的销货运输费用取得增值税专用发票，注明运输费 10 000 元，税款 1 100 元。

（白酒的消费税固定税额为每斤 0.5 元，比例税率为 20%。）

要求：

（1）计算乙酒厂应代收代缴的消费税和应纳增值税。

（2）计算甲酒厂应纳消费税和增值税。

4. 某烟草进出口公司从国外进口卷烟 8 万条（每条 200 支），支付买价 200 万元，支付到达我国海关前的运输费用 12 万元、保险费用 8 万元。关税完税价格为 220 万元。假定进口卷烟关税税率为 20%。

要求：计算进口卷烟消费税税额、增值税税额。

5. 美净化妆品公司（一般纳税人）经营出口兼内销。产品为高档化妆品。2016 年 11 月发生以下业务：

（1）委托欧雅日用品化工厂（简称欧雅厂）加工某种高档化妆品，收回后以其为原料，继续生产高档化妆品销售。欧雅厂本月收到美净化妆品公司价值 30 万元的委托加工材料，并按合同约定代垫辅助材料价值 1 万元，应收加工费 3 万元（不含增值税）；欧雅厂本月外购化妆品半成品一批，取得的增值税专用发票注明价款为 20 万元，开具增值税专用发票注明价款为 24 万元，销售给美净化妆品公司，货款已收妥。

（2）本月美净化妆品公司将委托加工收回的高档化妆品用于生产；本月销售高档化妆品 585 万元（含增值税）给博美外贸企业，期初库存的委托加工的高档化妆品 12 万元；月末库存委托加工高档化妆品 12 万元；本月外购的高档化妆品半成品 50%用于生产。该外贸企业将购入的该批高档化妆品全部出口。

要求：计算 11 月欧雅日用品化工厂、美净化妆品公司销售高档化妆品应缴纳的消费税，以及博美外贸企业出口高档化妆品应退还的消费税。

第四章

关税法

学习目标

1. 掌握关税的基本法律知识，熟悉关税的概念、分类及作用；熟悉关税的相关优惠政策，明确关税的征税范围和纳税人；选择具体的适用税率。
2. 掌握关税完税价格的确定方法，会根据业务资料计算应纳关税税额。
3. 掌握关税征收管理的相关规定和纳税申报流程，能根据业务资料填制海关进出口关税专用缴款书，会办理关税的日常纳税申报工作。

第一节 关税概述

引 例

美国政府在2009年9月11日不顾中国方面和美国业者的强烈反对，决定对从中国进口的所有小轿车和轻型卡车轮胎实施惩罚性关税，即在4%的原有关税基础上，在今后三年分别加征35%、30%和25%的附加关税。这一特保措施于9月26日正式生效。这是2001年美国支持中国加入WTO以来，第一次运用“特保条款”对中国产品征收惩罚性关税。而根据WTO规则，相关国家可以直接援引美国的制裁方案对中国轮胎实施制裁。中国商务部在2009年9月13日则表示，依照中国法律和世贸组织规则，对原产于美国的部分进口汽车产品和肉鸡产品启动了反倾销和反补贴立案审查程序。

从此类事件中可以看出，关税已经成为贸易壁垒战的一种屡试不爽的武器。作为一名会计工作者，有必要了解关税的知识，掌握必要的技能，那就让我们一起来进入关税的世界吧！

一、关税的性质

（一）关税的概念

关税是世界各国普遍征收的一个税种，是指一国海关对进出境的货物或者物品征收的一种税。进出境是指进出我国关境，即我国海关法适用的范围。

关境与国境是两个概念，它们既有联系，又不完全相同。国境是指一个主权国家行使行政权力的领域范围。关境是指一个主权国家行使关税权力的领域范围。一般情况下，一个国家的国境与关境是一致的，但当一个国家在国境内设立自由贸易港、自由贸易区、保税区、保税仓库时，关境就小于国境；当几个国家结成关税同盟，成员国之间相互取消关税，对外实行共同的关税税则时，就其成员国而言，关境就大于国境。我国现行关税基本制度是 2003 年 11 月由国务院发布的《中华人民共和国进出口关税条例》。

关税是一个历史悠久的税种，早在古罗马、古希腊时代就已开征关税。当时的希腊在爱琴海、黑海两岸一带有许多属地，对来往于这些属地的进出口货物，按货值征收 1%～5%的税。在罗马王朝时代也对通过其海港、桥梁等的货物征收 2.5%的税，后来税率提高至 12.5%。这些税收是在货物通过一定地区时征收的，带有关税的性质。英国很早就有一种“例行的通行税”，在商人进入市场时交纳给当地的领主，后来把这种税称关税，沿用至今。

在我国，早在公元前 11 世纪的西周就出现了“关市之赋”、“关市之征”。而对“关”的含义，古籍书亦有不少解释，如“古者境上为关”，“关，要塞也”。总的来说，所谓的关，就是指进出国境的关口，是国家的门户，“关之赋”即关税。

到了唐朝，随着我国对外贸易的大规模发展，关税也有了较大发展。唐玄宗时，在广州设立了市舶司，规定：凡南海以外诸蛮夷以船舶运货物入中国境内者，须在市舶司处登记，然后由市舶司课征关税。市舶司是我国海关设置的最早形式。

到宋、元时代，政府鼓励海上通商，海上对外贸易更加发达，在管理上仿唐朝，设置市舶司。公元 1293 年，元朝颁布了《市舶抽分则例》，比较详细地规定了输出入货物的征税、船舶监管、走私违章处理等管理办法。这是我国古代最完备的一部海关法规，也标志着市舶制度的成熟。市舶制度是我国古代经济发展重心的南移，对外贸易中心是由内地发展到沿海的时候产生的，对促进海上对外贸易和国际交往的发展，起到了一定的积极作用。

到了明、清时期，由于统治者实行“闭关锁国”政策，撤销市舶司，市舶制度走向衰落。

我国自唐朝开始一直关税自主。自鸦片战争后，关税出现了畸形状态。1842 年清政府与英国签订了《南京条约》，并于次年议定《中英五口通商章程》和海关税则，规定基本上值百抽五的关税税率，中国即丧失了制定关税税则的自主权。1859 年帝国主义又进一步攫取中国海关收支权，这样海关的行政管理权和关税自主权都被帝国主义攫取，这就为帝国主义在中国倾销商品和获得廉价原料打开了方便之门，严重地摧残了中国工农业的发展。1929 年，帝国主义者被迫在表面上放弃控制中国关税的特权，但实际上关税的制定仍受英、美、日等国的约束。

1949 年新中国成立后，彻底废除了一切不平等条约，海关行政管理权和自主权得以恢复，我国才真正实现了关税自主。

为了适应我国对外贸易的发展，参与国际经济竞争，国务院于 1985 年 3 月 7 日发布了《中华人民共和国进出口关税条例》，1987 年 9 月 12 日对其进行了修订和发布，1992 年 3 月 18 日国务院又对其进行了第二次修订和发布，最新的一次修订发布于 2003 年 11 月 23 日。

（二）关税的分类

1. 按进出关境的货物或物品流向分类

按通过关境的货物和物品的不同流向，可分为进口税和出口税。

（1）进口税。进口税是指海关对进口货物或物品征收的关税。通常是在货物或物品进入关境或国境或从保税仓库提出投入国内市场时征收。当今世界各国的关税均以进口税为关税主体。征收进口税的目的在于保护本国市场和增加财政收入。

（2）出口税。出口税是指海关对出口货物或物品征收的关税。征收出口税将增加出口货物的成本，降低出口货物在国际市场的竞争力，目前世界各国一般少征或不征出口税。但在一些发展中国家和经济落后的国家，为保护本国生产和市场供应，增加财政收入，特别是为防止本国自然资源的大量外流，对部分商品仍征收出口税。

2. 按货物国别来源而区别对待的原则分类

按对进口货物输出国实行区别对待的原则，可分为加重关税和优惠关税。

（1）加重关税。加重关税也称歧视性关税，是为了达到某种特别目的而征收的关税。如为了保护本国工农业生产和本国经济的发展征收加重关税，即在征收一般关税之外又加征的一种临时性的进口附加税，主要包括反倾销税、反补贴税和报复关税。

（2）优惠关税。优惠关税是指对某些国家进口的货物使用低于普通税率的优惠税率所征收的关税，包括互惠税、特惠税、最惠国待遇、普惠制和世界贸易组织成员国间的关税减让。

3. 按计征关税的标准分类

按计税标准不同，可分为从价税、从量税、复合税和滑准税。

（1）从价税。从价税是指以进出口货物的完税价格为计税标准而计算征收的关税，是一种最常用的关税计税标准。我国目前海关计征关税主要是从价税。

（2）从量税。从量税是指以进出口货物的数量、重量、体积、容积等计量单位为计税标准而计算征收的关税。计税时以货物的计量单位乘以每单位应纳税额即可得出该商品的关税税额。

（3）复合税。复合税是对同一种进出口货物同时采用从价和从量标准计算征收的关税。即订立从价、从量两种税率，随着完税价格和进口数量而变化，征收时两种税率合并计征。

我国目前对录像机、放像机、数字照相机和摄录一体机实行复合税。

（4）滑准税。滑准税也叫滑动税，是根据货物的不同价格适用不同税率的一类特殊的从价关税。它的关税税率随进口货物价格由高至低而由低至高来设置，即进口货物的价格越高，其进口关税税率越低；进口货物的价格越低，其进口关税税率越高。其特点是可保持实行滑准税货物的国内市场价格的相对稳定，而不受国际市场价格波动的影响，目前我国仅对进口新闻纸实行滑准税。

4. 按征收关税目的分类

按征收目的，可分为财政关税和保护关税。

（1）财政关税。财政关税又称收入关税，是以增加财政收入为主要目的而课征的关税。其税率一般比保护关税低。

（2）保护关税。保护关税是以保护本国经济发展为主要目的而课征的关税。保护关税主要是进口税，税率较高，有的高达百分之几百。通过征收高额进口税，使进口货物成本增高，从而削弱它在进口国市场的竞争能力，甚至阻碍其进口，以达到保护本国经济发展的目的。它是实现一个国家对外贸易政策的重要措施之一。

（三）关税的特点

1. 纳税上的统一性和一次性

按照全国统一的进出口关税条例和税则征收关税，在征收一次性关税后，货物就可在整个关境内流通，不再另行征收关税。这与其他税种如增值税、营业税等流转税是不同的。

2. 征收上的过“关”性

是否征收关税，是以货物是否通过关境为标准。凡是进出关境的货物才征收关税；凡未进出关境的货物则不属于关税的征税对象。

3. 税率上的复式性

同一进口货物设置优惠税率和普通税率的复式税则制。优惠税率是一般的、正常的税率，适用于同我国订有贸易互利条约或协定的国家；普通税率适用于同我国没有签订贸易条约或协定的国家。这种复式税则充分反映了关税具有维护国家主权、平等互利发展国际贸易往来和经济技术合作的特点。

4. 征管上的权威性

关税是通过海关执行的。海关是设在关境上的国家行政管理机构，是贯彻执行本国有关进出口政策、法令和规章的重要工具。其任务是根据有关政策、法令和规章，对进出口货物、货币、金银、行李、邮件、运输工具等实行监督管理。征收关税、查禁走私货物、临时保管通关货物和统计进出口商品等。

5. 对进出口贸易的调节性

许多国家通过制定和调整关税税率来调节进出口贸易。在出口方面，通过低税、免税和退税来鼓励商品出口；在进口方面，通过税率的高低、减免来调节商品的进口。

（四）关税的作用

我国关税在促进对外贸易和国民经济的发展等方面，发挥了重要作用，主要体现在以下几个方面。

1. 增加国家财政收入

关税是国家财政收入的重要来源。特别是1999年以来，随着国家打击走私力度的加大，全国海关严格执法，加强对关税和进口环节税收的征收管理，为增加中央财力做出了重大贡献，也为社会主义现代化建设积累了大量的资金。

2. 维护国家主权和利益

当我国与其他国家在经济利益上有差异时，需要进行贸易谈判，而关税是贸易谈判中捍卫本国利益的重要武器。合理和适度运用关税杠杆，可迫使谈判对方同等程度降低和减免关税，提供相同或相似的贸易条件和贸易保证，拒绝或限制对方对本国的商品倾销。同时，关税也是实行贸易歧视或反歧视的手段，迫使贸易伙伴考虑本国的既得利益。不仅如此，关税在国与国交往的其他方面也可充当重要的中介力量和谈判砝码。

3. 调控经济有效运行

关税税率的高低和关税的征免，直接影响进出口货物的成本，进而影响到商品的市场价格和销售数量，以及企业的生产、经营和经济效益。因此，国家往往通过关税来调节经济、调节市场，从而达到调控国民经济、保护与扶持民族工业、促进经济健康发展的目的。

4. 加快改革开放进程

我国的《中华人民共和国海关法》和《中华人民共和国进出口关税条例》的制定，特别是鼓励国家经济建设必需物资和人民生活必需品的进口、引进外资、引进先进技术等一系列关税优惠措施的制定，加快了改革开放和对外贸易的繁荣与发展。

二、关税的征税对象

关税的征税对象，是准许进出我国国境或关境的货物和物品。货物是指贸易性商品；物品包括入境旅客随身携带的行李和物品、各种运输工具上服务人员携带进口的自用物品、个人邮递物品、馈赠物品及以其他方式入境的个人物品。其征税范围具体包括以下三个方面。

1. 进口货物的征税范围

国家准许进口的货物，除《中华人民共和国海关进出口税则》列明免税的外，均应征收进口关税。征收进口关税的货物由《中华人民共和国海关进出口税则》按货物的名称详细列举。我国目前进口应税货物大致有四类：一是必需品类，即国内不能生产或生产较少的货物；二是需要品类，即非必需品，但仍属需要的货物；三是非必需品类，即在国内已经大量生产或非国计民生必需物品；四是限制进口类，即奢侈性货物。

2. 出口货物的征税范围

为了鼓励出口贸易，我国仅选择了一些因种种原因，国家需要控制盲目出口的货物征收出口关税，对其他出口货物则不征税。征收出口关税的货物亦由《中华人民共和国海关进出口税则》按货物名称详细列举。现行税则仅对鳗鱼苗、栗、钨矿砂、山羊板皮和锑等30多种商品征收出口关税。

3. 入境物品的征税范围

对入境旅客的行李物品和个人邮递物品进口税的征税范围为：一切入境旅客随身携带的行李和物品、各种运输工具上服务人员携带进口的自用物品、个人邮递物品、馈赠物品及以其他方式入境的个人物品。

三、关税的纳税人

贸易性商品的纳税人是经营进口货物的收货人、出口货物的发货人。进出口货物的收、发货人是依法取得对外贸易经营权，并进口或者出口货物的法人或者其他社会团体。对虽然从事进出口业务，但没有自营进出口权的企业，必须委托专门的报关人代理报关和申报纳税。

进出境物品的纳税人是物品的所有人和推定为所有人的人。具体包括：①对于携带进境的物品，推定其携带人为所有人；②对分离运输的行李，推定相应的进出境旅客为所有人；③对以邮递方式进境的物品，推定其收件人为所有人；④以邮递或其他运输方式出境的物品，推定其寄件人或托运人为所有人。

四、关税的税率

关税税率是整个关税制度的核心要素。目前我国的关税税率主要有以下几种。

（一）进口货物税率

改革开放后，我国多次降低进口关税税率。从1992年年初的44.4%（简单算术平均，下同）降至1996年年初的23%；1997年10月1日起，平均税率为17%；2001年12月11日起我国已正式成为世界贸易组织成员，2001年平均税率为15.3%；按2002年的新税则，我国的关税总水平已降至 12.7%；2006 年我国的关税总水平为 9.9%；2007 年以后我国关税总体水平为 9.8%左右。

进口关税设置最惠国税率、协定税率、特惠税率、普通税率、配额税率等，进口货物在一定期限内可以实行暂定税率。

（1）最惠国税率：适用原产于与我国共同适用最惠国待遇条款的世界贸易组织成员国或地区的进口货物；或原产于与我国签订有相互给予最惠国待遇条款的双边贸易协定的国家或地区的进口货物。

（2）协定税率：适用原产于我国参加的含有关税优惠条款的区域性贸易协定的有关缔约方的进口货物。

（3）特惠税率：适用原产于与我国签订有特殊优惠关税协定的国家或地区的进口货物。

（4）普通税率：适用原产于上述国家或地区以外的国家或地区的进口货物。

（5）配额税率：配额内关税是对一部分实行关税配额的货物，按低于配额外税率的进口税率征收的关税。按照国家规定实行关税配额管理的进口货物，关税配额内的，适用关税配额税率；关税配额外的，其税率的适用按照前述的规定执行。

（6）暂定税率：是对某些税号中的部分货物在适用最惠国税率的前提下，通过法律程序暂时实施的进口税率，具有非全税目的特点，低于最惠国税率。

适用最惠国税率的进口货物有暂定税率的，应当适用暂定税率；适用协定税率、特惠税率的进口货物有暂定税率的，应当从低适用税率；适用普通税率的进口货物，不适用暂定税率。

【提示】

自 2011 年 1 月 1 日起实施的《2011 年关税实施方案》包括进口关税调整、出口关税调整、税则税目调整三个方面。调整后，2011 年的关税总水平为 9.8%，其中农产品平均税率为 15.2%，工业品平均税率为 8.9%。税目总数由 2010 年的 7 923 个增至 7 977 个，实施暂定税率的商品共计 637 项。

（二）出口货物税率

出口货物税率没有普通税率和优惠税率之分。为鼓励国内企业出口创汇，又能够控制一些商品的盲目出口，我国对绝大部分出口货物不征收出口关税，只对少数产品征收出口关税。现行税则仅对鳗鱼苗、部分有色金属矿砂及其精矿、生锑、磷、苯、山羊板皮、部分铁合金、钢铁废碎料、铜和铝原料及其制品、镍锭、锌锭、锑锭等 30 多种商品征收出口关税。其中，23 种商品实行 0%～20%的暂定税率，16 种商品为零税率，6 种商品的关税税率为 10%及以下，真正征收出口关税的商品只有近 20 种，其税率都很低。

五、关税的优惠政策

（一）法定减免税

法定减免税是指《中华人民共和国海关法》、《中华人民共和国进出口关税条例》和《中华人民共和国海关进出口税则》等法规中所规定的减免税，包括以下几项。

（1）下列货物，经海关审查无讹，可以免税：

① 关税税额在人民币50元以下的一票货物。

② 无商业价值的广告品和货样。

③ 外国政府、国际组织无偿赠送的物资。

④ 进出境运输工具装载的途中必需的燃料、物料和饮食用品。

（2）中华人民共和国缔结或者参加的国际条约规定减征、免征关税的货物、物品，海关按规定减免关税。

（3）有下列情形之一的进口货物，海关可以酌情减免关税：

① 在境外运输途中或者在起卸时，遭受损坏或者损失。

② 起卸后海关放行前，因不可抗力遭受损坏或者损失。

③ 海关查验时已经破漏、损坏或者腐烂，经证明不是保管不慎造成的。

（4）为境外厂商加工、装配成品和为制造外销产品而进口的原材料、辅料、零件、部件、配套件和包装物料，海关按实际加工出口的成品数量免征进口关税；或者对进口料件，先征进口关税，再按实际加工出口的成品数量予以退税。

（5）经海关核准，暂时进境或暂时出境并在6个月内复运出境或复运进境的货样、展览品、施工机械、工程车辆、工程船舶、安装设备时使用的仪器和工具、电视或电影摄制器械、盛装货物的容器，以及剧团的服装道具等，在货物收发货人向海关缴纳相当于税款的保证金或提供担保后，准予暂时免纳关税。

（6）无代价抵偿货物，即进口货物在征税放行后，发现货物残损、短少或品质不良，而由国外承运人、发货人或保险公司免费补偿或更换的同类货物，可以免税，但有残损或质量问题的原进口货物如未退回国外，其进口的无代价抵偿货物应该照章征税。

（7）因故退还的中国出口货物，经海关查实，可予免征进口关税，但已征的出口关税不予退还。

（8）因故退还的境外进口货物，经海关查实，可予免征出口关税，但已征的进口关税不予退还。

（9）法律规定的其他可以免税的进出口货物。

（二）特定减免税

特定减免税亦称政策性减免税，是指在法定减免税以外，由国务院或国务院授权的机关颁布法规、规章特别规定的减免。特定减免税货物一般有地区、企业和用途的限制，海关需要进行后续管理，并进行减免税统计。

（三）临时减免税

临时减免税是指在法定和特定减免税以外的其他减免税，即由国务院根据《中华人民共和国海关法》对某个单位、某类商品、某个项目或某批进出口货物的特殊情况，给予特别照顾，一案一批，专文下达的减免税，一般不能比照执行。

第二节 关税税款计算

引 例

某进出口公司出口某种应税产品一批，离开我国口岸价格为600万元，假定该种产品出口关税的税率为30%，纳税人在计算关税时，以600万元作为完税价格计算应纳关税税额，这样计算对吗？

这是一个有关出口关税税款的计算问题。完税价格是什么，以及如何计算关税税款等问题将在本节中进行阐述。

一、关税完税价格的确定

关税完税价格是海关计征关税所使用的计税价格，是海关以进出口货物的实际成交价格为基础审定的完税价格。实际成交价格是一般贸易项下进口或出口货物的买方为购买该项货物向卖方实际支付或应当支付的价格。实际成交价格不能确定时，完税价格由海关依法估定。纳税人向海关申报的价格不一定等于完税价格，只有经海关审核并接受的申报价格才能作为完税价格。

（一）一般进口货物完税价格的确定

1. 以成交价格为基础的完税价格的确定

根据《中华人民共和国海关法》的相关规定：进口货物以海关审定的成交价格为基础的到岸价格为完税价格。“到岸价格”包括货价加上货物运抵我国境内输入地点起卸前的运费、包装费、保险费和其他劳务费。“我国境内输入地”为入境海关地，包括内陆河、江口岸，一般为第一口岸。“成交价格”是指买方为购买该货物，并按有关规定调整后的实付或应付价格，即买方为购买进口货物直接或间接支付的总额。具体要注意以下几点。

（1）下列费用或价值未包含在进口货物的成交价格中，应一并计入完税价格：

① 特许权使用费。但与进口货物无关或者不构成进口货物向境内销售条件的不计入完税价格。

② 除购货佣金以外的佣金和经纪费，如卖方佣金。“购货佣金”是指买方为购买进口货物向自己的采购代理人支付的劳务费用；“经纪费”是指买方为购买进口货物向代表买卖双方利益的经纪人支付的劳务费用。

③ 货物运抵我国关境内输入地点起卸前由买方支付的包装费、运费、保险费和其他劳务费用。

④ 由买方负担的与进口货物视为一体的容器费用。

⑤ 由买方负担的包装材料和包装劳务的费用。

⑥ 卖方直接或间接从买方对该货物进口后转售（含处置和使用）所得中获得的收益。

（2）下列费用，如在货物的成交价格中单独列明的，应从完税价格中扣除：

① 工业设施、机械设备类货物进口后发生的基建、安装、调试、技术指导等费用。

② 货物运抵境内输入地点起卸后的运输费用、保险费用和其他相关费用。

③ 进口关税及其他国内税收。

④ 为在境内复制进口货物而支付的费用。

⑤ 境内外技术培训及境外考察费用。

（3）进口货物完税价格中的运费和保险费按下列规定确定：

① 进口货物的运费，应当按照实际支付的费用计算。如果进口货物的运费无法确定的，海关应当按照该货物的实际运输成本或者该货物进口同期运输行业公布的运费率（额）计算运费。

运输工具作为进口货物，利用自身动力进境的，海关在审查确定完税价格时，不再另行计入运费。

② 进口货物的保险费，应当按照实际支付的费用计算。如果进口货物的保险费无法确定或者未实际发生，海关应当按照“货价加运费”两者总额的3‰计算保险费。

③ 邮运进口的货物，应当以邮费作为运输及其相关费用、保险费。

④ 以境外边境口岸价格条件成交的铁路或者公路运输进口货物，海关应当按照境外边境口岸价格的1%计算运输及其相关费用、保险费。

2. 进口货物海关估价的方法

进口货物的成交价格不符合成交价格条件或者成交价格不能确定的，海关经了解有关情况，并与纳税义务人进行价格磋商后，依次以下列方法审查确定该货物的完税价格。

（1）相同货物成交价格估价法。它是指海关以与进口货物同时或者大约同时向我国境内销售相同货物的成交价格为基础，审查确定进口货物完税价格的估价方法。

（2）类似货物成交价格估价法。它是指海关以与进口货物同时或者大约同时向我国境内销售类似货物的成交价格为基础，审查确定进口货物的完税价格的估价方法。

（3）倒扣价格估价方法。它是指海关以进口货物、相同或者类似进口货物在境内的销售价格为基础，扣除境内发生的关税和进口环节海关代征税及其他国内税、运费、保险费、利润等相关规定费用后，审查确定进口货物完税价格的估价方法。

（4）计算价格估价方法。它是指海关按照下列各项总和计算出完税价格：生产该货物所使用的料件成本和加工费用；向境内销售同等级或者同种类货物通常的利润和一般费用；该货物运抵境内输入地点起卸前的运输及相关费用、保险费。

（5）其他合理方法。它是指海关以客观量化的数据资料为基础审查确定进口货物完税价格的估价方法。

（二）特殊进口货物完税价格的确定

特殊进口货物一般包括以下几种情况。

1. 运往境外加工的货物

运往境外加工的货物，出境时已向海关报明，并在海关规定期限内复运进境的，应当以境外加工费和料件费以及该货物复运进境的运输及其相关费用、保险费为基础审查确定完税价格。

2. 运往境外修理的货物

运往境外修理的机械器具、运输工具或其他货物，出境时已向海关报明，并在海关规定期限内复运进境的，应当以境外修理费和料件费为基础审查确定完税价格。

3. 租赁方式进口的货物

租赁方式进口的货物，按照下列方法审查确定完税价格：

① 以租金方式对外支付的租赁货物，在租赁期间以海关审查确定的租金作为完税价格，利息应当予以计入。

② 留购的租赁货物以海关审查确定的留购价格作为完税价格。

③ 纳税义务人申请一次性缴纳税款的，可以选择申请按照进口货物海关估价的方法确定完税价格，或者按照海关审查确定的租金总额作为完税价格。

4. 暂时进境货物

经海关批准的暂时进境的货物，应按照一般进口货物估价办法的规定，估定完税价格。

5. 留购的进口货样等货物

国内单位留购的进口货样、展览品及广告陈列品， 以海关审定的留购价格为完税价格。

（三）出口货物完税价格的确定

1. 以成交价格为基础的完税价格

出口货物的完税价格由海关以该货物的成交价格为基础审查确定，并应当包括货物运至我国境内输出地点装载前的运输及其相关费用、保险费。但不包括出口关税税额。

出口货物的成交价格，是指该货物出口销售时，卖方为出口该货物应当向买方直接收取和间接收取的价款总额。但下列费用应予扣除：

（1）成交价格中含有支付给国外的佣金，与货物成交价格分列的，应予扣除；未单独列明的，则不予扣除。

（2）出口货物的销售价格如果包括离境口岸至境外口岸之间的运输费、保险费的，该运费、保险费应予扣除。

出口货物完税价格计算公式为：

完税价格=离岸价格÷（1+出口关税税率）

引例解析

了解了这些法律规定，我们再回顾一下开头部分的导入案例，某进出口公司以离岸价600万元作为完税价格计算应纳关税税额显然是错误的。出口货物应以海关审定的离岸价格扣除出口关税后作为完税价格。所以完税价格=600÷（1+30%）=461.54（万元）。

2. 由海关估定的完税价格

出口货物的发货人或其代理人应如实向海关申报出口货物售予境外的价格，对出口货物的成交价格不能确定时，完税价格由海关依次按下列方法予以估定：

（1）同时或大约同时向同一国家或地区销售出口的相同货物的成交价格。

（2）同时或大约同时向同一国家或地区销售出口的类似货物的成交价格。

（3）根据境内生产相同或类似货物的成本、利润和一般费用、境内发生的运输及其相关费用、保险费计算所得的价格。

（4）按照其他合理方法估定的价格。

二、关税应纳税额的计算

（一）进口货物应纳关税的计算

1. 从价关税应纳税额的计算

关税税额=应税进口货物数量×单位完税价格×关税税率

具体分为以下几种情况。

（1）以我国口岸到岸价格（CIF）成交的，或者和我国毗邻的国家以两国共同边境地点交货价格成交的进口货物，其成交价格即完税价格。应纳关税计算公式为：

应纳进口关税税额=CIF×关税税率

【例4-1】某进出口公司2016年9月从美国进口一批化工原料，到岸价格为CIF上海USD800 000元，另外在货物成交过程中，公司向卖方支付佣金USD40 000元，已知当时外汇牌价为USD100=CNY665，该原料的进口关税税率为18%。则该公司进口该批货物应纳的关税计算如下。

该批原料的完税价格包括到岸价格和支付给卖方的佣金，故：

完税价格=（800 000+40 000）×6.65=5 586 000（元）

应纳关税额=5 586 000×18%=1 005 480（元）

（2）以国外口岸离岸价（FOB）或国外口岸到岸价格成交的，应另加从发货口岸或国外交货口岸运到我国口岸以前的运杂费和保险费作为完税价格。应纳关税的计算公式为：

应纳进口关税税额=（FOB+运杂费+保险费）×关税税率

在国外口岸成交情况下，完税价格中包括的运杂费、保险费，原则上应按实际支付的金额计算，若无法得到实际支付金额，也可以外贸系统海运进口运杂费率或按协商规定的固定运杂费率计算运杂费，保险费按中国人民保险公司的保险费率计算。计算公式为：

应纳税额=（FOB+运杂费）×（1+保险费率）×关税税率

【例 4-2】宏远公司委托天兴进出口贸易公司代理进口材料一批。该批材料实际支付离岸价为 USD480 000，海外运输费、包装费、保险费共计 USD20 000（支付日市场汇价为 6.70 元人民币），进口报关当日人民银行公布的市场汇价为 1 美元=6.65 元人民币，进口关税税率为 20%。则该公司进口该批货物应纳的关税计算如下。

进口报关时应纳税额为：

应纳进口关税=（480 000+20 000）×6.65×20% =665 000（元）

（3）以国外口岸离岸价格加运费（CFR）成交的，应另加保险费作为完税价格。计算公式为：

应纳进口关税税额=（CFR+保险费）×关税税率=CFR×（1+保险费费率）×关税税率

【例 4-3】某企业从香港进口原产地为韩国的设备 3 台，该设备的总成交价格为 CFR 上海港 HKD180 000，保险费费率为 3‰，设备进口关税税率为 10%，当日外汇牌价 HKD100=￥83，则应纳的关税为：

完税价格=180 000×0.83×（1+3‰）=149 848.2（元）

应纳进口关税=149 848.2×10%=14 984.82（元）

（4）特殊进口商品关税的计算。特殊进口货物种类繁多，需在确定完税价格的基础上，再计算应纳税额，应纳关税的计算公式为：

应纳税额=特殊进口货物完税价格×关税税率

【例 4-4】某企业 2016 年将以前年度进口的设备运往境外修理，设备进口时成交价格为 58 万元，发生境外运费和保险费共计 6 万元；在海关规定的期限内复运进境，进境时同类设备价格 65 万元；发生境外修理费 8 万元，料件费 9 万元，境外运输费和保险费共计 3 万元，进口关税税率为 20%。则该设备复运进境时应纳的进口关税计算如下。

运往境外修理的机械器具、运输工具或其他货物，出境时已向海关报明，并在海关规定期限内复运进境的，应当以海关审定的境外修理费和料件费为完税价格。

应纳关税税额=（8+9）×20%=3.4（万元）

2. 从量关税应纳税额的计算

关税税额=应税进口货物数量×单位税额

3. 复合关税应纳税额的计算

关税税额=应税进口货物数量×单位税额+应税进口货物数量×单位完税价格×税率

【提示】

我国目前实行的复合税都是先计征从量税，再计征从价税，出口关税税额的计算也是如此。

（二）出口货物应纳关税的计算

1. 从价关税应纳税额的计算

关税税额=应税出口货物数量×单位完税价格×税率

具体分以下几种情况

（1）以我国口岸离岸价格（FOB）成交的出口关税计算公式为：

应纳关税税额=FOB÷（1+关税税率）×关税税率

（2）以国外口岸到岸价格（CIF）成交的出口关税计算公式为：

应纳关税税额=（CIF−保险费−运费）÷（1+关税税率）×关税税率

（3）以国外口岸价格加运费价格（CFR）成交的出口关税计算公式为：

应纳关税税额=（CFR−运费）÷（1+关税税率）×关税税率

【例 4-5】某进出口公司自营出口商品一批，我国口岸 FOB 价格折合人民币为 720 000 元，出口关税税率为 20%，根据海关开出的专用缴款书，以银行转账支票付讫税款。应纳的出口关税为：

出口关税=720 000／（1+20%）×20%=120 000（元）

2. 从量关税应纳税额的计算

出口关税税额=应税出口货物数量×单位货物税额

3. 复合关税应纳税额的计算

我国目前实行的复合税都是先计征从量税，再计征从价税。

出口关税税额=应税出口货物数量×单位税额+应税出口货物数量×单位完税价格×税率

第三节 关税征收管理

关税的征收管理有其特殊性。我国绝大多数税种都是由税务机关负责征收的，而关税由海关负责征收。货物的进、出口需要向海关申报，简称报关。这是一个十分复杂的过程，需要填报海关进口货物报关单或出口货物报关单，而关税的缴纳只是报关中的一个环节，凭海关填发的进（出）口关税专用缴款书向指定银行缴纳。当企业发生退还关税的情况时，还需要办理税款的退还等工作。

一、进出口货物报关

（一）报关时间

进口货物的纳税人应当自运输工具申报进境之日起 14 日内，向货物的进境地海关申报，如实填写海关进口货物报关单，并提交进口货物的发票、装箱清单、进口货物提货单或运单、关税免税或免予查验的证明文件等。

出口货物的发货人除海关特准外，应当在运抵海关监管区装货的 24 小时以前，填报出口货物报关单，交验出口许可证和其他证件，申报出口，由海关放行，否则货物不得离境出口。

（二）报关应提交的相关材料

进出口货物时应当提交以下材料：①进出口货物报关单（见表 4-1、表 4-2）；②合同；③发票；④装箱清单；⑤载货清单（舱单）；⑥提（运）单；⑦代理报关授权委托协议；⑧进出口许可证件；⑨海关要求的加工贸易手册（纸质或电子数据的）及其他进出口有关单证。

表 4-1 中华人民共和国海关出口货物报关单

预录入编号：　　　　　　　　　　　　　　　　海关编号：

收发货人	出口口岸		出口日期	申报日期
生产销售单位	运输方式		运输工具名称	提运单号
申报单位	监管方式		征免性质	备案号
贸易国（地区）	运抵国（地区）		指运港	境内货源地
许可证号	成交方式	运费	保费	杂费
合同协议号	件数	包装种类	毛重（千克）	净重（千克）
集装箱号	随附单证			
标记唛码及备注				

项号	商品编号	商品名称、规格型号	数量及单位	原产国（地区）	单价	总价	币制	征免

特殊关系确认：	价格影响确认：	支付特许权使用费确认：
录入员　　　　录入单位	兹申明对以上内容承担如实申报、依法纳税之法律责任	海关批注及签章
报关人员	申报单位（签章）	

表 4-2　中华人民共和国海关进口货物报关单

预录入编号：　　　　　　　　　　　　　　海关编号：

收发货人	进口口岸	进口日期	申报日期
消费使用单位	运输方式	运输工具名称	提运单号
申报单位	监管方式	征免性质	备案号
贸易国（地区）	启运国（地区）	装货港	境内目的地

许可证号	成交方式	运费	保费	杂费
合同协议号	件数	包装种类	毛重（千克）	净重（千克）

集装箱号	随附单证
标记唛码及备注	

项号	商品编号	商品名称、规格型号	数量及单位	原产国（地区）	单价	总价	币制	征免

特殊关系确认：	价格影响确认：	支付特许权使用费确认：
录入员　　　　录入单位	兹申明对以上内容承担如实申报、依法纳税之法律责任	海关批注及签章
报关人员	申报单位（签章）	

二、关税的缴纳

（一）缴纳地点

根据纳税人的申请及进出口货物的具体情况，关税可以在关境地缴纳，也可在主管地缴纳。关境地缴纳是指进出口货物在哪里通关，纳税人即在哪里缴纳关税，这是最常见的做法。主管地纳税是指纳税人住址所在地海关监管其通关并征收关税，它只适用于集装箱运载的货物。

（二）缴纳凭证

海关在接受进出口货物通关手续申报后，逐票计算应征关税并向纳税人或其代理人填发海关进（出）口关税专用缴款书（见表 4-3），纳税人或其代理人持海关进（出）口关税专用缴款书在规定期限内向银行办理税款交付手续。

表 4-3 海关进（出）口关税专用缴款书（收据联）

收入系统： 填发日期： 年 月 日 No.

<table>
<tr><td rowspan="3">收款单位</td><td>收入机关</td><td colspan="3"></td><td rowspan="3">缴款单位（人）</td><td>名 称</td><td></td><td rowspan="11">第一联：（收据）国库收款签章后交缴款单位或缴款人</td></tr>
<tr><td>科 目</td><td></td><td>预算级次</td><td></td><td>账 号</td><td></td></tr>
<tr><td>收缴国库</td><td colspan="3"></td><td>开户银行</td><td></td></tr>
<tr><td>税号</td><td>货物名称</td><td>数量</td><td>单位</td><td>完税价格（￥）</td><td>税率（%）</td><td>税款金额（￥）</td></tr>
<tr><td></td><td></td><td></td><td></td><td></td><td></td><td></td></tr>
<tr><td></td><td></td><td></td><td></td><td></td><td></td><td></td></tr>
<tr><td colspan="6">金额人民币（大写）</td><td>合计（￥）</td></tr>
<tr><td>申请单位编号</td><td></td><td>报关单编号</td><td></td><td>填制单位</td><td colspan="2">收缴国库（银行）</td></tr>
<tr><td>合同（批文）号</td><td></td><td>运输工具号</td><td></td><td rowspan="3">制单人：
复核人：</td><td colspan="2" rowspan="3"></td></tr>
<tr><td>缴款日期</td><td>年 月 日</td><td>提/装货单号</td><td></td></tr>
<tr><td>备注</td><td colspan="3">一般征税：
国际代码：</td></tr>
</table>

注：从填发缴款书之日起限 15 日内缴纳（期末遇法定节假日顺延），逾期按日征收税款总额 0.5‰的滞纳金。

进出口货物收货人或其代理人缴纳税款后，应将盖有“收讫”章的海关进（出）口关税专用缴款书第一联送签发海关验核，海关据此办理有关手续。

（三）缴纳期限

纳税人应当自海关填发税款缴款书之日起 15 日内，向指定银行缴纳税款。如果关税缴纳期限的最后 1 日是周末或法定节假日，则关税缴纳期限顺延至周末或法定节假日过后的第 1 个工作日。

关税纳税人因不可抗力或者在国家税收政策调整的情形下，不能按期缴纳税款的，经海关总署批准，可以延期缴纳税款，但最长不得超过 6 个月。

三、关税的强制执行

根据《中华人民共和国海关法》规定，纳税人或其代理人应当在海关规定的缴款期限内缴纳税款，逾期未缴的即构成关税滞纳。为保证海关决定的有效执行和国家财政收入的及时入库，《中华人民共和国海关法》赋予海关对滞纳关税的纳税人强制执行的权力。强制措施主要有以下两类。

（一）征收滞纳金

滞纳金自关税缴纳期限届满滞纳之日起，至纳税人缴纳关税之日止，按滞纳税款万分之五的比例按日征收，周末或法定节假日不予扣除。计算公式为：

$$关税滞纳金金额=滞纳关税税额\times0.5‰\times滞纳天数$$

（二）强制征收

纳税人自海关填发缴款书之日起 3 个月仍未缴纳税款的，经海关关长批准，海关可以采取强制措施扣缴。强制措施主要有强制扣缴和变价抵缴两种。

1. 强制扣缴

强制扣缴是指海关依法自行或向人民法院申请采取从纳税人的开户银行或者其他金融机构的存款中将相当于纳税人应纳税款的款项强制划拨入国家金库的措施。即书面通知其开户银行或者其他金融机构从其存款中扣缴税款。

2. 变价抵缴

变价抵缴是指如果纳税人的银行账户中没有存款或存款不足以强制扣缴时，海关可以将未放行的应税货物依法变卖，以销售货物所得价款抵缴应缴税款。如果该货物已经放行，海关可以将该纳税人的其他价值相当于应纳税款的货物或其他财产依法变卖，以变卖所得价款抵缴应缴税款。

强制扣缴和变价抵缴的税款含纳税人未缴纳的税款滞纳金。

四、关税的退还

关税的退还是指关税纳税人缴纳税款后，因某种原因的出现，海关将实际征收多于应当征收的税款退还给原纳税人的一种行政行为。根据《中华人民共和国海关法》规定，海关多征的税款，海关发现后应当立即退还。

按规定，有下列情形之一的，纳税人可以自缴纳税款之日起 1 年内，书面声明理由，连同原缴税凭证及相关资料向海关申请退还税款并加算银行同期活期存款利息，逾期不予受理：

（1）因海关误征，多纳税款的。

（2）海关核准免验进口的货物，在完税后发现有短缺情况，经海关审查认可的。

（3）已征出口关税的货物，因故未装运出口，申报退关，经海关查明属实的。

对已征出口关税的出口货物和已征进口关税的进口货物，因货物品种或规格原因（非其他原因）原状复运进境或出境，经海关查验属实的，也应退还已征关税，海关应当在受理退税申请之日起 30 日内做出书面答复并通知退税申请人。

五、关税的补征和追征

关税的补征和追征是海关在纳税人按海关规定缴纳关税后，发现实际征收税额少于应当征收的税额时，责令纳税人补缴所差税款的一种行政行为。

关税的补征是非因纳税人违反海关规定造成少征关税。根据《中华人民共和国海关法》规定，进出境货物或物品放行后，海关发现少征或漏征税款，应当自缴纳税款或者货物、物品放行之日起 1 年内，向纳税人补征。

关税的追征是由于纳税人违反海关规定造成少征关税。因纳税人违反规定而造成的少征或者漏征的税款，自纳税人应缴纳税款之日起 3 年以内可以追征，并从缴纳税款之日起按日加收少征或者漏征税款万分之五的滞纳金。

六、关税的纳税争议

为保护纳税人的合法权益，《中华人民共和国海关法》和《中华人民共和国进出口关税条例》都规定了纳税人对海关确定的进出口货物的征税、减税、补税或者退税等有异议时，有提出申诉的权利。在纳税义务人同海关发生纳税争议时，可以向海关申请复议，但同时应当在规定期限内按海关核定的税额缴纳关税，逾期则构成滞纳，海关有权按规定采取强制执行措施。

纳税争议的内容一般为进出境货物和物品的纳税人对海关在原产地认定、税则归类、税率或汇率适用、完税价格确定、关税减征、免征、追征、补征和退还等征税行为是否合法或适当，是否侵害了纳税义务人的合法权益，而对海关征收关税的行为表示异议。

纳税争议的申诉程序：纳税义务人自海关填发税款缴款书之日起 30 日内，向原征税海关的上一级海关书面申请复议。逾期申请复议的，海关不予受理。海关应当自收到复议申请之日起 60 日内做出复议决定，并以复议决定书的形式正式答复纳税人；纳税人对海关复议决定仍然不服的，可以自收到复议决定书之日起 15 日内，向人民法院提起诉讼。

本章小结

本章关税法学习内容结构如图 4-1 所示。

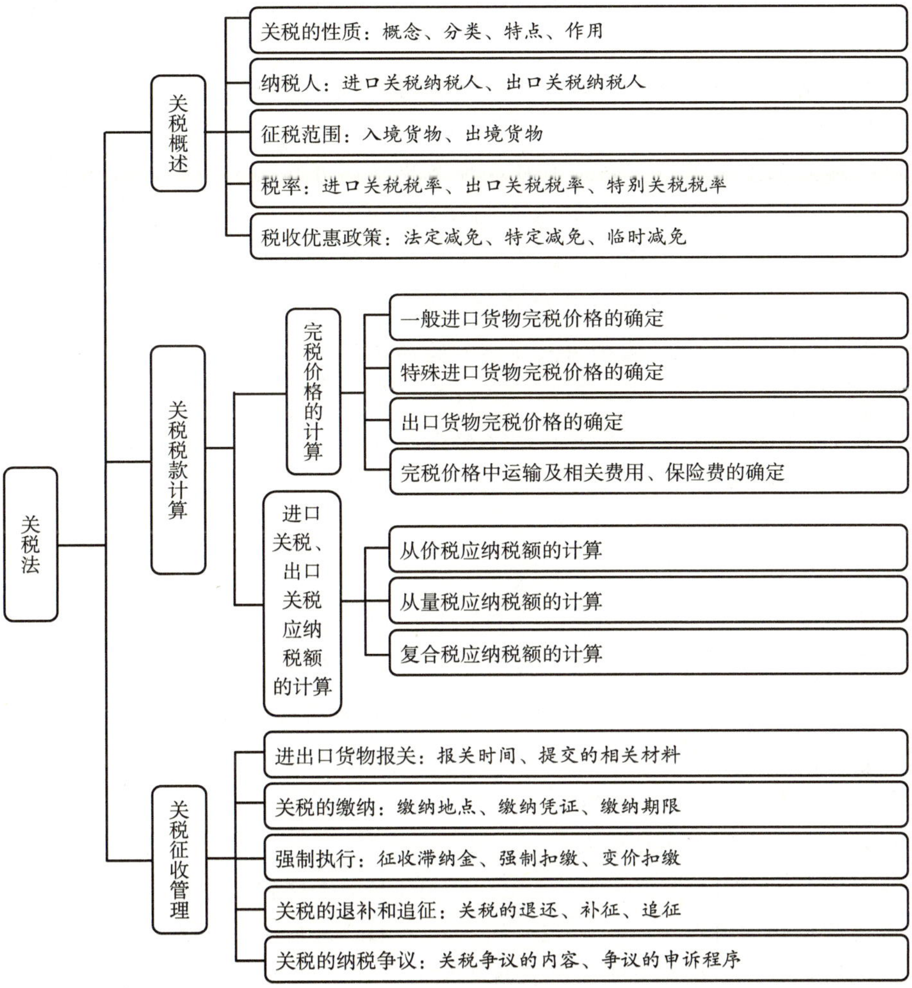

图 4-1 本章内容结构

习题训练

一、判断题

1. 当国境内设有自由贸易区时，关境就大于国境。 (   )

2. 我国的关税按照统一的关税税则征收一次关税后，就可以在整个关境内流通，不再征收关税。（ ）

3. 贸易性商品的关税纳税义务人是经营进出口货物的收发货人。（ ）

4. 外国政府、国际组织无偿赠送的物资，依照关税基本法的规定，可实行特定减免。（ ）

5. 鉴于各国关税税率的复式性特点，我国关税税率采用最惠国税率、协定税率、特惠税率和普通税率。（ ）

6. 关税减免分为法定减免、特定减免和临时减免。除法定减免外，特定减免和临时减免均由国务院决定。（ ）

7. 运往境外加工的货物，出境时已向海关报明，并在海关规定期限内复运进境的，应当以加工后的货物进境时的到岸价格作为完税价格。（ ）

8. 以租赁方式进口的货物，应以海关审定的货物的租金作为完税价格，但对租赁期限超过 5 年的，则应以货物的到岸价格作为完税价格。（ ）

9. 出口货物的完税价格，是由海关以该货物向境外销售的成交价格为基础审查确定的，包括货物运至我国境内输出地点装卸前的运输费、保险费，但不包括出口关税。（ ）

10. 关税纳税人因不可抗力或者在国家税收政策调整的情形下，不能按期缴纳税款的，经海关总署批准，可以延期缴纳税款，但最长不得超过 6 个月。（ ）

二、单项选择题

1. 我国关税由（ ）征收。

A. 税务机关　B. 海关

C. 工商行政管理部门　D. 人民政府

2.《中华人民共和国进出口关税条例》规定，关税税额在人民币（ ）元以下的一票货物，经海关审查无误，可以免税。

A. 50　B. 100　C. 1 000　D. 10 000

3. 关税的纳税义务人不可能是（ ）。

A. 进口货物的收货人　B. 进口货物的发货人

C. 入境物品的所有人　D. 出口货物的发货人

4. 下列各项中，符合关税法定免税规定的是（ ）。

A. 保税区进出口的基建物资

B. 边境贸易进出口的基建物资

C. 关税税额在人民币 10 元以下的一票货物

D. 经海关核准进口的无商业价值的广告品和货样

5. 在进口货物正常成交价格中若含以下费用，（ ）可以从中扣除。

A. 包装费　B. 运输费　C. 卖方付的回扣　D. 保险费

6. 出口货物的完税价格不应该包括（ ）。

A. 向境外销售的成交价格

B. 货物运至我国境内输出地点装载前的运输及其相关费用

C. 货物运至我国境内输出地点装载前的保险费用

D. 离境口岸至境外口岸之间的运输、保管费

7. 出口货物以海关审定的成交价格为基础售予境外的离岸价格，扣除出口关税后作为完税价格。其计算公式为（　　）。

A. 完税价格=离岸价格÷（1+出口税率）

B. 完税价格=离岸价格÷（1−出口税率）

C. 完税价格=离岸价格×（1+出口税率）

D. 完税价格=离岸价格×（1−出口税率）

8. 关税纳税义务人向指定银行缴纳税款的期限是（　　）。

A. 自报关进口之日起 7 日内

B. 自报关进口之日起 15 日内

C. 自海关填发税款缴款书之日起 7 日内

D. 自海关填发税款缴款书之日起 15 日内

9. 已征出口关税的货物，因故未装运出口，申报退关，经海关查验属实的，纳税人可自缴纳税款之日起（　　）年内申请退还税款。

A. 半　　B. 1　　C. 2　　D. 3

10. 海关对逾期未缴的关税，按日加收（　　）的滞纳金。

A. 2‰　　B. 0.5‰　　C. 3%　　D. 1%

三、多项选择题

1. 我国海关法规定，减免进出口关税的权限属中央政府，关税的减免形式有（　　）。

A. 法定减免　　B. 特定减免　　C. 临时减免　　D. 困难减免

2. 非贸易性物品的关税纳税人是（　　）。

A. 入境旅客随身携带的行李、物品的持有人　　B. 进口个人邮件的收件人

C. 外贸进出口公司　　D. 有进出口经营权的企业

3. 下列各项中，属于关税法定纳税义务人的有（　　）。

A. 进口货物的收货人　　B. 进口货物的代理人

C. 出口货物的发货人　　D. 出口货物的代理人

4. 关于关税的减免税，下列表述正确的有（　　）。

A. 无商业价值的广告品视同货物进口征收关税

B. 外国企业赠送的物资免征关税

C. 保税区内加工运输出境的产品免征进口关税和进口环节税

D. 关税税额在人民币 50 元以下的货物免征关税

5. 下列各项中，属于关税征税对象的有（　　）。

A. 贸易性商品

B. 个人邮寄物品

C. 馈赠物品或以其他方式进入国境的个人物品

D. 入境旅客随身携带的行李和物品

6. 下列出口货物完税价格确定方法中，符合关税法规定的有（　　）。

A. 海关依法估价确定的完税价格

B. 以成交价格为基础确定的完税价格

C. 根据境内生产类似货物的成本、利润和费用计算出的价格

D. 按照合理方法估定的完税价格

7. 下列费用中，如能与该货物实付价格区分，不得列入完税价格的是（　　）。

A. 进口关税及其他国内税

B. 货物运抵境内输入地点之后的运输费用

C. 买方为购进货物向代表双方利益的经纪人支付的劳务费

D. 工业设施、机械设备类货物进口后发生的基建、安装、调试、技术指导等费用

8. 进口货物的成交价格不符合规定或者成交价格不能确定的，海关经了解有关情况，并与纳税人进行价格磋商后，可以按顺序采用一定方法审查确定该货物的完税价格。下列属于海关可以采用的方法有（　　）。

A. 相同货物成交价格估价方法　　B. 类似货物成交价格估价方法

C. 倒扣价格估价方法　　D. 最大销售总量估价方法

9. 关税的征收管理规定中，关于补征和追征的期限为（　　）。

A. 补征期为 1 年内　　B. 追征期为 1 年内

C. 补征期为 3 年内　　D. 追征期为 3 年内

10. 下列各项中，符合关税减免规定的有（　　）。

A. 因故退还的国内出口货物，经海关审查属实，可予免征进口关税，已征收的出口关税准予退还

B. 因故退还的国内出口货物，经海关审查属实，可予免征进口关税，但已征收的出口关税不予退还

C. 因故退还的境外进口货物，经海关审查属实，可予免征出口关税，已征收的进口关税准予退还

D. 因故退还的境外进口货物，经海关审查属实，可予免征出口关税，但已征收的进口关税不予退还

四、业务题

1. 某公司进口一批应缴消费税的消费品，货价为 500 万元；该公司另外向境外支付的特许权使用费 25 万元；此外，该批货物运抵我国关境需支付运费和保险费 25 万元。假设该货物适用关税税率为 8%、增值税税率为 17%、消费税税率为 20%。

要求：请分别计算该公司应纳的关税、消费税和增值税税额。

2. 某企业从日本进口一批电子零件，成交价格为 550 万元，而日本出口方出售该批货物的国际市场价格为 700 万元。另外，该企业承担了该批零件的包装材料费 50 万元，同时，该企业支付给出口方零件进口后的技术服务费用 150 万元。已知电子零件的进口关税税率为 10%。

要求：请计算该企业进口电子零件应缴纳的关税税额。

3. 某公司进口货物一批，CIF 成交价格为人民币 600 万元，含单独计价并经海关审核属实的进口后装配调试费用 30 万元，该货物进口关税税率为 10%，海关填发税款缴纳证日期为 2016 年 1 月 10 日，该公司于 1 月 25 日缴纳税款。

要求：计算其应纳关税税额及滞纳金。

4. 某进出口公司进口一批机器设备，经海关审定的成交价为 200 万美元。货物运抵我国境内输入地点起卸前的运输费为 10 万美元，保险费为 20 万美元，由买方负担的购货佣金为 5 万美元，包装劳务费 3 万美元。

已知市场汇率为 1 美元=6.65 元人民币，该机器设备适用关税税率为 12%。

要求：

（1）进出口公司在进口该批机器设备过程中发生的哪些费用应计入货物的完税价格？

（2）计算进口该批货物应缴纳的关税税额。

第五章

企业所得税法

学习目标

1. 掌握企业所得税的基本法律知识，熟悉企业所得税的概念、特点及作用；能判断居民企业纳税人、非居民企业纳税人，适用何种税率，以及具体优惠政策的运用。
2. 掌握企业所得税的纳税调整和应税所得额的计算，理解相关抵免规定，会根据业务资料计算应纳企业所得税税额。
3. 熟悉企业所得税月（季）度预缴、年终汇算清缴的相关规定，会根据业务资料填制企业所得税月（季）度预缴纳税申报表、企业所得税年度纳税申报表及相关附表，能办理年终企业所得税的汇缴清算工作。

第一节 企业所得税概述

引 例

某商贸公司从业人员为35人，资产总额为850万元，2014年该企业亏损（经税务机关审核后的亏损数字，而非会计报表中的亏损）33万元，2015年该企业弥补亏损前应纳税所得额为40万元，则该企业属于什么类型的企业，适用的所得税税率是多少？

一、企业所得税的性质

（一）企业所得税的概念

企业所得税，是指国家对境内企业生产、经营所得和其他所得依法征收的一种税。它是国家参与企业利润分配的重要手段。企业所得税法是国家制定的用以调整企业所得税征纳关系的法律规范。现行内资企业所得税法的基本规范是 2007 年 3 月 16 日十届人大五次会议通过、2008 年 1 月 1 日实施的《中华人民共和国企业所得税法》及国务院颁布的《中华人民共和国企业所得税法实施条例》。

（二）企业所得税的由来

西方国家的所得税产生于 18 世纪末的英国。1793 年，拿破仑发动英法战争，英国财政收入入不敷出，于 1798 年颁布具有所得税性质的“三级税”法案；1799 年，正式开始征收所得税，以纳税人的综合所得为计税依据，税率为 10%；1802 年，战争结束，所得税即被废止。1803 年，英法战争又起，英国再次开征所得税，制定了著名的分类所得税法，即对土地所得、资本利得、奉给所得、营业所得等分别实行源泉税和直接课税法计征；1816 年，该法再次废止；1842 年，英国乘平定“印度叛乱”之机再次开征所得税，一直延续至今。19 世纪以后，各国相继仿效，现已成为许多国家的主体税种。

我国所得税最早产生于 2 000 多年前的西汉末期，其创始人为王莽。公元 8 年，王莽篡位，登上皇帝宝座；第二年，王莽开始推行他的经济改革措施，设立了对工商业者的纯经营利润额征收的税种“贡”。从税制的构成要素看，王莽的“贡”已具备所得税的特征，其征税对象为纯盈利额。这种“贡”虽无所得税之名，而却有所得税之实，比英国 1799 年开征所得税早 1 700 多年。

西汉末期的“贡”，虽然已有所得税之实，但后来的很长时间一直没有对它进行系统的研究，直到清末才对它有所研究。1936 年国民党政府时期公布了所得税法，并于 1937 年开始实施。新中国成立初期，废除了旧的所得税制，对工商企业的所得征税成为工商业税的一个组成部分，并开征存款利息所得税（1950 年 12 月改为利息所得税，1959 年后停征）和薪给报酬所得税；1958 年税制改革后，所得税从原工商业税中独立出来而成为一个单独的税种，1963 年定名为工商所得税。从 1983 年，国家实行第一步“利改税”时，开征了国有企业所得税，第一次将国家与国有企业的分配关系用税收形式固定下来；1985 年和 1988 年对国有企业所得税和税后上缴利润办法进一步改革，并考虑到集体企业的税收负担和私营企业不断发展的情况，按企业所有制性质，分别设置了国有企业所得税、集体企业所得税和私营企业所得税三个税种。虽然这三种税在当时发挥了积极作用，但矛盾和问题越加明显，主要表现在：一是税率不一，优惠各异，造成税负不公平，不利于企业间公平竞争；二是名义税率高而实际税负偏低，税收负担名实不符；三是国有大中型企业缴纳了所得税、调节税后，还要上缴“两金”（国家能源交通重点建设基金、国家预算调节基金），总体税负偏重，自我改造和自我发展缺乏后劲；四是国家与企业的分配关系犬牙交错，亟须理顺。为了解决上述矛盾，按照社会主义市场经济发展的要求，统一和规范企业所得税制，进一步理顺国家和企业的分配关系，将三者合并成为统一的企业所得税。国务院于 1993 年 12 月 13 日发布了《中华人民共和国企业所得税暂行条例》，自 1994 年 1 月 1 日起施行。而对在我国境内的外商投资企业和外国企业的生产、经营所得和其他所得征收涉外企业所得税，适用 1991 年 4 月 9 日第七届全国人民代表大会第四次会议通过的

《中华人民共和国外商投资企业和外国企业所得税法》。

2007 年 3 月 16 日第十届全国人民代表大会第五次会议通过了《中华人民共和国企业所得税法》，体现了“四个统一：内资、外资企业适用统一的企业所得税法；统一并适当降低企业所得税税率；统一和规范税前扣除办法和标准；统一税收优惠政策，实行“产业优惠为主、区域优惠为辅”的新税收优惠体系。自 2008 年 1 月 1 日起施行，原《中华人民共和国外商投资企业和外国企业所得税法》和《中华人民共和国企业所得税暂行条例》同时废止。

（三）企业所得税的类型

世界各国的经济发展水平不同，所采用的所得税类型也各不相同，以课征方式为标准，可分为以下四种类型。

1. 分类所得税制

分类所得税制是指纳税人不同类型的所得规定不同税种。这类税制的立法依据是纳税人获得不同性质所得时，所要付出的劳动不同，应在课税时对不同性质所得确定不同税率，实行差别待遇。

2. 综合所得税制

综合所得税制是指对纳税人各种类型的所得按照同一征收方式和同一税率征收的法律制度。其突出特点是：不论收入来源于什么渠道，也不论收入采取何种形式，均按所得的合计额统一计税。其立法依据是课税应考虑纳税人的综合负担能力，所以应税所得是纳税人的所得总额。

3. 分类综合所得税制

分类综合所得税制，又称混合制度，是指兼有综合和分类两类所得税制度性质的所得税制。其主要特点是：对纳税人的收入综合计税，坚持了量能负担原则；同时又区分不同性质收入，分别计税，体现了区别对待原则，分类综合所得税制为当今各国普遍采用。

4. 地方所得税制

地方所得税制是按征收管理体制和征收方式标准来划分的，各国地方所得税制度大致可分为两类：一是分权制下的地方税，主要是一些实行联邦制的国家采用，地方税与联邦税征收范围不一定相同，各地方政府之间的税率也可能有很大差异；二是集权制下的地方税，主要是实行中央集权制的国家采用，因地方政府一般无立法权，所以地方税通过用中央政府所得税附加的办法征收。

（四）企业所得税的特点

1. 征税对象是所得额

所得额是指按税法规定，纳税人的收入总额扣除各项成本、费用后的余额，它既不完全等于企业实现的利润额，更不是企业的增值额。它以税务所得为计税额；在财务会计处理上与税法规定相抵触的，以税法规定为准。

2. 符合税收公平的原则

税收公平原则是指根据纳税人的负担能力确定税负，即体现量能负担的要求。由于所得是衡量纳税人负担能力的重要标志，企业所得税根据纳税人所得额的不同确定不同税率，所得多的多征，所得少的少征，无所得的不征，能较好地体现税法公平的原则。

3. 计征比较复杂

既然企业所得税的计税依据是净所得，那么它必然涉及成本、费用的归集与分配，较之于对流转额征税，计算和征收的难度要大；加上政府为了堵塞漏洞，法律规定了税前扣除与非扣除项目；另外，又规定纳税企业年度亏损可以用下一年度实现的利润抵补，并可连续抵补五年，造成所得税的计征就更加复杂。

4. 税收负担不易转嫁

所得税以纳税人的应纳税所得额为课税对象，在分配环节予以课征，一般来说，所得税税负不容易转嫁，所以相对于间接而言，所得税又称直接税。

（五）企业所得税的作用

企业所得税的上述特点，决定了该税种在调节经济方面起到“自动稳定器”的作用，主要表现在以下几个方面。

1. 企业所得税是调节国家与企业单位之间分配关系的重要工具

国家通过对各企业单位之间的分配比例，使纳税人在纳税后利润水平趋向均衡，有利于维护市场经济秩序。另外，企业所得税通过制定优惠措施，能够充分体现国家的产业政策，促进经济的良性运行与发展。

2. 企业所得税有利于强化国家对经济的监督力度

企业所得税是在分配环节的课征，它直接作用于纳税人的纯收益。因此，纳税人应纳税所得额核算得正确与否，直接反映出企业对成本、费用、利润等有关方面财务制度的执行情况，能够对纳税人的经济活动起到监督、审核和检查的作用，及时发现并矫正纳税人的违法、违规行为，发挥国家对经济的调控作用。

3. 企业所得税是国家筹集财政收入的重要渠道

近年来，在各发达国家的财政收入中，企业所得税一般都在35%~60%，发展中国家为20%~40%，是政府财政收入的支柱。我国正处于快速发展时期，虽然由于经济发展水平的限制，流转税收入构成我国的主要财政收入，但所得税收入也占有相当大的比重，2015年我国税收收入中，企业所得税所占比例达21.72%。

4. 企业所得税是维护国家主权的重要手段

税权是主权的重要组成部分。随着发展中国家所得税地位的日益提高，各国所得税制度日益趋同，各国间越来越多地通过签订双边税收协定，达到避免双重课税及防止偷税逃税的目的。而按照国际惯例制订我国的企业所得税法律制度有利于行使税收管辖权，进而从经济利益上能有效地维护国家主权和经济利益。

二、企业所得税的纳税人

企业所得税是指国家对境内企业生产、经营所得和其他所得依法征收的一种税。它是国家参与企业利润分配的重要手段。

企业所得税的纳税义务人为在中华人民共和国境内的企业和其他取得收入的组织（统称企业）。个人独资企业、合伙企业不征收企业所得税，而征收个人所得税。企业所得税纳税人按照国际惯例一般分为居民企业和非居民企业，这是确定纳税人是否负有全面纳税义务的基础。

（一）居民企业

居民企业是指依法在中国境内成立，或者依照外国法律成立但实际管理机构在中国境内的企业。实际管理机构，是指对企业的生产经营、人员、账务、财产等实施实质性全面管理和控制的机构。例如，在我国注册成立的沃尔玛（中国）公司、通用汽车（中国）公司，就是我国的居民企业；在英国、百慕大群岛等国家和地区注册，但实际管理机构在我国境内的公司，也是我国的居民企业。

（二）非居民企业

非居民企业是指按照中国税法规定不符合居民企业标准的企业，即依照外国（地区）法律、法规成立且实际管理机构不在中国境内，但在中国境内设立机构、场所的，或者在中国境内未设立机构、场所，但有来源于中国境内所得的企业。例如，在我国设立的代表处及其他分支机构等外国企业。

对中国境内未设立机构、场所的非居民企业或者虽设立机构、场所但取得的所得与其所设机构、场所没有实际联系的中国境内所得应缴纳的所得税，实行源泉扣缴方法，以支付人为扣缴义务人，税款由扣缴义务人在每次支付或者到期应支付时，从支付或者到期应支付的款项中扣缴；对非居民企业在中国境内取得工程作业和劳务所得应缴纳的所得税，税务机关可以指定工程价款或者劳务费的支付人为扣缴义务人；扣缴义务人未依法扣缴或者无法履行扣缴义务的，由纳税人在所得发生地缴纳。纳税人未依法缴纳的，税务机关可以从该纳税人在中国境内其他收入项目的支付人应付的款项中，追缴该纳税人的应纳税款。

【提示】

我国法律规定，个人独资企业和合伙企业的出资人对外承担无限责任，企业的财产与出资人的财产密不可分，生产经营收入就是出资人个人的收入，个人独资企业和合伙企业应就其出资人所得缴纳个人所得税，因此，他们属于个人所得税纳税人，不属于企业所得税纳税人。

三、企业所得税的征税对象

企业所得税的征税对象为在中国境内企业的生产经营所得和其他所得。所谓生产经营所得是指企业从事物质生产、商品流通、交通运输、劳动服务以及其他营利事业取得的境内外所得。其他所得包括企业有偿转让各类财产取得的财产转让所得；纳税人购买各种有价证券取得的利息及因外单位欠款取得的利息所得；纳税人出租固定资产、包装物等取得的租赁所得；纳税人因提供转让专利权、非专利技术、商标权、著作权等取得的特许权使用费所得；纳税人对外投资入股取得的股息、红利所得以及固定资产盘盈、因债权人原因确实无法支付的应付款项、物资及现金溢余等取得的其他所得。

居民企业应当就其来源于中国境内、境外的所得缴纳企业所得税；非居民企业在中国境内设立机构、场所的，应当就其所设机构、场所取得的来源于中国境内的所得，以及发生在中国境外但与其所设机构、场所有实际联系的所得，缴纳企业所得税；非居民企业在中国境内未设立机构、场所的，或者虽设立机构、场所但取得的所得与其所设机构、场所没有实际联系的，应当就其来源于中国境内的所得缴纳企业所得税。

纳税对象的具体化即应纳税所得额，是指纳税人每一纳税年度的收入总额减除不征税收入、免税收入、各项扣除以及允许弥补的以前年度亏损后的余额。具体计算在后面详细介绍。

【提示】

企业所得税法对所得来源地的确认有明确规定：销售货物所得为交易活动发生地；提供劳务所得为劳务发生地；不动产转让所得为不动产所在地，动产转让所得为转让动产的企业或机构、场所所在地；权益性投资资产转让所得为被投资企业所在地；股息、红利等权益性投资所得为分配所得的企业所在地；利息所得、租金所得、特许权使用费所得为负担支付所得的企业或机构、场所所在地，或负担、支付所得的个人的住所地；其他所得，由国务院财政、税务主管部门确定。

四、企业所得税的税率

我国企业所得税实行的是比例税率，从 2008 年起税法规定企业所得税税率为 25%；同时对以下所得做了专门的规定。

（1）对符合条件的小型微利企业减按 20%的税率征收。小型微利企业是指从事国家非限制和禁止行业，并符合下列条件的企业：工业企业，年度应纳税所得额不超过 30 万元，从业人数不超过 100 人，资产总额不超过 3 000 万元；其他企业，年度应纳税所得额不超过 30 万元，从业人数不超过 80 人，资产总额不超过 1 000 万元。

（2）在中国境内未设立机构、场所，或者虽设立机构、场所但取得的所得与其所设机构、场所没有实际联系的非居民企业的中国境内所得，减按10%的税率征收企业所得税。

（3）对国家需要重点扶持的高新技术企业，减按15%的税率征收企业所得税。

五、企业所得税的优惠政策

税收优惠政策是指为了照顾某些纳税人的特殊情况而给予减征或免征所得税的规定。它是税法原则性和灵活性相结合的体现，是发挥税收特殊调节作用的重要手段。根据《中华人民共和国企业所得税法》、《中华人民共和国企业所得税法实施条例》及现行的有关法规，我国企业所得税的减免优惠政策主要有以下五个方面。

（一）促进技术创新和科技进步

（1）对国家需要重点扶持的高新技术企业，减按15%的税率征收企业所得税。国家需要重点扶持的高新技术企业，必须同时符合下列条件：

① 拥有核心自主知识产权。

② 产品（服务）属于《国家重点支持的高新技术领域》规定的范围。

③ 有关比例符合规定标准，即研究开发费用占销售收入的比例、高新技术产品（服务）收入占企业总收入的比例、科技人员占企业职工总数的比例不低于规定比例。

④ 高新技术企业认定管理办法规定的其他条件。

（2）对经济特区（深圳、珠海、汕头、厦门和海南）和上海浦东新区内在2008年1月1日（含）之后完成登记注册的国家需要重点扶持的高新技术企业（简称新设高新技术企业），在经济特区和上海浦东新区内取得的所得，自取得第一笔生产经营收入所属纳税年度起，第一年至第二年免征企业所得税，第三年至第五年按照25%的法定税率减半征收企业所得税。

（3）企业为开发新技术、新产品、新工艺发生的研究开发费用，未形成无形资产计入当期损益的，在按照规定据实扣除的基础上，按照研究开发费用的50%加计扣除；形成无形资产的，按照无形资产成本的150%摊销。

（4）创业投资企业采取股权投资方式投资于未上市的中小高新技术企业2年以上的，可以按照其投资额的70%在股权持有满2年的当年抵扣该创业投资企业的应纳税所得额；当年不足抵扣的，可以在以后纳税年度结转抵扣。

（5）企业的固定资产由于技术进步等原因，确需加速折旧的，可以缩短折旧年限或者采取加速折旧的方法。

可以采取缩短折旧年限或者采取加速折旧方法的固定资产，包括：①由于技术进步，产品更新换代较快的固定资产；②常年处于强震动、高腐蚀状态的固定资产。

采取缩短折旧年限方法的，最低折旧年限不得低于规定折旧年限的60%；采取加速折旧方法的，可以采取双倍余额递减法或者年数总和法。

（6）在一个纳税年度内，居民企业技术转让所得不超过 500 万元的部分，免征企业所得税；超过 500 万元的部分，减半征收企业所得税。

【提示】

技术转让的范围，包括居民企业转让专利技术、计算机软件著作权、集成电路布图设计权、植物新品种、生物医药新品种，以及财政部和国家税务总局确定的其他技术；居民企业从直接或间接持有股权之和达到 100%的关联方取得的技术转让所得，不享受技术转让减免企业所得税优惠政策。

（7）关于鼓励软件产业和集成电路产业发展的优惠政策：

① 软件生产企业实行增值税即征即退政策所退还的税款，由企业用于研究开发软件产品和扩大再生产，不作为企业所得税应税收入，不予征收企业所得税。

② 我国境内新办软件生产企业经认定后，自获利年度起，第一年和第二年免征企业所得税，第三年至第五年减半征收企业所得税（“二免三减半”）。

③ 国家规划布局内的重点软件生产企业，如当年未享受免税优惠的，减按 10%的税率征收企业所得税。

④ 软件生产企业的职工培训费用，可按实际发生额在计算应纳税所得额时扣除。

⑤ 企事业单位购进软件，凡符合固定资产或无形资产确认条件的，可以按照固定资产或无形资产进行核算，经主管税务机关核准，其折旧或摊销年限可以适当缩短，最短可为 2 年。

⑥ 集成电路生产企业的生产性设备，经主管税务机关核准，其折旧年限可以适当缩短，最短可为 3 年。

⑦ 投资额超过 80 亿元人民币或集成电路线宽小于 0.25 微米的集成电路生产企业，可以减按 15%的税率缴纳企业所得税，其中，经营期在 15 年以上的，从开始获利的年度起，五年免税、五年减半征收企业所得税（“五免五减半”）。

⑧ 对生产线宽小于 0.8 微米（含）集成电路产品的生产企业，经认定后，自获利年度起，二年免税、三年减半征收企业所得税（“二免三减半”）。

（二）鼓励基础设施建设

从事国家重点扶持的公共基础设施项目投资经营的所得，自项目取得第一笔生产经营收入所属纳税年度起，第一年至第三年免征企业所得税，第四年至第六年减半征收企业所得税。国家重点扶持的公共基础设施项目，是指《公共基础设施项目企业所得税优惠目录》规定的港口码头、机场、铁路、公路、城市公共交通、电力、水利等项目，不包括企业承包经营、承包建设和内部自建自用的项目。

（三）扶持农、林、牧、渔业发展

（1）企业从事下列项目的所得，免征企业所得税：

① 蔬菜、谷物、薯类、油料、豆类、棉花、麻类、糖料、水果、坚果的种植。

② 农作物新品种的选育。

③ 中药材的种植。

④ 林木的培育和种植。

⑤ 牲畜、家禽的饲养。

⑥ 林产品的采集。

⑦ 灌溉、农产品初加工、兽医、农技推广、农机作业和维修等农、林、牧、渔服务业项目。

⑧ 远洋捕捞。

（2）企业从事下列项目的所得，减半征收企业所得税：

① 花卉、茶以及其他饮料作物和香料作物的种植。

② 海水养殖、内陆养殖。

企业从事国家限制和禁止发展的项目，不得享受企业所得税优惠。

（四）支持环境保护、节能节水、资源综合利用、安全生产

（1）从事符合条件的环境保护、节能节水项目的所得，自项目取得第一笔生产经营收入所属纳税年度起，第一年至第三年免征企业所得税，第四年至第六年减半征收企业所得税。

环境保护、节能节水项目，包括公共污水处理、公共垃圾处理、沼气综合开发利用、节能减排技术改造、海水淡化等。

（2）企业以《资源综合利用企业所得税优惠目录》规定的资源作为主要原材料并符合规定比例，生产国家非限制和禁止并符合国家和行业相关标准的产品取得的收入，可以在计算应纳税所得额时减按 90%计入收入总额。

（3）企业购置用于环境保护、节能节水、安全生产等专用设备投资额的 10%可以从企业当年的应纳税额中抵免；当年不足抵免的，可以在以后 5 个纳税年度结转抵免。

【提示】

取得增值税专用发票：进项税额可从其销项税额中抵扣，则专用设备投资额不再包括增值税进项税额；如进项税额不允许抵扣，其专用设备投资额应为增值税专用发票上注明的价税合计金额。取得普通发票：专用设备投资额为普通发票上注明的金额。

购置环境保护、节能节水、安全生产设备是指企业购置并实际使用《环境保护专用设备企业所得税优惠目录》、《节能节水专用设备企业所得税优惠目录》和《安全生产专用设

备企业所得税优惠目录》规定的专用设备。企业购置的专用设备在5年内转让、出租的，应当停止享受企业所得税优惠，并补缴已经抵免的企业所得税税款。

（五）促进公益事业和照顾弱势群体

（1）企业发生的公益性捐赠支出，在年度利润总额12%以内的部分，准予在计算应纳税所得额时扣除。

公益性捐赠，是指企业通过公益性社会团体或者县级以上人民政府及其部门，用于《中华人民共和国公益事业捐赠法》规定的公益事业的捐赠。年度利润总额，是指企业依照国家统一会计制度的规定计算的年度会计利润。

（2）企业安置残疾人员的，在按照支付给残疾职工工资据实扣除的基础上，按照支付给残疾职工工资的100%加计扣除。残疾人员的范围适用《中华人民共和国残疾人保障法》的有关规定。

（3）企业安置国家鼓励的其他就业人员所支付的工资，可以在计算应纳税所得额时加计扣除；国家鼓励安置的其他就业人员是指下岗失业人员、军队转业干部、城镇退役士兵、随军家属等。

（4）民族自治地方的自治机关对本民族自治地方的企业应缴纳的企业所得税中属于地方分享的部分，可以决定减征或者免征。自治州、自治县决定减征或者免征的，须报省、自治区、直辖市人民政府批准。

（5）对设在西部地区（包括重庆市、四川省、贵州省、云南省、西藏自治区、陕西省、甘肃省、宁夏回族自治区、青海省、新疆维吾尔自治区、新疆生产建设兵团、内蒙古自治区和广西壮族自治区。湖南省湘西土家族苗族自治州、湖北省恩施土家族苗族自治州、吉林省延边朝鲜族自治州，可以比照西部地区执行），以国家规定的鼓励类产业项目为主营业务，且其当年主营业务收入超过企业总收入70%的企业，实行企业自行申请，税务机关审核的管理办法。经税务机关审核确认后，企业可减按15%的税率缴纳企业所得税。

（6）自2015年10月1日至2017年12月31日，对年应纳税所得额低于30万元（含30万元）的小型微利企业，其所得减按50%计入应纳税所得额，按20%的税率缴纳企业所得税。

企业同时从事适用不同企业所得税待遇项目的，其优惠项目应当单独计算所得，并合理分摊企业的期间费用；没有单独计算的，不享受企业所得税优惠。

纳税人申请减免税，必须向主管税务机关提供如下书面资料：①减免税申请报告，包括减免税的依据、范围、年限、金额、企业的基本情况等；②纳税人的财务会计报表；③工商执照和税务登记证的复印件；④根据不同的减免税项目，税务机关要求提供的其他材料；⑤减免税受理的截止日期为年度终了后2个月内，逾期税务机关不再办理减免税申请。

引例解析

根据本节的引例，分析该商贸公司企业所得税纳税人的类型，选择其适用的税率。

该商贸公司可以先用 2015 年的 40 万元应纳税所得额弥补上一年度 33 万元的亏损，用弥补亏损之后的应纳税所得额 7 万元选择适用税率。

由于该商贸公司从业人员 35 人，未超过 80 人；资产总额 850 万元，未超过 1 000 万元；应纳税所得额 7 万元，符合小型微利企业的条件，属于小型微利企业，适用的所得税税率为 20%，同时又符合优惠条件，可以享受“其所得减按 50%计入应纳税所得额”的优惠政策，因此，该企业可按 3.5 万元的应纳税所得额、选择 20%的税率来计算应纳所得税额。

第二节 企业所得税税款计算

引 例

东海服装有限责任公司 2015 年取得主营业务收入 4 500 万元，其他业务收入 400 万元，营业外收入 80 万元。当年营业成本 3 500 万元，税金及附加 38 万元，其他业务成本 340 万元，财务费用 50 万元，管理费用 300 万元，销售费用 560 万元，营业外支出 68 万元，会计利润 124 万元。通过审查该公司账目，得到如下信息：

（1）支付工资总额 1 125 万元，税务机关认定该企业支付工资属于合理的工资薪金支出，可以全额在税前扣除。

（2）向工会组织拨付了 22.5 万元职工工会经费，实际支出了 120 万元职工福利费，发生了 35 万元职工教育经费。

（3）支付财产保险费和运输保险费共计 32 万元。

（4）“财务费用”由三部分构成：以年利率 6%向银行贷款 500 万元（其中 200 万元作为注册资本注入），利息支出 30 万元；汇兑损失 10 万元；支付开户银行结算手续费等 10 万元。

（5）管理费用中支付业务招待费 50 万元。

（6）销售费用中列支广告费和业务宣传费 300 万元。

（7）营业外支出中，通过民政部门向灾区捐款 14 万元；直接向某贫困小学捐赠 5 万元；由于消防设施不合格，被处以罚款 3 万元。

要求：根据以上资料进行年度纳税调整，计算该企业 2015 年应税所得额。

会计利润是根据会计准则计算而来的，应税所得额是按照企业所得税法的规定而确定的，两者之间往往是不一致的，企业会计核算的亏损并不代表企业就不需要缴纳企业所得税了，应税所得额需要在会计利润的基础上按照税法规定进行纳税调整后取得。如何确定应税所得额是计算企业所得税的关键所在。

一、应税所得额的计算

应税所得额也称应纳税所得额，是指纳税人每一纳税年度的收入总额减除不征税收入、免税收入、各项扣除以及允许弥补的以前年度亏损后的余额，是计算应纳所得税税额的依据。实际工作中，应根据国家税务总局 2014 年 11 月公布的《中华人民共和国企业所得税年度纳税申报表（A 类 A100000）》的规定，在企业会计利润总额的基础上，加减纳税调整额及相关项目金额后计算出应纳税所得额。具计算公式为：

应纳税所得额=利润总额–境外所得+纳税调整增加额–纳税调整减少额–免税、减计收入及加计扣除+境外应税所得抵减境内亏损–所得减免–抵扣应纳税所得额–弥补以前年度亏损

下面按顺序分析各项目的计算过程。

（一）利润总额

利润总额是指按会计准则核算计算的会计利润总额，数据可直接取自利润表。

利润总额=营业收入–营业成本–税金及附加–期间费用–资产减值损失+公允价值变动收益+投资收益+营业外收入–营业外支出

1. 营业收入

营业收入是指纳税人当期发生的，主要经营业务和其他经营业务取得的收入总额，包括会计核算中的主营业务收入和其他业务收入。

（1）主营业务收入，包括销售商品收入、提供劳务收入、建造合同收入、让渡资产使用权收入和其他收入。

（2）其他业务收入，包括材料销售收入、出租固定资产收入、出租无形资产收入、出租包装物和商品收入和其他收入。

2. 营业成本

营业成本是纳税人经营主要业务和其他业务发生的实际成本总额，包括会计核算中的主营业务成本和其他业务成本。

（1）主营业务成本，包括销售商品成本、提供劳务成本、建造合同成本、让渡资产使用权成本和其他。

（2）其他业务成本，包括材料销售成本、出租固定资产成本、出租无形资产成本、包装物出租成本和其他支出。

3. 税金与附加

税金及附加是指企业发生的除企业所得税和允许抵扣的增值税以外的各项税金及其

附加，包括消费税、城市维护建设税、资源税、土地增值税和教育费附加等。企业缴纳的房产税、车船税、城镇土地使用税、印花税等已经计入管理费用的，属于期间费用，不在本项目计算。企业缴纳的增值税因其属于价外税，也不属于本项目。

【做中学 5-1】某市一家居民企业为增值税一般纳税人，主要生产销售化妆品，假定其 2016 年 10 月有关经营业务如下：

（1）销售高档化妆品取得不含税收入 8 600 万元，与高档化妆品配比的销售成本 3 160 万元。

（2）转让技术所有权取得收入 700 万元，直接与技术所有权转让有关的成本和费用 100 万元。

（3）出租房产取得租金收入 210 万元（含增值税），按简易计税办法 5%的税率征收增值税，接受原材料捐赠取得增值税专用发票注明材料金额 50 万元、增值税进项税额 8.5 万元，取得国债利息收入 30 万元。

（4）购进原材料共计 3 000 万元，取得增值税专用发票注明进项税额 510 万元；支付购料运输费用取得增值税专用发票，注明运输费 200 万元，税款 22 万元。

城市维护建设税按应纳增值税、消费税税额的 7%缴纳，教育费附加按应纳增值税、消费税税额的 3%缴纳。

则企业所得税税前可以扣除的税金金额计算如下：

（1）应缴纳的增值税=8 600×17%+210/（1+5%）×5%−8.5−510−22=931.5（万元）。

（2）应缴纳的消费税=8 600×15%=1290（万元）。

（3）应缴纳的城市维护建设税和教育费附加=（1 290+931.5）×（7%+3%）=222.15（万元）。

（4）所得税税前可以扣除的税金=1 290+222.15=1 512.15（万元）。

4. 期间费用

期间费用是指企业在生产经营活动中发生的销售费用、管理费用和财务费用，已经计入成本的有关费用除外。

销售费用是指纳税人在销售商品过程中发生的包装费、广告费等费用和为销售本企业商品而专设的销售机构的职工薪酬、业务费等经营费用。

管理费用是指纳税人为组织和管理企业生产经营所发生的管理费用。

财务费用是指纳税人为筹集生产经营所需资金等而发生的筹资费用。

5. 资产减值损失

资产减值损失是指纳税人计提的各项资产减值准备所形成的损失。

6. 公允价值变动收益

公允价值变动收益是指纳税人交易性金融资产、交易性金融负债、采取公允价值模式计量的投资性房地产、衍生工具、套期保值业务等公允价值变动形成的应计入当期损益的利得或损失。

7. 投资收益

投资收益是指纳税人以各种方式对外投资所取得的收益或投资损失。企业持有的交易性金融资产处置和出让时，处置收益部分应当自“公允价值变动损益”项目转出，列入本项目，包括境外投资应纳税所得额。

8. 营业外收入

营业外收入是指纳税人发生的与其经营活动无直接关系的各项收入。

9. 营业外支出

营业外支出是指纳税人发生的与其经营活动无直接关系的各项支出。

（二）境外所得

境外所得是指纳税人发生的分国（地区）别取得的境外税后所得计入利润总额的金额。其金额为纳税人中国境外税前所得减去其来源于境外的股息、红利等权益性投资收益由外国企业在境外实际缴纳的所得税税额后的余额。

（三）纳税调整项目

在计算应纳税所得额时，纳税人按照会计准则、会计制度核算与税收规定不一致的项目，应当进行纳税调整。根据国家税务总局 2014 年 11 月公布的纳税调整项目明细表（A105000）的规定，纳税调整项目分为收入类调整项目、扣除类调整项目、资产类调整项目、特殊事项调整项目和特别纳税调整项目，每个项目涉及纳税调整增加和纳税调整减少的内容，现按照纳税调整明细表的顺序分别说明如下。

1. 收入类调整项目

（1）收入类纳税调整增加的项目。

① 视同销售收入。视同销售收入是指会计上不作为销售核算，而在税收上应作为应税收入缴纳企业所得税的收入，主要包括非货币性交换视同销售收入、用于市场推广或销售视同销售收入、用于交际应酬视同销售收入、用于职工奖励或福利视同销售收入、用于股息分配视同销售收入、用于对外捐赠视同销售收入、用于对外投资项目视同销售收入、提供劳务视同销售收入和其他视同销售收入。

企业所得税法实施条例规定：“企业发生非货币性资产交换，以及将货物、财产、劳务用于捐赠、偿债、赞助、集资、广告、样品、职工福利或者利润分配等用途的，应当视同销售货物、转让财产或者提供劳务，但国务院财政、税务主管部门另有规定的除外。”

国家税务总局国税函〔2008〕828 号对企业处置资产是否作为企业所得税视同销售处理，以“资产所有权属在形式和实质上是否改变为原则”，具体明确如下。

企业发生下列情形的处置资产，除将资产转移至境外以外，由于资产所有权属在形式和实质上均不发生改变，应作为内部处置资产，不视同销售确认收入，相关资产的计税基础延续计算：将资产用于生产、制造、加工另一产品；改变资产形状、结构或性能；改变资产用途（如自建商品房转为自用或经营）；将资产在总机构及其分支机构之间转移；上述两种或两种以上情形的混合；其他不改变资产所有权属的用途。

企业将资产移送他人的下列情形，因资产所有权属已发生改变而不属于内部处置资产，应按规定视同销售确定收入：用于市场推广或销售；用于交际应酬；用于职工奖励或福利；用于股息分配；用于对外捐赠；其他改变资产所有权属的用途。

视同销售行为的计税收入额按下列规定确认：企业自制的资产，按企业同类资产同期对外销售价格确定销售收入；外购的资产，按购入时的价格确定销售收入。

【做中学 5-2】东方股份公司将自产 A 产品一批转为公司免税项目工程建设用，实际成本共计 60 000 元，税务机关认定的计税价格为 80 000 元。请问：是否要进行纳税调整？

按企业会计准则进行会计处理时，不作为销售，不确认利润。根据增值税暂行条例规定，应作为视同销售，应缴纳增值税：

应纳税额=80 000×17%=13 600（元）

根据企业所得税法相关规定，上述业务由于资产所有权属未改变，应作为企业内部处置资产，不确认视同销售收入，不影响应纳税所得额，不需要进行纳税调整。

【做中学 5-3】东方股份公司将自产 B 产品以福利形式分给本公司职工个人，实际成本共计 40 000 元，同类产品不含税售价为 50 000 元。请问：是否要进行纳税调整？

按企业会计准则进行会计处理时，作为销售，确认利润额 10 000 元（50 000–40 000）。根据增值税暂行条例规定，应作为视同销售，应缴纳增值税：

应纳税额=50000×17%=8500（元）

根据企业所得税法相关规定，上述业务属于企业所得税视同销售行为，应按同类产品售价确认计税销售收入 50 000 元，允许扣除销售成本 40 000 元，即确认应纳税所得额 10 000 元。由于应纳税所得额与会计利润额相等，不需要进行纳税调整。

若将自产的 B 产品无偿赠送给本企业以外的其他人，则：

按企业会计准则进行会计处理时，对外赠送不作为销售，不确认利润额。根据增值税暂行条例规定，应作为视同销售，应缴纳增值税 8 500 元。

根据企业所得税法相关规定，上述业务属于企业所得税视同销售行为，应确认应纳税所得额 10 000 元。由于会计不确认利润额，故需要调增纳税所得额 10 000 元。

【提示】

增值税的视同销售行为与企业所得税的视同销售行为不完全相同。主要表现在：第一，法律依据不同；第二，两者的具体内容不同；第三，两者的计量方法不同。

② 交易性金融资产初始投资调整。交易性金融资产初始投资调整是指纳税人根据税法规定确认交易性金融资产初始投资金额与会计核算的交易性金融资产初始投资账面价值的差额，调增纳税所得额。

（2）收入类纳税调整减少的项目。它主要包括按权益法核算长期股权投资对初始投资成本调整确认收益，是指纳税人采取权益法核算下，初始投资成本小于取得投资时应享有被投资单位可辨认净资产公允价值份额的，两者之间的差额会计核算中计入取得投资当期的营业外收入的金额。税收规定对这部分收入不征税，调减纳税所得额。

（3）收入类纳税调整视情况增减的项目。

① 未按权责发生制原则确认的收入。未按权责发生制原则确认的收入是指会计上按照权责发生制原则确认收入，计税时未按权责发生制确认的收入，如分期收款销售商品销售收入的确认、税收规定按收付实现制确认的收入、持续时间超过 12 个月的收入的确认、利息收入的确认、租金收入的确认等企业财务会计处理办法与税收规定不一致应进行纳税调整产生的时间性差异的项目数据。税收规定的收入大于会计核算确认的收入，其差额应调整增加纳税所得额；反之，则应调整减少纳税所得额。

② 投资收益。投资收益是指纳税人根据《中华人民共和国企业所得税法》及其实施条例以及企业会计制度、企业会计准则核算投资项目的持有收益、处置收益中，会计核算与税收的差异金额。会计核算确认的投资收益大于税收规定的收入，其差额应调整减少纳税所得额；反之，则应调整增加纳税所得额。

税法实施条例规定，对来自所有非上市企业，以及连续持有上市公司股票 12 个月以上取得的股息、红利收入，给予免税，不再实行补税率差的做法；纳税人因收回、转让或清算处置股权投资发生的股权投资损失，可以在税前扣除，但在每一纳税年度扣除的股权投资损失，不得超过当年实现的股权投资收益和投资转让所得，超过部分可按规定向以后年度结转扣除。

③ 公允价值变动净收益。公允价值变动净收益是指企业以公允价值计量且其变动计入当期损益的金融资产、金融负债以及投资性房地产的公允价值，其税法规定的计税基础与会计处理不一致应进行纳税调整的金额。

当纳税人所有的按照公允价值计量且其变动进入当期损益的金融资产、金融负债以及投资性房地产按照税收规定确认的期末与期初的差额大于根据会计准则核算的期末与期初的差额时，其差额应调整增加纳税所得额；反之，则应调整减少纳税所得额。

④ 不征税收入。不征税收入包括财政拨款、行政事业性收费、政府性基金及其他。

财政拨款是指各级人民政府对纳入预算管理的事业单位、社会团体等组织拨付的财政资金，但国务院和国务院财政、税务主管部门另有规定的除外。

行政事业性收费是指依照法律行政法规等有关规定，按照国务院规定程序批准，在实施社会公共管理，以及在向公民、法人或者其他组织提供特定公共服务过程中，向特定对象收取并纳入财政管理的费用。

政府性基金是指纳税人依照法律、行政法规等有关规定，代政府收取的具有专项用途的财政资金。

其他不征税收入是指纳税人取得的，由国务院财政、税务主管部门规定专项用途并经国务院批准的财政性资金。财政性资金是指企业取得的来源于政府及其有关部门的财政补助、补贴、贷款贴息，以及其他各类财政专项资金，包括直接减免的增值税和即征即退、先征后退、先征后返的各种税收，但不包括企业按规定取得的出口退税款。

纳税人符合税法规定不征税收入条件并作为不征税收入处理，且已计入当期损益的金额，应调减纳税所得额；纳税人以前年度取得财政性资金且已作为不征税收入处理，在5年（60个月）内未发生支出且未缴回财政部门或其他拨付资金政府部门的，应调增纳税所得额。

【提示】

企业的不征税收入用于支出所形成的费用，不得在计算应纳税所得额时扣除；企业的不征税收入用于支出所形成的资产，其计算的折旧、摊销不得在计算应纳税所得额时扣除。

⑤ 销售折扣、折让和退回。销售折扣、折让和退回是指不符合税收规定的销售折扣和折让应进行纳税调整的金额和发生的销售退回因会计处理与税法规定有差异需纳税调整的金额。税收规定对折扣额另开发票的，不得从销售额中减除折旧额，应调增纳税所得额；销货退回影响损益的跨期时间性差异，应调减纳税所得额。

⑥ 其他。其他是指纳税人其他因会计处理与税法规定有差异需纳税调整的收入类项目金额。

2. 扣除类调整项目

（1）扣除类纳税调整增加的项目。

① 业务招待费。业务招待费是指企业发生的与生产经营活动有关的业务招待费支出，按照发生额的60%扣除，但最高不得超过当年销售（营业）收入的5‰，超过部分应调增纳税所得额。

【例5-1】某企业2015年实现销售收入2 000万元，请计算在以下两种情况下该企业业务招待费的纳税调整额，第一种情况：若实际发生业务招待费40万元；第二种情况：若实际发生业务招待费15万元。

根据规定，业务招待费发生扣除最高限额为：2 000×5‰=10（万元）。

第一种情况：实际发生40万元，40×60%=24（万元）；税前可扣除10（万元），纳税调整增加额=40–10=30（万元）。

第二种情况：实际发生15万元，15×60%=9（万元）；税前可扣除9万元，纳税调整增加额=15–9=6（万元）。

② 捐赠支出。捐赠支出分为公益性捐赠支出和非公益性捐赠支出。公益性捐赠是指企业通过公益性社会团体或者县级以上人民政府及其部门，用于《中华人民共和国公益事业捐赠法》规定的公益事业的捐赠。

企业发生的公益性捐赠支出，不超过年度会计利润总额12%的部分，准予据实扣除。超过部分和非公益性捐赠支出不允许税前扣除，应调增纳税所得额。

【提示】

与流转税的关系：企业将自产货物用于捐赠，按公允价值缴纳增值税；视同对外销售缴纳所得税，但会计上不确认收入和利润。

【例5-2】某企业2015年开具增值税专用发票取得收入3 510万元。收入对应的销售成本为2 480万元，期间费用为360万元，营业外支出为200万元（其中180万元为公益性捐赠支出），销售税金及附加为60万元。公益性捐赠支出纳税调整计算如下：

（1）年度利润总额=3 510–2 480–360–200–60=410（万元）。

（2）捐赠扣除限额=410×12%=49.2（万元）。

（3）纳税调整增加额=180–49.2=130.8（万元）。

③ 罚金、罚款和被没收财物的损失。纳税人的生产、经营因违反国家法律、法规和规章，被有关部门处以的罚款、被没收财物的损失以及因违反税法规定，被处以的滞纳金、罚金，不得扣除，应调增纳税所得额。但纳税人按照经济合同规定支付的违约金（包括银行罚息）、罚款和诉讼费，不属于行政性罚款，允许在税前扣除。

④ 税收滞纳金、加收利息。税收滞纳金、加收利息是指纳税人会计核算计入当期损益的税收滞纳金、加收利息。不得在税前扣除，应调增纳税所得额。

⑤ 赞助支出。赞助支出是指纳税人会计核算计入当期损益的不符合税法规定的公益性捐赠的赞助支出的金额，包括直接向受赠人的捐赠、赞助支出等，应调增纳税所得额。此处的赞助支出不含广告性的赞助支出，如果属于广告性赞助支出，可参照广告费用的相关规定扣除。

⑥ 佣金和手续费支出。纳税人会计核算计入当期损益的佣金和手续费金额扣除税法规定允许税前扣除的金额后的余额，应调增纳税所得额。

⑦ 不征税收入用于支出所形成的费用。不征税收入用于支出所形成的费用是指符合条件的不征税收入用于支出所形成的计入当期损益的费用化支出金额。应调增纳税所得额。

⑧ 与收入无关的支出。与收入无关的支出是指纳税人实际发生与取得收入无关的支出，如企业已出售给职工个人的住房的折旧费、维修管理费。应调增纳税所得额。

⑨ 境外所得分摊的共同支出。境外所得分摊的共同支出是指纳税人境外分支机构应

合理分摊的总部管理费等有关成本费用和实际发生与取得境外所得有关但未直接计入境外所得应纳税所得的成本费用支出。应调增纳税所得额。

（2）扣除类纳税调整减少的项目。它主要包括视同销售成本。视同销售成本是指纳税人按税收规定计算的与视同销售收入对应的成本，每一笔被确认为视同销售的经济事项，在确认计算应税收入的同时，均有与此收入相配比的应税成本。这些成本主要包括非货币性交换视同销售成本、用于市场推广或销售视同销售成本、用于交际应酬视同销售成本、用于职工奖励或福利视同销售成本、用于股息分配视同销售成本、用于对外捐赠视同销售成本、用于对外投资项目视同销售成本、提供劳务视同销售成本和其他视同销售成本。

（3）扣除类纳税调整视情况增减的项目。

① 职工薪酬。职工薪酬包括工资薪金支出、职工福利费支出、工会经费支出、职工教育经费支出、各类基本社会保障性缴款、住房公积金、补充养老保险、补充医疗保险和其他。

工资薪金支出是指纳税人每一纳税年度支付给在本企业任职或者受雇的员工的所有现金形式或者非现金形式的劳动报酬，包括基本工资、奖金、津贴、补贴、年终加薪、加班工资，以及与员工任职或者受雇有关的其他支出。企业发生的合理工资薪金支出，准予扣除，对明显不合理的工资、薪金，则不予扣除。

纳税人实际支出的职工福利费、工会经费，分别按照工资薪金总额的 14%、2%计算限额扣除，超过部分应调增纳税所得额；纳税人的职工教育经费按工资薪金总额的 2.5%计算扣除，超过部分，准予在以后纳税年度结转扣除，本年度应调增纳税所得额；当本年度职工教育经费低于工资薪金总额的 2.5%时，差额准予结转以前年度累计未扣除的职工教育经费金额，应调减纳税所得额。

【提示】

软件生产企业发生的职工教育经费中的职工培训费用，可以全额在企业所得税前扣除。

纳税人依照国务院有关主管部门或者省级人民政府规定的范围和标准为职工缴纳的基本养老保险费、基本医疗保险费、失业保险费、工伤保险费、生育保险费等基本社会保险费和住房公积金，准予扣除。超过规定范围和标准部分应调增纳税所得额。

纳税人为投资者或者职工支付的补充养老保险费、补充医疗保险费，在国务院财政、税务主管部门规定的范围和标准内，准予扣除。除纳税人依照国家有关规定为特殊工种职工支付的人身安全保险费和国务院财政、税务主管部门规定可以扣除的其他商业保险费外，纳税人为投资者或者职工支付的商业保险费，不得扣除，应调增纳税所得额。

② 广告费和业务宣传费支出。企业发生的符合条件的广告费和业务宣传费支出，除

国务院财政、税务主管部门另有规定外，不超过当年销售（营业）收入15%的部分，准予扣除；超过部分，准予在以后纳税年度结转扣除，本年度调增纳税所得额。当本年度广告费和业务宣传费低于当年扣除限额时，差额准予结转以前年度累计未扣除的广告费和业务宣传费金额，应调减纳税所得额。纳税人因行业特点等特殊原因确需提高广告费扣除比例的，须报国家税务总局批准。对化妆品制造、医药制造和饮料制造（不含酒类制造）企业发生的广告费和业务宣传费支出，不超过当年销售（营业）收入30%的部分，准予扣除；烟草企业的烟草广告费和业务宣传费支出，一律不得在计算应纳税所得额时扣除。

【提示】

企业计算业务招待费、广告费和业务宣传费的扣除限额时，其计算基础均是“销售（营业）收入”，具体包括企业发生非货币性资产交换，以及将货物、财产、劳务用于捐赠、偿债、赞助、集资、广告、样品、职工福利或者利润分配等用途应当视同销售（营业）的收入额，也就是会计核算中所涉及的主营业务收入、其他业务收入和视同销售收入，但不包括“营业外收入”和“投资收益”。

【例5-3】某服装厂2015年的销售收入为3 000万元，发生现金折扣100万元；转让技术使用权收入200万元，广告费支出1 000万元，业务宣传费40万元。广告宣传费的纳税调整额计算如下：

广告费和业务宣传费扣除标准=（3 000+200）×15%=480（万元）

广告费和业务宣传费实际发生额=1 000+40=1 040（万元），超标准为：1040–480=560（万元），因此纳税调整增加额为560万元。

③ 利息支出。在生产、经营期间，非金融企业向金融企业借款的利息支出、金融企业的各项存款利息支出和同业拆借利息支出、企业经批准发行债券的利息支出，按照实际发生数扣除；非金融企业向非金融企业借款的利息支出，不超过按照金融企业同期同类贷款利率计算的数额的部分，准予扣除。企业为购置、建造固定资产、无形资产和经过12个月以上的建造才能达到预定可销售状态的存货发生借款的，在有关资产购置、建造期间发生的合理的借款费用，应当作为资本性支出计入有关资产的成本，调增纳税所得额。纳税人从关联方取得的借款金额超过其注册资本50%的，超过部分的利息支出，不论利率高低，全额不得在税前扣除，未超过的部分只能按金融机构同期利率计算扣除。此外，纳税人逾期归还银行贷款，向银行支付的加收罚息，不属于行政性罚款，允许在税前扣除。

比较会计与税法对利息支出的规定，两者的主要差异表现为向非金融企业和关联方借款利息支出的扣除规定。

【例5-4】某居民企业2015年发生财务费用40万元，其中含向非金融企业借款

250 万元所支付的年利息 20 万元（当年金融企业贷款的年利率为 5.8%）。利息支出的纳税调整计算如下：

利息支出税前扣除额=250×5.8%=14.5（万元）

财务费用纳税调整增加额=20–14.5=5.5（万元）

④ 与未实现融资收益相关在当期确认的财务费用。具有融资性质的分期收款销售商品时，根据会计准则企业应当按照应收的合同或协议价款的公允价值确定收入金额，即按照其未来现金流量现值或商品现销价格计算确定，合同或协议价款与其公允价值之间的差额，应当在合同协议期间内，按照实际利率法摊销，分期冲减财务费用。税收规定分期收款销售商品，按合同或协议确定的时间确认收入，不存在未实现融资收益抵减当期财务费用的问题，企业发生与未实现融资收益相关在当期确认的财务费用时应调增纳税所得额。

⑤ 跨期扣除。跨期扣除是指纳税人维简费（专项用于维持简单再生产的资金）、安全生产费用、预提费用、预计负债等跨期扣除项目调整情况。当纳税人按会计核算计入当期损益的跨期扣除项目金额大于按照税法规定允许税前扣除的金额时，其差额调增纳税所得额；反之，则调减纳税所得额。

⑥ 其他。其他是指纳税人因会计处理与税法规定有差异需要纳税调整的其他扣除类项目金额。

引例解析

根据上述规定，计算本节引例中东海服装有限责任公司 2015 年的应纳税所得额。

（1）会计利润=4 500+400+80–3 500–38–340–50–300–560–68=124 万元。

（2）纳税调整情况如下：

① 工资支出，经税务机关认定属于合理的工资薪金支出，1 125 万元可以在税前扣除，不需要进行调整。

②“三项经费”：

准予税前扣除的职工工会经费限额=1 125×2%=22.5（万元），该企业向工会组织拨付了 22.5 万元工会经费，未超过限额，可以在税前扣除，不需要进行调整。

准予税前扣除的职工福利费限额=1 125×14%=157.5（万元），该企业实际支出了 120 万元，未超过限额，可以在税前扣除，不需要进行调整。

准予税前扣除的职工教育经费限额=1 125×2.5%=28.125（万元），该企业实际支出了 35 万元，超过限额，超过部分 6.875 万元需做纳税调增；同时可以无限期向以后年度结转。

③ 支付的 32 万元财产保险费和运输保险费可以在税前全额扣除，不需要进行调整。

④ 在财务费用中，企业不得在税前列支资本的利息，应纳税调增 12 万元（200×6%）；汇兑损失 10 万元和支付开户银行结算手续费等 10 万元可以在税前扣除。

⑤ 业务招待费。发生额的 60%为 30 万元，税前扣除限额=（4 500+400）×5‰=24.5

（万元），实际支出业务招待费 50 万元和税前扣除额 24.5 万元之间的差额 25.5 万元应做调增处理。

⑥ 广告费和业务宣传费。扣除限额=（4 500+400）×15%=735（万元），由于实际支出的广告费和业务宣传费小于扣除限额，可以全额在税前扣除，不需要纳税调整。

⑦ 公益性捐赠。通过民政部门向灾区的捐赠属于公益性捐赠，扣除限额=124×12%=14.88（万元），实际捐赠 14 万元小于扣除限额，可以在税前全额扣除；直接向贫困小学的捐赠不符合公益捐赠的条件，不允许扣除，需调增 5 万元。

⑧ 罚款支出。行政罚款支出不允许在税前扣除，应调增 3 万元。

综上，该公司的应纳税所得额=124+6.875+12+25.5+5+3=176.375（万元）。

3. 资产类调整项目

（1）资产折旧、摊销。

1）固定资产折旧。下列差异可能导致固定资产税法折旧额与会计折旧额不一致，在计算企业所得税应税所得额时，应做纳税调整。

① 固定资产初始成本与计税基础的差异。税法规定，固定资产以历史成本为计税基础，企业会计准则规定固定资产一般应以历史成本为计量基础，因此，两者一般不存在差异。但下列情况可能导致固定资产初始成本与计税基础的差异。

一是超过正常信用条件购入固定资产。税法规定，外购固定资产以购买价款和支付的相关税费以及直接归属于使该资产达到预定用途发生的其他支出为计税基础；企业会计准则规定，超过正常信用条件购入固定资产，按应付购买价款的现值为固定资产的入账价值，应付购买价款与其现值之间的差额作为未确认融资费用。由此将造成固定资产的初始成本与计税基础之间的差异。

二是融资租入固定资产。税法规定，融资租入的固定资产，以租赁合同约定的付款总额和承租人在签订租赁合同过程中发生的相关费用为计税基础，租赁合同未约定付款总额的，以该资产的公允价值和承租人在签订租赁合同过程中发生的相关费用为计税基础；企业会计准则规定，融资租入固定资产，以租赁开始日租赁资产的公允价值与最低租赁付款额的现值两者中的较低者为基础确定租入固定资产的入账价值，以最低租赁付款额为长期应付款，其差额作为未确认融资费用。由此将造成固定资产的初始成本与计税基础之间的差异。

根据税法规定，准予税前扣除的固定资产折旧，是以按税法确定的固定资产计税基础为基数计算的计税折旧额，固定资产初始成本与计税基础的不同将直接导致会计折旧与计税折旧之间存在差异，从而导致应纳税所得额与会计利润的不同，必须进行纳税调整。

【提示】

企业固定资产投入使用后，由于工程款项尚未结清而未取得全额发票的，可暂按合同规定的金额计入固定资产计税基础计提折旧，待发票取得后进行调整。但该项调整应在固定资产投入使用后12个月内进行。

② 固定资产折旧范围的差异。税法规定，除房屋建筑物以外未投入使用的固定资产、已足额提取折旧仍继续使用的固定资产、与经营活动无关的固定资产和单独估价作为固定资产入账的土地不得计提折旧；企业会计准则规定，除已提足折旧继续使用的固定资产和单独估价作为固定资产入账的土地外，所有的固定资产均应计提折旧。

当税法规定的折旧范围与会计确定折旧范围不一致时，必将造成计税折旧与会计折旧之间的差异，进而必须进行纳税调整。

③ 固定资产折旧方法的差异。税法规定，固定资产应采用直线法计提折旧，但特殊原因确需加速折旧的，可缩短折旧年限或采取加速折旧的方法。采取缩短折旧年限方法的，最低折旧年限不得低于企业所得税法规定折旧年限的60%；采取加速折旧方法的，可以采取双倍余额递减法或年数总和法。所谓“特殊原因”是指由于技术进步，产品更新换代较快；常年处于强震动、高腐蚀状态。企业会计准则规定，企业应根据固定资产所包含的经济利益预期实现方式，合理选择固定资产折旧方法，如年限平均法、工作量法、双倍余额递减法和年数总和法等。

对生物药品制造业，专用设备制造业，铁路、船舶、航空航天和其他运输设备制造业，计算机、通信和其他电子设备制造业，仪器仪表制造业，信息传输、软件和信息技术服务业等6个行业的企业2014年1月1日后新购进的固定资产和轻工、纺织、机械、汽车等4个领域重点行业的企业2015年1月1日后新购进的固定资产，可缩短折旧年限或采取加速折旧的方法。

当企业采用的折旧方法不符合税法规定时，就会造成会计折旧与计税折旧有差异，进而必须进行纳税调整。

④ 固定资产折旧年限的差异。企业所得税法按不同种类固定资产分别规定了计算折旧的最低年限：房屋、建筑物为20年；飞机、火车、轮船、机器、机械和其他生产设备为10年；与生产经营活动有关的器具、工具、家具等为5年；飞机、火车、轮船以外的运输工具为4年；电子设备为3年。企业会计准则要求企业根据固定资产的性质和使用情况，合理确定固定资产的使用寿命，并按使用寿命分期计提折旧。

对2014年1月1日后新购进的下列固定资产，单位价值不超过100万元的，允许一次性计入当期成本费用在计算应纳税所得额时扣除，不再分年度计算折旧，单位价值超过100万元的，可缩短折旧年限或采取加速折旧的方法：①所有行业企业专门用于研发的仪器、设备；②生物药品制造业，专用设备制造业，铁路、船舶、航空航天和其他运输设备制造业，计算机、通信和其他电子设备制造业，仪器仪表制造业，信息传输、软件和信息技术服务业等 6 个行业和 2015 年 1 月 1 日以后购进的轻工、纺织、机械、汽车等 4 个领域重点行业的小型微利企业供研发和生产经营共用的仪器、设备。

自 2014 年 1 月 1 日起，对所有行业企业持有的单位价值不超过 5 000 元的固定资产，允许一次性计入当期成本费用在计算应纳税所得额时扣除，不再分年度计算折旧。

当税法规定的折旧年限与会计确定的折旧年限不一致时，必将造成计税折旧与会计折旧之间的差异，进而必须进行纳税调整。

⑤ 固定资产减值的差异。税法规定，不符合国务院财政、税务主管部门规定的各项资产减值准备、风险准备等准备金支出，不得在计算应纳税所得额时扣除。企业持有各项资产期间的资产增值或减值，除国务院财政、税务主管部门规定可以确认损益外，不得调整该项资产的计税基础。企业会计准则规定，在会计期末，当固定资产存在减值迹象，经测试可收回金额低于其账面价值的，应确认资产的减值损失，同时计提固定资产减值准备。计提减值准备后的固定资产，应当按照计提减值准备后的账面价值及尚可使用年限重新计算确定折旧率、折旧额。由此将造成其以后期间计税折旧和会计折旧的差异，进而必须进行纳税调整。

【例 5-5】2015 年 4 月 20 日某企业购进一台机械设备，取得的增值税专用发票上注明价款为 90 万元（购入成本），当月投入使用。按税法规定该设备按直线法折旧，期限为 10 年，残值率为 5%，企业将设备购入成本一次性计入费用在税前作了扣除。此项业务应当调整的纳税所得额计算如下：

税法规定可扣除的折旧额=90×（1−5%）÷10÷12×8=5.7（万元）

外购设备应调增的应纳税所得额=90−5.7=84.3（万元）

2）生产性生物资产折旧。生产性生物资产是指企业为生产农产品、提供劳务或者出租等而持有的生物资产，包括经济林、薪炭林、产畜和役畜等。生产性生物资产折旧在会计核算与税收规定不一致时，需要按税收规定进行纳税调整。

生产性生物资产按照以下方法确定计税基础：外购的生产性生物资产，以购买价款和支付的相关税费为计税基础；通过捐赠、投资、非货币性资产交换、债务重组等方式取得的生产性生物资产，以该资产的公允价值和支付的相关税费为计税基础。

生产性生物资产应当按照直线法计算折旧，企业应当自生产性生物资产投入使用月份的次月起计算折旧；停止使用的生产性生物资产，应当自停止使用月份的次月起停止计算折旧。企业应当根据生产性生物资产的性质和使用情况，合理确定生产性生物资产的预计净残值，预计净残值一经确定，不得变更。生产性生物资产计算折旧的最低年限如下：林木类生产性生物资产，为 10 年；畜类生产性生物资产，为 3 年。

3）无形资产摊销。无形资产是指企业为生产产品、提供劳务、出租或者经营管理而持有的、没有实物形态的非货币性长期资产，包括专利权、商标权、著作权、土地使用权、非专利技术、特许权使用费等。无形资产摊销在会计核算与税收规定不一致时，需要按税收规定进行纳税调整。

无形资产按照以下方法确定计税基础：外购的无形资产，以购买价款和支付的相关税费以及直接归属于使该资产达到预定用途发生的其他支出为计税基础；自行开发的无形资产，以开发过程中该资产符合资本化条件后至达到预定用途前发生的支出为计税基础；通过捐赠、投资、非货币性资产交换、债务重组等方式取得的无形资产，以该资产的公允价值和支付的相关税费为计税基础。

无形资产按照直线法计算的摊销费用，准予扣除，摊销年限不得低于 10 年；作为投资或者受让的无形资产，有关法律规定或者合同约定了使用年限的，可以按照规定或者约定的使用年限分期摊销；外购商誉的支出，在企业整体转让或者清算时，准予扣除。

下列无形资产不得计算摊销费用扣除：①自行开发的支出已在计算应纳税所得额时扣除的无形资产；②自创商誉；③与经营活动无关的无形资产；④其他不得计算摊销费用扣除的无形资产。

【例 5-6】某市区的一个企业，2015 年 1 月购买了一项无形资产的所有权。购买时支付 60 万元。会计上按 5 年直线法摊销。2015 年计算纳税所得额时应调整的金额计算如下：

会计上按 5 年直线法摊销时，每年摊销额=60÷5=12（万元）。

税法规定无形资产摊销年限不低于 10 年，则每年摊销额=60÷10=6（万元）。

纳税调整增加额=12−6=6（万元）。

4）长期待摊费用的摊销。长期待摊费用是指不能全部计入当年损益，应当在以后年度内分期摊销的各项费用，包括固定资产的改建支出（含已足额提取折旧的固定资产的改建支出和租入固定资产的改建支出）、固定资产的大修理支出和开办费等。长期待摊费用的摊销在会计核算与税收规定不一致时，需要按税收规定进行纳税调整。

固定资产的改建支出是指改变房屋或者建筑物结构、延长使用年限等发生的支出。已足额提取折旧的固定资产的改建支出按照固定资产预计尚可使用年限分期摊销；租入固定资产的改建支出按照合同约定的剩余租赁期限分期摊销。其他改建的固定资产延长使用年限的，应当适当延长折旧年限。

固定资产的大修理支出，是指同时符合下列条件的支出：①修理支出达到取得固定资产时计税基础的 50%以上；②修理后固定资产的使用年限延长 2 年以上。

固定资产的大修理支出按照固定资产尚可使用的年限分期摊销。

其他应当作为长期待摊费用的支出自支出发生月份的次月起，分期摊销，摊销年限不得低于 3 年。

（2）资产减值准备金。纳税人未经财政、税务部门核实的准备金，如坏账准备金、存货跌价准备金、短期投资跌价准备金、理赔费用准备金、固定资产减值准备金、长期投资减值准备金、无形资产减值准备金以及国家税收法规规定可提取的准备金之外的任何形式的准备金，不得扣除，应调增纳税所得额。企业按会计准则因价值恢复、资产转让等原因转回准备金时，调减纳税所得额。企业资产损失实际发生时，经报主管税务机关核定后，在实际发生年度按其发生额扣除。

（3）资产损失。企业在生产经营活动中发生的固定资产和存货的盘亏、毁损、报废损失，转让财产损失，呆账损失，坏账损失，自然灾害等不可抗力因素造成的损失以及其他损失，减除责任人赔偿和保险赔款后的余额，依照税务主管部门的规定扣除。企业已经作为损失处理的资产，在以后纳税年度又全部或部分收回时，应当计入当期收入。企业发生的各类财产损失的扣除额按以下原则确定。

1）货币资产损失。货币资产损失包括现金损失、银行存款损失和应收及预付款项损失等。

① 现金损失。企业清查出的现金短缺减除责任人赔偿后的余额，作为现金损失在计算应纳税所得额时扣除。

② 银行存款损失。企业将货币性资金存入法定具有吸收存款职能的机构，因该机构依法破产、清算，或政府责令停业、关闭等原因，确实不能收回的部分，作为存款损失在计算应纳税所得额时扣除。

③ 应收及预付款项损失。企业除贷款类债权外的应收、预付账款符合下列条件之一的，减除可收回金额后确认的无法收回的应收、预付款项，可以作为坏账损失在计算应纳税所得额时扣除：债务人依法宣告破产、关闭、解散、被撤销，或被依法注销、吊销营业执照，其清算财产不足清偿的；债务人死亡，或依法被宣告失踪、死亡，其财产或遗产不足清偿的；债务人逾期 3 年以上未清偿，且有确凿证据证明已无力清偿债务的；与债务人达成债务重组协议或法院批准破产重组计划后，无法追偿的；因自然灾害、战争等不可抗力导致无法收回的；国务院财政、税务主管部门规定的其他条件。

2）非货币资产损失。非货币资产损失包括存货损失、固定资产损失、无形资产损失、在建工程损失、生产性生物资产损失等。

对企业盘亏的固定资产或存货，以该固定资产的账面净值或存货的成本减除责任人赔偿后的余额，作为固定资产或存货盘亏损失在计算应纳税所得额时扣除；对企业毁损、报废的固定资产或存货，以该固定资产的账面净值或存货的成本减除残值、保险赔款和责任人赔偿后的余额，作为固定资产或存货毁损、报废损失在计算应纳税所得额时扣除；对企业被盗的固定资产或存货，以该固定资产的账面净值或存货的成本减除保险赔款和责任人赔偿后的余额，作为固定资产或存货被盗损失在计算应纳税所得额时扣除；企业因存货盘亏、毁损、报废、被盗等原因不得从增值税销项税额中抵扣的进项税额，可以与存货损失一起在计算应纳税所得额时扣除。

3）投资损失。企业的股权投资符合下列条件之一的，减除可收回金额后确认的无法收回的股权投资，可以作为股权投资损失在计算应纳税所得额时扣除：被投资方依法宣告破产、关闭、解散、被撤销，或被依法注销、吊销营业执照的；被投资方财务状况严重恶化，累计发生巨额亏损，已连续停止经营 3 年以上，且无重新恢复经营改组计划的；对被投资方不具有控制权，投资期限届满或投资期限已超过 10 年，且被投资单位因连续 3 年经营亏损导致资不抵债的；被投资方财务状况严重恶化，累计发生巨额亏损，已完成清算或清算期超过 3 年以上的；国务院财政、税务主管部门规定的其他条件。

企业的各项财产损失，应在损失发生当年申报扣除，不得提前或延后。非因计算错误或其他客观原因，企业未及时申报的财产损失，逾期不得扣除。确因税务机关原因未能按期扣除的，经税务机关批准后，应调整该财产损失发生年度的纳税申报表，并相应抵退税款，不得改变财产损失所属纳税年度。

（4）其他。其他是指纳税人因会计处理与税法规定有差异需要纳税调整的其他资产类项目金额。

4. 特殊事项调整项目

（1）企业重组。企业重组包括债务重组、股权收购、资产收购、企业合并、企业分立和其他等项目。发生企业重组的纳税人，按税法确认的所得（或损失）与按会计核算确认的损益金额的差额若大于 0，应调增纳税所得额；反之，则调减纳税所得额。对于发生债务重组业务且选择特殊性税务处理（债务重组所得可以在 5 个纳税年度均匀计入应纳税所得额）的纳税人，重组日所属纳税年度的以后纳税年度，也在本项目进行债务重组的纳税调整。

（2）政策性搬迁。企业政策性搬迁是指由于社会公共利益的需要，在政府主导下企业进行整体搬迁或部分搬迁。企业在搬迁期间发生的搬迁收入和搬迁支出，可以暂不计入当期应纳税所得额，而在完成搬迁的年度，对搬迁收入和支出进行汇总清算，进行纳税所得额的调整。

① 搬迁收入。搬迁收入包括搬迁过程中从本企业以外（包括政府或其他单位）取得的搬迁补偿收入，以及本企业搬迁资产处置收入等。搬迁补偿收入是指企业由于搬迁取得的货币性和非货币性补偿收入，具体包括对被征用资产价值的补偿；因搬迁、安置而给予的补偿；对停产停业形成的损失而给予的补偿；资产搬迁过程中遭到毁损而取得的保险赔款和其他补偿收入。搬迁资产处置收入是指企业由于搬迁而处置企业各类资产所取得的收入。企业由于搬迁处置存货而取得的收入，应按正常经营活动取得的收入进行所得税处理，不作为企业搬迁收入。

② 搬迁支出。搬迁支出包括搬迁费用支出以及由于搬迁所发生的企业资产处置支出。搬迁费用支出是指企业搬迁期间所发生的各项费用，包括安置职工实际发生的费用、停工期间支付给职工的工资及福利费、临时存放搬迁资产而发生的费用、各类资产搬迁安装费

用以及其他与搬迁相关的费用。资产处置支出是指企业由于搬迁而处置各类资产所发生的支出，包括变卖及处置各类资产的净值、处置过程中所发生的税费等支出。

③ 搬迁所得或损失。企业的搬迁收入扣除搬迁支出后的余额，若大于0，为企业的搬迁所得，调增搬迁完成年度的纳税所得额；若小于0，则为搬迁损失，可选择一次性扣除或分期扣除的办法调减纳税所得额。

（3）特殊行业准备金。特殊行业的准备金包括保险公司的准备金、证券行业的风险基金、期货行业的风险准备金、金融行业的损失准备金、中小企业信用担保机构的赔偿准备金等。

特殊行业纳税人按会计核算计入当期损益的金额与按税法规定允许税前扣除的金额的差额，若大于0，应调增纳税所得额；反之，则调减纳税所得额。

（4）房地产开发企业特定业务计算的纳税调整额。房地产开发企业特定业务计算的纳税调整额是指房地产企业销售未完工产品、未完工产品转完工产品特定业务按税法规定纳税调整的金额。

房地产企业销售未完工开发产品取得销售收入按税收规定计算的纳税调整额与房地产企业销售的未完工产品转完工产品按税法规定计算的纳税调整额的差额，若大于0，应调增纳税所得额；反之，则调减纳税所得额。

5. 特别纳税调整项目

特别纳税调整是税务机关对各种避税行为进行特定纳税事项所做的调整，包括针对纳税人转让定价、资本弱化、避税港避税及其他情况所进行的税务调整。

① 企业与其关联方之间的业务往来，不符合独立交易原则而减少企业或者其关联方应纳税收入或者所得额的，税务机关有权按照合理方法进行调整。

② 企业与其关联方共同开发、受让无形资产，或者共同提供、接受劳务发生的成本，在计算应纳税所得额时应当按照独立交易原则进行分摊。企业与其关联方分摊成本时，应当按照成本与预期收益相配比的原则进行，并在税务机关规定的期限内，按照税务机关的要求报送有关资料。企业与其关联方分摊成本时违反独立交易原则或配比原则的，其自行分摊的成本不得在计算应纳税所得额时扣除。

③ 由居民企业，或者由居民企业和中国居民控制的设立在实际税负明显低于我国法定税率水平的国家（地区）的企业，即低于我国法定税率的50%，并非由于合理的经营需要而对利润不做分配或者减少分配的，上述利润中应归属于该居民企业的部分，应当计入该居民企业的当期收入。

④ 企业从其关联方接受的债权性投资与权益性投资的比例超过规定标准而发生的利息支出，不得在计算应纳税所得额时扣除。

企业实施其他不具有合理商业目的的安排而减少其应纳税收入或者所得额的，税务机关有权按照合理方法调整。税务机关做出纳税调整，需要补征税款的，应当补征税款，并按照规定加收利息。

税务机关根据规定对企业做出特别纳税调整的，自税款所属纳税年度的次年 6 月 1 日起至补缴税款之日止的期间，按日加收利息，并按照税款所属纳税年度中国人民银行公布的与补税期间同期的人民币贷款基准利率加 5 个百分点计算；企业按规定提供有关资料的，可以只按规定的人民币贷款基准利率计算利息。加收的利息，不得在计算应纳税所得额时扣除。

企业与其关联方之间的业务往来，不符合独立交易原则，或者企业实施其他不具有合理商业目的的安排的，税务机关有权在该业务发生的纳税年度起 10 年内，进行纳税调整。

（四）免税、减计收入及加计扣除

免税、减计收入及加计扣除是指纳税人属于税法规定的免税收入、减计收入和加计扣除金额的合计。

1. 免税收入

免税收入是指纳税人本年度发生的根据税收规定免征企业所得税的收入和所得，具体包括国债利息收入，符合条件的居民企业之间的股息、红利等权益性投资收益，符合条件的非营利组织的收入和其他专项优惠。

（1）国债利息收入是指企业持有国务院财政部门发行的国债取得的利息收入，是指到期的利息收入，不是中途转让的收益。

（2）符合条件的居民企业之间的股息、红利等权益性投资收益是指居民企业直接投资于另一居民企业所取得的投资收益，不包括连续持有居民企业公开发行并上市流通的股票不足 12 个月取得的投资收益。税收政策规定对来自所有非上市企业，以及连续持有上市公司股票 12 个月以上取得的股息、红利等投资收益，给予免税，不再补税率差。

（3）符合条件的非营利组织的收入是指同时符合下列条件的非营利组织的收入：依法履行非营利组织登记手续；从事公益性或者非营利性活动；取得的收入除用于与该组织有关的、合理的支出外，全部用于登记核定或者章程规定的公益性或者非营利性事业；财产及其孳息不用于分配；按照登记核定或者章程规定，该组织注销后的剩余财产用于公益性或者非营利性目的，或者由登记管理机关转赠给与该组织性质、宗旨相同的组织，并向社会公告；投入人对投入该组织的财产不保留或者享有任何财产权利；工作人员工资福利开支控制在规定的比例内，不变相分配该组织的财产。

我国相关管理办法规定，非营利组织一般不能从事营利性活动。因此，为规范此类组织的活动，防止其从事经营性活动可能带来的税收漏洞，《中华人民共和国企业所得税法实施条例》规定，对非营利组织的营利性活动取得的收入，不予免税。但国务院财政、税务主管部门另有规定的除外。

（4）其他专项优惠是指纳税人除上述已列明免税收入以外的，按税收规定可以免税的其他收入，如中国清洁发展机制基金取得的收入，证券投资基金从证券市场取得的收入，取得的地方政府债券利息所得或收入，受灾地区企业取得的救灾和灾后恢复重建款项等收入等。

2. 减计收入

减计收入包括综合利用资源生产产品取得的收入和其他专项优惠。

（1）综合利用资源生产产品取得的收入是指纳税人以《资源综合利用企业所得税优惠目录》内的资源作为主要原材料，生产非国家限定并符合国家和行业相关标准的产品所取得的收入，减按 90%计入收入总额。调减按政策规定减计收入的 10%。

（2）其他专项优惠是指金融、保险等机构取得的涉农利息、保费收入和取得的中国铁路建设债券利息收入，对企业持有发行的中国铁路建设债券取得的利息收入，减半征收企业所得税，调减按政策规定减计收入的 50%。

3. 加计扣除

加计扣除主要包括开发新技术、新产品、新工艺发生的研究开发费用；安置残疾人员所支付的工资和国家鼓励安置的其他就业人员支付的工资等可以加计扣除的税收优惠政策。

（1）开发新产品、新技术、新工艺所发生的研究开发费用，包括新产品设计费、工艺流程制定费、设备调整费、原材料和半成品的试验费、技术图书资料费、未纳入国家计划的中间试验费、研究机构人员的工资、研究设备的折旧、与新产品的试制、技术研究有关的其他经费以及委托其他单位进行科研试制的费用，未形成无形资产的，可不受比例限制在据实扣除的基础上，按照研究开发费用的 50%加计扣除，加计扣除部分已形成企业年度亏损的，可以用以后年度所得弥补，但结转年限最长不超过 5 年；形成无形资产的，按照无形资产成本的 150%摊销。

（2）企业安置残疾人员所支付的工资，在按照支付给残疾职工工资据实扣除的基础上，按照支付给残疾职工工资的 100%加计扣除。残疾人员的范围适用《中华人民共和国残疾人保障法》的有关规定。

（3）企业安置国家鼓励的其他就业人员所支付的工资，可以在计算应纳税所得额时加计扣除；国家鼓励安置的其他就业人员是指下岗失业人员、军队转业干部、城镇退役士兵、随军家属等。

（五）境外应税所得抵减境内亏损

境外应税所得抵减境内亏损是指纳税人在计算缴纳企业所得税时，其境外营业机构的盈利可以抵减境内营业机构的亏损。即当“利润总额”，加上“纳税调整增加额”，减去“境外所得”、“纳税调整减少额”和“免税、减计收入及加计扣除”后的余额为负数时，境外应税所得可以用于抵减境内亏损，最大不得超过企业当年的全部境外应税所得；若为正数时，如以前年度无亏损额，则不需要抵减；如以前年度有亏损额，则可以抵减以前年度亏损额，抵减亏损额最大不得超过企业当年的全部境外应税所得。

（六）所得减免

所得减免是指按照税法规定减征、免征企业所得税项目的所得。其主要包括农林牧渔业项目，国家重点扶持的公共基础设施项目，符合条件的环境保护节能节水项目，符合条件的技术转让项目和其他专项优惠项目。

（七）抵扣应纳税所得额

抵扣应纳税所得额是指创业投资企业采取股权投资方式投资于未上市的中小高新技术企业 2 年以上的，可以按照其投资额的 70%在股权持有满 2 年的当年抵扣该创业投资企业的应纳税所得额；当年不足抵扣的，可以在以后纳税年度结转抵扣。

（八）弥补以前年度亏损

弥补以前年度亏损是指纳税人按税收规定可以在税前弥补的以前年度亏损额。税法中的亏损称为应税亏损，它是指对财务会计亏损按税法调整后的应纳税所得额为负数的金额。企业某一年度发生的亏损可以用下一年度的所得弥补；下一年度的所得不足以弥补的，可以逐年延续弥补，但最长不超过 5 年。亏损弥补应注意的问题如下：

① 亏损弥补期应连续计算，不得间断，不论弥补亏损的 5 年中是否盈利或亏损。

② 连续发生亏损，其亏损弥补期应按每个年度分别计算，按先亏先补的顺序弥补，不能将每个亏损年度的亏损弥补期相加。

③ 企业境外业务之间的盈亏可以互相弥补，但企业境外投资除合并、撤销、依法清算外形成的亏损不得用境内盈利弥补。

【提示】

① 该盈利为税法中的盈利，即应纳税所得额为“正数”的情况，会计上有可能为盈利，但税法上有可能为亏损。反之也存在。② 企业自开始生产经营的年度，为开始计算企业损益的年度，企业从事生产经营之前进行筹办活动期间发生的筹办费用支出，不得计算为当期的亏损。

二、应纳所得税税额的计算

（一）平时预缴所得税税额的计算

企业所得税实行按年计征、分月（季）预缴、年终汇算清缴、多退少补的办法。实行查账征收方式申报企业所得税的居民纳税人及在中国境内设立机构的非居民纳税人在月（季）度预缴企业所得税时可采用以下方法计算缴纳。

1. 据实预缴

本月（季）应缴所得税税额=实际利润累计额×税率−减免所得税税额−已累计预缴的所得税税额

实际利润累计额是指纳税人按会计制度核算的利润总额，包括从事房地产开发企业按本期取得预售收入计算出的预计利润等。平时预缴时，先按会计利润计算，暂不做纳税调整，待会计年度终了再做纳税调整。

税率统一按照《中华人民共和国企业所得税法》规定的 25%计算应纳所得税税额。

减免所得税税额是指纳税人当期实际享受的减免所得税税额，包括享受减免税优惠过渡期的税收优惠、小型微利企业的税率优惠、高新技术企业的税率优惠及经税务机关审批或备案的其他减免税优惠。

2. 按照上一纳税年度应纳税所得额的平均额预缴

$$本月（季）应缴所得税税额=\frac{上一纳税年度应纳税所得额}{12(或4)}\times税率$$

按上一纳税年度应纳税所得额实际数除以 12（或 4）得出每月（或季）纳税所得额，上一纳税年度所得额中不包括纳税人的境外所得。税率统一按照 25%计算。

除了运用以上两种方法计算预缴所得税外，还可以根据由税务机关确定的其他方法进行。

（二）应纳所得税税额的年终汇算

企业所得税纳税人在分月（季）预缴的基础上，实行年终汇算清缴，多退少补的办法。计算公式如下：

实际应纳所得税税额=应纳税所得额×税率–减免所得税税额–抵免所得税税额+境外所得应纳所得税税额–境外所得抵免所得税税额

本年应补（退）的所得税税额=实际应纳所得税税额–本年累计实际已预缴的所得税税额

应纳税所得额是在企业会计利润总额的基础上，加减纳税调整额等相关项目金额后计算得出的，税率按 25%计算。

1. 减免所得税税额

减免所得税税额是指纳税人按照税收优惠政策规定实际减免的企业所得税税额，主要有：

（1）小型微利企业的减征税额。纳税人从事国家非限制和禁止行业并符合规定条件的小型微利企业享受 20%的优惠税率。

小型微利企业的减征税额=应纳税所得额×（25%–20%）

（2）高新技术企业的减征税额。纳税人从事国家需要重点扶持的高新技术企业，减按 15%的税率征收企业所得税。

高新技术企业的减征税额=应纳税所得额×（25%–15%）

（3）民族自治地方企业的减征额。民族自治地方的自治机关对本民族自治地方的企业应缴纳的企业所得税中属于地方分享的部分，可以决定减征或者免征。自治州、自治县决定减征或者免征的，须报省、自治区、直辖市人民政府批准。

（4）其他专项优惠减征额。其他专项优惠减征额是指除上述已列明减征额以外的，按税收规定可以减征的其他企业的减征金额。如经济特区和上海浦东新区新设立的高新技术企业，受灾地区损失严重的企业，符合条件的集成电路企业和软件企业等按税法规定可以减免所得税的金额。

2. 抵免所得税税额

纳税人购置并实际使用《环境保护专用设备企业所得税优惠目录》、《节能节水专用设备企业所得税优惠目录》和《安全生产专用设备企业所得税优惠目录》规定的环境保护、节能节水、安全生产等专用设备的，该专用设备的投资额的10%可以从企业当年的应纳税额中抵免；当年不足抵免的，可以在以后5个纳税年度结转抵免。

享受上述企业所得税优惠的企业，应当实际购置并自身实际投入使用规定的专用设备；企业购置上述专用设备在5年内转让、出租的，应当停止享受企业所得税优惠，并补缴已经抵免的企业所得税税款。

3. 境外所得应补税额

居民纳税人应就其来源于境内外所得纳税，对来源于境外的所得已在境外缴纳的所得税税额，可以从其当期应纳税额中抵免。计算步骤如下：

境外所得应补税额=境外所得应纳所得税税额–境外所得抵免所得税税额

境外所得应纳所得税税额=（境外所得换算成含税收入的所得–弥补以前年度境外亏损–境外免税所得–境外所得弥补境内亏损）×税率

境外所得抵免所得税税额=本年可抵免的境外所得税税款+本年可抵免以前年度所得税税额

弥补以前年度亏损是指纳税人境外所得按税收规定弥补以前年度的境外亏损额；境外免税所得是指境外所得中按税收规定予以免税的部分；境外所得弥补境内亏损是指境外所得按税收规定弥补境内的亏损额部分。

（1）境外所得应纳所得税税额的计算。境外所得是指纳税人来源于境外的收入总额（包括生产经营所得和其他所得），扣除按税收规定允许扣除的境外发生的成本费用后的金额。若取得的所得为税后收入，则需将其换算为包含在境外缴纳企业所得税的所得，换算公式如下：

境外所得换算成含税收入的所得=适用所在国家地区所得税税率的境外所得÷（1–适用所在国家地区所得税税率）+适用所在国家预提所得税税率的境外所得÷（1–适用所在国家预提所得税税率）

（2）境外所得抵免所得税税额的计算。境外所得抵免所得税税额包括本年可抵免的境外所得税税款和本年可抵免以前年度所得税税额两部分金额。

境外所得税税款的抵免限额为该项所得依照我国税法规定计算的应纳税额，超过抵免限额的部分，可以在以后 5 个年度内，用每年度抵免限额抵免当年应抵税额后的余额进行抵补。除国务院财政、税务主管部门另有规定外，应当按分国（地区）不分项计算，公式如下：

抵免限额=中国境内、境外所得依照企业所得税法和条例的规定计算的应纳税总额×来源于某国（地区）的应纳税所得额÷中国境内、境外应纳税所得总额

纳税人来源于境外的所得在境外实际缴纳的所得税税款，低于依照税法计算的扣除限额的，可以从应纳税额中如数扣除，若有前 5 年境外所得已缴税款未抵扣的余额，可在限额内扣除；高于扣除限额的，其超过部分不得在本年度的应纳税额中扣除，也不得列为费用支出，但可用以后年度税额扣除的余额补扣，补扣期限最长不得超过 5 年。

【提示】

企业按照规定计算的当期境内、境外应纳税所得总额小于零的，应以零计算当期境内、境外应纳税所得总额，其当期境外所得税的抵免限额也为零。

【例 5-7】某企业 2015 年度境内应纳税所得额为 100 万元，适用 25%的企业所得税税率。另外，该企业分别在 A、B 两国设有分支机构，在 A 国分支机构的应纳税所得额为 50 万元，A 国企业所得税税率为 20%；在 B 国的分支机构的应纳税所得额为 30 万元，B 国企业所得税税率为 30%。假设在 A、B 两国应税所得额的计算与我国税法相同，两个分支机构在 A、B 两国分别缴纳了 10 万元和 9 万元的企业所得税。该企业汇总时在我国应缴纳的企业所得税税额计算如下。

（1）该企业按我国税法计算的境内、境外所得的应纳税额为：

应纳税额=（100+50+30）×25%=45（万元）

（2）A、B 两国的扣除限额为：

A 国扣除限额=45×［50÷（100+50+30）］=12.5（万元）

B 国扣除限额=45×［30÷（100+50+30）］=7.5（万元）

在 A 国缴纳的所得税为 10 万元，低于扣除限额 12.5 万元，可全额扣除。

在 B 国缴纳的所得税为 9 万元，高于扣除限额 7.5 万元，其超过扣除限额的部分 1.5 万元当年不能扣除。

（3）汇总时在我国应缴纳的所得税=45–10–7.5=27.5（万元）。

三、企业所得税的核定征收

为了加强企业所得税的征收管理，对部分中小企业采取核定征收的办法计算其应纳税额。根据《中华人民共和国税收征收管理法》的有关规定，核定征收企业所得税的有关规定如下。

（一）核定征收的范围

纳税人具有下列情形之一的，应采取核定征收方式征收企业所得税：

（1）依照税法规定可以不设账或应设而未设账的。

（2）只能准确核算收入总额或收入总额能够查实，但其成本费用支出不能准确核算的。

（3）只能准确核算成本费用支出或成本费用支出能够查实，但其收入总额不能准确核算的。

（4）收入总额、成本费用支出虽能正确核算，但未按规定保存有关凭证、账簿及纳税资料的。

（5）虽然能够按规定设置账簿并进行核算，但未按规定保存有关凭证、账簿及纳税资料的。

（6）未按规定期限办理纳税申报，经税务机关责令限期申报，逾期仍不申报的。

（二）核定征收的办法

核定征收方式包括定额征收和核定应税所得率征收两种方法。

1. 定额征收

定额征收是税务机关按照一定的标准、程序和方法，直接核定纳税人年度应纳所得税税额，由纳税人按规定申报缴纳的办法。主管税务机关应对纳税人的有关情况进行调查研究、分类排队、认真测算，按年从高直接核定纳税人的应纳所得税税额。

2. 核定应税所得率征收

核定应税所得率征收是税务机关按照一定的标准、程序和方法，预先核定纳税人的应税所得率，由纳税人根据纳税年度内的收入总额或成本费用等项目的实际发生额，按预先核定的应税所得率计算缴纳企业所得税的办法。

应税所得额的计算公式如下：

$$应税所得额=应税收入额\times应税所得率$$

或

$$=\frac{成本费用支出额}{1-应税所得率}\times应税所得率$$

$$应税收入额=收入总额-不征税收入-免税收入$$

$$应纳所得税税额=应税所得额\times适用税率$$

应税所得率统一执行标准如表 5-1 所示。

表 5-1　应税所得率统一执行标准

行　　业	应税所得率（%）
农、林、牧、渔业	3 ~ 10
制造业	5 ~ 15

续表

行　　业	应税所得率（%）
批发和零售贸易业	4～15
交通运输业	7～15
建筑业	8～20
饮食业	8～25
娱乐业	15～30
其他行业	10～30

企业经营多业时，不论其经营项目是否单独核算，均由主管税务机关根据其主营项目，核定其适用某一行业的应税所得率。

【例 5-8】某零售企业 2015 年度自行申报收入总额 364 万元、成本费用 372 万元，经营亏损 8 万元。经主管税务机关审核，发现其发生的成本费用真实，实现的收入无法确认，依据规定对其进行核定征收。假定应税所得率为 9%，则该小型零售企业 2015 年度应缴纳的企业所得税税额计算如下：

应税所得额=364÷（1−9%）×9%=36（万元）

应纳所得税税额=36×25%=9（万元）

工作实例

企业所得税年度汇算清缴

2016 年 4 月，会计专业应届毕业生陈某到甲公司报税岗位进行顶岗实习，正值企业进行 2015 年度企业所得税年度汇算清缴工作。

甲公司为居民企业，2015 年境内经营业务如下：

① 取得销售收入 2 500 万元。

② 销售成本 1 100 万元。

③ 发生销售费用 670 万元（其中广告费 450 万元），管理费用 480 万元（其中业务招待费 15 万元、新技术的研究开发费用为 40 万元），财务费用 60 万元。

④ 销售税金 160 万元（含增值税 120 万元）。

⑤ 营业外收入 70 万元，营业外支出 50 万元（含通过公益性社会团体向贫困山区捐款 36.24 万元，支付税收滞纳金 6 万元）。

⑥ 连续 12 个月以上的权益性投资收益 34 万元（已在投资方所在地按 15%的税率缴纳了所得税）。

⑦ 计入成本、费用中的实发工资总额 150 万元，拨缴职工工会经费 3 万元，支出职工福利费 23 万元，职工教育经费 6 万元。

甲公司2015年已预缴了企业所得税50万元。

甲公司在A、B两国设有分支机构，在A国机构的税后所得为28万元，A国所得税税率为30%；在B国机构的税后所得为24万元，B国所得税税率为20%。在A、B两国已分别缴纳所得税12万元、6万元。假设在A、B两国应税所得额的计算与我国税法相同。

要求：运用企业所得税相关政策，分别进行相关项目的年度纳税调整，计算甲公司2015年应补缴的企业所得税税额。

操作步骤

第一步：计算会计利润总额。

会计利润总额=2 500–1 100–670–480–60–40+70–50+34+28+24=256（万元）。

第二步：计算纳税调整增加额。

① 广告费和业务宣传费调增所得额=450–2 500×15%=450–375=75（万元）。

② 业务招待费调增所得额=15–15×60%=15–9=6（万元）；2500×5‰=12.5（万元）>9（万元）。

③ 捐赠支出应调增所得额=36.24–256×12%=5.52（万元）。

④ 支付的税收滞纳金调增所得额=6（万元）。

⑤ 职工福利费调增所得额=23–150×14%=2（万元）；职工教育经费调增所得额=6–150×2.5%=2.25（万元）。

综上，纳税调整增加额=75+6+5.52+6+2+2.25=96.77（万元）。

第三步：计算纳税调整减少额。

① 技术研究开发费用调减所得额=40×50%=20（万元）。

② 权益性投资收益调减所得额=34（万元）。

③ 境外税后所得在计算境内所得应纳税额时，应予以调减。调减所得额=28+24=52（万元）。

综上，纳税调整减少额=20+34+52=106（万元）。

第四步：计算应税所得额。

应税所得额=256+96.77–106=246.77（万元）。

第五步：计算应纳所得税税额。

① 境内所得应纳所得税税额=246.77×25%=61.6925（万元）。

② 境外所得应补缴的税额计算如下。

境外所得换算为含税收入的所得：

A国的含税收入所得=28÷（1–30%）=40（万元）。

B国的含税收入所得=24÷（1–20%）=30（万元）。

因此，境外所得应纳所得税税额=（40+30）×25%=17.5（万元）。

抵扣限额：

A 国的抵扣限额=（246.77+40+30）×25%×40÷316.77=10（万元）。

B 国的抵扣限额=（246.77+40+30）×25%×30÷316.77=7.5（万元）。

在 A 国实际缴纳所得税 12 万元，高于抵扣限额，只能抵扣 10 万元，超过限额的 2 万元当年不得抵扣。

在 B 国实际缴纳所得税税额 6 万元，低于抵扣限额 7.5 万元，可全额抵扣。

因此，境外所得应补缴的所得税税额=17.5–10–6=1.5（万元）。

注意：A、B 两国的抵扣限额不能合并计算。

③ 甲公司 2015 年应补缴企业所得税税额为：

61.692 5+1.5–50=13.192 5（万元）。

第三节 企业所得税纳税申报

作为报税岗位的会计人员，每月在规定时间内，需要根据会计资料计算企业所得税月（季）度预缴金额，准备申报材料，进行企业所得税预缴纳税申报和税款缴纳工作；年度终了后 5 个月内进行企业所得税的汇算清缴工作和企业所得税的年度纳税申报和税款缴纳工作。以本章第二节的工作实例甲公司为例来学习企业所得税的纳税申报过程。

一、企业所得税的征收管理

（一）征收方式的确定

企业在每年第一季度应填列企业所得税征收方式鉴定表（见表 5-2）一式三份，报主管税务机关审核。表中项目一至五项均合格的，实行纳税人自行申报、税务机关查账方式征收；若一、四、五项中有一项不合格或二、三项均不合格的，实行定额征收；若二、三项中有一项合格、一项不合格的，实行核定应税所得率办法征收。征收方式确定后，在一个纳税年度内一般不得变更。

（二）纳税期限

企业所得税实行按年计算，按月或季预缴，年终汇算清缴，多退少补的征收办法。纳税年度一般为公历年度，即公历 1 月 1 日至 12 月 31 日为一个纳税年度；纳税人在一个纳税年度的中间开业，或由于合并、终止经营活动等原因使该纳税年度的实际经营期不足 12 个月的，以其实际经营期为一个纳税年度；纳税人破产清算时，以清算期为一个纳税年度。

表 5-2　企业所得税征收方式鉴定表

纳税人识别号					
纳税人名称					
纳税人地址					
经济类型		所属行业		开业日期	
开户银行		账　号			
邮政编码		联系电话			
上年收入总额		上年成本费用额			
上年应纳税所得额		上年所得税额			
行　次	项　目	纳税人自报情况	主管税务机关审核情况		
1	账簿设置情况				
2	收入总额核算情况				
3	成本费用核算情况				
4	账簿凭证保存情况				
5	纳税义务履行情况				
征 收 方 式：					
纳税人意见： 纳税人签章：　（公章）　　年　月　日					
税务机关审批意见：					
经办人签字： 年　月　日	科室负责人签字： （公章） 年　月　日	主管局长签字： （公章） 年　月　日			

纳税人应当在月份或季度终了后 15 日内，向其所在地主管税务机关报送预缴所得税申报表，预缴税款。企业应当自年度终了之日起 5 个月内，无论盈利或亏损，均应向税务机关报送年度企业所得税纳税申报表、财务会计报告和其他有关资料并汇算清缴，结清应缴应退税款。少预缴的所得税税额，应在下一年度内补缴；多预缴的所得税税额，在下一年度内抵缴；抵缴后仍有结余，或下一年度发生亏损的，应及时办理退库。

企业在年度中间终止经营活动的，应当自实际经营终止之日起 60 日内，向税务机关办理当期企业所得税汇算清缴。

扣缴义务人每次代扣的税款，应当自代扣之日起 7 日内缴入国库，并向所在地的税务机关报送扣缴企业所得税报告表。

纳税人预缴所得税时，应按纳税期限的实际数预缴。按实际数预缴有困难的，可按上一年度应纳税所得额的 1/12 或 1/4 预缴，或经当地税务机关认可的其他方法预缴所得税。预缴方法一经确定，不得随意改变。

企业进行清算时，应当在办理注销工商登记之前，办理所得税申报。企业若在年度中间合并、分立、终止时，应当在停止生产经营之日起 60 日内，向当地税务机关办理当期所得税汇算清缴。

（三）纳税地点

企业所得税由纳税人向其所在地主管税务机关缴纳。居民企业以企业登记注册地为纳税地点；但登记注册地在境外的，以实际管理机构所在地为纳税地点；居民企业在中国境内设立不具有法人资格的营业机构的，应当汇总计算并缴纳企业所得税。

非居民企业在中国境内设立机构、场所的，取得的所得以及发生在中国境外但与其所设机构、场所有实际联系的所得，应当以机构、场所所在地为纳税地点；非居民企业在中国境内未设立机构、场所，或者虽设立机构、场所但取得的所得与其所设机构、场所没有实际联系的，以扣缴义务人所在地为纳税地点；非居民企业在中国境内设立两个或者两个以上机构、场所的，经税务机关审核批准，可以选择由其主要机构、场所汇总缴纳企业所得税。

除国务院另有规定外，企业之间不得合并缴纳企业所得税。

二、企业所得税的申报

1. 填制企业所得税预缴纳税申报表

查账征收企业所得税的居民纳税人及在中国境内设立机构的非居民纳税人在月（季）度预缴企业所得税时应填制企业所得税预缴纳税申报表（A 类）（见表 5-3）；实行核定征收管理办法（包括核定应税所得率和核定税额征收方式）缴纳企业所得税的纳税人在月（季）度申报缴纳企业所得税时应填制企业所得税预缴纳税申报表（B 类）（见表 5-4）。

表 5-3 中华人民共和国企业所得税月（季）度预缴纳税申报表（A 类）

税款所属期间： 年 月 日至 年 月 日

纳税人识别号：□□□□□□□□□□□□□□□□□

纳税人名称： 金额单位： 人民币元（列至角分）

行次	项 目	本期金额	累计金额
1	**一、按照实际利润额预缴**		
2	营业收入		
3	营业成本		
4	利润总额		
5	加：特定业务计算的应纳税所得额		
6	减：不征税收入和税基减免应纳税所得额		
7	固定资产加速折旧（扣除）调减额		
8	弥补以前年度亏损		

续表

<table>
<tr><th>行次</th><th colspan="2">项　　目</th><th>本期金额</th><th>累计金额</th></tr>
<tr><td>9</td><td colspan="2">实际利润额（4 行+5 行–6 行–7 行–8 行）</td><td></td><td></td></tr>
<tr><td>10</td><td colspan="2">税率（25%）</td><td></td><td></td></tr>
<tr><td>11</td><td colspan="2">应纳所得税税额（9 行×10 行）</td><td></td><td></td></tr>
<tr><td>12</td><td colspan="2">减：减免所得税税额</td><td></td><td></td></tr>
<tr><td>13</td><td colspan="2">实际已预缴所得税税额</td><td>—</td><td></td></tr>
<tr><td>14</td><td colspan="2">特定业务预缴（征）所得税税额</td><td></td><td></td></tr>
<tr><td>15</td><td colspan="2">应补（退）所得税额（11 行–12 行–13 行–14 行）</td><td>—</td><td></td></tr>
<tr><td>16</td><td colspan="2">减：以前年度多缴在本期抵缴所得税税额</td><td></td><td></td></tr>
<tr><td>17</td><td colspan="2">本月（季）实际应补（退）所得税税额</td><td>—</td><td></td></tr>
<tr><td>18</td><td colspan="4">二、按照上一纳税年度应纳税所得额平均额预缴</td></tr>
<tr><td>19</td><td colspan="2">上一纳税年度应纳税所得额</td><td>—</td><td></td></tr>
<tr><td>20</td><td colspan="2">本月（季）应纳税所得额（19 行×1/4 或 1/12）</td><td></td><td></td></tr>
<tr><td>21</td><td colspan="2">税率（25%）</td><td></td><td></td></tr>
<tr><td>22</td><td colspan="2">本月（季）应纳所得税税额（20 行×21 行）</td><td></td><td></td></tr>
<tr><td>23</td><td colspan="2">减：减免所得税税额</td><td></td><td></td></tr>
<tr><td>24</td><td colspan="2">本月（季）实际应纳所得税税额（22 行–23 行）</td><td></td><td></td></tr>
<tr><td>25</td><td colspan="4">三、按照税务机关确定的其他方法预缴</td></tr>
<tr><td>26</td><td colspan="2">本月（季）税务机关确定的预缴所得税税额</td><td></td><td></td></tr>
<tr><td>27</td><td colspan="4">总分机构纳税人</td></tr>
<tr><td>28</td><td rowspan="4">总机构</td><td>总机构分摊所得税税额（15 行或 24 行或 26 行×总机构分摊预缴比例）</td><td></td><td></td></tr>
<tr><td>29</td><td>财政集中分配所得税税额</td><td></td><td></td></tr>
<tr><td>30</td><td>分支机构分摊所得税税额（15 行或 24 行或 26 行×分支机构分摊比例）</td><td></td><td></td></tr>
<tr><td>31</td><td>其中：总机构独立生产经营部门应分摊所得税税额</td><td></td><td></td></tr>
<tr><td>32</td><td rowspan="2">分支机构</td><td>分配比例</td><td></td><td></td></tr>
<tr><td>33</td><td>分配所得税税额</td><td></td><td></td></tr>
<tr><td colspan="2">是否属于小型微利企业：</td><td>是 □</td><td colspan="2">否 □</td></tr>
</table>

谨声明：此纳税申报表是根据《中华人民共和国企业所得税法》、《中华人民共和国企业所得税法实施条例》和国家有关税收规定填报的，是真实的、可靠的、完整的。

法定代表人（签字）：　　　　年　月　日

纳税人公章：	代理申报中介机构公章：	主管税务机关受理专用章：
会计主管：	经办人：	受理人：
	经办人执业证件号码：	
填表日期：　年　月　日	代理申报日期：　年　月　日	受理日期：　年　月　日

表 5-4 中华人民共和国企业所得税月（季）度预缴纳税申报表（B 类）

税款所属期间：　　年　月　日至　　年　月　日

纳税人识别号：□□□□□□□□□□□□□□□□□□

纳税人名称：　　　　　　　　　　　　　　　　　　金额单位：人民币元（列至角分）

<table>
<tr><th colspan="3">项　　目</th><th>行次</th><th>累计金额</th></tr>
<tr><td colspan="5">一、以下由按应税所得率计算应纳所得税税额的企业填报</td></tr>
<tr><td rowspan="14">应纳税所得额的计算</td><td rowspan="11">按收入总额核定应纳税所得额</td><td>收入总额</td><td>1</td><td></td></tr>
<tr><td>减：不征税收入</td><td>2</td><td></td></tr>
<tr><td>免税收入</td><td>3</td><td></td></tr>
<tr><td>其中：国债利息收入</td><td>4</td><td></td></tr>
<tr><td>地方政府债券利息收入</td><td>5</td><td></td></tr>
<tr><td>符合条件居民企业之间股息红利等权益性收益</td><td>6</td><td></td></tr>
<tr><td>符合条件的非营利组织收入</td><td>7</td><td></td></tr>
<tr><td>其他免税收入</td><td>8</td><td></td></tr>
<tr><td>应税收入额（1 行–2 行–3 行）</td><td>9</td><td></td></tr>
<tr><td>税务机关核定的应税所得率（%）</td><td>10</td><td></td></tr>
<tr><td>应纳税所得额（9 行×10 行）</td><td>11</td><td></td></tr>
<tr><td rowspan="3">按成本费用核定应纳税所得额</td><td>成本费用总额</td><td>12</td><td></td></tr>
<tr><td>税务机关核定的应税所得率（%）</td><td>13</td><td></td></tr>
<tr><td>应纳税所得额［12 行÷（100%–13 行）×13 行］</td><td>14</td><td></td></tr>
<tr><td colspan="2" rowspan="2">应纳所得税税额的计算</td><td>税率（25%）</td><td>15</td><td></td></tr>
<tr><td>应纳所得税税额（11 行×15 行或 14 行×15 行）</td><td>16</td><td></td></tr>
<tr><td colspan="2" rowspan="4">应补（退）所得税税额的计算</td><td>减：符合条件的小型微利企业减免所得税税额</td><td>17</td><td></td></tr>
<tr><td>其中：减半征税</td><td>18</td><td></td></tr>
<tr><td>已预缴所得税税额</td><td>19</td><td></td></tr>
<tr><td>应补（退）所得税税额（16 行–17 行–19 行）</td><td>20</td><td></td></tr>
<tr><td colspan="5">二、以下由税务机关核定应纳所得税税额的企业填报</td></tr>
<tr><td colspan="3">税务机关核定应纳所得税税额</td><td>21</td><td></td></tr>
<tr><td colspan="2">预缴申报时填报</td><td colspan="3">是否属于小型微利企业：　　　是□　　　　否□</td></tr>
<tr><td colspan="2" rowspan="2">年度申报时填报</td><td>所属行业</td><td>从业人数</td><td></td></tr>
<tr><td>资产总额</td><td colspan="2">国家限制和禁止行业：　是□　　否□</td></tr>
<tr><td colspan="5">谨声明：此纳税申报表是根据《中华人民共和国企业所得税法》、《中华人民共和国企业所得税法实施条例》和国家有关税收规定填报的，是真实的、可靠的、完整的。
法定代表人（签字）：　　年　月　日</td></tr>
<tr><td colspan="2">纳税人公章：
会计主管：

填表日期：　　年　月　日</td><td colspan="2">代理申报中介机构公章：
经办人：
经办人执业证件号码：
代理申报日期：　　年　月　日</td><td>主管税务机关受理专用章：
受理人：

受理日期：　　年　月　日</td></tr>
</table>

国家税务总局监制

2. 填制企业所得税年度纳税申报表

查账征收企业所得税的纳税人在年度汇算清缴时，无论盈利或亏损，都必须在规定的期限内进行纳税申报，填写企业基础信息表、企业所得税年度纳税申报表主表及其有关附表。

从 2015 年 1 月 1 日修订后施行的企业所得税年度纳税申报表共有 41 张，除了 1 张基础信息表和 1 张主表外，还有附表 39 张，即 6 张收入费用明细表、15 张纳税调整表、1 张亏损弥补表、11 张税收优惠表、4 张境外所得抵免表、2 张汇总纳税表。其中作为主表的附表 15 张，作为附表的附表 24 张。本章第二节的工作实例主要涉的主表和附表见本节工作实例。

3. 开具税收缴款书缴纳税款

纳税人在向税务机关报送企业所得税月（季）度预缴纳税申报表或年度纳税申报表后，应在规定期限内向税务机关指定为代理金库的银行缴纳税款，缴纳税款时，应开具税收缴款书。税收缴款书共六联，纳税人缴纳税款后，以经国库经收处收款签章后的“收据联”作为完税凭证，证明纳税义务完成，并据此作为会计核算的依据。

工作实例

企业所得税年度纳税申报表及附表的填报

接本章第二节的工作实例，填报甲公司 2015 年度纳税申报表及其附表，办理 2015 年度甲企业所得税年度汇算清缴工作。

操作步骤

第一步：填报收入、成本、费用明细表。

一般企业的收入明细表、成本支出明细表、期间费用明细表分别如表 5-5、表 5-6、表 5-7 所示。根据收入、支出的会计核算资料填写如下。

第二步：填报纳税调整项目明细表（A105000）及附表。

先根据会计核算资料填写附表，本实例中，纳税调整项目明细表的附表主要有职工薪酬纳税调整明细表（见表 5-8）、广告费和业务宣传费跨年度纳税调整明细表（见表 5-9）、捐赠支出纳税调整明细表（见表 5-10），再根据这些附表资料及会计核算资料填报纳税调整项目明细表（见表 5-11）。

第三步：填报免税、减计收入及加计扣除优惠明细表（A107010）及附表。

先根据会计核算资料填写附表，本实例中，免税、减计收入及加计扣除优惠明细表的附表主要有研发费用加计扣除优惠明细表（见表 5-12）、符合条件的居民企业之间的股息、红利等权益性投资收益优惠明细表（见表 5-13），再根据这些附表资料及会计核算资料填报免税、减计收入及加计扣除优惠明细表（见表 5-14）。

第四步：填报境外所得税收抵免明细表（A108000）及附表。

先根据会计核算资料填写附表，本实例中，境外所得税收抵免明细表的附表主要有境外所得纳税调整后所得明细表（见表 5-15），再根据附表资料及会计核算资料填报境外所得税收抵免明细表（见表 5-16）。

表 5-5　一般企业收入明细表（A101010）

行　　次	项　　目	金额（元）
1	一、营业收入（2+9）	25 000 000
2	（一）主营业务收入（3+5+6+7+8）	25 000 000
3	1. 销售商品收入	25 000 000
4	其中：非货币性资产交换收入	
5	2. 提供劳务收入	
6	3. 建造合同收入	
7	4. 让渡资产使用权收入	
8	5. 其他	
9	（二）其他业务收入（10+12+13+14+15）	
10	1. 销售材料收入	
11	其中：非货币性资产交换收入	
12	2. 出租固定资产收入	
13	3. 出租无形资产收入	
14	4. 出租包装物和商品收入	
15	5. 其他	
16	二、营业外收入（17+18+19+20+21+22+23+24+25+26）	700 000
17	（一）非流动资产处置利得	700 000
18	（二）非货币性资产交换利得	
19	（三）债务重组利得	
20	（四）政府补助利得	
21	（五）盘盈利得	
22	（六）捐赠利得	
23	（七）罚没利得	
24	（八）确实无法偿付的应付款项	
25	（九）汇兑收益	
26	（十）其他	

表 5-6　一般企业成本支出明细表（A102010）

行　次	项　目	金额（元）
1	一、营业成本（2+9）	11 000 000
2	（一）主营业务成本（3+5+6+7+8）	11 000 000
3	1. 销售商品成本	11 000 000
4	其中：非货币性资产交换成本	
5	2. 提供劳务成本	
6	3. 建造合同成本	
7	4. 让渡资产使用权成本	
8	5. 其他	
9	（二）其他业务成本（10+12+13+14+15）	
10	1. 材料销售成本	
11	其中：非货币性资产交换成本	
12	2. 出租固定资产成本	
13	3. 出租无形资产成本	
14	4. 包装物出租成本	
15	5. 其他	
16	二、营业外支出（17+18+19+20+21+22+23+24+25+26）	500 000
17	（一）非流动资产处置损失	77 600
18	（二）非货币性资产交换损失	
19	（三）债务重组损失	
20	（四）非常损失	
21	（五）捐赠支出	362 400
22	（六）赞助支出	
23	（七）罚没支出	60 000
24	（八）坏账损失	
25	（九）无法收回的债券股权投资损失	
26	（十）其他	

表 5-7 期间费用明细表（A104000）

金额单位：元

行次	项 目	销售费用	其中：境外支付	管理费用	其中：境外支付	财务费用	其中：境外支付
		1	2	3	4	5	6
1	一、职工薪酬		*		*	*	*
2	二、劳务费					*	*
3	三、咨询顾问费					*	*
4	四、业务招待费		*		*	*	*
5	五、广告费和业务宣传费		*		*	*	*
6	六、佣金和手续费						
7	七、资产折旧摊销费		*		*	*	*
8	八、财产损耗、盘亏及毁损损失		*		*	*	*
9	九、办公费		*		*	*	*
10	十、董事会费		*		*	*	*
11	十一、租赁费					*	*
12	十二、诉讼费		*		*	*	*
13	十三、差旅费		*		*	*	*
14	十四、保险费		*		*	*	*
15	十五、运输、仓储费					*	*
16	十六、修理费					*	*
17	十七、包装费		*		*	*	*
18	十八、技术转让费					*	*
19	十九、研究费用					*	*
20	二十、各项税费		*		*	*	*
21	二十一、利息收支	*	*	*	*		
22	二十二、汇兑差额	*	*	*	*		
23	二十三、现金折扣	*	*	*	*		*
24	二十四、其他						
25	合计（1+2+3+…24）	6 700 000		4 800 000		600 000	

注：表中期间费用明细项目的具体数值略。

表 5-8　职工薪酬纳税调整明细表（A105050）

金额单位：元

行次	项　　目	账载金额	税收规定扣除率	以前年度累计结转扣除额	税收金额	纳税调整金额	累计结转以后年度扣除额
		1	2	3	4	5（1–4）	6（1+3–4）
1	一、工资薪金支出	1 500 000	*	*	1 500 000	0	*
2	其中：股权激励		*	*			*
3	二、职工福利费支出	230 000	14%	*	210 000	20 000	*
4	三、职工教育经费支出	60 000	*		37 500	22 500	22 500
5	其中：按税收规定比例扣除的职工教育经费	60 000	2.5%		37 500	22 500	22 500
6	按税收规定全额扣除的职工培训费用			*			*
7	四、工会经费支出	30 000	2%	*	30 000	0	*
8	五、各类基本社会保障性缴款		*	*			*
9	六、住房公积金		*	*			*
10	七、补充养老保险			*			*
11	八、补充医疗保险			*			*
12	九、其他		*				
13	合计（1+3+4+7+8+9+10+11+12）	1 820 000	*		1 777 500	42 500	22 500

表 5-9　广告费和业务宣传费跨年度纳税调整明细表（A105060）

行次	项　　目	金额（元）
1	一、本年广告费和业务宣传费支出	4 500 000
2	减：不允许扣除的广告费和业务宣传费支出	
3	二、本年符合条件的广告费和业务宣传费支出（1–2）	4 500 000
4	三、本年计算广告费和业务宣传费扣除限额的销售（营业）收入	25 000 000
5	税收规定扣除率	15%
6	四、本企业计算的广告费和业务宣传费扣除限额（4×5）	3 750 000
7	五、本年结转以后年度扣除额（3＞6，本行=3–6；3≤6，本行=0）	750 000
8	加：以前年度累计结转扣除额	
9	减：本年扣除的以前年度结转额[3＞6，本行=0；3≤6，本行=8 或（6–3）孰小值]	
10	六、按照分摊协议归集至其他关联方的广告费和业务宣传费（10≤3 或 6 孰小值）	
11	按照分摊协议从其他关联方归集至本企业的广告费和业务宣传费	
12	七、本年广告费和业务宣传费支出纳税调整金额（3＞6，本行=2+3–6+10–11；3≤6，本行=2+10–11–9）	750 000
13	八、累计结转以后年度扣除额（7+8–9）	750 000

表 5-10 捐赠支出纳税调整明细表（A105070）

金额单位：元

行次	受赠单位名称	公益性捐赠				非公益性捐赠	纳税调整
		账载金额	按税收规定计算的扣除限额	税收金额	纳税调整金额	账载金额	金额
	1	2	3	4	5（2–4）	6	7（5+6）
1	贫困山区	362 400	*	*	*		*
2			*	*	*		*
3			*	*	*		*
4			*	*	*		*
5			*	*	*		*
6			*	*	*		*
7			*	*	*		*
8	合　　计	362 400	307 200	307 200	55 200		55 200

表 5-11 纳税调整项目明细表（A105000）

金额单位：元

行次	项　　目	账载金额	税收金额	调增金额	调减金额
		1	2	3	4
1	一、收入类调整项目（2+3+4+5+6+7+8+10+11）	*	*		
2	（一）视同销售收入（填写 A105010）	*			*
3	（二）未按权责发生制原则确认的收入（填写 A105020）				
4	（三）投资收益（填写 A105030）				
5	（四）按权益法核算长期股权投资对初始投资成本调整确认收益	*	*	*	
6	（五）交易性金融资产初始投资调整	*	*		*
7	（六）公允价值变动净损益		*		
8	（七）不征税收入	*	*		
9	其中：专项用途财政性资金（填写 A105040）	*	*		
10	（八）销售折扣、折让和退回				
11	（九）其他				
12	二、扣除类调整项目（13+14+15+16+17+18+19+20+21+22+23+24+26+27+28+29）	*	*	967 700	
13	（一）视同销售成本（填写 A105010）	*		*	
14	（二）职工薪酬（填写 A105050）	1 820 000	1 777 500	42 500	
15	（三）业务招待费支出	150 000	90 000	60 000	*
16	（四）广告费和业务宣传费支出（填写 A105060）	*	*	750 000	

续表

行次	项　目	账载金额	税收金额	调增金额	调减金额
		1	2	3	4
17	（五）捐赠支出（填写 A105070）	362 400	307 200	55 200	*
18	（六）利息支出				
19	（七）罚金、罚款和被没收财物的损失		*		*
20	（八）税收滞纳金、加收利息	60 000	*	60 000	*
21	（九）赞助支出		*		*
22	（十）与未实现融资收益相关在当期确认的财务费用				
23	（十一）佣金和手续费支出				*
24	（十二）不征税收入用于支出所形成的费用	*	*		*
25	其中：专项用途财政性资金用于支出所形成的费用（填写 A105040）	*	*		*
26	（十三）跨期扣除项目				
27	（十四）与取得收入无关的支出		*		*
28	（十五）境外所得分摊的共同支出	*	*		*
29	（十六）其他				
30	三、资产类调整项目（31+32+33+34）	*	*		
31	（一）资产折旧、摊销　（填写 A105080）				
32	（二）资产减值准备金		*		
33	（三）资产损失（填写 A105090）				
34	（四）其他				
35	四、特殊事项调整项目（36+37+38+39+40）	*	*		
36	（一）企业重组（填写 A105100）				
37	（二）政策性搬迁（填写 A105110）	*	*		
38	（三）特殊行业准备金（填写 A105120）				
39	（四）房地产开发企业特定业务计算的纳税调整额（填写 A105010）	*			
40	（五）其他	*	*		
41	五、特别纳税调整应税所得	*	*		
42	六、其他	*	*		
43	合计（1+12+30+35+41+42）	*	*	967 700	

表 5-12 研发费用加计扣除优惠明细表（A107014）

金额单位：元

行次	研发项目	本年研发费用明细								减：作为不征税收入处理的财政性资金用于研发的部分	可加计扣除的研发费用合计	费用化部分		资本化部分				本年研发费用加计扣除额合计
		研发活动直接消耗的材料、燃料和动力费用	直接从事研发活动的本企业在职人员费用	专门用于研发活动的有关折旧费、租赁费、运行维护费	专门用于研发活动的有关无形资产摊销费	中间试验和产品试制的有关费用，样品、样机及一般测试手段购置费	研发成果论证、评审、验收、鉴定费用	勘探开发技术的现场试验费，新药研制的临床试验费	设计、制定、资料和翻译费用	年度研发费用合计			计入本年损益的金额	计入本年研发费用加计扣除额	本年形成无形资产的金额	本年形成无形资产加计摊销额	以前年度形成无形资产本年加计摊销额	无形资产本年加计摊销额	
	1	2	3	4	5	6	7	8	9	10（2+3+4+5+6+7+8+9）	11	12（10−11）	13	14（13×50%）	15	16	17	18（16+17）	19（14+18）
1	××									400 000		400 000	400 000	200 000					200 000
2																			
3																			
4																			
5																			
6																			
7																			
8																			
9																			
10	合计									400 000		400 000	400 000	200 000					200 000

注：研发项目具体支出的明细费用数值略。

表 5-13　符合条件的居民企业之间的股息、红利等权益性投资收益优惠明细表（A107011）

金额单位：元

行次	被投资企业	投资性质	投资成本	投资比例	被投资企业利润分配确认金额		被投资企业清算确认金额			撤回或减少投资确认金额						合计
					被投资企业做出利润分配或转股决定时间	依决定归属于本公司的股息、红利等权益性投资收益金额	分得的被投资企业清算剩余资产	被清算企业累计未分配利润和累计盈余公积应享有部分	应确认的股息所得	从被投资企业撤回或减少投资取得的资产	减少投资比例	收回初始投资成本	取得资产中超过收回初始投资成本部分	撤回或减少投资应享有被投资企业累计未分配利润和累计盈余公积	应确认的股息所得	
	1	2	3	4	5	6	7	8	9（7与8孰小）	10	11	12（3×11）	13（10−12）	14	15（13与14孰小）	16（6+9+15）
1																
2																
3																
4																
5																
6																
7																
8																
9																
10	合计	*	*	*	*	340 000	*	*		*	*	*	*	*		340 000

注：被投资企业的具体资料略。

表 5-14　免税、减计收入及加计扣除优惠明细表（A107010）

行次	项　　目	金额（元）
1	一、免税收入（2+3+4+5）	340 000
2	（一）国债利息收入	
3	（二）符合条件的居民企业之间的股息、红利等权益性投资收益（填写 A107011）	340 000
4	（三）符合条件的非营利组织的收入	
5	（四）其他专项优惠（6+7+8+9+10+11+12+13+14）	
6	1. 中国清洁发展机制基金取得的收入	
7	2. 证券投资基金从证券市场取得的收入	
8	3. 证券投资基金投资者获得的分配收入	
9	4. 证券投资基金管理人运用基金买卖股票、债券的差价收入	
10	5. 取得的地方政府债券利息所得或收入	
11	6. 受灾地区企业取得的救灾和灾后恢复重建款项等收入	
12	7. 中国期货保证金监控中心有限责任公司取得的银行存款利息等收入	
13	8. 中国保险保障基金有限责任公司取得的保险保障基金等收入	
14	9. 其他	
15	二、减计收入（16+17）	
16	（一）综合利用资源生产产品取得的收入（填写 A107012）	
17	（二）其他专项优惠（18+19+20）	
18	1. 金融、保险等机构取得的涉农利息、保费收入（填写 A107013）	
19	2. 取得的中国铁路建设债券利息收入	
20	3. 其他	
21	三、加计扣除（22+23+26）	200 000
22	（一）开发新技术、新产品、新工艺发生的研究开发费用加计扣除（填写 A107014）	200 000
23	（二）安置残疾人员及国家鼓励安置的其他就业人员所支付的工资加计扣除（24+25）	
24	1. 支付残疾人员工资加计扣除	
25	2. 国家鼓励的其他就业人员工资加计扣除	
26	（三）其他专项优惠	
27	合计（1+15+21）	540 000

表 5-15 境外所得纳税调整后所得明细表（A108010）

金额单位：元

行次	国家（地区）	境外税后所得								境外所得可抵免的所得税税额				境外税前所得	境外分支机构收入与支出纳税调整额	境外分支机构调整分摊扣除的有关成本费用	境外所得对应调整的相关成本费用支出	境外所得纳税调整后所得
		分支机构营业利润所得	股息、红利等权益性投资所得	利息所得	租金所得	特许权使用费所得	财产转让所得	其他所得	小计	直接缴纳的所得税税额	间接负担的所得税税额	享受税收饶让抵免税税额	小计					
	1	2	3	4	5	6	7	8	9（2+3+4+5+6+7+8）	10	11	12	13（10+11+12）	14（9+10+11）	15	16	17	18（14+15−16−17）
1	A		280 000						280 000		120 000		120 000	400 000				400 000
2	B		240 000						240 000		60 000		60 000	300 000				300 000
3																		
4																		
5																		
6																		
7																		
8																		
9																		
10	合计		520 000						520 000		180 000		180 000	700 000				700 000

表 5-16　境外所得税收抵免明细表（A108000）

金额单位：元

行次	国家（地区）	境外税前所得	境外所得纳税调整后所得	弥补境外以前年度亏损	境外应纳税所得额	抵减境内亏损	抵减境内亏损后的境外应纳税所得额	税率	境外所得应纳税额	境外所得可抵免税额	境外所得抵免限额	本年可抵免境外所得税额	未超过境外所得税抵免限额的余额	本年可抵免以前年度未抵免境外所得税额	按简易办法计算				境外所得抵免所得税额合计
															按低于12.5%的实际税率计算的抵免额	按12.5%计算的抵免额	按25%计算的抵免额	小计	
	1	2	3	4	5（3−4）	6	7（5−6）	8	9(7×8)	10	11	12	13（11−12）	14	15	16	17	18（15+16+17）	19（12+14+18）
1	A	400 000	400 000		400 000		400 000	25%	100 000	120 000	100 000	100 000	0						100 000
2	B	300 000	300 000		300 000		300 000	25%	75 000	60 000	75 000	60 000	15 000						60 000
3																			
4																			
5																			
6																			
7																			
8																			
9																			
10	合计	700 000	700 000		700 000		700 000		175 000	180 000	175 000	160 000	15 000						160 000

第五步：填报企业所得税年度纳税申报表（A 类，A100000）。

企业所得税年度纳税申报表（A 类）是纳税申报表的主表（见表 5-17），根据相关附表及会计核算资料填写。同时还要完成报表封面、填报表单目录和企业基础信息表等填报内容。

表 5-17　中华人民共和国企业所得税年度纳税申报表（A 类，A100000）

类别	行次	项　　目	金额（元）
利润总额计算	1	一、营业收入（填写 A101010\101020\103000）	25 000 000
	2	减：营业成本（填写 A102010\102020\103000）	11 000 000
	3	税金及附加	400 000
	4	销售费用（填写 A104000）	6 700 000
	5	管理费用（填写 A104000）	4 800 000
	6	财务费用（填写 A104000）	600 000
	7	资产减值损失	
	8	加：公允价值变动收益	
	9	投资收益	860 000
	10	二、营业利润（1–2–3–4–5–6–7+8+9）	2 360 000
	11	加：营业外收入（填写 A101010\101020\103000）	700 000
	12	减：营业外支出（填写 A102010\102020\103000）	500 000
	13	三、利润总额（10+11–12）	2560 000
应纳税所得额计算	14	减：境外所得（填写 A108010）	520 000
	15	加：纳税调整增加额（填写 A105000）	967 700
	16	减：纳税调整减少额（填写 A105000）	
	17	减：免税、减计收入及加计扣除（填写 A107010）	540 000
	18	加：境外应税所得抵减境内亏损（填写 A108000）	
	19	四、纳税调整后所得（13–14+15–16–17+18）	2 467 700
	20	减：所得减免（填写 A107020）	
	21	减：抵扣应纳税所得额（填写 A107030）	
	22	减：弥补以前年度亏损（填写 A106000）	
	23	五、应纳税所得额（19–20–21–22）	2 467 700
应纳税额计算	24	税率（25%）	25%
	25	六、应纳所得税额（23×24）	616 925
	26	减：减免所得税额（填写 A107040）	
	27	减：抵免所得税额（填写 A107050）	
	28	七、应纳税额（25–26–27）	616 925
	29	加：境外所得应纳所得税额（填写 A108000）	175 000

续表

类别	行次	项　　目	金额（元）
应纳税额计算	30	减：境外所得抵免所得税额（填写 A108000）	160 000
	31	八、实际应纳所得税额（28+29–30）	631 925
	32	减：本年累计实际已预缴的所得税额	500 000
	33	九、本年应补（退）所得税额（31–32）	131 925
	34	其中：总机构分摊本年应补（退）所得税额（填写 A109000）	
	35	财政集中分配本年应补（退）所得税额（填写 A109000）	
	36	总机构主体生产经营部门分摊本年应补（退）所得税额（填写 A109000）	
附列资料	37	以前年度多缴的所得税额在本年抵减额	
	38	以前年度应缴未缴在本年入库所得税额	

本章小结

本章企业所得税法内容结构如图 5-1 所示。

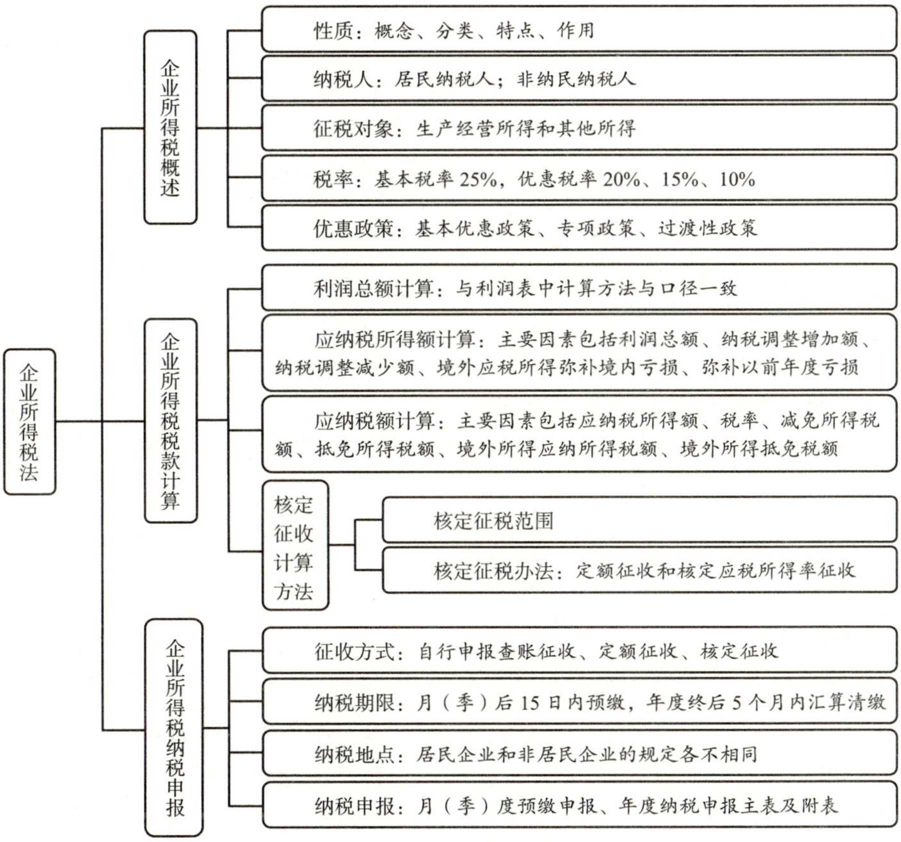

图 5-1　本章内容结构

习题训练

一、判断题

1. 企业所得税的纳税人仅指企业，不包括社会团体。（ ）

2. 利息收入和股息收入一样都表现为全额增加企业所得税的应纳税所得额。（ ）

3. 企业自产产品的广告宣传费均可在企业所得税前列支。（ ）

4. 企业取得的所有技术服务收入均可暂免征企业所得税。（ ）

5. 企业所得税法也适用于个人独资企业、合伙企业。（ ）

6. 纳税人在生产、经营期间的借款利息支出作为费用，在计算应纳税所得时，可以按实际发生数扣除。（ ）

7. 企业发生的年度亏损，可用以后 5 个盈利年度的利润弥补。（ ）

8. 某内资企业当年应纳税所得额为 50 万元，但上一年度利润表上亏损 48 万元，则当年应缴纳企业所得税 5 000 元。（ ）

9. 确定应纳税所得额时，对企业生产、经营期间，向经人民银行批准从事金融业务的非银行金融机构的借款利息支出，可按照实际发生额从税前扣除。（ ）

10. 纳税人来源于境外的所得在境外实际缴纳的所得税税款，准予在汇总纳税时从其应纳税额中扣除；其在境外发生的亏损也可用境内的利润弥补。（ ）

11. 企业接受其他单位的捐赠物资，不计入应纳税所得额。（ ）

12. 纳税人在一个纳税年度的中间开业，或由于合并、关闭等原因使该纳税年度的实际经营期不足 12 个月的，按其实际经营期为一个纳税年度。（ ）

13. 企业在年度中间终止经营活动的，应当自实际经营终止之日起 30 日内，向税务机关办理当期企业所得税汇算清缴。（ ）

14. 居民企业以企业登记注册地为纳税地点，但登记注册地点在境外的，以实际管理机构所在地为纳税地点。（ ）

15. 企业的成本费用核算和收入总额核算两项中，凡其中一项不合格者，就要采用定额征收企业所得税。（ ）

二、单项选择题

1. 下列利息收入中，不计入企业所得税应纳税所得额的是（ ）。

A. 企业债券利息　　B. 外单位欠款付给的利息收入

C. 购买国库券的利息收入　　D. 银行存款利息收入

2. 企业缴纳的下列税种，在计算企业所得税应纳税所得额时，不准从收入总额中扣除的是（ ）。

A. 增值税　　B. 消费税

C. 城市维护建设税　　D. 土地增值税

3. 下列项目中，准予在计算企业所得税应纳税所得额时从收入总额中扣除的项目是（　　）。

A. 资本性支出　　B. 无形资产开发未形成资产的部分

C. 违法经营的罚款支出　　D. 各项税收滞纳金、罚金、罚款支出

4. 在一个纳税年度内，居民企业技术转让所得不超过（　　）的部分，免征企业所得税，超过部分，减半征收企业所得税。

A. 5 万元　　B. 10 万元　　C. 20 万元　　D. 500 万元

5. 企业所得税法中所称的小型微利工业企业，必须符合年度应纳税所得额不超过（　　）万元，从业人数不超过（　　）人，资产总额不超过（　　）万元。

A. 30，80，3 000　　B. 30，80，1 000

C. 20，100，3 000　　D. 30，100，3 000

6. 2015 年，某工业生产企业，从业人员 85 人，资产总额 2 800 万元，全年销售额 1 520 万元，成本 600 万元，销售税金及附加 460 万元，按规定列支各种费用 400 万元。已知上述成本费用中包括新产品开发费 80 万元。该企业当年应纳企业所得税（　　）。

A. 15 万元　　B. 4 万元　　C. 2 万元　　D. 6.6 万元

7. 根据企业所得税法等有关规定，不得提取折旧的固定资产是（　　）。

A. 以经营租赁方式租出的固定资产　　B. 以融资租赁方式租入的固定资产

C. 以经营租赁方式租入的固定资产　　D. 季节性停用的机器设备

8. 纳税人通过国内非营利的社会团体、国家机关的公益、救济性捐赠，在年度（　　）12%以内的部分准予扣除。

A. 收入总额　　B. 利润总额　　C. 应纳税所得额　　D. 应纳所得税额

9. 除国务院财政、税务主管部门另有规定外，企业所得税法等规定：固定资产计算折旧的最低年限为（　　）。

A. 房屋、建筑物，为 25 年

B. 与生产经营活动有关的器具、工具、家具、电子设备等，为 5 年

C. 飞机、火车、轮船、机器、机械和其他生产设备，为 10 年

D. 飞机、火车、轮船以外的运输工具，为 6 年

10. 已知某生产性企业全年销售净额在 2 000 万元，实际支付业务招待费为 15 万元，准予税前列支的业务招待费为（　　）万元。

A. 9　　B. 6　　C. 10　　D. 12

11. 缴纳企业所得税，月份或季度终了后要在规定的期限内预缴，年度终了后要在规定的期限内汇算清缴，其预缴、汇算清缴的规定期限分别是（　　）。

A. 7 日、45 日　　B. 15 日、45 日

C. 15 日、4 个月　　　　D. 15 日、5 个月

12. 企业来源于境外所得，已在境外实际缴纳的所得税税款，在汇总纳税并按规定计算扣除限额时，如果境外实际缴纳的税款超过扣除限额，对超过部分的处理方法是(　　)。

A. 列为当年费用支出

B. 从本年的应纳所得税额中扣除

C. 用以后年度税额扣除的余额补扣，补扣期限最长不得超过 5 年

D. 从以后年度境外所得中扣除

13. 企业与其关联方共同开发、受让无形资产，或者共同提供、接受劳务发生的成本，在计算应纳税所得额时应当按照（　　）进行分摊。

A. 公平交易原则　　　　B. 方便交易原则

C. 独立交易原则　　　　D. 节约成本原则

14. 企业进行清算时，应当在（　　），向当地主管税务机关办理所得税申报，并就其清算终了后的清算所得，缴纳企业所得税。

A. 清算终结之日　　　　B. 办理工商注销登记的同时

C. 办理工商注销登记之前　　　　D. 办理工商注销登记之后

15. 纳税人进行破产清算时，应当以（　　）作为一个企业所得税的纳税年度计算清算所得。

A. 当年 1 月 1 日至清算开始日期　　　　B. 当年 1 月 1 日至清算结束日期

C. 当年 1 月 1 日至 12 月 31 日　　　　D. 清算期间

三、多项选择题

1. 企业所得税的征税对象包括（　　）。

A. 个人承包所得　　　　B. 其他所得

C. 生产经营所得　　　　D. 清算所得

2. 企业从事（　　）项目的所得，减半征收企业所得税。

A. 中药材的种植

B. 花卉、茶以及其他饮料作物和香料作物的种植

C. 海水养殖、内陆养殖

D. 牲畜、家禽的饲养

3. 在下列支出项目中，准予在计算应纳税所得额时从收入总额中直接扣除的有（　　）。

A. 企业缴纳的增值税

B. 转让固定资产发生的费用

C. 以经营租赁方式租入的固定资产发生的租赁费

D. 以融资租赁方式租入的固定资产发生的租赁费

4. 下列项目中，在会计利润的基础上应调整增加应纳税所得额的项目有（　　）。

A. 职工教育经费支出超标准　　B. 利息费用支出超标准

C. 公益救济性捐赠超标准　　D. 查补的消费税

5. 下列项目中，在会计利润的基础上应调整减少应纳税所得额的项目有（　　）。

A. 查补的消费税　　B. 多提的职工福利费

C. 国库券利息收入　　D. 多列的无形资产摊销费

6. 下列叙述正确的是（　　）。

A. 企业从事国家重点扶持的公共基础设施项目的投资经营的所得，自项目取得第一笔生产经营收入所属纳税年度起，第一年至第三年免征企业所得税，第四年至第六年减半征收企业所得税（简称“三免三减半”）

B. 企业从事符合条件的环境保护、节能节水项目的所得，自项目取得第一笔生产经营收入所属纳税年度起，实行“三免三减半”

C. 企业从事以《资源综合利用企业所得税优惠目录》规定的资源作为主要原材料，生产国家非限制和禁止并符合国家和行业相关标准的产品取得的收入，减按90%计入收入总额

D. 企业从事开发新技术、新产品、新工艺发生的研究开发费用，未形成无形资产的计入当期损益，在按照规定据实扣除的基础上，按照研究开发费用的50%加计扣除；形成无形资产的，按照无形资产成本的150%摊销

7. 下列支出项目不得列为成本、费用和损失的有（　　）。

A. 无形资产的受让、开发支出

B. 资本的利息

C. 对外投资所发生的投资费用或损失

D. 违法经营的罚款和被没收财物的损失

8. 在计算企业应纳税所得额时，不得从收入总额中扣除的有（　　）。

A. 企业为他人提供贷款担保，因被担保方无力还清贷款，而由该担保企业承担的贷款本息

B. 所得税前依法缴纳的增值税

C. 所得税前依法缴纳的土地增值税

D. 来源于境外的所得，在境外实际缴纳的未超过扣除限额的所得税税款

9. 关于企业所得税的纳税地点，下列表述正确的是（　　）。

A. 非居民企业在中国未设立机构、场所的，以扣缴义务人所在地为纳税地点

B. 非居民企业在中国境内设立两个机构、场所的，应分别申报缴纳企业所得税

C. 居民企业登记注册地在境外的，以实际管理机构所在地为纳税地点

D. 居民企业一般以企业登记注册地为纳税地点

10. 分月预缴或分季预缴，由税务机关根据纳税人应纳税额的大小具体核定，预缴所

得税时，应当按纳税期限的实际数预缴，如按实际数预缴有困难的，可以按（　　）预缴。

A. 上一年度应纳税所得额的 1/12　　B. 上一年度应纳税所得额的 1/4

C. 自行确定的方法　　D. 税务机关承认的其他方法

四、业务题

1. 2015 年度，某企业产品销售收入 800 万元，劳务收入 40 万元，出租固定资产租金收入 5 万元。该企业全年发生的产品销售成本 430 万元，销售费用 80 万元，管理费用 20 万元，财务费用 10 万元，营业外支出 3 万元（其中缴纳税收滞纳金 1 万元），按税法规定缴纳增值税 90 万元，其他税金 7.2 万元。按照税法规定，在计算该企业应纳税所得额时，其他准予扣除的项目金额为 23 万元，已知该企业适用所得税税率为 25%。

要求：

（1）计算该企业 2015 年度应纳税所得额，并列出计算过程。

（2）计算该企业 2015 年度应纳所得税税额，并列出计算过程。

2. 假如某生产企业 2015 年度生产经营情况如下：产品销售收入 500 万元，产品销售成本 300 万元，产品销售费用 40 万元，发生管理费用 35 万元（其中业务招待费 5 万元），当年出租固定资产取得收入 40 万元，购买国家公债取得利息收入 10 万元，准许税前扣除的有关税费 30 万元，经批准向企业职工集资 100 万元，支付年息 15 万元，同期银行贷款利率为 10%，通过县级人民政府向南方遭受雪灾地区捐款 20 万元。

要求：计算该企业 2015 年度应缴的企业所得税税额。

3. 某内资企业 2015 年度会计账面利润 80 000 元，自行向其主管税务机关申报的应纳税所得额 80 000 元，申报缴纳所得税 20 000 元（企业所得税税率为 25%）。经某注册会计师年终审查，发现与应纳税所得额有关的业务内容如下：

（1）企业全年实发工资总额 2 116 400 元，并按规定的 2%、14%和 2.5%的比例分别计算提取了职工工会经费、职工福利费、职工教育经费。

（2）自行申报应纳税所得额中含本年度的国库券利息收入 12 000 元。

（3）营业外支出账户列支有税收滞纳金 1 000 元，向其关联企业赞助支出 30 000 元。

（4）管理费用账户中实际列支了全年的与生产经营有关的业务招待费 265 000 元，经核定企业全年的主营业务收入总额为 6 500 万元。

要求：根据上述资料，计算该企业本年度应缴纳的企业所得税税额及应补缴的企业所得税税额。

4. 假定某企业为居民企业，2015 年经营业务如下：

（1）取得销售收入 2 500 万元。

（2）销售成本 1 100 万元。

（3）发生销售费用 670 万元（其中广告费 450 万元）；管理费用 480 万元（其中业务招待费 15 万元）；财务费用 60 万元。

（4）销售税金 160 万元（含增值税 120 万元）。

（5）营业外收入 70 万元，营业外支出 50 万元（含通过公益性社会团体向贫困山区捐款 30 万元，支付税收滞纳金 6 万元）。

（6）计入成本、费用中的实发工资总额 150 万元，拨缴职工工会经费 3 万元，支出职工福利费和职工教育经费 29 万元。

要求：计算该企业 2015 年度实际应纳的企业所得税税额。

5. 某运输企业 2015 年资产总额 700 万元，从业人员 15 人，年度营业收入为 100 万元，各项成本支出为 95 万元，全年发生亏损 9 万元。经主管税务机关核查，该企业支出项目不能准确核算，需要采用核定应税所得率征收方式计算所得税。主管税务机关核定该企业的应税所得率为 10%。

要求：计算该企业年度应纳所得税税额。

第六章

个人所得税法

学习目标

1. 掌握个人所得税的基本法律知识，熟悉个人所得税的概念、特点及作用；能判断居民纳税义务人、非居民纳税义务人，划分应税所得项目，理解相关税收优惠政策，选择适用税率。
2. 掌握个人所得税各应税项目所得额的确定，会根据各项应税所得分别计算应纳个人所得税税额。
3. 熟悉自行申报和源泉扣缴两种个人所得税的申报方式，能根据个人所得资料填制个人所得税纳税申报表，会办理个人所得税代扣代缴业务。

第一节 个人所得税概述

引　例

2016 年 5 月，作家李先生从本单位领取工资收入 4 500 元；到某高校做学术报告取得讲课报酬 3 000 元；在中国作家出版社出版著作一部，取得所得 50 000 元，同时将自己一本未出版的著作手稿拍卖，通过竞价，最终由中国作家出版社买走，竞价为 100 000 元。

李先生 5 月的四笔所得，是否可以合并计算个人所得税应纳税额？由谁来代扣代缴，还是由李先生自行缴纳？

一、个人所得税的性质

（一）个人所得税的概念

个人所得税是对个人（自然人）取得的各项应税所得征收的一种税，它体现了国家与个人之间的分配关系。

个人所得税于 1799 年首创于英国，此后世界各国相继仿效，开征此税种。到目前为止，世界上已有 140 多个国家和地区开征了个人所得税。第二次世界大战后，西方各国的个人所得税发展较快，长期稳居各税之首位，其收入数额占税收总额的比例大多在 30%以上，甚至在某些国家的个别年份，还达到 40%以上。相对来说，低收入国家的个人所得税所占比例较低，大多数国家在 10%以下。

我国对个人所得的征税，最早可追溯到国民党统治时期，当时曾正式开征过薪给报酬所得税等税种。新中国成立初期，前政务院于 1950 年年初颁布的《全国税政实施要则》也明确规定对个人所得征收两税，即“存款利息所得税”和“薪给报酬所得税”。由于我国当时实行的是低工资制度，居民工薪收入低，而且居民除了工薪以外，也很少有其他来源的收入，因此极少有人能达到征税标准，故薪给报酬所得税始终未能征收。同时，由于居民个人少有存款，存款利息所得税也收入甚微。后来，由于银行国有化等原因，该税也在 1959 年停止征收。自此至党的十一届三中全会前的 20 多年时间里，我国一直没有再开征过个人所得税类的税种。

党的十一届三中全会以后，我国实行对外开放、对内搞活政策，为了适应外籍人员在我国取得收入日益增多，以及国内高收入者逐渐增加的情况，考虑到我国在国外从事经济活动和其他劳务的人员及华侨均按所在国的税法缴纳个人所得税，因此，本着维护国家权益，增加财政收入及平等互利的原则，我国于 1980 年 9 月制定并公布了《中华人民共和国个人所得税法》。该税法 1986 年年底以前对中外籍人员均适用。同时，为了更好地调节个体工商户的收入水平，保护其合法权益，国务院于 1986 年发布并实施了《中华人民共和国城乡个体工商业户所得税暂行条例》，改变了新中国成立以后一直对个体工商业户的生产经营所得征收工商所得税的做法。1987 年，针对国内一部分人收入提高过快，来源多元化的现象，考虑到 1980 年建立的对中外籍人员都适用的个人所得税制的立法基本上已不适应我国公民的实际收入水平，为了使社会成员间的收入水平不至于过分悬殊，1987 年发布并实施了《中华人民共和国个人收入调节税暂行条例》。从而形成了我国个人所得税体系对不同个人、不同收入项目分别征收不同税种的“三税鼎立”的局面。

随着经济的发展和改革开放的深化，特别是社会主义市场经济体制的确立，原“三税鼎立”的格局已不适应形势发展的需要，税政不统一，税负过重且有失公平，税基过窄且征管手段落后等问题都较为突出。针对上述问题我国于 1993 年将个人所得税、个人收入调节税和城乡个体工商业户所得税合并为个人所得税，1993 年 10 月公布了修改后的《中华人民共和国个人所得税法》，并确定从 1994 年 1 月 1 日起执行。1994 年 1 月国务院发布了《中华人民共和国个人所得税法实施条例》。1999 年 8 月九届全国人大常委会第十一次会议通过了第二次修正的《中华人民共和国个人所得税法》。

2000 年 9 月，财政部、国家税务总局根据《国务院关于个人独资企业和合伙企业征收所得税问题的通知》有关“对个人独资企业和合伙企业停征企业所得税，只对其投资者的经营所得征收个人所得税”的规定，制定了《关于个人独资企业和合伙企业投资者征收个人所得税的规定》，明确从 2000 年 1 月 1 日起，个人独资企业和合伙企业投资者将依法缴纳个人所得税。

进入 21 世纪，中国经济持续快速发展，人民生活水平显著提高，现行个人所得税法的有些规定已不适应新形势的要求，有必要进行修改。2005 年 10 月 27 日十届人大常委会第十八次会议进行了第三次修订，工资、薪金所得的每月减除额由 800 元提高到 1 600 元；2007 年 6 月 29 日十届人大常委会第二十八次会议进行了第四次修订，“对储蓄存款利息所得开征、减征、停征个人所得税及其具体办法，由国务院规定”；2007 年 12 月 29 日十届人大常委会第三十一次会议进行了第五次修订，工资、薪金所得的每月减除额由 1 600 元提高到 2 000 元；2011 年 6 月 30 日十一届全国人大常委会第二十一次会议对个人所得税法进行了第六次修订，工资薪金所得每月减除额由 2 000 元提高到 3 500 元，将九级超额累进税率修改为七级超额累进税率，第一级税率由 5%降低为 3%，从 2011 年 9 月 1 日起执行。

个人所得税税制改革是一个系统工程，它随着我国经济水平（包括人均收入水平、货币化及其社会城市化程度）的提高以及司法体制和税收征管系统的不断完善而进行相应的改革，我国个人所得税税制 30 多年来已取得了一定的进步，今后将实行综合和分类相结合的个人所得税制度，我们拭目以待。

（二）个人所得税的特点

个人所得税除了具有所得税的一般特点以外，还具有其特殊性。我国现行个人所得税有以下四个特点。

1. 实行分类课征

世界各国的个人所得税制有分类所得税制、综合所得税制和分类综合所得税制三种类型。受我国目前纳税人的纳税意识和税收征管能力所限，我国目前实行的是分类所得税制，即把个人应税所得划分成 11 类，分别扣除不同的费用和适用不同的税率。这样做，一方面可以通过广泛地采用源泉扣缴的方法，加强税收征管，简化纳税手续，方便征纳双方；另一方面又可以对不同的个人所得按不同征收方法计征，有利于体现国家的政策。

2. 多种税率形式并用

实行分类课征制一方面有利于源泉扣缴方法的运用，另一方面又有利于体现不同的税收政策，采用不同的税率计征。同时，在分类课征条件下，由于个人税收负担不能直接依据某项所得水平的高低来确定，因此，我国个人所得税存在多种税率形式。有比例税率、累进税率，还有加成征收，形成了集多种税率形式和多种税率水平于一体的税率结构。

3. 实行不同的费用扣除方式

个人所得的确定与企业所得确定一样，都需要从取得的收入中扣除相应的成本费用。然而，由于个人取得收入过程中发生的费用包括生计费用、赡养费用、经营费用等多个方面，同时，个人在确定结余所得时又不可能像企业一样进行规范的收入和成本费用核算，因此，个人所得税在征收时按分类所得税制的要求，就不同所得类型需要确定不同的费用扣除方式。目前，我国个人所得税的费用扣除方式有定额扣除、定率扣除、限额据实扣除和据实扣除等多种，还有对某些所得不扣除费用的方式。

4. 运用源泉课征和申报课征两种征税方法

尽管分类课征制有利于广泛推行源泉课征制度，但是在同类所得被不同源泉课征者扣缴时，就会产生多重费用扣除和降低税率征收造成税负不公平问题，而且在不存在源泉扣缴者或源泉不扣缴的情况下，同样也会造成税负不公问题。因此，按分类课征制要求，对符合源泉课征要求的所得项目必须由源泉扣缴者代扣代缴税款，对不能使用源泉扣缴方法、扣缴税款不彻底、年所得达到规定金额的和未扣缴税款的所得项目，就必须要求纳税人自行申报纳税。这既是税收征管的要求，也是不断提高纳税人纳税意识的要求。

（三）个人所得税的作用

1. 筹集财政资金

与其他税种一样，个人所得税也具有为国家财政筹集资金的作用。虽然我国目前个人所得税收入占财政收入的比重还比较低，远远达不到发达国家的水平，但随着经济的不断发展及个人所得税制的不断完善，个人所得税收入将会逐步增长，其聚财功能也必将上升到重要地位。

2. 调节收入差距

改革开放以来，我国个人之间收入差距正在不断拉大，城乡之间、地区之间、行业之间及社会不同群体、不同职业构成之间的收入分配差距越来越悬殊。征收个人所得税，本着公平税负的原则，能够把高收入者的一部分收入转化为国家所有，这在客观上有利于缓和社会分配不公的矛盾。同时，个人所得税通过费用扣除额及税率方面的不同规定，对低收入者可以保证维持其基本的生活需要，而对高收入者来说也不至于因纳税而损害其生产经营和工作的积极性。

3. 增强纳税观念

个人所得税收入要在税收总额中占有一席之地，除了要有完善的税制及健全的征管网络以外，还要求公民具有较强的纳税观念。我国的个人所得税由于起步晚，且居民个人的收入一直以来比较低，再加上宣传力度不够等因素，与西方各国相比较，大多数个人的纳税观念十分淡薄。开征个人所得税，通过对税法的大力宣传，把高收入者的一部分收入集中到国家手里，并使居民群众养成依法纳税的习惯，让越来越多的人自觉成为依法纳税的纳税人。

4. 维护国家权益

税收是维护国家权益的重要工具，征税权是国家主权的一部分，每一个主权国家都应该行使这个权力。开征个人所得税，对在我国取得收入的外籍人员及我国在外工作人员征税，是我国根据对等原则行使税收管辖权的表现，这不仅可以防止我国经济利益外溢，而且还能起到维护国家主权、推动对外经济技术合作与交流的作用。

二、个人所得税的纳税人

个人所得税的纳税义务人是指在中国境内有住所，或者虽无住所但在境内居住满 1 年，以及无住所又不居住或居住不满 1 年但有从中国境内取得所得的个人，包括中国公民、个体工商户以及在中国境内有所得的外籍人员和香港、澳门、台湾同胞。自 2000 年 1 月 1 日起，个人独资企业和合伙企业投资者也为个人所得税的纳税义务人。依据住所和居住时间两个标准，可将纳税人区分为居民纳税义务人和非居民纳税义务人，他们分别承担不同的纳税义务。

（一）居民纳税义务人及其纳税义务

居民纳税义务人，是指在中国境内有住所，或者无住所而在中国境内居住满 1 年的个人。居民纳税义务人负有无限纳税义务，应就其来源于中国境内和境外的应纳税所得额缴纳个人所得税。

所谓在中国境内有住所的个人，是指因户籍、家庭、经济利益关系而在中国境内习惯性居住的个人。习惯性居住是指个人因学习、工作、探亲等原因消除之后，没有理由在其他地方继续居留时要回原地方居住的情形。如某人因学习等原因而在中国境外居住，在其原因消除之后，必须回到中国境内居住，则中国即该纳税人的习惯性居住地。

所谓在境内居住满 1 年，是指一个纳税年度（公历 1 月 1 日起至 12 月 31 日止）内，在中国境内居住满 365 日。在计算居住天数时，对临时离境应视同在华居住，不扣减其在华居住的天数。这里所说的临时离境，是指在一个纳税年度内，一次不超过 30 日，或者多次累计不超过 90 日的离境。例如，一个外籍人员从 2014 年 8 月起到中国境内的公司任职，在 2015 年纳税年度内，曾于 5 月 5 日至 20 日回国述职，12 月 20 日又离境回国欢度圣诞。因这两次离境时间累计未超过 90 日，应视为临时离境，不扣减其在华居住天数，该纳税义务人应为我国的居民纳税义务人。

（二）非居民纳税义务人及其纳税义务

非居民纳税义务人，是指在中国境内无住所又不居住，或无住所且居住不满 1 年的个人。非居民纳税义务人负有限纳税义务，仅就其来源于中国境内的所得，向中国缴纳个人所得税。在现实生活中，非居民纳税义务人，实际上只能是在一个纳税年度中，没有在中国境内居住，或者在中国境内居住不满 1 年的外籍人员或香港、澳门、台湾同胞。

【提示】

两个时间段计算的区别：①判断非居民纳税人在华居住天数时，对个人入境、离境、往返或多次往返境内外的当天，均按一天计算在华逗留天数；②计算非居民纳税人在华实际工作时间时，对个人入境、离境、往返或多次往返境内外的当天，均按半天计算在华工作天数。

（三）所得来源的确定

居民纳税义务人应就其来源于中国境内外的所得缴纳个人所得税，非居民纳税义务人仅就来源于中国境内的所得缴纳个人所得税，因此，判断哪些所得为来源于中国境内的所得就显得十分重要，个人所得税法及其实施条例对此做了规定。下列所得，不论其支付地点是否在中国境内，均视为来源于中国境内的所得：

（1）因任职、受雇、履约等而在中国境内提供劳务取得的所得。

（2）将财产出租给承租人在中国境内使用而取得的所得。

（3）转让中国境内的建筑物、土地使用权等财产或者在中国境内转让其他财产取得的所得。

（4）许可各种特许权在中国境内使用而取得的所得。

（5）从中国境内的公司、企业以及其他经济组织或者个人取得的利息、股息、红利所得。

三、个人所得税的征税对象

个人所得税的征税对象是纳税人取得的各项应税所得，税法中列举的应税所得项目共有 11 项，其具体内容如下。

（一）工资、薪金所得

工资、薪金所得是指个人因任职或者受雇而取得的工资、薪金、奖金、年终加薪、劳动分红、津贴、补贴以及与任职或者受雇有关的其他所得。

对于一些不属于工资、薪金性质的补贴、津贴或者不属于纳税人本人工资、薪金所得项目的收入，不予征税。这些项目包括：①独生子女补贴；②执行公务员工资制度，未纳入基本工资总额的补贴、津贴差额和家属成员的副食品补贴；③托儿补助费；④差旅费津贴、误餐补助（指因工作在同城不能及时赶回原地而在外就餐的补助）。

【提示】

过节加班费也要缴税！例如，2012 年 1 月 1 日至 3 日（元旦假期）和 1 月 22 日至 28 日（春节假期）个人获得的加班费，都要并入 1 月工资薪金收入，进行个人所得税的纳税申报，依法缴纳个人所得税。

（二）劳务报酬所得

劳务报酬所得是指个人独立从事各种非雇佣的劳务所取得的所得，包括设计、安装、制图、医疗、会计、咨询、讲学、新闻、翻译、审稿、书画、影视、录音、录像、演出、表演、广告、展览、技术服务、介绍服务、经纪服务、代办服务等项目。

个人不在公司任职、受雇，仅在公司担任董事、监事职务而取得的董事费、监事费按“劳务报酬所得”项目征税；个人在公司任职、受雇同时兼任董事、监事职务的，应将取得的董事费、监事费与个人工资收入合并，按“工资、薪金所得”项目征税。

劳务报酬所得与工资、薪金所得的区别：劳务报酬所得是个人独立从事自由职业或独立提供某种劳务取得的所得，不存在雇佣与被雇佣的关系；工资、薪金所得则是个人从事非独立劳动，从所在单位领取的报酬，存在着雇佣与被雇佣的关系。例如，演员从剧团领取工资应属于工资、薪金所得，演员个人“走穴”取得的报酬则属于劳务报酬范围。

【提示】

对商品营销活动中，企业和单位对其营销业绩突出的非雇员以培训班、研讨会、工作考察等名义组织旅游活动，通过免收差旅费、旅游费对个人实行的营销业绩奖励（包括实物、有价证券等），应根据所发生费用的全额作为该营销人员当期的劳务收入，按照“劳务报酬所得”项目征收个人所得税。

（三）稿酬所得

稿酬所得是指个人因其作品以图书、报纸、杂志形式出版、发行而取得的所得。作者去世后，财产继承人取得的遗作稿酬，亦应征收个人所得税。

【提示】

受出版社委托进行审稿的报酬应作为劳务报酬所得征税，不作为稿酬所得。

（四）特许权使用费所得

特许权使用费所得是指个人提供专利权、商标权、著作权、非专利技术以及其他特许权的使用权取得的所得。

提供著作权的使用权取得的所得，不包括稿酬的所得，对于作者将自己的文字作品手稿原件或复印件公开拍卖（竞价）取得的所得，应按特许权使用费所得征收个人所得税。

（五）利息、股息、红利所得

利息、股息、红利所得是指个人拥有债权、股权而取得的利息、股息、红利所得。

（六）财产租赁所得

财产租赁所得是指个人出租建筑物、土地使用权、机器设备、车船以及其他财产取得的所得。个人取得的财产转租收入，属于“财产租赁所得”的征税范围。

（七）财产转让所得

财产转让所得是指个人转让有价证券、股权、建筑物、土地使用权、机器设备、车船以及其他财产取得的所得。我国为鼓励股票市场的发展，规定个人转让股票所得暂免征收个人所得税。

【提示】

个人因购买和处置债权取得所得，应按“财产转让所得”项目缴纳个人所得税。

（八）偶然所得

偶然所得是指个人得奖、中奖、中彩以及其他偶然性质的所得。偶然所得应缴纳的个人所得税税款，一律由发奖单位或机构代扣代缴。

【提示】

个人取得单张有奖发票奖金所得不超过800元（含800元）的，暂免征收个人所得税；个人取得单张有奖发票奖金所得超过800元的，应全额按照“偶然所得”项目征收个人所得税。

（九）个体工商业户的生产、经营所得

个体工商业户的生产、经营所得是指：

（1）个体工商户从事工业、手工业、建筑业、交通运输业、商业、饮食业、服务业、修理业以及其他行业生产、经营取得的所得。

（2）个人经政府有关部门批准，取得执照，从事办学、医疗、咨询以及其他有偿服务活动取得的所得。

（3）上述个体工商户和个人取得的与生产、经营有关的各项应税所得。

（4）其他个人从事个体工商业生产、经营取得的所得。

（5）个人独资企业、合伙企业的个人投资者以企业资金为本人家庭、成员及其相关人员支付与企业生产经营无关的消费性支出及购买汽车、住房等财产性支出视为企业对个人投资者利润分配，并入投资者个人的生产经营所得，依照“个体工商户的生产经营所得”项目计征个人所得税。

（十）对企事业单位的承包经营、承租经营所得

对企事业单位的承包经营、承租经营所得是指个人承包、承租经营以及转包、转租取得的所得，包括个人按月或者按次取得的工资、薪金性质的所得。大体可分为两类：

（1）个人对企事业单位承包、承租经营后，工商登记改变为个体工商户的，应按个体工商户的生产、经营所得项目征收个人所得税，不再征收企业所得税。

（2）个人对企事业单位承包、承租经营后，工商登记仍为企业的，不管其分配方式如何，均应先按照企业所得税法的有关规定缴纳企业所得税。然后对承包、承租经营者按合同规定取得的所得，依照个人所得税法的规定缴纳个人所得税。具体为：①承包、承租人对企业经营成果不拥有所有权，仅按合同（协议）规定取得一定所得的，其所得按工资、薪金所得项目征收个人所得税；②承包、承租人按合同（协议）规定只向发包方、出租方交纳一定费用后，企业经营成果归承包、承租人所有的，其取得的所得，按企事业单位承包经营、承租经营所得项目征收个人所得税。

（十一）其他所得

除了上述 10 项个人应税所得外，对于今后可能出现的需要征税的新项目，由国务院财政部门确定征收个人所得税。个人取得的难以界定应税项目的个人所得，由主管税务机关确定。

引例解析

本节引例中，李先生 2016 年 5 月取得 4 项收入，分别属于 4 项所得，应分别征税，从本单位领取的 4 500 元工资收入按“工资、薪金所得”项目征税，由本单位在发放工资时代扣代缴；给某高校做学术报告取得的 3 000 元讲课费按“劳务报酬所得”项目征税，由某高校在发放时代扣代缴；出版著作取得的 50 000 元稿酬按“稿酬所得”项目征税，由中国作家出版社在支付稿酬时代扣代缴；拍卖手稿取得的 100 000 元按“特许权使用费所得”项目征税，由中国作家出版社在支付时代扣代缴。

四、个人所得税的税率

我国个人所得税采用分类所得税制，对不同的所得项目分别确定不同的适用税率和不同的税率形式。采用的税率形式分别为比例税率和超额累进税率，适用的税率具体确定如下。

（1）工资、薪金所得，适用七级超额累进税率，税率为 3%～45%，如表 6-1 所示。

表 6-1 个人所得税税率表

（工资、薪金所得适用）

级数	全月应纳税所得额（元/月）		税率（%）	速算扣除数（元）
	含税级距	不含税级距		
1	不超过 1 500 元的	不超过 1 455 元的	3	0
2	超过 1 500 元至 4 500 元的部分	超过 1 455 元至 4 155 元的部分	10	105
3	超过 4 500 元至 9 000 元的部分	超过 4 155 元至 7 755 元的部分	20	555
4	超过 9 000 元至 35 000 元的部分	超过 7 755 元至 27 255 元的部分	25	1 005
5	超过 35 000 元至 55 000 元的部分	超过 27 255 元至 41 255 元的部分	30	2 755
6	超过 55 000 元至 80 000 元的部分	超过 41 255 元至 57 505 元的部分	35	5 505
7	超过 80 000 元的部分	超过 57 505 元的部分	45	13 505

注：① 本表所列含税级距与不含税级距，均为按照税法规定减除有关费用后的所得额；从 2011 年 9 月 1 日起执行。

② 含税级距适用于由纳税人负担税款的工资、薪金所得；不含税级距适用于由他人（单位）负担税款的工资、薪金所得。

（2）个体工商户的生产、经营所得和对企事业单位的承包经营、承租经营所得，适用 5%～35%的五级超额累进税率，如表 6-2 所示。

表 6-2 个人所得税税率表

（个体工商户的生产、经营所得和对企事业单位的承包经营、承租经营所得适用）

级数	全年应纳税所得额（元/年）		税率（%）	速算扣除数（元）
	含税级距	不含税级距		
1	不超过 15 000 元的	不超过 14 250 元的	5	0
2	超过 15 000 元至 30 000 元的部分	超过 14 250 元至 27 750 元的部分	10	750
3	超过 30 000 元至 60 000 元的部分	超过 27 750 元至 51 750 元的部分	20	3 750
4	超过 60 000 元至 100 000 元的部分	超过 51 750 元至 79 750 元的部分	30	9 750
5	超过 100 000 元的部分	超过 79 750 元的部分	35	14 750

注：① 本表所列含税级距与不含税级距，均为按照税法规定以每一纳税年度的收入总额减除成本、费用以及损失后的所得额；从 2011 年 9 月 1 日起执行。

② 含税级距适用于个体工商户的生产、经营所得和由纳税人负担税款的对企事业单位的承包经营、承租经营所得；不含税级距适用于由他人（单位）负担税款的对企事业单位的承包经营、承租经营所得。

个人独资企业和合伙企业的生产经营所得，也适用 5%～35%的五级超额累进税率。

（3）稿酬所得，适用比例税率，税率为 20%，并按应纳税额减征 30%。故其实际税率为 14%。

（4）劳务报酬所得，适用比例税率，税率为 20%。对劳务报酬所得一次收入畸高的，可以实行加成征收。所谓“劳务报酬所得一次收入畸高”，是指个人一次取得劳务报酬，其应纳税所得额超过 20 000 元。对应纳税所得额超过 20 000 元至 50 000 元的部分，依照税法规定计算应纳税额后再按照应纳税额加征五成；超过 50 000 元的部分，依照税法规定计算应纳税额后再按照应纳税额加征十成。因此，劳务报酬所得实际上适用 20%、30%、40%的三级超额累进税率，如表 6-3 所示。

表 6-3　个人所得税税率表

（劳务报酬所得适用）

级数	含税级距（次）	不含税劳务报酬收入额（次）	税率（%）	速算扣除数（元）
1	不超过 20 000 元部分	不超过 21 000 元部分	20	0
2	超过 20 000 元至 50 000 元部分	超过 21 000 元至 49 500 元部分	30	2 000
3	超过 50 000 元部分	超过 49 500 元部分	40	7 000

注：① 表中所列含税级距为按照税法规定减除有关费用后的所得额；不含税劳务报酬收入总额为没有减除税法规定有关费用前的收入总额。

② 含税级距适用于由纳税人负担税款的劳务报酬所得；不含税劳务报酬收入额级距适用于由他人（单位）负担税款的劳务报酬所得。

（5）特许权使用费所得，利息、股息、红利所得，财产租赁所得，财产转让所得，偶然所得和其他所得，适用比例税率，税率为 20%（从 2007 年 8 月 15 日开始，储蓄存款利息个人所得税税率调整为 5%；从 2008 年 10 月 9 日起，储蓄存款利息所得暂免征个人所得税）。

五、个人所得税的优惠政策

（一）免税项目

（1）省级人民政府、国务院部委和中国人民解放军军以上单位，以及外国组织、国际组织颁发的科学、教育、技术、文化、卫生、体育、环境保护等方面的奖金。

（2）国债和国家发行的金融债券利息。其中，国债利息是指个人持有中华人民共和国财政部发行的债券而取得的利息；国家发行的金融债券利息是指个人持有国务院批准发行的金融债券而取得的利息所得。

（3）按照国家统一规定发给的补贴、津贴。这是指按照国务院规定发给的政府特殊津贴和国务院规定免纳个人所得税的补贴、津贴。发给中国科学院资深院士和中国工程院资深院士每人每年 1 万元的资深院士津贴免征个人所得税。

（4）福利费、抚恤金、救济金。其中，福利费是指根据国家有关规定，从企业、事业单位、国家机关、社会团体提留的福利费或者工会经费中支付给个人的生活补助费；救济金是指国家民政部门支付给个人的生活困难补助费。下列收入不属于免税的福利费范围：①从超出国家规定的比例或基数计提的福利费、工会经费中支付给个人的各种补贴、补助；

②从福利费和工会经费中支付给单位职工的人人有份的补贴、补助；③单位为个人购买汽车、住房、电子计算机等不属于临时性生活困难补助性质的支出。

（5）保险赔款。

（6）军人的转业费、复员费。

（7）按照国家统一规定发给干部、职工的安家费、退职费、退休工资、离休工资、离休生活补助费。

对离休、退休干部和职工利用一技之长和经验，再就业取得的工资、薪金所得，应区别于免税的退休工资、离休工资和离休生活补助费，依法征收个人所得税。此外离、退休人员取得除免税的离退休工资、离休生活补助费以外的其他各项所得，也应依法缴纳个人所得税。实行内部退养的个人，在其办理内部退养手续后至法定离退休年龄之间从原任职单位取得的工资、薪金，不属于离退休工资，须按工资、薪金所得项目缴纳个人所得税。

（8）依照我国有关法律规定应予免税的各国驻华使馆、领事馆的外交代表、领事官员和其他人员的所得。

（9）中国政府参加的国际公约、签订的协议中规定免税的所得。

（10）企业和个人按规定比例提取并缴付的住房公积金、医疗保险金、基本养老保险金和失业保险基金（简称“三保一金”），免征个人所得税；个人领取“三保一金”免征个人所得税；按规定比例缴付的“三保一金”存入银行个人账户所取得的利息收入，免征个人所得税。

（11）对乡镇以上政府或县以上政府主管部门批准成立的见义勇为基金会或者类似组织，奖励见义勇为者的奖金或奖品，经主管税务机关批准，免征个人所得税。

（12）经国务院财政部门批准的其他免税所得。

（二）减税项目

（1）残疾、孤老人员和烈属的所得。

（2）因严重自然灾害造成重大损失的。

（3）其他经国务院财政部门批准减免的项目。

上述减税项目的减征幅度和期限，由省、自治区、直辖市人民政府规定。

（三）暂免征税项目

（1）外籍个人以非现金形式或实报实销形式取得的住房补贴、伙食补贴、搬迁费、洗衣费。

（2）外籍个人按合理标准取得的境内、境外出差补贴。

（3）外籍个人取得的探亲费、语言训练费、子女教育费等，经当地税务机关审核批准为合理的部分。

（4）外籍个人从外商投资企业取得的股息、红利所得。

（5）个人举报、协查各种违法、犯罪行为而获得的奖金。

（6）个人办理代扣代缴税款手续，按规定取得的扣缴手续费。

（7）个人转让自用达 5 年以上，并且是唯一的家庭生活用房取得的所得。

（8）对个人购买福利彩票、体育彩票，一次中奖收入在 1 万元以下的（含 1 万元）暂免征收个人所得税，超过 1 万元的全额征收个人所得税。

（9）达到离、退休年龄，但确因工作需要，适当延长离、退休年龄的高级专家（指享受国家发放的政府特殊津贴的专家、学者），其在延长离、退休期间的工资、薪金所得，视同离、退休工资免征个人所得税。

（10）对个人转让上市公司股票的所得，暂免征收个人所得税。

（11）从 2015 年 9 月 8 日起，对个人投资者从上市公司取得的股息红利所得，持股期限在 1 个月以内（含）的，其股息红利所得全额计入应纳税所得额，实际税负为 20%；持股期限在 1 个月以上至 1 年（含）的，暂减按 50%计入应纳税所得额，实际税负为 10%；持股期限超过 1 年的，暂免征收个人所得税。

（12）凡符合下列条件之一的外籍专家取得的工资、薪金所得可免征个人所得税：①根据世界银行专项贷款协议由世界银行直接派往我国工作的外国专家；②联合国组织直接派往我国工作的专家；③为联合国援助项目来华工作的专家；④援助国派往我国专为该国无偿援助项目工作的专家；⑤根据两国政府签订文化交流项目来华工作两年以内的文教专家，其工资、薪金所得由该国负担的；⑥根据我国大专院校国际交流项目来华工作两年以内的文教专家，其工资、薪金所得由该国负担的；⑦通过民间科研协定来华工作的专家，其工资、薪金所得由该国政府机构负担的。

（四）其他减免税优惠

（1）对在中国境内无住所，但在境内居住 1 年以上、不到 5 年的纳税人减免税优惠。在中国境内无住所，但居住满 1 年而未超过 5 年的个人，其来源于中国境外的所得，经主管税务机关批准，可以只就中国境内公司、企业以及其他经济组织或者个人支付的部分缴纳个人所得税；居住超过 5 年的个人，从第 6 年起，应当就其来源于中国境外的全部所得缴纳个人所得税。这里的“个人在中国境内居住满 5 年”，是指个人在中国境内连续居住满 5 年，即在连续 5 年中的每一纳税年度内均居住满 1 年。

（2）对在中国境内无住所，但在一个纳税年度中在中国境内居住不超过 90 日的纳税人的减免税优惠。在中国境内无住所而一个纳税年度内在中国境内连续或累计工作不超过 90 日的个人，由中国境外雇主支付并且不是由该雇主设在中国境内机构负担的工资、薪金所得，免于缴纳个人所得税，仅就其实际在中国境内工作期间由中国境内企业或个人雇主支付或者由中国境内机构负担的工资、薪金所得纳税。

第二节 个人所得税税款计算

引 例

王先生系某高校教师，2015年每个月的基本工资收入为3 800元，此外学校按照每位教师教学工作量发放课时报酬，王先生2—6月每个月课时报酬收入为2 100元；9—12月每个月课时报酬为2 400元；2015年12月获得全年一次性奖金收入24 000元；王先生于2015年出版教材一部，获得稿酬收入12 000元；为某大型企业集团讲学一次，获得收入3 000元；担任某集团公司独立董事，一次性取得董事费40 000元；购买福利彩票中奖获得奖金15 000元。

根据以上信息，请计算王先生2015年应纳的个人所得税。

一、个人所得税应纳税额的计算

我国的个人所得税采用分类所得税制，即将个人取得的各项所得划分为11类，对11类所得分别适用不同的费用扣除标准、不同的税率和不同的计税方法。

（一）工资、薪金所得应纳税额的计算

1. 应纳税所得额的确定

工资、薪金所得以每月收入额减除固定费用3 500元后的余额为应纳税所得额。但是对在中国境内无住所而在中国境内取得工资、薪金所得的纳税义务人和在中国境内有住所而在中国境外取得工资、薪金所得的纳税义务人，税法规定，在基本扣除费用基础上，再减除1 300元附加费用后的余额为应纳税所得额，具体人员范围如下：

（1）在中国境内的外商投资企业和外国企业工作的外籍人员。

（2）应聘在中国境内的企业、事业单位、社会团体、国家机关工作的外籍专家。

（3）在中国境内有住所而在中国境外任职或者受雇取得工资、薪金所得的个人。

（4）华侨和香港、澳门、台湾同胞。

（5）国务院财政、税务主管部门规定的其他人员。

2. 平时工资、薪金所得应纳税额的计算

计算公式如下：

应纳税所得额=每月收入额−费用扣除标准（3 500元或4 800元）

应纳税额=∑（各级距应纳税所得额×该级距的适用税率）

或 =应纳税所得额×适用税率−速算扣除数

3. 全年一次性奖金所得应纳税额的计算

个人取得全年一次性奖金按以下规定执行。

（1）纳税人取得全年一次性奖金，单独作为一个月工资、薪金所得计算纳税，并按以下计税办法，由扣缴义务人发放时代扣代缴。

首先，将雇员当月内取得的全年一次性奖金，除以 12 个月，按其商数确定适用税率和速算扣除数。如果在发放年终一次性奖金的当月，雇员当月工资薪金所得低于税法规定的费用扣除额，应将全年一次性奖金减除“雇员当月工资薪金所得与费用扣除额的差额”后的余额，按上述办法确定全年一次性奖金的适用税率和速算扣除数。

其次，将雇员个人当月内取得的全年一次性奖金，按上述确定的适用税率和速算扣除数计算征税，计算公式如下。

如果雇员当月工资薪金所得高于（或等于）税法规定的费用扣除额的，适用公式为：

应纳税额=雇员当月取得全年一次性奖金×适用税率–速算扣除数

如果雇员当月工资薪金所得低于税法规定的费用扣除额的，适用公式为：

应纳税额=（雇员当月取得全年一次性奖金–
雇员当月工资薪金所得与费用扣除额的差额）×适用税率–速算扣除数

（2）在一个纳税年度内，对每一个纳税人，该计税办法只允许采用一次。

（3）雇员取得除全年一次性奖金以外的其它各种名目奖金，如半年奖、季度奖、加班奖、先进奖、考勤奖等，一律与当月工资、薪金收入合并，按税法规定缴纳个人所得税。

【例 6-1】中国公民王某 2016 年 1 月取得 2015 年全年一次性奖金 36 000 元，王某当月的工资为 8 100 元，交纳社会统筹的养老保险 220 元，失业保险 100 元，单位代缴水电费 200 元。王某 1 月应缴纳的个人所得税计算如下。

当月工资收入应纳税额计算如下：应纳税额=（8 100–3 500–220–100）×10%–105=323（元）。

年终奖金应纳税额计算如下：36 000÷12=3 000（元），适用 10%的税率，速算扣除数为 105，因此，应纳税额=36 000×10%–105=3 495（元）。

王某 1 月应纳个人所得税税额合计为：323+3 495=3 818（元）。

（二）劳务报酬所得应纳税额的计算

劳务报酬所得实行按次征税，以每次取得的收入减除费用扣除标准后的余额为应纳税所得额。其费用扣除标准为：每次收入不超过 4 000 元的，减除费用为 800 元；4 000 元以上的，减除费用为收入额的 20%。

上述所说的“每次收入”按下列规定确定：只有一次性收入的，以取得该项收入为一次；属于同一事项连续取得收入的，以一个月内取得的收入合计为一次。

劳务报酬所得应纳税额计算公式如下。

1. 每次收入不超过 4 000 元的

应纳税额=（每次收入额–800）×20%

2. 每次收入超过 4 000 元，应纳税所得额不超过 20 000 元的

应纳税额=每次收入额×（1–20%）×20%

3. 每次收入的应纳税所得额超过 20 000 元的

应纳税额=每次收入额×（1–20%）×适用税率–速算扣除数

4. 为纳税人代付税款的计算方法

如果单位或个人为纳税人负担税款的，应当将纳税人取得的不含税收入额换算为应纳税所得额，然后按规定计算应代付的个人所得税税款。计算公式如下。

（1）不含税收入额为 3 360 元（含税收入额为 4 000 元）以下的：

应纳税所得额=（不含税收入额–800）÷（1–税率）

应纳税额=应纳税所得额×适用税率

（2）不含税收入额为 3 360 元以上的：

应纳税所得额=（不含税收入额–速算扣除数）×（1–20%）÷［1–税率×（1–20%）］

应纳税额=应纳税所得额×适用税率–速算扣除数

公式中的“税率”，是指不含税收入额按不含税劳务报酬收入所对应的税率；公式中的“适用税率”，是指应纳税所得额按含税级距对应的税率。

【例 6-2】歌星刘某一次取得表演收入 48 000 元，其应纳个人所得税税额计算如下：

应纳税额=48 000×（1–20%）×30%–2 000=9 520（元）

假如，刘某取得的表演收入 48 000 元为税后所得，与其演出收入相关的税金由演出单位承担，则演出单位应缴纳的个人所得税税额计算如下：

应纳税所得额=（48 000–2 000）×（1–20%）÷［1–30%×（1–20%）］=48 421.05（元）

应纳税额=48 421.05×30%–2 000=12 526.32（元）

（三）稿酬所得应纳税额的计算

1. 应纳税所得额的计算

稿酬所得实行按次征税，以每次取得的收入减除费用扣除标准后的余额为应纳税所得额。其费用扣除标准：每次收入不超过 4 000 元的，减除费用为 800 元；4 000 元以上的，减除费用为收入额的 20%。

稿酬所得按次计税，以每次出版、发表取得的收入为一次，具体可细分如下：

（1）同一作品再版取得的所得，应视为另一次稿酬所得计征个人所得税。

（2）同一作品先在报纸、杂志上连载，然后再出版，或先出版，再在报纸、杂志上连载的，应视为两次稿酬所得征税。即连载为一次，出版为另一次。

（3）同一作品在报纸、杂志上连载，以连载完后取得的所有收入合并为一次计征个人所得税。

（4）同一作品在出版、发表时，以预付稿酬或分次支付稿酬等形式取得的收入，应合并一次计算。

（5）同一作品出版、发表后，因添加印数而追加稿酬的，应与以前出版、发表时取得的稿酬合并为一次计征个人所得税。

2. 应纳所得税税额的计算

稿酬所得应纳税额计算公式如下。

（1）每次收入不足 4 000 元的：

$$应纳税额=（每次收入额-800）\times 20\% \times（1-30\%）$$

（2）每次收入超过 4 000 元的：

$$应纳税额=每次收入额\times（1-20\%）\times 20\% \times（1-30\%）$$

【例 6-3】作家张某于 2015 年 5 月由某出版社出版一部长篇小说，取得稿酬 45 000 元；同年 10 月又取得该书加印稿酬 5 500 元；2015 年 11 月到 2016 年 1 月期间该长篇小说在某报刊上连载 3 个月，每月获得稿酬 1 000 元，共 3 000 元。计算作家张某就这部长篇小说稿酬所应缴纳的个人所得税。

（1）出版、加印稿酬应纳税额=（45 000+5 500）×（1-20%）×20%×（1-30%）=5 656（元）。

（2）报刊连载稿酬应纳税额=（3 000-800）×20%×（1-30%）=308（元）。

（四）特许权使用费所得应纳税额的计算

特许权使用费按次计税，以每次取得的收入减除费用扣除标准后的余额为应纳税所得额。其费用扣除标准为：每次收入不超过 4 000 元的，减除费用为 800 元；4 000 元以上的，减除费用为收入额的 20%。

特许权使用费按次计税，以每一项使用权的每次转让所取得的收入为一次，如果该次转让取得的收入是分笔支付的，则应将各笔收入相加为一次。

特许权使用费所得应纳税额计算公式如下。

1. 每次收入不足 4 000 元的

$$应纳税额=（每次收入额-800）\times 20\%$$

2. 每次收入超过 4 000 元的

应纳税额=每次收入额×（1–20%）×20%

【例 6-4】某企业购入王某一项非专利使用权，合同约定使用费为 40 000 元，分两次支付，每次支付 20 000 元。该企业应代扣代缴的个人所得税税额计算如下。

同一笔业务，虽分次支付，但应合并计算。

应纳税额=40 000×（1–20%）×20%=6 400（元）。

（五）财产租赁所得应纳税额的计算

1. 应纳税所得额的计算

财产租赁所得按次计税，以一个月取得的收入为一次。按税法规定，财产租赁所得以每次取得的收入减除规定费用后的余额为应纳税所得额。此处所指的规定费用特指以下三项内容：

（1）财产租赁过程中缴纳的税费。该项税费必须提供完税凭证，才能从其财产租赁收入中扣除。

（2）由纳税人负担的出租财产实际开支的修缮费用。该费用必须提供有效、准确的凭证，并且其扣除额以每次 800 元为限，一次扣除不完的，准予在下一次继续扣除，直到扣完为止。

（3）税法规定的费用扣除标准：每次收入不超过 4 000 元的，减除费用为 800 元；4 000 元以上的，减除费用为收入额的 20%。

同时应注意，上述费用应按上述顺序依次扣除。

2. 应纳所得税税额的计算

财产租赁所得应纳税额计算公式如下。

（1）每次（月）收入不超过 4 000 元的：

应纳税额=［每次（月）收入额–准予扣除项目–修缮费用（800 元为限）–800 元］×适用税率

（2）每次（月）收入超过 4 000 元的：

应纳税额=［每次（月）收入额–准予扣除项目–修缮费用（800 元为限）］×（1–20%）×适用税率

【提示】

① 上述的适用税率有两档：基本税率为 20%；对于个人按市场价格出租的居民住房取得的所得减按 10%的税率征收个人所得税。②“营改增”试点后，

个人出租房屋的个人所得税应税收入不含增值税，计算房屋出租所得可扣除的税费不包括本次出租缴纳的增值税；个人转租房屋的，其向房屋出租方支付的租金及增值税税额，在计算转租所得时予以扣除。免征增值税的，确定计税依据时，租金收入不扣减增值税税额。

【例 6-5】中国公民李某 2016 年 6 月 1 日起将其位于市区的一套公寓住房按市价出租，每月收取租金 3 800 元。6 月因卫生间漏水发生修缮费用 1 200 元，已取得合法有效的支出凭证。李某 6—7 月出租房屋应缴纳的个人所得税税额计算如下（不考虑其他税费）。

个人出租住房的月租金收入不超过 3 万元，可享受小微企业免征增值税优惠政策，因而租金收入也不扣减增值税。

应纳个人所得税税额=（3 800–800–800）×10%+（3 800–400–800）×10%=480（元）。

假设上例中，李某就取得的租金收入按税法规定缴纳了房产税、城市维护建设税和教育费附加，在计算应纳税额时，也可一并扣除。

（六）财产转让所得应纳税额的计算

财产转让所得以转让财产的收入减除财产原值和合理费用后的余额为应纳税所得额。其计算公式如下：

应纳税所得额=每次收入额–财产原值–合理费用

上式所指的财产原值，对有价证券为买入价以及买入时按照规定交纳的有关费用；对建筑物为建造费用或者购进价格以及其他有关费用；对土地使用权为取得土地使用权所支付的金额、开发土地的费用以及其他有关费用；对机器设备、车船为购进价格、运输费、安装费以及其他有关费用；其他财产参照上述方法确定。纳税人未提供完整、准确的财产原值凭证，不能正确计算财产原值的，由主管税务机关核定其财产原值。

上式所指的合理费用是指卖出财产过程中按规定支付的有关费用。

个人住房转让时，纳税人不能提供完整、准确的房屋原值凭证和合理费用的凭证时，税务机关可对其实行核定征税，即按纳税人住房转让收入的一定比例核定应纳个人所得税税额，具体比例由省级地方税务局或省级地方税务局授权的地市级地方税务局根据纳税人出售住房的所处区域、地理位置、建造时间、房屋类型、住房平均价格水平等因素，在住房转让收入 1%～3%的幅度内确定。

【提示】

“营改增”试点后，个人转让房屋的个人所得税应税收入不含增值税，其取得房屋时所支付价款中包含的增值税计入财产原值，计算转让所得时可扣除的税费不包括本次转让缴纳的增值税。免征增值税的，确定计税依据时，转让房地产取得的收入不扣减增值税税额。

个人受赠的住房转让时，应按财产转让收入减除受赠、转让住房过程中缴纳的税金及有关合理费用后的余额为应纳税所得额，按20%的适用税率计算缴纳个人所得税，不得采用核定征收方式。

【例6-6】居住在市区的中国居民李某，2015年11月，以每份218元的价格转让2013年的企业债券500份，发生相关税费870元，债券申购价每份200元，申购时共支付相关税费350元；转让A股股票取得所得24 000元。李某转让有价证券所得应缴纳的个人所得税计算如下。

（1）转让股票取得所得免征个人所得税。

（2）转让有价证券所得，应缴纳的个人所得税=[（218–200）×500–870–350]×20%=1 556（元）。

（七）利息、股息、红利所得和偶然所得应纳税额的计算

利息、股息、红利所得和偶然所得按次纳税。利息、股息、红利所得以支付利息、股息、红利时取得的收入为一次；偶然所得以每次收入为一次。

上述所得均应以每次收入额为应纳税所得额，不做任何费用扣除。其应缴个人所得税计算公式如下：

$$应纳税额=每次收入额\times20\%$$

【例6-7】2015年，刘先生购买福利彩票中奖5 000元；参加某商场举办的有奖销售活动中奖获得20 000元现金。刘先生应缴纳的个人所得税税额计算如下。

刘先生购买福利彩票中奖所得不超过10 000元，暂免征收个人所得税；参加商场有奖销售活动所得应按“偶然所得”项目计征个人所得税。

应纳税额=20 000×20%=4 000（元）。

（八）个体工商户生产、经营所得应纳税额的计算

1. 应纳税所得额的确定

个体工商户的生产、经营所得，应以其每一纳税年度的收入总额减除成本、费用以及损失后的余额为应纳税所得额。其中：

（1）收入总额是指个体工商户从事生产、经营以及与生产经营有关的活动所取得的各项收入，包括主营业务收入、其他业务收入和营业外收入。

（2）成本、费用和损失是指个体工商户从事生产、经营活动所发生的各项直接费用、间接费用、期间费用和营业外支出。

2. 账册健全的个体工商户应纳税额的计算

对于账册健全的个体工商户，实行按年计算，分月或分季预缴，年终汇算清缴，多退

少补的方法，以每一纳税年度的收入总额，减除成本、费用以及损失后的余额作为应纳税所得额，按适用税率计算应纳税额。其应纳税额可按下列公式计算：

$$应纳税额=应纳税所得额\times适用税率-速算扣除数$$

实际使用上述公式时应注意以下规定：

（1）个体工商户业主、个人独资企业和合伙企业投资者本人的费用扣除标准统一确定为 42 000 元/年，投资者的工资不得在税前扣除；个体工商户、个人独资企业和合伙企业向其从业人员实际支付的合理的工资、薪金支出，允许在税前据实扣除。

（2）个体工商户、个人独资企业和合伙企业拨缴的工会经费、发生的职工福利费、职工教育经费支出分别在工资薪金总额 2%、14%、2.5%的标准内据实扣除。

（3）个体工商户、个人独资企业和合伙企业每一纳税年度发生的广告费和业务宣传费用不超过当年销售（营业）收入 15%的部分，可据实扣除；超过部分，准予在以后纳税年度结转扣除。

（4）个体工商户、个人独资企业和合伙企业每一纳税年度发生的与其生产经营业务直接相关的业务招待费支出，按照发生额的 60%扣除，但最高不得超过当年销售（营业）收入的 5‰。

（5）个体工商户在生产、经营期间借款的利息支出，凡有合法的证明，不高于按金融机构同类、同期贷款利率计算的部分，准予扣除。

（6）个体工商户生产经营活动中，应当分别核算生产经营费用和个人、家庭费用。对于生产经营与个人、家庭生活混用难以分清的费用，其 40%视为与生产经营有关费用，准予扣除。

（7）个体工商户按照规定的范围和标准为其业主和从业人员缴纳的基本养老保险费、基本医疗保险费、失业保险费、生育保险费、工伤保险费和住房公积金，准予扣除。为从业人员缴纳的补充养老保险费、补充医疗保险费，分别在不超过从业人员工资总额 5%标准内的部分据实扣除；业主本人缴纳的补充养老保险费、补充医疗保险费，以当地（地级市）上年度社会平均工资的 3 倍为计算基数，分别在不超过该计算基数 5%标准内的部分据实扣除；超过部分，不得扣除。

（8）个体工商户通过公益性社会团体或者县级以上人民政府及其部门，用于公益事业的捐赠，捐赠额不超过其应纳税所得额 30%的部分可以据实扣除。

（9）个体工商户研究开发新产品、新技术、新工艺所发生的开发费用，以及研究开发新产品、新技术而购置单台价值在 10 万元以下的测试仪器和试验性装置的购置费准予直接扣除；单台价值在 10 万元以上（含 10 万元）的测试仪器和试验性装置，按固定资产管理，不得在当期直接扣除。

（10）个体工商户和从事生产经营的个人，如取得与生产经营活动无关的各项所得，应分别适用各应税项目的规定计算征收个人所得税。

3. 账册不健全的个体工商户应纳税额的计算

对于账册不健全的，甚至没有建账的个体工商户（包括个人独资企业和合伙企业），可采用定额征收、定率征收和核定应税所得率征收等办法。

定额征收是指税务机关对经营规模小，经营情况比较稳定的个体户，可根据业户的实际经营情况，核定应纳税额，按月纳税，年终不清算。

定率征收是指税务机关经调查，定期制定行业所得税负担率，在缴纳增值税的同时，一并按销售收入计算缴纳所得税，年终不清算。

实行核定应税所得率征收方式的，应纳所得税税额的计算公式如下：

应纳所得税税额=应纳税所得额×适用税率–速算扣除数

应纳税所得额=收入总额×应税所得率

=成本费用支出总额÷（1–应税所得率）×应税所得率

应税所得率按表 6-4 规定的标准执行。

表 6-4 个人所得税应税所得率

行　　业	应税所得率（%）
工业、交通运输业、商业	5～20
建筑业、房地产开发业	7～20
饮食服务业	7～25
娱乐业	20～40
其他行业	10～30

企业经营多业的，无论其经营项目是否单独核算，均应根据其主营项目确定其适用的应税所得率。实行核定征收的投资者，不能享受个人所得税的优惠政策。

【例 6-8】某酒楼是个体饭店，账证健全，12 月取得营业额 123 500 元，购进米、面等原材料 50 000 元，缴纳水电等各项费用 15 000 元，缴纳其他税费合计 5 000 元。该饭店共有 4 名雇工，当月共支付工资费用 6 000 元；业主自己月工资 6 000 元。该饭店 1—11 月累计应纳税所得额 460 000 元，已累计预缴个人所得税 140 000 元。该业主 12 月应缴纳个人所得税税额计算如下。

分析：雇员的合理工资可在税前全额扣除，业主按 3 500 元/月扣除。

12 月应纳税所得额=123 500–50 000–15 000–5 000–6 000–3 500=44 000（元）

全年累计应纳税所得额=460 000+44 000=504 000（元）

全年累计应纳个人所得税金额=504 000×35%–14 750=161 650（元）

12 月应缴纳个人所得税金额=161 650–140 000=21 650（元）

按照有关规定，达到规定经营规模的个体工商户，必须建账。对未达到规定经营规模暂未建账或经批准暂缓建账的个体工商户，可采取定期定额、综合负担率等办法征税。

（九）对企（事）业单位承包、承租经营所得应纳税额的计算

对企（事）业单位的承包、承租经营所得，实行按年计算，分月或分季预缴，年终汇算清缴，多退少补的方法，以每一纳税年度的收入总额，减除必要的费用后的余额为应纳税所得额。纳税年度的收入总额是指纳税人按照承包、承租经营合同规定分得的经营利润和工资、薪金性质所得；减除必要费用是指按月扣除 3 500 元。其计算公式为：

应纳税所得额=每一纳税年度的收入总额−必要费用

应纳税额=应纳税所得额×适用税率−速算扣除数

实行承包、承租经营的纳税义务人，在一个纳税年度内，承包、承租经营不足 12 个月的，以其实际承包、承租经营的月份数为一个纳税年度计算纳税。计算公式为：

应纳税所得额=该年度承包、承租经营收入额−（3 500×该年度实际承包、承租经营月份数）

应纳税额=应纳税所得额×适用税率−速算扣除数

【例 6-9】2015 年 1 月 1 日王某与某商店签订承包合同，约定承包期限一年，王某每年上交承包金 20 000 元，其余经营所得归王某所有。该年，该商店实现承包所得 88 000 元（未扣除王某的工资）。王某 2015 年应纳个人所得税税额计算如下。

个体工商户业主费用扣除标准为 3 500 元/月，故允许扣除的费用合计为 42 000 元（3 500×12）。

应纳税所得额=88 000−20 000−42 000=26 000（元）

应纳个人所得税额=26 000×10%−750=1 850（元）

假设合同约定，王某对该商店的经营成果不拥有所有权，仅可以每月取得固定工资 4 500 元。此类中王某承包取得的固定收入，实际相当于工资、薪金收入，按七级超额累进税率计算，按月缴纳个人所得税。则王某 2015 年应纳个人所得税税额计算如下。

每月应纳税所得额=4 500−3 500=1 000（元）

月应纳个人所得税额=1 000×3%=30（元）

全年应纳个人所得税额=30×12=360（元）

工作实例

个人所得税应纳税额的计算

赵小兵是北京市朝阳区 A 公司的技术骨干。2015 年赵小兵的全部收入和税款缴纳情况如下。

（1）每月取得工资和年终奖及扣缴税款情况如表 6-5 所示。

表 6-5 赵小兵 2014 年工资收入汇总表

月份	基本及岗位工资	伙食补助	月奖	住房补贴	过节费	应发工资	住房公积金	基本养老保险费	基本医疗保险费	失业保险费	三费一金合计	个人所得税	实发工资
	①	②	③	④	⑤	⑥	⑦	⑧	⑨	⑩	⑪	⑫	⑬
1月	7 000	1 000	1 200	3 000	1 000	13 200	1 200	960	240	120	2 520	881	9 799
2月	7 000	1 000	1 200	3 000	2 000	14 200	1 200	960	240	120	2 520	1 081	10 599
3月	7 000	1 000	1 200	3 000	0	12 200	1 200	960	240	120	2 520	681	8 999
4月	7 000	1 000	1 200	3 000	0	12 200	1 200	960	240	120	2 520	681	8 999
5月	7 000	1 000	1 200	3 000	1 000	13 200	1 200	960	240	120	2 520	881	9 799
6月	7 000	1 000	1 200	3 000	0	12 200	1 200	960	240	120	2 520	681	8 999
7月	7 000	1 000	1 200	3 000	0	12 200	1 200	960	240	120	2 520	681	8 999
8月	7 000	1 000	1 200	3 000	0	12 200	1 200	960	240	120	2 520	681	8 999
9月	7 000	1 000	1 200	3 000	1 000	13 200	1 200	960	240	120	2 520	881	9 799
10月	7 000	1 000	1 200	3 000	1 000	13 200	1 200	960	240	120	2 520	881	9 799
11月	7 000	1 000	1 200	3 000	0	12 200	1 200	960	240	120	2 520	681	8 999
12月	7 000	1 000	1 200	3 000	0	12 200	1 200	960	240	120	2 520	681	8 999
年终奖金	—	—	—	—	—	36 000	—	—	—	—		3 495	32 505
合计						188 400					30 240	12 867	145 293

（2）2015 年 5 月 10 日完成某单位委托的某工程项目可行性方案，取得设计费 8 000 元，委托单位扣缴了个人所得税 1 280 元。

（3）在国内专业杂志上发表文章两篇，分别取得稿酬 1 300 元和 900 元，杂志社已扣个人所得税 84 元。

（4）2015 年 3 月 1 日将其拥有的一项发明专利让渡给甲公司，双方约定的转让款为 40 000 元，甲公司扣缴其个人所得税 6 400 元。

（5）2015 年 1 月 1 日出租自有商铺给乙公司，合同约定租期一年，月租金 3 500 元，按国家规定缴纳除个人所得税外的其他税费 200 元，缴纳个人所得税 500 元；

（6）2015 年 6 月转让设备一台，取得转让收入 6 000 元。该设备原价 5 000 元，转让时支付的有关费用 200 元，扣缴的个人所得税为 160 元。

（7）取得本公司股权分红 20 000 元，扣缴个人所得税 4 000 元。

（8）购买国债，取得利息收入 2 000 元。

（9）购买企业债券，取得利息收入 1 500 元，没有扣缴个人所得税。

（10）2015 年 6 月 3 日一次购买体育彩票，中奖 90 000 元，扣缴个人所得税 18 000 元。

现在赵小兵向你咨询他的各项收入个人所得税税款是如何计算出来的，年末是否还需要补税？

操作步骤

第一步：判断个人所得项目类别。

属于工资、薪金所得的有：（1）。

属于劳务报酬所得的有：（2）。

属于稿酬所得的有：（3）。

属于特许权使用费所得的有：（4）。

属于财产租赁所得的有：（5）。

属于财产转让所得的有：（6）。

属于利息、股息、红利所得的有：（7）、（8）、（9）。

属于偶然所得的有：（10）。

第二步：分别确定计税依据并逐项计算应纳个人所得税税额。

（1）工资、薪金所得。

① 平时每月工资、薪金个人所得税计算，分别以 1 月为例。

1 月的工资、薪金个人所得税：

应纳税所得额=应发工资–个人缴付的“三费一金”–基本费用扣除标准

=13 200–2 520–3 500=7 180（元）

应纳税额=7 180×20%–555=881（元）

赵小兵各月工资、薪金个人所得税，A 公司为扣缴义务人，应由发放工资的 A 公司代扣代缴。

② 年终奖个人所得税计算。

适用税率的确定：36 000÷12=3 000（元），适用税率为 10%，速算扣除数为 105。

应纳税额=36 000×10%–105=3 495（元）

赵小兵年终奖个人所得税，A 公司为扣缴义务人，也应由发放工资的 A 公司代扣代缴。

（2）劳务报酬所得。

赵小兵为外单位设计项目可行性方案所得应纳税所得额=8 000×（1–20%）×20%=1 280（元）

小赵取得的设计费应纳的个人所得税税额应由委托公司代扣代缴。

（3）稿酬所得。

稿酬所得应纳税款=（1 300–800）×20%×（1–30%）+（900–800）×20%×（1–30%）=84（元）

稿酬所得应纳税款应由杂志社代扣代缴。

（4）特许权使用费所得。

应纳税额=40 000×（1−20%）×20%=6 400（元）

赵小兵让渡发明专利所得应缴个人所得税应由甲公司在支付收入时按 20%的税率代扣代缴。

（5）财产租赁所得。

应纳税额=每月应纳税所得额×20%×12=（3 500−200−800）×20%×12=6 000（元）

小赵出租房屋所得应纳个人所得税应由承租的公司代扣代缴。

（6）财产转让所得。

应纳税额=（6 000−5 000−200）×20%=160（元）

（7）利息、股息、红利所得。

在（7）～（9）项收入中，第（8）项国债利息收入属于免税所得，不计入年应纳税所得额。则：

年利息、股息、红利应纳税所得额=公司分红+企业债券利息=20 000+1 500=21 500（元）

应纳税额=21 500×20%=4 300（元）

上述所得应纳的个人所得税均由支付单位代扣代缴。

（8）偶然所得。

应纳税额=90 000×20%=18 000（元）

第三步：汇总本年度赵小兵应纳个人所得税税额，并补缴个人所得税。

本年度应纳个人所得税税额=12 867+1 280+84+6 400+6 000+160+4 300+18 000= 49 091（元）

本年度已经缴纳的个人所得税税额=12 867+1 280+84+6 400+6 000+160+4 000+18 000=48 791（元）

本年度应补缴个人所得税税额=49 091−48 791=300（元）

二、个人所得税几种特殊情况应纳税额的计算

（一）个人发生公益、救济性捐赠个人所得税的计算

个人将其所得通过中国境内的社会团体、国家机关向教育和其他社会公益事业以及遭受严重自然灾害地区、贫困地区捐赠，捐赠额未超过纳税人申报的应纳税所得额 30%的部分，可以从其应纳税所得额中扣除。

个人通过非营利性的社会团体和国家机关向红十字事业、农村义务教育以及公益性青少年活动场所的公益性捐赠，在计算缴纳个人所得税时，准予在税前的所得额中全额扣除。

【例 6-10】王某 5 月 1 日购买福利彩票，中了价值为 200 000 元的小轿车一辆及

人民币 50 000 元。王某领奖时拿出 20 000 元通过民政部门捐赠给灾区。王某应纳的个人所得税税额计算如下：

捐赠支出扣除限额=（200 000+50 000）×30%=7 5000（元）

纳税人实际捐赠支出 20 000 元低于捐赠支出扣除限额 75 000 元，可全部在税前扣除。

应纳税所得额=200 000+50 000–20 000=230 000（元）

应纳税额=230 000×20%=46 000（元）

（二）境外所得已纳税额扣除的计算

根据《中华人民共和国个人所得税法》的规定，对个人所得税的居民纳税人，应就其来源于中国境内、境外的所得计算个人所得税。但纳税人从中国境外取得的所得，已在境外缴纳的个人所得税，准予在应纳税额中扣除，但扣除额不得超过该纳税人境外所得依照我国个人所得税法计算的应纳税额。

上述“已在境外缴纳的个人所得税”是指纳税人从中国境外取得的所得，依照该所得来源国或者地区的法律应当并且实际已缴纳的税额。“境外所得依照我国个人所得税法计算的应纳税额”是指纳税人从中国境外取得的所得，区别不同国家（或地区）和不同应税项目，依照我国税法规定的费用减除标准和适用税率计算的应纳税额。同一国家（或地区）内不同应税项目，依照我国税法计算的应纳税额之和，则为该国（或地区）的扣除限额。

纳税人从中国境外一国（或地区）实际已缴纳的个人所得税税额，低于依照上述办法计算的该国（或地区）扣除限额的，须在我国缴纳差额部分的税款；超过该国（或地区）扣除限额的，其超过部分不能在本纳税年度的应纳税额中扣除，但可在以后纳税年度该国（或地区）扣除限额的余额中补扣，补扣期最长不得超过 5 年。

纳税人按规定申请扣除在境外实际已缴纳的个人所得税税额时，须提供境外税务机关填发的完税凭证原件。

【例 6-11】中国公民王某在境外工作，当年在 A 国取得工薪收入 150 000 元，转让一项专利取得特许权使用费收入 60 000 元，两项所得在 A 国已缴纳个人所得税 10 000 元；在 B 国出版专著，获得稿酬收入 30 000 元，取得股息收入 50 000 元，在 B 国已缴纳个人所得税 16 000 元。王某该年应向我国税务机关缴纳的个人所得税税额计算如下。

（1）按我国税法规定分国分项计算境外所得的应纳税额。

A 国：

工薪收入应纳税额=［（150 000÷12–4 800）×20%–555］×12=11 820（元）

特许权使用费收入应纳税额=60 000×（1–20%）×20%=9 600（元）

A 国扣除限额=11 820+9 600=21 420（元）

王某已在 A 国缴纳税款 10 000 元，低于扣除限额，按规定可全部扣除。

B 国：

稿酬所得应纳税额=30 000×（1−20%）×20%×（1−30%）=3 360（元）

股息所得应纳税额=50 000×20%=10 000（元）

B 国扣除限额=3 360+10 000=13 360（元）

王某已在 B 国缴纳税款 16 000 元，超过扣除限额，按规定只能按限额扣除，超过部分可结转以后年度扣除，但最长不超过 5 年。

（2）王某应向我国税务机关缴纳的个人所得税。

应纳税额=（21 420−10 000）+（13 360−13 360）=11 420（元）

（三）两个或两个以上的纳税人共同取得同一项所得应纳税额的计算

两个或两个以上的纳税人共同取得同一项所得的，可以对每一个人分得的收入分别减除费用，并计算各自的应纳税额。

【例 6-12】甲、乙两人合著一本书，共取得稿费收入 9 800 元，其中：甲分得 7 000 元，乙分得 2 800 元。甲、乙两人应缴纳个人所得税税额计算如下。

甲应纳税额=7 000×（1−20%）×20%×（1−30%）=784（元）

乙应纳税额=（2 800−800）×20%×（1−30%）=280（元）

（四）不满一个月的工资、薪金所得应纳税额的计算

在中国境内无住所的个人，凡在中国境内居住不满一个月并仅就不满一个月期间的工资、薪金所得申报纳税的，均应按全月工资、薪金所得为依据计算实际应纳税额。其计算公式为：

应纳税额=（当月工资薪金应纳税所得额×适用税率−速算扣除数）×
当月实际在中国境内的天数÷当月天数

如果属于上述情况的个人取得的是日工资、薪金，应以日工资、薪金乘以当月天数换算成月工资、薪金后，再按上述公式计算应纳税额。

【例 6-13】某美国公民 9 月 1 日受美国某公司委派到中国境内某企业安装一设备，9 月 20 日回国，期间从中国境内企业取得工资 5 800 元，则其工资、薪金所得应纳个人所得税税额为：

应纳税额=［（5 800×30÷20−4 800）×10%−105］×20÷30=190（元）

（五）雇主为其雇员负担个人所得税税款的计算

在实际工作中，有的雇主常常为纳税人负担税款，即支付给纳税人的报酬为不含税的净所得，纳税人的应纳税额由雇主代其缴纳，此时应将纳税人的不含税收入换算为含税收入先计算应纳税所得额，然后再据以计算应纳税额。

（1）雇主全额为雇员负担税款的，应将雇员取得的工资、薪金所得换算成应纳税所得额后，计算单位应代为缴纳的个人所得税税额。计算公式为：

应纳税所得额=（不含税收入额–费用扣除标准–速算扣除数）÷（1–税率）

应纳税额=应纳税所得额×适用税率–速算扣除数

应特别注意的是：第一个公式中的税率，是指不含税所得按不含税级距对应的税率；第二个公式中的适用税率，是指应纳税所得额按含税级距对应的税率（见表 6-1）。

【例 6-14】某中国公民每月取得工资 5 700 元，由任职单位代其缴纳个人所得税，则单位代其缴纳的个人所得税为：

应纳税所得额=（5 700–3500–105）÷（1–10%）=2 327.78（元）

应纳税额=2 327.78×10%–105=127.78（元）

（2）雇主为其雇员负担部分税款的，可分为定额负担部分税款和定率负担部分税款两种情况。

①雇主为其雇员定额负担税款的，应将雇员取得的工资、薪金所得换算成应纳税所得额后，计算征收个人所得税。计算公式为：

应纳税所得额=雇员取得的工资+雇主代雇员负担的税款–费用扣除标准

应纳税额=应纳税所得额×适用税率–速算扣除数

②雇主为其雇员负担一定比例的工资应纳的税款或者负担一定比例的实际应纳税款的，应将“不含税收入额”替换为“未含雇主负担的税款的收入额”，同时将速算扣除数和税率两项分别乘以上述的“负担比例”，按此调整后的公式，以其未含雇主负担税款的收入额换算成应纳税所得额，并计算应纳税款。即：

应纳税所得额=（未含雇主负担的税款的收入额–费用扣除标准–速算扣除数×负担比例）÷（1–税率×负担比例）

应纳税额=应纳税所得额×适用税率–速算扣除数

（六）一人兼有多项应税所得应纳税额的计算

纳税人同时取得两项或两项以上应税所得时，除按税法规定应同项合并计税的外，其他应税项目应就其所得分项分别计算纳税。税法规定应同项合并计税的应税所得有：工资、薪金所得，个体工商户的生产经营所得，对企事业单位的承包、承租经营所得等。纳税人兼有不同项目劳务报酬所得时，应分别减除费用，计算缴纳个人所得税。

引例解析

本节引例中，王先生 2015 年各项收入应纳个人所得税税额计算如下。

（1）工资、薪金所得。

① 平时工资、课时报酬所得应纳税额的计算：

1月、7月、8月，每月应纳税额=（3 800–3 500）×3%=9（元）；

2—6月，每月应纳税额=（3 800+2 100–3 500）×10%–105=135（元）；

9—12月，每月应纳税额=（3 800+2 400–3 500）×10%–105=165（元）。

② 年终一次性全年奖金应纳税额=24 000×10%–105=2 295（元）；

全年工资薪金所得应纳税额=9×3+135×5+165×4+2 295=3 657（元）。

（2）稿酬所得：

出版教材应纳税额=12 000×（1–20%）×20%×（1–30%）=1 344（元）。

（3）劳务报酬所得：

讲学所得应纳税额=（3 000–800）×20%=440（元）；

担任独立董事收入应纳税额=40 000×（1–20%）×30%–2 000=7 600（元）。

（4）偶然所得：

福利彩票中奖所得应纳税额=15 000×20%=3 000（元）；

王先生2015年应纳个人所得税税额=3 657+1 344+440+7 600+3 000=16 041（元）。

第三节 个人所得税纳税申报

个人所得税的纳税申报包括个人自行申报纳税和代扣代缴两种，以本章第二节的工作实例赵小兵年度自行申报为例来学习个人所得税的纳税申报过程。

一、个人所得税的扣缴申报

扣缴申报是指按照税法规定负有扣缴税款义务的单位或者个人，在向个人支付应纳税所得时，应计算应纳税额，并从其所得中扣除，同时向税务机关报送扣缴个人所得税报告表。这种做法的目的是控制税源，防止偷漏税和逃税。

（一）扣缴义务人

税法规定，凡是支付个人应纳税所得的企业（公司）、事业单位、机关单位、社团组织、军队、驻华机构、个体户等单位或者个人，都是个人所得税的扣缴义务人。从2006年1月1日起，扣缴义务人必须依法履行个人所得税全员全额扣缴申报义务，即扣缴义务人向个人支付应税所得时，不论其是否属于本单位人员、支付的应税所得是否达到纳税标准，扣缴义务人应当在代扣税款的次月内，向主管税务机关报送其支付应税所得个人的基本信息、支付所得项目和数额、扣缴税款数额以及其他相关涉税信息。

（二）代扣代缴的范围

扣缴义务人向个人支付下列所得时，应代扣代缴个人所得税：工资、薪金所得；对企（事）业单位承包经营、承租经营所得；劳务报酬所得；稿酬所得；特许权使用费所得；利息、股息、红利所得；财产租赁所得；财产转让所得；偶然所得；经国务院财政部门确定征税的其他所得。

税务机关应根据扣缴义务人所扣缴的税款，付给 2%的手续费，由扣缴义务人用于代扣代缴费用开支和奖励代扣代缴工作做得较好的办税人员。

（三）扣缴个人所得税报告表的编制

扣缴义务人每月所扣的税款，应当在次月 15 日内缴入国库，并向主管税务机关报送扣缴个人所得税报告表（见表 6-6）、代扣代收税款凭证和包括每一纳税人姓名、单位、职务、收入和税款等内容的支付个人收入明细账以及税务机关要求报送的其他有关资料。

二、个人所得税的自行申报

自行申报纳税是指由纳税人自行在税法规定的纳税期限内，向税务机关申报取得的应税所得项目和数额，如实填写个人所得税纳税申报表，并按照税法规定计算应纳税额，据此缴纳个人所得税的一种方法。

（一）自行申报的范围

凡依据个人所得税法负有纳税义务的纳税人，有下列情形之一的，应当按规定办理自行纳税申报：

（1）年所得 12 万元以上的。

（2）从中国境内两处或者两处以上取得工资、薪金所得的。

（3）从中国境外取得所得的。

（4）取得应税所得，没有扣缴义务人的。

（5）国务院规定的其他情形。

上述第（1）种情形的纳税人，无论取得的各项所得是否已足额缴纳了个人所得税，均应按规定向主管税务机关办理纳税申报。第（2）至（4）种情形的纳税人，均应按照规定向主管税务机关办理纳税申报。第（5）种情形的纳税人，其纳税申报办法根据具体情形另行规定。

上述所称年所得 12 万元以上的纳税人，不包括在中国境内无住所，且在一个纳税年度中在中国境内居住不满 1 年的个人。第（3）项所称从中国境外取得所得的纳税人，是指在中国境内有住所，或者无住所而在一个纳税年度中在中国境内居住满 1 年的个人。

表 6-6　扣缴个人所得税报告表

扣缴义务人名称（章）：　　　　扣缴义务人识别号：　　　　申报日期：　　　　单位：元（列至角分）

申报类型：√1. 正常申报；2. 补充申报；3. 专项检查；4. 查前提醒；5. 纳税评估（评估编号：　　）

本期单位总人数		计税人员收入总额		减免税额合计	
其中特定行业计税办法人数		其中纳税人收入总额		本期实缴税额合计	
其中纳税总人数					
本期非本单位人数		“三险一金”总额			
其中纳税人数		应纳税所得额合计		缴款书号码	

序号	姓名（1）	证照类型（2）	证照号码（3）	国籍或地区（4）	是否雇员（5）	职业（6）	职务（7）	所得项目（8）	所得起始日期（9）	所得终止日期（10）	税款负担形式（11）	收入额（12）	“三险一金”合计（13）	其他扣除项目额（14）	应纳税所得额（15）	税率（%）（16）	应纳税额（17）	本期已缴（扣）税额（18）	减免税额（19）	实际应纳税额（20）
1																				
2																				
3																				
4																				
5																				

扣缴人声明	本单位的纳税申报表是根据《中华人民共和国个人所得税法》的有关规定填报的，我确信它是真实的、可靠的、完整的。 法定代表人（负责人）签字：　年　月　日 财务负责人签字：　年　月　日 填表人签字：　年　月　日	授权人声明	现授权＿＿＿＿为本纳税人的代理申报人，其法人代表电话＿＿＿＿。任何与申报有关的往来文件，都可寄此代理机构。 委托代理合同号码： 授权人签名：　年　月　日	代理人声明	本纳税申报表是按照国家税法和税务机关有关规定填报的，我确信它是真实的、合法的。如有不实，我愿承担法律责任。 代理人（法定代表人）签名： 经办人签名： （代理人盖章）　年　月　日
受理人：		受理时间：　年　月　日		受理申报机关：	

注：本表一式二份，经税务机关受理后，退纳税人一份，税务机关留存一份。

（二）自行申报地点

（1）年所得 12 万元以上的纳税人，纳税申报地点分别为：

① 在中国境内有任职、受雇单位的，向任职、受雇单位所在地主管税务机关申报。

② 在中国境内有两处或者两处以上任职、受雇单位的，选择并固定向其中一处单位所在地主管税务机关申报。

③ 在中国境内无任职、受雇单位，年所得项目中有个体工商户的生产、经营所得或者对企事业单位的承包经营、承租经营所得（统称生产、经营所得）的，向其中一处实际经营所在地主管税务机关申报。

④ 在中国境内无任职、受雇单位，年所得项目中无生产、经营所得的，向户籍所在地主管税务机关申报。在中国境内有户籍，但户籍所在地与中国境内经常居住地不一致的，选择并固定向其中一地主管税务机关申报。在中国境内没有户籍的，向中国境内经常居住地主管税务机关申报。

（2）从两处或者两处以上取得工资、薪金所得的，选择并固定向其中一处单位所在地主管税务机关申报。

（3）从中国境外取得所得的，向中国境内户籍所在地主管税务机关申报。在中国境内有户籍，但户籍所在地与中国境内经常居住地不一致的，选择并固定向其中一地主管税务机关申报。在中国境内没有户籍的，向中国境内经常居住地主管税务机关申报。

（4）个体工商户向实际经营所在地主管税务机关申报。

（5）个人独资、合伙企业投资者兴办两个或两个以上企业的，区分不同情形确定纳税申报地点：

① 兴办的企业全部是个人独资性质的，分别向各企业的实际经营管理所在地主管税务机关申报。

② 兴办的企业中含有合伙性质的，向经常居住地主管税务机关申报。

③ 兴办的企业中含有合伙性质，个人投资者经常居住地与其兴办企业的经营管理所在地不一致的，选择并固定向其参与兴办的某一合伙企业的经营管理所在地主管税务机关申报。

（6）除以上情形外，纳税人应当向取得所得所在地主管税务机关申报。

纳税人不得随意变更纳税申报地点，因特殊情况需变更纳税申报地点的，须报原主管税务机关备案。

（三）自行申报期限

（1）年所得 12 万元以上的纳税人，在纳税年度终了后 3 个月内向主管税务机关办理纳税申报。

（2）个体工商户和个人独资、合伙企业投资者取得的生产、经营所得应纳的税款，分月预缴的，纳税人在每月终了后 15 日内办理纳税申报；分季预缴的，纳税人在每个季度终了后 15 日内办理纳税申报。纳税年度终了后，纳税人在 3 个月内进行汇算清缴。

（3）纳税人年终一次性取得对企事业单位的承包经营、承租经营所得的，自取得所得之日起 30 日内办理纳税申报；在 1 个纳税年度内分次取得承包经营、承租经营所得的，在每次取得所得后的次月 15 日内申报预缴，纳税年度终了后 3 个月内汇算清缴。

（4）从中国境外取得所得的纳税人，在纳税年度终了后 30 日内向中国境内主管税务机关办理纳税申报。

（5）纳税人取得其他各项所得须申报纳税的，在取得所得的次月 15 日内向主管税务机关办理纳税申报。

（四）自行申报方式

纳税人可以采取数据电文、邮寄等方式申报，也可以直接到主管税务机关申报，或者采取符合主管税务机关规定的其他方式申报。纳税人采取数据电文方式申报的，应当按照税务机关规定的期限和要求保存有关纸质资料；采取邮寄方式申报的，以邮政部门挂号信函收据作为申报凭据，以寄出的邮戳日期为实际申报日期。纳税人也可以委托有税务代理资质的中介机构或者他人代为办理纳税申报。

（五）年所得 12 万元以上纳税人自行纳税申报的确定

1. 年所得 12 万元的计算范围

个人在确定年所得额是否达到 12 万元时，应按以下规定计算年所得数额：

（1）工资、薪金所得，按照未减除费用（每月 3 500 元）及附加减除费用（每月 1 300 元）的收入额计算。

（2）个体工商户的生产、经营所得，按照应纳税所得额计算。实行查账征收的，按照每一纳税年度的收入总额减除成本、费用以及损失后的余额计算；实行定期定额征收的，按照纳税人自行申报的年度应纳税所得额计算，或者按照其自行申报的年度应纳税经营额乘以应税所得率计算。

（3）对企事业单位的承包经营、承租经营所得，按照每一纳税年度的收入总额计算，即按照承包经营、承租经营者实际取得的经营利润，加上从承包、承租的企事业单位中取得的工资、薪金性质的所得计算。对个体工商户、个人独资企业投资者，按照征收率核定个人所得税的，将征收率换算为应税所得率，据此计算应纳税所得额。

（4）劳务报酬所得、稿酬所得、特许权使用费所得，按照未减除费用（每次 800 元或者每次收入的 20%）的收入额计算。同时不得减除纳税人在提供劳务或让渡特许权使用权过程中缴纳的有关税费。

（5）财产租赁所得，按照未减除费用（每次 800 元或者每次收入的 20%）和修缮费用的收入额计算。同时不得减除纳税人在出租财产过程中缴纳的有关税费；对于纳税人一次取得跨年度财产租赁所得的，全部视为实际取得所得年度的所得。

（6）财产转让所得，按照应纳税所得额计算，即按照以转让财产的收入额减除财产原值和转让财产过程中缴纳的税金及有关合理费用后的余额计算。对于个人转让房屋所得，采取核定征收个人所得税的，按照实际征收率（1%、2%、3%）分别换算为应税所得率（5%、10%、15%），据此计算年所得。

（7）利息、股息、红利所得，偶然所得和其他所得，按照收入额全额计算。个人储蓄存款利息所得、企业债券利息所得，全部视为纳税人实际取得所得年度的所得。

（8）股票转让所得。以一个纳税年度内，个人股票转让所得与损失盈亏相抵后的正数为申报所得数额，盈亏相抵为负数的，此项所得按“零”填写。

特别注意：上述年所得计算口径主要是为了方便纳税人履行自行申报义务，仅适用于个人年所得 12 万元以上的年度自行申报，不适用于个人计算缴纳税款。

2. 年所得 12 万元不包括以下所得

（1）个人所得税法规定的免税所得，即省级人民政府、国务院部委、中国人民解放军军以上单位，以及外国组织、国际组织颁发的科学、教育、技术、文化、卫生、体育、环境保护等方面的奖金；国债和国家发行的金融债券利息；按照国家统一规定发给的补贴、津贴，即《中华人民共和国个人所得税法实施条例》第 13 条规定的按照国务院规定发放的政府特殊津贴、院士津贴、资深院士津贴以及国务院规定免纳个人所得税的其他补贴、津贴；福利费、抚恤金、救济金；保险赔款；军人的转业费、复员费；按照国家统一规定发给干部、职工的安家费、退职费、退休工资、离休工资、离休生活补助费；依照我国有关法律规定应予免税的各国驻华使馆、领事馆的外交代表、领事官员和其他人员的所得；中国政府参加的国际公约、签订的协议中规定免税的所得。

（2）个人所得税法实施条例规定可以免税的来源于中国境外的所得。

（3）个人所得税法实施条例规定的按照国家规定单位为个人缴付和个人缴付的基本养老保险费、基本医疗保险费、失业保险费、住房公积金。

（六）个人所得税自行申报纳税申报表的编制

纳税人应如实填报个人所得税纳税申报表，在规定的时间内缴纳税款。年所得 12 万元以上的纳税人，无论取得的各项所得是否已足额缴纳了个人所得税，均应当填写个人所得税纳税申报表（适用于年所得 12 万元以上的纳税人申报）（见下述工作实例中的表 6-7），并在办理纳税申报时报送主管税务机关，同时报送个人有效身份证件复印件，以及主管税务机关要求报送的其他有关资料。

工作实例

个人所得税纳税申报表的填报

接本章第二节的工作实例填报赵小兵2015年度个人所得税的纳税申报表，办理2015年度个人所得税的缴纳工作。

操作步骤

第一步：计算赵小兵 2015 年度所得，判断其采用何种方式申报。

赵小兵 2015 年度年所得为：

年所得=年工资、薪金所得+劳务报酬所得+稿酬所得+年特许权使用费所得+年财产租赁所得+年财产转让所得+年利息、股息、红利所得+年偶然所得–按规定可扣除的所得

其中：

（1）年工资、薪金所得=各月应发工资合计–各月个人缴付的“三费一金”合计+年终奖金合计=188 400–30 240=158 160（元）。

（2）按照未减除费用的收入额计算，劳务报酬所得=8 000（元）。

（3）按照未减除费用的收入额计算，稿酬所得=1 300+900=2 200（元）。

（4）按照未减除费用的收入额计算，年特许权使用费所得=40 000（元）。

（5）按照未减除费用和修缮费用的收入额计算，年财产租赁所得=3 500×12=42 000（元）。

（6）财产转让所得，按照应纳税所得额计算，即按照以转让财产的收入额减除财产原值和转让财产过程中缴纳的税金及有关合理费用后的余额计算。

年财产转让所得=设备出售收入=6 000–5 000–200=800（元）

（7）利息、股息、红利所得，按照收入额全额计算。针对赵小兵的情况，主要有（7）、（8）、（9）项收入。其中，第（8）项收入，国债利息属于免税所得，所以不含在年所得范围之内。

年利息、股息、红利所得=公司分红+企业债券利息=20 000+1 500=21 500（元）

（8）偶然所得，按照收入额全额计算。

年偶然所得=90 000（元）

2015 年赵小兵的年所得=158 160+8 000+2 200+40 000+42 000+800+21 500+90 000=362 660（元）

赵小兵年所得大于 12 万元，故小赵应该进行年所得 12 万元以上的自行申报。

第二步：填写纳税申报表。

赵小兵应据实填写个人所得税纳税申报表（适用于年所得 12 万元以上的纳税人申报）（见表 6-7）。

第三步：按规定办理缴纳工作。

赵小兵应报送个人所得税纳税申报表（适用于年所得 12 万元以上的纳税人申报）和身份证复印件等，在 2016 年 3 月 31 日前，向 A 公司所在地主管地方税务机关申报，补缴税款，取得完税凭证。

表 6-7　个人所得税纳税申报表

（适用于年所得 12 万元以上的纳税人申报）

所得年份：　2015 年　　　　填表日期：2016 年 3 月 ×× 日　　　　金额单位：人民币元（列至角分）

纳税人姓名	赵小兵	国籍（地区）	中国	身份证照类型	身份证	身份证照号码	×××××××××××××××××××
任职、受雇单位	A 公司	任职受雇单位税务代码	××××	任职受雇单位所属行业	××××××	职务	职业　×××××
在华天数		境内有效联系地址	××××××××××××	境内有效联系地址邮编	××××	联系电话	×××××××
此行由取得经营所得的纳税人填写		经营单位纳税人识别号			经营单位纳税人名称		

所得项目	年所得额			应纳税所得额	应纳税额	已缴（扣）税额	抵扣税额	减免税额	应补税额	应退税额	备注
	境内	境外	合计								
1. 工资、薪金所得	158 160		158 160	116 160	12 867	12 867			0		
2. 个体工商户的生产、经营所得											
3. 对企事业单位的承包经营、承租经营所得											
4. 劳务报酬所得	8 000		8 000	6 400	1 280	1 280			0		
5. 稿酬所得	2 200		2 200	600	84	84			0		
6. 特许权使用费所得	40 000		40 000	32 000	6 400	6 400			0		
7. 利息、股息、红利所得	21 500		21 500	21 500	4 300	4 000			300		
8. 财产租赁所得	42 000		42 000	30 000	6 000	6 000			0		
9. 财产转让所得	800		800	800	160	160			0		
其中：股票转让所得										—	
个人房屋转让所得											
10. 偶然所得	90 000		90 000	90 000	18 000	18 000		—	0		
11. 其他所得											
合　计	362 660		362 660	297 460	49 091	48 791			300		

我声明，此纳税申报表是根据《中华人民共和国个人所得税法》及有关法律、法规的规定填报的，我保证它是真实的、可靠的、完整的。

纳税人（签字）：

代理人（签章）：　　　　联系电话：

税务机关受理人（签字）：　　税务机关受理时间：　年　月　日　　受理申报税务机关名称（盖章）：

本章小结

本章内容结构如图 6-1 所示。

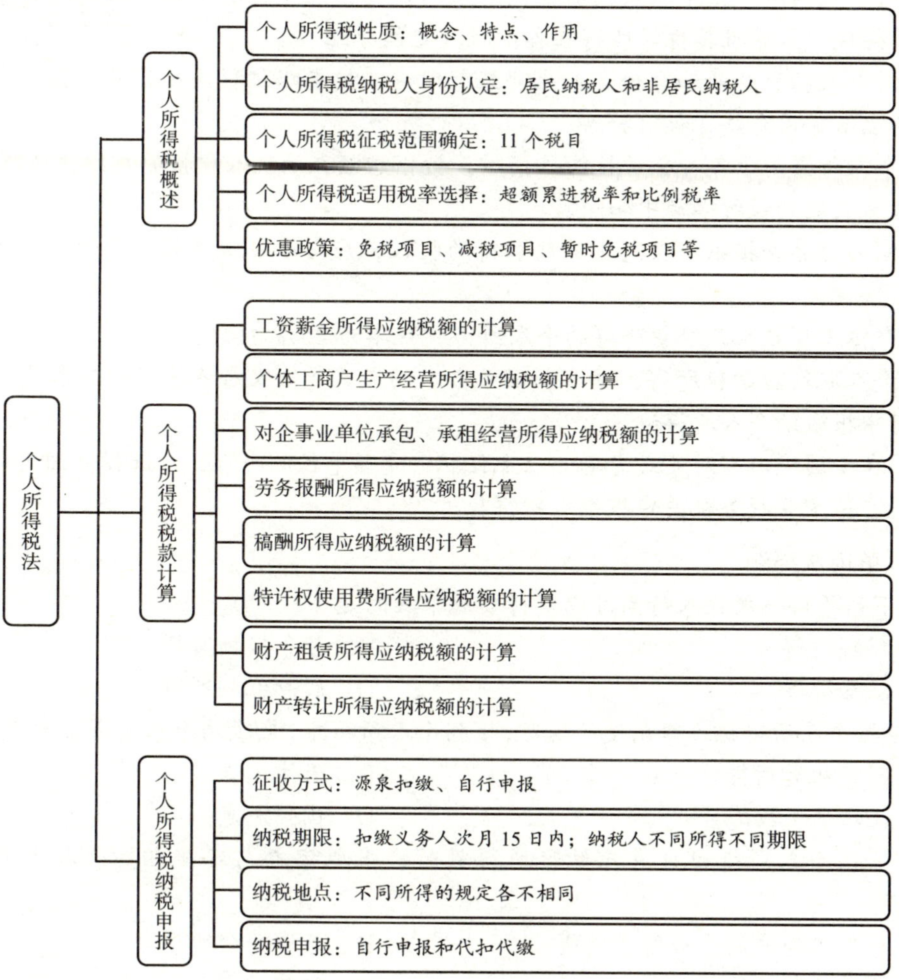

图 6-1　本章内容结构

习题训练

一、判断题

1. 凡向个人支付应纳税所得的单位和个人，不论是向本单位人员支付，还是向其他

人员支付，均应在支付时代扣代缴其应纳的个人所得税。（　　）

2. 对于居民纳税人而言，如果既有境内所得，又有境外所得，应就境内外所得计算应纳税额，在我国缴纳个人所得税。（　　）

3. 个人领取的原提存的住房公积金、医疗保险金、基本养老保险金，免征个人所得税。（　　）

4. 两个或两个以上个人共同取得同一项所得的，应先就其全部收入减除费用计算征收个人所得税，然后将其税后所得在各纳税人之间分配。（　　）

5. 对个人独资企业和合伙企业生产经营所得，按查账征税法征收的，投资者及其家庭发生的生活费用允许在税前扣除。（　　）

6. 个人所得用于各种公益救济性捐赠，按捐赠额在纳税人申报的应纳税所得额 30%以内的部分从应纳税所得额中扣除。（　　）

7. 同一作品在报纸、杂志上连载取得的收入，应当以每次连载取得的收入为一次计征个人所得税。（　　）

8. 个体工商户生产经营所得的个人所得税税率为25%的比例税率。（　　）

9. 个人取得应纳税所得，没有扣缴义务人的或者扣缴义务人未按规定扣缴税款的，均应自行申报缴纳个人所得税。（　　）

10. 在中国境内有两处或者两处以上任职、受雇单位的个人，应选择并固定向其中一处单位所在地主管税务机关申报个人所得税。（　　）

二、单项选择题

1. 下列所得一次收入畸高可以实行加成征收的是（　　）。

A. 稿酬所得　　B. 劳务报酬所得

C. 偶然所得　　D. 股息红利所得

2. 根据个人所得税法律制度的规定，下列个人所得中，应缴纳个人所得税的是（　　）。

A. 财产租赁所得　　B. 退休工资

C. 抚恤金、救济金　　D. 国债利息

3. 下列个人所得税计算应纳税所得额时，采取定额与定率相结合扣除费用的是（　　）。

A. 个体工商户的生产经营所得　　B. 工资薪金所得

C. 劳务报酬所得　　D. 偶然所得

4. 某人2013年2月10日来华工作，2014年3月17日离华，2014年4月14日又来华，2014年9月26日离华，2014年10月9日又来华，2015年5月离华回国。则该纳税人（　　）。

A. 2013年度为居民纳税义务人，2014年度为非居民纳税义务人

B. 2014年度为居民纳税义务人，2013年度为非居民纳税义务人

C. 2013年度、2014年度均为非居民纳税义务人

D. 2013年度、2014年度均为居民纳税义务人

5. 对于劳务报酬所得，若同一事项连续取得收入的，其收入“次”数的确定方法是（　　）。

A. 以取得收入时为一次

B. 以一个月内取得的收入为一次

C. 以一个季度内取得的收入为一次

D. 以事项完成后取得的所有收入合并为一次

6. 自行申报缴纳个人所得税的个体工商户，应向（　　）主管税务机关申报。

A. 收入来源地　　B. 实际经营所在地

C. 税务机关指定地　　D. 个人户籍所在地

7. 年所得 12 万元以上的纳税人，在纳税年度终了后（　　）个月内向主管税务机关办理纳税申报。

A. 7　　B. 15　　C. 30　　D. 3

8. 某作家的一部小说，第一次出版获稿酬 12 000 元，后因出版社加印又得稿酬 3 000 元，则该作家出版该小说的稿酬收入应缴所得税总额为（　　）元。

A. 1 344　　B. 1 680　　C. 1 652　　D. 1 988

9. 下列应税项目中，不适用代扣代缴方式的是（　　）。

A. 工资薪金所得　　B. 稿酬所得

C. 个体户生产经营所得　　D. 劳务报酬所得

10. 李某是个体工商户，其家庭所在地在甲市 A 区，工商注册地在甲市 B 区，实际经营地在甲市 C 区。以下正确的是（　　）。

A. 李某应在 A 区申报缴纳个人所得税

B. 李某应在 B 区申报缴纳个人所得税

C. 李某应在 C 区申报缴纳个人所得税

D. 李某可以任意选择 A 区、B 区或 C 区申报缴纳个人所得税

三、多项选择题

1. 下列纳税人中，工资、薪金所得适用附加费用扣除标准的有（　　）。

A. 境外任职或受雇的中国公民

B. 内地中外合资企业任职的华侨

C. 内地国外常设机构工作的中方人员

D. 内地无住所、居住不满 1 年的外籍人员

2. 下列项目中，直接以每次收入额为应纳税所得额计算缴纳个人所得税的有（　　）。

A. 稿酬所得　　B. 利息、股息、红利所得

C. 偶然所得　　D. 特许权使用费所得

3. 个人取得的下列所得，免征个人所得税的有（　　）。

A. 按国家统一规定发给的津贴

B. 个人转让自用 8 年的家庭唯一生活用房的所得

C. 本单位发给的先进个人奖金
D. 离退休人员工资

4. 下列劳务报酬所得中，不适用加成征收的是（　　）。
A. 设计费 32 000 元　　B. 咨询费 5 500 元
C. 中介费 22 000 元　　D. 演出出场费 26 000 元

5. 个人所取得的下列所得中在不超过 4 000 元收入额，费用扣除为 800 元的有(　　)。
A. 特许权使用费所得　　B. 财产租赁所得
C. 财产转让所得　　D. 个体工商户生产经营所得

6. 下列属于稿酬所得项目的是（　　）。
A. 将译文在学术刊物上发表取得的所得
B. 集体编写并正式出版的教材取得的报酬
C. 受托翻译论文的报酬
D. 在报纸上发表文章的报酬

7. 下列所得适用超额累进税率的有（　　）。
A. 工资、薪金所得　　B. 个体工商户生产、经营所得
C. 对企事业单位的承包、承租经营所得　　D. 财产转让所得

8. 下列各项所得中，应当缴纳个人所得税的有（　　）。
A. 个人的贷款利息　　B. 个人取得的企业债券利息
C. 个人取得的国库券利息　　D. 个人取得的股息

9. 根据个人所得税的规定，下列说法正确的有（　　）。
A. 劳务报酬所得按月征收
B. 稿酬所得按次征收
C. 个人在同一活动中兼有不同劳务报酬所得的，应合并各项所得统一纳税
D. 特许权使用费所得是以一项特许权的一次许可使用所取得的收入为一次

10. 下列情况中，应由纳税人自行申报纳税的有（　　）。
A. 年所得 12 万元以上的
B. 从中国境内两处或者两处以上取得工资、薪金所得的
C. 从中国境外取得所得的
D. 取得应税所得，没有扣缴义务人的

四、业务题

1. 中国公民王某为一外商投资企业的高级职员，某年度其收入情况如下：

（1）雇佣单位每月支付工资、薪金 16 900 元。

（2）取得股票转让收益 100 000 元。

（3）从 A 国取得特许权使用费，收入折合人民币 18 000 元，并提供了来源国纳税凭证，纳税折合人民币 1 800 元。

（4）购物中奖，获得奖金 20 000 元。

（5）受托为某单位做工程设计，历时 3 个月，共取得工程设计费 40 000 元。

要求：计算王某全年应缴纳的个人所得税税额。

2. 中国公民张某 1—12 月从中国境内取得工资、薪金收入 82 800 元，12 月一次性取得年终奖金 22 000 元；在报纸、杂志上发表文章取得稿酬收入 5 000 元；当年还从 A 国取得股息收入折合人民币 10 000 元。该纳税人已按 A 国税法规定缴纳了个人所得税 1 650 元。

要求：计算该纳税人年度应纳个人所得税税额。

3. 某大学周教授 7 月收入情况如下：

（1）工资收入 3 680 元；学校发上半年奖金 3 600 元。

（2）担任兼职律师取得收入 80 000 元，将其中 5 000 元通过国家机关向农村义务教育捐赠。

（3）取得稿酬 3 800 元。

（4）出售自有自用 6 年的家庭唯一住房，扣除当初购买公房的价格和售房时按规定支付的有关税费后，取得净收入 12 万元。

要求：计算周教授 7 月应缴纳的个人所得税税额。

4. 实行查账征收的某餐厅为合伙企业，某年度该企业经营所得 10 万元，其投资者为两人，根据合伙协议约定，各自投资分配比例分别为：甲 60%、乙 40%，二人本年度已预缴个人所得税分别为：5 000 元、3 000 元。

要求：计算甲、乙该年度应缴纳的个人所得税税额。

5. 徐女士 2016 年 6 月 1 日起将其位于市区的一套公寓住房按市价出租，每月收取租金 4 200 元。6 月因卫生间漏水发生修缮费用 1 200 元，已取得合法有效的支出凭证。

要求：

（1）计算徐女士因此事 2016 年 6 月、7 月应缴纳的个人所得税。

（2）为什么 1 200 元的修缮费用要拆为 800 元和 400 元分两期扣除？

第七章

其他税法

学习目标

1. 熟悉城市维护建设税、印花税、城镇土地使用税、房产税、车船税、契税、土地增值税和资源税的基本知识。
2. 根据相关规定计算城市维护建设税、印花税、城镇土地使用税、房产税、车船税、契税、土地增值税和资源税应纳税额。
3. 熟练填制城市维护建设税、印花税、城镇土地使用税、房产税、车船税、契税、土地增值税和资源税纳税申报表，正确进行纳税申报。

第一节 城市维护建设税法

引　例

宁波北仑区东海酿酒厂 2015 年 11 月 30 日计算出当月应交增值税 70 000 元，应交消费税 60 000 元，营业地点在城乡结合部，根据当地行政区划，被确定为市区。

该酿酒厂究竟是按 5%还是 7%的税率计算城市维护建设税？具体应纳多少税款？

一、城市维护建设税概述

城市维护建设税简称“城建税”，是对缴纳增值税、消费税（简称“二税”，“营改增”以前还包括营业税，下同）的单位和个人就其实际缴纳的“二税”税额为计税依据而征收的一种税。城市维护建设税法是国家制定的调整城市维护建设税征收与缴纳之间权利及义务关系的法律规范。其基本依据是 1985 年 1 月国务院颁布的《中华人民共和国城市维护建设税暂行条例》。

城市维护建设税是国家为加强城市的维护建设，扩大和稳定城市维护建设资金的来源而采取的一项税收措施，具有附加税性质，属于特定目的税。目的是筹集城市公用事业和公共设施的维护、建设资金，加快城市开发建设步伐。

二、城市维护建设税的纳税人和征税对象

城市维护建设税是以纳税人实际缴纳的“二税”税额为计税依据而征收的一种税。

城市维护建设税的纳税人，是指负有缴纳“二税”义务的单位与个人，包括国有企业、集体企业、私营企业、股份制企业、行政事业单位、军事单位、社会团体以及个体工商户和其他个人。自 2010 年 12 月 1 日起，对外商投资企业、外国企业和外籍人员开始征收城市维护建设税。

城市维护建设税是一种具有附加税性质的税种，按“二税”税额附加征收，其本身没有特定的、独立的课税对象。

三、城市维护建设税的计算

（一）计税依据的确定

城市维护建设税的计税依据是指纳税人实际缴纳的“二税”税额，但不包括纳税人违反“二税”有关税法而加收的滞纳金和罚款，但纳税人在被查补“二税”和被处以罚款时，应同时对其偷漏的城市维护建设税进行补税、征收滞纳金和罚款。城市维护建设税以“二税”税额为计税依据并同时征收，如果免征或减征“二税”，也就同时免征或减征城市维护建设税。但对出口商品退还增值税、消费税时，不退还已缴纳的城市维护建设税。

【提示】

对实行“免、抵、退”税的企业，国家税务总局正式审核批准的当期免抵的增值税税额应作为城市维护建设税和教育费附加的计税依据。

（二）税率的选择

城市维护建设税采用比例税率。按纳税人所在地的不同，设置三档差别比例税率，如表 7-1 所示。

表 7-1 城市维护建设税税率

纳税人所在地区	税率
市区	7%
县城和镇	5%
市区、县城和镇以外的其他地区	1%

城市维护建设税的适用税率，应当按照纳税人所在地的规定税率执行。但是，对下列两种情况，可按缴纳“二税”所在地的规定税率就地缴纳城市维护建设税：

（1）由受托方代扣代缴、代收代缴“二税”的单位和个人，其代扣代缴、代收代缴的城市维护建设税按受托方所在地适用税率执行。

（2）流动经营等无固定纳税地点的单位和个人，在经营地缴纳“二税”的，其城市维护建设税的缴纳按经营地适用税率执行。

（三）优惠政策的运用

城市维护建设税原则上不单独减免，但因其具有附加税性质，当主税发生减免时，城市维护建设税也相应发生减免。具体有以下四种情况：

（1）随“二税”的减免而减免。

（2）随“二税”的退库而退库。

（3）对海关代征的进口货物增值税、消费税，不征收城市维护建设税。

（4）个别缴纳城市维护建设税确有困难的单位和个人，由县（市）级人民政府审批，酌情给予税收减免。

【提示】

进口产品需征收增值税、消费税的，不征收城市维护建设税；出口产品退还增值税、消费税的，不退还已缴纳的城市维护建设税，即“进口不征、出口不退”。

（四）应纳税额的计算

城市维护建设税的应纳税额是按纳税人实际缴纳的“二税”税额计算的，其计算公式为：

应纳税额=纳税人实际缴纳的增值税、消费税税额×适用税率

【例 7-1】某一市区企业 2016 年 6 月实际缴纳增值税 80 000 元，缴纳消费税 10 000 元。计算该企业应交的城市维护建设税。

应纳税额=（80 000+10 000）×7%=6 300（元）

引例解析

该酿酒厂虽然地处城乡结合部，但按照行政区划，该企业被确定为城市，应按 7%的税率缴纳城市维护建设税：

当月应纳税额=（70 000+60 000）×7%=9 100（元）

四、城市维护建设税的征收管理

（一）纳税地点

城市维护建设税以纳税人实际缴纳的增值税、消费税税额为计税依据，分别与“二税”同时缴纳。所以，纳税人缴纳“二税”的地点，就是该纳税人缴纳城市维护建设税的地点。但是属于下列情况的，纳税地点按下列规定执行：

（1）代扣代缴、代收代缴“二税”的单位和个人，同时也是城市维护建设税的代扣代缴、代收代缴义务人，其城市维护建设税的纳税地点在代扣代收地。

（2）跨省开采的油田，下属生产单位与核算单位不在一个省内的，其生产的原油，在油井所在地缴纳增值税，其应纳税款由核算单位按照各油井的产量和规定税率汇拨各油井所在地缴纳。所以各油井应纳的城市维护建设税，应由核算单位计算，随同增值税一并汇拨油井所在地，由油井在缴纳增值税的同时，一并缴纳城市维护建设税。

（3）对流动经营等无固定纳税地点的单位和个人，应随同“二税”在经营地按适用税率缴纳。

（4）中国铁路总公司等实行汇总缴纳“二税”的纳税人，城市维护建设税在汇总地与“二税”同时缴纳。

（二）纳税期限

由于城市维护建设税是由纳税人在缴纳“二税”时同时缴纳的，所以其纳税期限分别与“二税”的纳税期限一致。

（三）纳税申报

城市维护建设税与“二税”同时申报缴纳，纳税人应按照有关税法的规定，如实填写城市维护建设税纳税申报表。

附：教育费附加

教育费附加是对缴纳增值税、消费税的单位和个人征收的一种专项附加费，是正税以外的政府行政收费。国务院于 1986 年 4 月 28 日发布了《中华人民共和国征收教育费附加的暂行规定》，并于同年 7 月 1 日起实施，目的是多渠道筹集教育经费，改善中小学办学条件，促进地方教育事业的发展。

教育费附加对缴纳“二税”的单位和个人征收，以其实际缴纳的“二税”税额为计费依据，分别与“二税”同时缴纳。现行教育费附加的征收率为“二税”税额的3%。从2005年10月1日起对生产卷烟和烟叶的单位也按3%征收。自2010年12月1日起外商投资企业、外国企业和外籍人员也统一按增值税、消费税实际缴纳税额的 3%征收教育费附加。同时为规范和拓宽财政性教育经费筹资渠道，支持地方教育事业发展，全面开征地方教育费附加，地方教育费附加统一按增值税、消费税实际缴纳税额的2%征收。

教育费附加的减免规定：海关进口商品征收的增值税、消费税，不征收教育费附加；对由于减免“二税”而发生退税的，可同时退还已征收的教育费附加，但对于出口产品退还增值税、消费税的，不退还已征收的教育费附加。

第二节 房产税法

引　例

东海电子公司2016年6月30日“固定资产——房产”账面原值为2 000 000元，2016年8月1日，该公司将其中房产原值为1 000 000元的房屋租给其他单位使用，每年收取租金收入126 000元（含增值税），当地政府规定，按房产原值扣除30%后作为房产余值，该地区规定房产税按年计算，分月缴纳。

出租房产如何缴房产税？房屋出租收入是否要征房产税？如果需要，2016年7月、8月应怎样计税？

一、房产税概述

房产税是依据房产价值或房产租金收入向房产所有人或经营人征收的一种财产税。现行房产税的基本规范是1986年9月15日国务院颁布的《中华人民共和国房产税暂行条例》。

征收房产税，有利于运用税收杠杆，加强对房产的管理，提高房产的使用效率，也有利于配合国家房产政策的调整，合理调节房产所有人和经营人的收入。由于房产税税源稳定，易于管理控制，已成为地方财政收入的重要来源之一。

原来房产税只对内资企业和中国公民征收，自2009年1月1日起，外商投资企业、外国企业和组织以及外籍个人和港澳台同胞等在内地拥有的房产，也依照《中华人民共和国房产税暂行条例》缴纳房产税。在此以前不征房产税，而征收城市房地产税。国家将对房产税进行改革，已着手进行改革试点。

二、房产税的纳税人和征税对象

房产税的纳税人是房产的产权所有人。产权属于国家的，由经营管理单位缴纳；产权属于集体和个人所有的，由集体和个人缴纳；产权出典的，由承典人缴纳；产权所有人、承典人不在房产所在地的，或者产权未确定及租典纠纷未解决的，由房产代管人或使用人缴纳。

房产税的征税对象是房产。征税范围为城市、县城、建制镇和工矿区范围内的房产。房产税的征税范围不包括农村，这主要是为了减轻农民的负担。

从 2006 年 1 月 1 日起，具备房屋功能的地下建筑，包括与地上房屋相连的地下建筑（如房屋的地下室、地下停车场、商场的地下部分）以及完全建在地面以下的建筑、地下人防设施等，均应当依照有关规定征收房产税。

三、房产税的计算

（一）计税依据的确定

房产税的计税依据为房产的计税价值或房产的租金收入。按房产的计税价值征税的，称为从价计征；按房产的租金收入计征的，称为从租计征。

1. 从价计征

从价计征的，计税依据是房产原值减除一定比例后的余值。房产原值是指“固定资产”账户中记载的房屋原价；减除一定比例是指省、自治区、直辖市人民政府确定的 10%~30% 的扣除比例。

2. 从租计征

从租计征的，计税依据为房产不含增值税的租金收入，即房屋产权所有人出租房产使用权所得的报酬，包括货币收入和实物收入。

【提示】

房地产开发企业建造的商品房，在出售前，不征收房产税；但对出售前房地产开发企业已使用或出租、出借的商品房应按规定征收房产税。

（二）税率的选择

我国房产税采用的是比例税率，由于房产税的计税依据分为从价计征和从租计征两种形式，因此房产税的税率也有两种：采用从价计征的，税率为 1.2%；采用从租计征的，税率为 12%。从 2001 年 1 月 1 日起，对个人按市场价格出租的居民住房，用于居住的，可暂减按 4%的税率征收房产税。

（三）优惠政策的运用

（1）国家机关、人民团体、军队自用的房产免税。但上述免税单位的出租房屋以及非自身业务使用的生产、经营用房，不属于免税范围。

（2）由国家财政部门拨付经费的单位，其自身业务范围内使用的房产免税。

（3）宗教寺庙、公园、名胜古迹自用的房产免税。

（4）个人所有非营业用的房产免税。

（5）经财政部批准免税的其他房产。例如，因大修理停用半年以上的房产，损坏不堪使用和危房停用后的房产，地下人防设施，老人服务机构自用房产，非营利性医疗机构、疾病控制机构和妇幼保健机构等卫生机构自用房产，高校后勤实体等免征房产税。

【提示】

自2011年1月28日起，在上海、重庆等省市开始对某些个人住房试征房产税。

（四）应纳税额的计算

1. 从价计征应纳税额的计算

从价计征是按房产原值减除一定比例后的余值计征，其计算公式为：

应纳税额=应税房产原值×（1–扣除比例）×1.2%

2. 从租计征应纳税额的计算

从租计征是按房产的租金收入计征，其计算公式为：

应纳税额=租金收入×12%

【例7-2】某公司2015年12月31日房屋原始价值为900万元。2016年6月底公司将其中价值100万元的房产出租给外单位使用，租期2年，每年收取租金10.5万元（含增值税）。当地政府规定，从价计征房产税的，扣除比例为20%。房产税按年计算，分半年缴纳。计算该公司2016年上半年、下半年应纳房产税税额。

① 上半年房产应缴纳的税额：

应纳房产税税额=900×（1–20%）×1.2%÷2=4.32（万元）

② 下半年房产应缴纳的税额：

从价计征部分应纳房产税税额=800×（1–20%）×1.2%÷2=3.84（万元）

从租计征部分应纳房产税税额=10.5÷（1+5%）÷2×12%=0.6（万元）

下半年应纳房产税税额=3.84+0.6=4.44（万元）

引例解析

（1）7 月应按房产余值计算应纳税额：

年应纳税额=2 000 000×（1–30%）×1.2%=16 800（元）

月应纳税额=年应纳税额÷12=16 800÷12=1 400（元）

综上，7 月应纳房产税税额为 1 400 元。

（2）8 月应按房产余值和租金收入分别计算应纳税额。

① 按房产余值计算的应纳税额：

年应纳税额=（2 000 000–1 000 000）×（1–30%）×1.2%=8 400（元）

月应纳税额=8 400÷12=700（元）

② 按租金收入计算的应纳税额：

年应纳税额=126 000÷（1+5%）×12%=14 400（元）

月应纳税额=14 400÷12=1 200（元）

③ 综上，8 月应纳房产税税额为 1 900 元（700+1 200）。

四、房产税的征收管理

（一）纳税期限

房产税实行按年计算，分期缴纳的征税方法，具体纳税期限由各省、自治区、直辖市人民政府确定。各地一般按季度或半年征收一次，在季度或半年内规定某一月份征收。

（二）纳税义务发生时间

（1）纳税人将原有房产用于生产经营的，从生产经营之月起，计征房产税。

（2）纳税人自行新建房屋用于生产经营的，自建成之次月起，计征房产税。

（3）纳税人委托施工企业建设的房屋，从办理竣工验收手续之次月起，计征房产税。对于在办理竣工验收手续前已使用或出租、出借的新建房屋，应从使用或出租、出借的当月起按规定计征房产税。

（4）纳税人购置新建商品房，自房屋权属交付使用之次月起计征房产税。

（5）纳税人购置存量房，自办理房屋权属转移、变更登记手续，房地产权属登记机关签发房屋权属证书之次月起计征房产税。

（6）纳税人出租、出借房产，自交付出租、出借房产之次月起计征房产税。

（7）纳税人是房地产开发企业的，其自用、出租、出借本企业建造的商品房，自房屋使用或者交付之次月起计征房产税。

【提示】

只有第一种情况从“之月”起缴纳房产税，其余都是从“之次月”起缴纳房产税。

（三）纳税地点

房产税的纳税地点为房产所在地。房产不在同一地方的纳税人，应按房产的坐落地点分别向房产所在地的税务机关纳税。

（四）纳税申报

纳税人应按照房产税暂行条例的要求，将现有房屋的坐落地点、结构、面积、原值、出租收入等情况，如实向房屋所在地税务机关办理纳税申报，如实填写房产税纳税申报表。

第三节 印花税法

引 例

某生物制药厂 2015 年 6 月开业，领受房产证、工商营业执照、土地使用证各一件，与其他企业订立转移专有技术使用权合同一份，所载金额 40 万元；订立产品购销合同两份，所载金额为 100 万元；订立借款合同一份，所载金额为 60 万元。此外，企业的营业账簿中“实收资本”科目记载有资金 800 万元，其他营业账簿 10 本。

企业开业时所办的一些证照、合同文书、营业账簿要缴印花税吗？他们各以什么作为计税依据？如何计算？

一、印花税概述

印花税是对经济活动和经济交往中书立、使用、领受具有法律效力的凭证的单位和个人征收的一种行为税。现行印花税的基本规范是 1988 年 8 月 6 日由国务院颁布并于同年 10 月 1 日实施的《中华人民共和国印花税暂行条例》以及 1988 年 9 月 29 日财政部制定的《中华人民共和国印花税暂行条例施行细则》。

印花税具有征税范围广、税率低、税负轻以及实行“三自”纳税办法（纳税人自行计算应纳税额、自行购买印花税票并贴花、自行盖章注销或划销）等特点。

二、印花税的纳税人和征税范围

印花税的纳税义务人，是指在我国境内书立、使用、领受印花税法所列举的应税凭证的单位和个人。按照书立、使用、领受应税凭证，上述单位和个人分别确定为立合同人、立据人、立账簿人、领受人、使用人和各类电子应税凭证的签订人六种。

（1）立合同人。立合同人是指合同的当事人，是对应税凭证有直接权利义务关系的单位和个人，但不包括合同的担保人、证人和鉴定人。各类合同的纳税人是立合同人。

（2）立据人。产权转移书据的纳税人是立据人。

（3）立账簿人。立账簿人是指设立并使用账簿的单位和个人。营业账簿的纳税人是立账簿人。

（4）领受人。领受人是指领取或接受并持有该凭证的单位和个人。权利许可证照的纳税人是领受人。

（5）使用人。在国外书立、领受，但在国内使用的应税凭证，其纳税人是该凭证的使用人。

（6）各类电子应税凭证的签订人。即以电子形式签订的各类应税凭证的当事人。

印花税的征税范围是税法列举的各种应税凭证，即合同或具有合同性质的凭证、产权转移书据、营业账簿、权利许可证照、财政部确定的其他应税凭证。列入税目的就要征税，未列入税目的就不征税。

【提示】

①在境外书立、领受但在国内使用的、在我国境内具有法律效力、受我国法律保护的凭证，也是印花税应税凭证，其使用人为纳税人；②对应税凭证，凡由两方或两方以上当事人共同书立的，其当事人各方都是印花税的纳税人，应各就其所持凭证的计税金额履行纳税义务。

三、印花税的计算

（一）计税依据的确定

印花税的计税依据是应税凭证的计税金额或应税凭证的件数，具体为：

（1）购销合同的计税依据为购销金额。

（2）加工承揽合同的计税依据为加工或承揽收入的金额。

（3）建设工程勘察设计合同的计税依据为收取的费用。

（4）建筑安装工程承包合同的计税依据为承包金额。

（5）财产租赁合同的计税依据为租赁金额；经计算，税额不足 1 元的，按 1 元贴花。

（6）货物运输合同的计税依据为运输费用，但不包括装卸费用、保险费。

（7）仓储保管合同的计税依据为仓储保管费用。

（8）借款合同的计税依据为借款金额。

（9）财产保险合同的计税依据为保险费，不包括所保财产的金额。

（10）技术合同的计税依据为合同所载金额、报酬或使用费。

（11）产权转移书据的计税依据为合同所载金额。

（12）营业账簿税目中记载金额的账簿的计税依据为“实收资本”与“资本公积”两项的合计金额。其他账簿的计税依据为应税凭证件数。

（13）权利许可证照的计税依据为应税凭证件数。

同一凭证，载有两个或以上经济事项而适用不同税目税率，如分别记载金额的，应分别计算应纳税额，相加后按合计税额贴花；如未分别记载金额的，按税率高的计税贴花。

（二）税率的选择

印花税的税率设计，遵循税负从轻、共同负担的原则。所以，税率比较低，凭证的当事人均应就其所持凭证依法纳税。

印花税采用比例税率和定额税率两种形式。在印花税的13个税目中，“权利许可证照”税目、“营业账簿”税目中的其他账簿，适用定额税率，均为按件贴花，税额为5元；其他税目，均采用比例税率。印花税税目税率如表7-2所示。

表7-2　印花税税目税率

税　目	范　围	税　率	纳税人	说　明
1. 购销合同	包括供应、预购、采购、购销结合及协作、调剂、补偿等合同	按购销金额的3‱	立合同人	
2. 加工承揽合同	包括加工、定作、修缮、修理、印刷、广告、测绘、测试等合同	按加工或承揽收入的5‱贴花	立合同人	
3. 建设工程勘察设计合同	包括勘察设计合同	按收取费用的5‱贴花	立合同人	
4. 建筑安装工程承包合同	包括建筑、安装工程承包合同	按承包金额的3‱贴花	立合同人	
5. 财产租赁合同	包括租赁房屋、船舶、飞机、机动车辆、机械、器具、设备等合同	按租赁金额的1‰贴花。税额不足1元的按1元贴花	立合同人	
6. 货物运输合同	包括民航、铁路、海上、内河、公路运输和联合运输等合同	按运输费用的5‱贴花	立合同人	单据作为合同使用的按合同贴花
7. 仓储保管合同	包括仓储、保管合同	按仓储保管费用的1‰贴花	立合同人	仓单或栈单作为合同使用的按合同贴花

续表

税　目	范　围	税　率	纳税人	说　明
8. 借款合同	银行及其他金融机构和借款人（不包括银行同业拆借）所签订的借款合同	按借款金额的0.5‱贴花	立合同人	单据作为合同使用的按合同贴花；融资租赁合同暂按借款合同贴花
9. 财产保险合同	包括财产、责任、保证、信用等保险合同	按保险费收入的1‰贴花	立合同人	单据作为合同使用的按合同贴花
10. 技术合同	包括技术开发、转让、咨询、服务等合同	按所载金额的3‱贴花	立合同人	
11. 产权转移书据	包括财产所有权和版权、商标专用权、专利权、专有技术使用权等转移书据	按所载金额的5‱贴花	立合同人	
12. 营业账簿	生产经营用账册	记载金额的账簿按"实收资本"、"资本公积"两项合计金额的5‱贴花。其他按件贴花5元	立账簿人	记载资金的账簿按"实收资本"、"资本公积"两项合计金额贴花后，以后年度资金总额比已贴花资金总额增加的，增加部分应按规定贴花
13. 权利许可证照	包括政府部门发给的房屋产权证、工商营业执照、土地使用证、商标注册证、专利证	按件贴花5元	领受人	

注：因证券交易税暂未开征，现行A股、B股股权转让，以证券市场当日实际成交价格计算的金额，由卖出方按1‰（2008年9月19日起）的税率缴纳印花税。

（三）优惠政策的运用

下列凭证免征印花税：

（1）已缴纳印花税的凭证的副本或抄本，但以副本或者抄本视同正本使用的，则应另贴印花。

（2）财产所有者将财产赠给政府、社会福利机构、学校所书立的书据。

（3）国家指定的收购部门与村民委员会、农民个人书立的农副产品收购合同。

（4）无息、贴息贷款合同。

（5）外国政府或国际金融组织向我国政府及国家金融机构提供优惠贷款所书立的合同。

（6）房地产管理部门与个人签订的用于生活居住的租赁合同。

（7）农牧业保险合同。

（8）特殊的货运凭证，如军需物资运输凭证、抢险救灾物资运输凭证。

（9）自2014年11月1日至2017年12月31日，金融机构与小型、微型企业签订的借款合同。

（四）应纳税额的计算

根据应税凭证的性质，印花税的计算可采用从价定率计算和从量定额计算两种方法，其计算公式为：

应纳税额=应税凭证计税金额×适用税率

或　　　　　　　　=应税凭证件数×适用税额

【例 7-3】某企业 2016 年 6 月开业，当年发生以下有关业务事项：领受房屋产权证、工商营业执照、土地使用证各 1 件；订立商品购销合同一份，合同金额为 100 万元；订立借款合同一份，所载金额为 100 万元；企业记载资金的账簿，“实收资本”为 500 万元，“资本公积”为 100 万元；其他账簿 20 本。计算该企业当年应缴纳的印花税税额。

（1）企业领受权利许可证照应纳税额：

应纳税额=3×5=15（元）

（2）企业订立购销合同应纳税额：

应纳税额=1 000 000×0.3‰=300（元）

（3）企业订立借款合同应纳税额：

应纳税额=1 000 000×0.05‰=50（元）

（4）企业记载资金的账簿应纳税额：

应纳税额=（5 000 000+1 000 000）×0.5‰=3 000（元）

（5）企业其他营业账簿应纳税额：

应纳税额=20×5=100（元）

（6）企业当年应纳印花税税额：

应纳总税额=15+300+50+3 000+100=3 465（元）

引例解析

企业开业时所办的一些证照、合同文书、营业账簿都要按规定缴印花税，他们的计税依据各不相同，具体计算如下：

权利许可证照应纳税额=3×5=15（元）

产权转移书据应纳税额=400 000×0.5‰=200（元）

销售合同应纳税额=1 000 000×0.3‰=300（元）

借款合同应纳税额=600 000×0.05‰=30（元）

营业账簿中“实收资本”应纳税额=8 000 000×0.5%=4 000（元）

其他营业账簿应纳税额=10×5=50（元）

综上，该制药厂 6 月应纳的印花税税额=15+200+300+30+4 000+50=4 595（元）。

四、印花税的征收管理

（一）纳税方法

印花税根据应纳税额的大小、纳税次数的多少，以及税收征收管理的需要，分别采用以下三种纳税方法。

1. 自行贴花

自行贴花是指由纳税人自行计算应纳税额，自行购买并贴足印花税票，自行注销或画销的缴纳方法，即印花税的“三自”纳税办法。此方法一般适用于应税凭证较少或贴花次数较少的纳税人。按比例税率纳税而应纳税额不足 1 角的免纳印花税，应纳税额在 1 角以上的，其税额尾数不满 5 分的不计，满 5 分的按 1 角计算缴纳；对财产租赁合同规定了最低 1 元的应纳税额起点，即税额超过 1 角但不足 1 元的，按 1 元纳税。采用该纳税方法的纳税人，一般无须填写印花税纳税申报表。

对已贴花的凭证，修改后所载金额增加的，其增加部分应补贴印花税票；凡多贴印花税票的，不得申请退税或抵用。

2. 汇贴或汇缴

这种办法，一般适用于应税税额较大或贴花次数频繁的纳税人。

一份凭证应纳税额超过 500 元的，应向当地税务机关申请填写缴款书或者完税证，将其中一联粘贴在凭证上或由税务机关在凭证上加注完税标记代替贴花。这就是通常所说的“汇贴”方法。

对同一种凭证需频繁贴花的，纳税人可根据实际情况自行决定是否采用按期汇总缴纳印花税的方式。汇总缴纳的期限最长不得超过一个月。纳税期满后，纳税人应填写印花税纳税申报表，向主管税务机关申报纳税。凡汇缴印花税的凭证，应加盖税务机关的汇缴戳记，编号并装订成册后，将已贴印花税票或缴款书的一联粘附册后，盖章注销，保存备查。

3. 委托代征

委托代征是受托单位按税务机关的要求，以税务机关的名义向纳税人征收税款的一种方式。受托单位一般是发放、鉴证、公证应税凭证的政府部门或其他社会组织。税务机关应与代征单位签订代征委托书。纳税人在办理应税凭证相关业务时，由上述受托单位代为征收印花税款，要求纳税人购花并贴花，这主要是为了加强税源控制。

（二）纳税环节

印花税一般在应税凭证书立或领受时贴花。具体是指权利许可证照在领取时贴花，合同在签订时贴花，产权转移书据在立据时贴花，营业账簿在启用时贴花。如果合同在国外签订，并且不便在国外贴花的，应在将合同带入境时办理贴花纳税手续。

（三）纳税地点

印花税一般实行就地纳税。如果是全国性订货会所签合同应纳的印花税，由纳税人回其所在地办理贴花；对地方主办，不涉及省际关系的订货会、展销会上所签合同的印花税，由省级政府自行确定纳税地点。

（四）纳税申报

印花税的纳税人应按照条例的规定及时办理纳税申报，并如实填写印花税纳税申报表。

第四节 车船税法

引 例

某地税局执法人员在对各保险机构代收代缴车船税进行突击检查时，发现位于该市的某保险机构在为 7 辆汽车办理“交强险”时，纳税人拒缴车船税，该公司为保证保险业绩，并未按照规定及时向税务机关进行上报，而是擅自为其办理了“交强险”。执法人员还发现，该公司为逃脱责任，还涉嫌为其中的 3 辆汽车伪造拒缴车船税声明。该地税局对该保险公司进行了处罚。

问题是，保险公司在纳税人和税务机关之间处于什么角色？保险公司受到税务机关处罚的原因是什么？

一、车船税概述

车船税是指对在中华人民共和国境内的车辆（包括乘用车、商用车、挂车、摩托车和其他车辆）、船舶（包括机动船舶和游艇）依法征收的一种税。我国车船税基本法规是国务院 2006 年底修订颁布、2007 年 1 月 1 日起施行的《中华人民共和国车船税暂行条例》。2011 年 2 月 25 日第十一届全国人大第十九次常务会议通过了《中华人民共和国车船税法》，自 2012 年 1 月 1 日起施行，原《中华人民共和国车船税暂行条例》同时废止。

征收车船税，有利于运用税收经济杠杆，加强对车船的管理和使用，同时通过税收手段集中财力，缓解发展交通运输事业资金短缺的矛盾。

二、车船税的纳税人和征税对象

车船税的纳税人是我国境内车辆、船舶（简称车船）的所有人或管理人。其中，所有人是指在我国境内拥有车船的单位和个人；管理人是指对车船具有管理权或使用权，但不具有所有权的单位。车辆的所有人或者管理人未缴纳车船税的，使用人应当代为缴纳车船税。

一般情况下，拥有与使用车船的单位和个人是相同的，纳税人既是车船使用人，又是车船拥有人，若存在租赁关系，车船拥有人与使用人不一致时则应由租赁双方协商确定纳税人，租赁双方未商定的，由车船的使用人纳税。

从事机动车第三者责任强制保险业务的保险机构为机动车车船税的扣缴义务人，在销售机动车交通事故责任强制保险时代收车船税，并出具代收税款凭证。

车船税的征税对象为在我国境内使用的车船（除规定减免的车辆外），分为车辆和船舶两大类。具体包括：

（1）车辆为机动车。即依靠燃油、电力等能源作为动力运行的车辆，包括乘用车、商用客车、商用货车、挂车、摩托车、专项作业车和轮式专用机械车。

（2）船舶为机动船、非机动驳船和游艇。机动船指依靠燃料等能源作为动力运行的船舶，包括客船、货船、气垫船、拖船等；非机动驳船是指依靠其他力量运行的驳船。

依法不需要在车船登记管理部门登记的机场、港口、铁路站场内部行驶或者作业的车船，自车船税法 2012 年 1 月 1 日实施起 5 年内免征车船税。

引例解析

保险公司是车船税的扣缴义务人，在给纳税人提供保险服务时需要履行扣缴义务，代税务机关向纳税人收取车船税，如果纳税人拒绝不交，那么保险公司应向税务机关通报。本案例中的保险公司在纳税人拒绝缴纳车船税时，没有向税务机关通报，擅自办理交强险，伪造虚假材料，因此，受到税务机关的处罚。

三、车船税的计算

（一）计税依据的确定

车船税的计税依据按车船种类和性能，分别确定辆、整备质量吨位、净吨位和艇身长度四种，具体规定如下：

（1）乘用车、商用客车、摩托车按辆计税。

（2）商用货车、挂车、专业作业车、轮式专用机械车按整备质量吨位计税。

（3）机动船舶按净吨位计税，拖船按照发动机功率每 1 千瓦折合净吨位 0.67 吨计税。

（4）游艇按艇身长度计税。

需要说明的是：

① 这里所涉及的整备质量吨位、净吨位、艇身长度等计税标准，以车船管理部门核发的车船登记证书或者行驶证书相应项目所载数额为准。依法不需要办理登记的车船和依法应当登记而未办理登记或者不能提供车船登记证书、行驶证的车船，以车船出厂合格证明或者进口凭证标注的技术参数、数据为准；不能提供车船出厂合格证明或者进口凭证的，由主管税务机关参照国家相关标准核定，没有国家相关标准的参照同类车船核定。整备质量是指一辆汽车的自重，即汽车在正常条件下准备行驶时，尚未载人（包括驾驶员）、载

物时的空车重量。

② 车辆整备质量尾数在0.5吨以下（含0.5吨）的，按照0.5吨计算；超过0.5吨的，按照1吨计算，整备质量不超过1吨的车辆，按照1吨计算。船舶净吨位尾数在0.5吨以下（含0.5吨）的不予计算，超过0.5吨的按照1吨计算。净吨位不超过1吨的船舶，按照1吨计算。

（二）税目与税率的选择

车船税对应税车船采用幅度定额税率，即对各类车辆船舶分别规定了税目和税额幅度，具体如表7-3所示。

表7-3 车船税税目税额

税目		计税单位	每年税额	备注
一、乘用车	1.0升（含，发动机汽缸排气量，下同）以下	每辆	60元至360元	核定载客人数9人（含）以下
	1.0升以上至1.6升（含）的	每辆	300元至540元	
	1.6升以上至2.0升（含）的	每辆	360元至660元	
	2.0升以上至2.5升（含）的	每辆	660元至1 200元	
	2.5升以上至3.0升（含）的	每辆	1 200元至2 400元	
	3.0升以上至4.0升（含）的	每辆	2 400元至3 600元	
	4.0升以上的	每辆	3 600元至5 400元	
二、商用车	客车	每辆	480元至1 440元	核定载客人数9人以上，包括电车
	货车	整备质量每吨	16元至120元	包括半挂牵引车、三轮汽车和低速载货汽车等
三、挂车		整备质量每吨	按照货车税额的50%计算	
四、其他车辆	专用作业车	整备质量每吨	16元至120元	不包括拖拉机
	轮式专用机械车	整备质量每吨	16元至120元	不包括拖拉机
五、摩托车		每辆	36元至180元	
六、船舶	机动船舶	净吨位每吨	3元至6元	拖船和非机动驳船分别按机动船舶税额的50%计算
	游艇	艇身长度每米	600元至2 000元	

注：（1）车辆具体适用税额。由省、自治区、直辖市人民政府在规定的税额幅度内，按照以下原则，确定具体的适用税额，并报国务院备案：①乘用车依排气量从小到大递增税额；②客车按照核定载客人数20人以下和20人（含）以上两档划分，递增税额。

（2）机动船舶具体适用税额。①净吨位不超过200吨的，每吨3元；②净吨位超过200吨但不超过2 000吨的，每吨4元；③净吨位超过2 000吨但不超过10 000吨的，每吨5元；④净吨位超过 10 000 吨的，每吨 6 元。

（3）游艇具体适用税额。①艇身长度不超过 10 米的，每米 600 元；②艇身长度超过 10 米但不超过 18 米的，每米 900 元；③艇身长度超过 18 米但不超过 30 米的，每米 1 300 元；④艇身长度超过 30 米的，每米 2 000 元；辅助动力帆艇，每米 600 元。

（三）优惠政策的运用

1. 法定减免

（1）非机动车船（不包括非机动驳船）。非机动车是指以人力或者畜力驱动的车辆，以及符合国家有关标准的残疾人机动轮椅车、电动自行车等车辆；非机动船是指自身没有动力装置，依靠外力驱动的船舶。

（2）拖拉机。拖拉机是指在农业（农业机械）管理部门登记为拖拉机的车辆。

（3）捕捞、养殖渔船。捕捞、养殖渔船是指在渔业船舶管理部门登记为捕捞船或者养殖船的船舶，不包括在渔业船舶管理部门登记为捕捞船或者养殖船以外类型的船舶。

（4）军队、武警部队专用的车船。军队、武警专用的车船是指按照规定在军队、武警车船管理部门登记，并领取军用牌照、武警牌照的车船。

（5）警用车船。警用车船是指公安机关、国家安全机关、监狱、劳动教养管理机关和人民法院、人民检察院领取警用牌照的车辆和执行警务的专用船舶。

（6）依照我国有关法律规定应当予以免税的外国驻华使馆、领事馆和国际组织驻华机构及其有关人员的车船。

2. 特定减免

省、自治区、直辖市人民政府根据当地实际情况，可以对公共交通车船，农村居民拥有并主要在农村地区使用的摩托车、三轮汽车和低速载货汽车定期减征或免征车船税。

自 2015 年 5 月 7 日起，对符合标准的节约能源的乘用车、商用车，减半征收车船税；对使用符合标准的新能源的车辆（指纯电动商用车、插电式混合动力汽车、燃料电池商用车），免征车船税；纯电动乘用车和燃料电池乘用车不属于车船税征税范围，对其不征车船税。

对受严重自然灾害影响纳税困难以及有其他特殊原因确需减、免税的，可以减征或免征车船税。

（四）应纳税额的计算

车船税的计算按照计税依据不同，其计算方法有以下几种：

（1）乘用车、商用客车、摩托车应纳税额=车辆数×适用单位税额。

（2）商用货车、专业作业车、轮式专用机械车应纳税额=整备质量吨位×适用单位税额。

（3）挂车应纳税额=整备质量吨位×适用单位税额×50%。

（4）机动船舶应纳税额=净吨位×适用单位税额。

（5）拖船、非机动驳船应纳税额=净吨位×适用单位税额×50%。

（6）游艇应纳税额=艇身长度×适用单位税额。

购置的新车船，购置当年的应纳税额自纳税义务发生的当月起按月计算。计算公式为：

应纳税额=（年应纳税额÷12）×应纳税月份数

客货两用车按载货汽车的计税单位和税额标准计征车船税。

【例 7-4】汇丰公司拥有客车 5 辆，其中商用客车 1 辆，2.4 升乘用车 2 辆，1.6 升小型客车 2 辆，单位税额分别为 900 元、700 元、500 元；拥有商用货车 6 辆，其中 3 辆每辆整备质量吨位为 9.4 吨，另 3 辆每辆整备质量吨位为 19.7 吨，单位税额分别为 40 元、80 元。计算该公司 2015 年应纳车船税额。

载客汽车应纳税额=1×900+2×700+2×500=3 300（元）

载货汽车应纳税额=3×9.5×40+3×20×80=5 940（元）

合计应纳车船税额=3 300+5 940=9 240（元）

四、车船税的征收管理

（一）纳税期限

车船税按年申报，分月计算，一次性缴纳。纳税年度为公历 1 月 1 日起至 12 月 31 日止。具体纳税期限由省、自治区、直辖市人民政府确定。

（二）纳税义务发生时间

车船税的纳税义务发生时间，为车船管理部门核发的车船登记证书或者行驶证书所载日期的当月。纳税人未到车船管理部门办理登记手续的，以车船购置发票所载开具时间的当月作为车船税的纳税义务发生时间。对未办理车船登记手续且无法提供车船购置发票的，由主管税务机关核定纳税义务发生时间。

（三）纳税地点

车船税由地方税务机关负责征收。扣缴义务人代收代缴车船税的，纳税地点为扣缴义务人所在地；纳税人自行申报缴纳车船税的，纳税地点为车船登记地的主管税务机关所在地；依法不需要办理登记的车船，纳税地点为车船所有人或者管理人主管税务机关所在地。

（四）纳税申报

（1）车船的所有人或管理人未缴纳车船税的，使用人应当代为缴纳车船税。

（2）从事机动车交通事故责任强制保险业务的保险机构为机动车车船税的扣缴义务人，应当依法代收代缴车船税。对于依法不需要购买机动车交通事故责任强制保险的车辆，纳税人应当自行向主管税务机关申报缴纳车船税。

（3）机动车车船税的扣缴义务人代收代缴车船税时，纳税人不得拒绝。由扣缴义务人代收代缴机动车车船税的，纳税人应当在购买机动车交通事故责任强制保险的同时缴纳车船税。

（4）扣缴义务人在代收车船税时，应当在机动车交通事故责任强制保险的保险单上注明已收税款的信息，作为纳税人完税的证明。

（5）在一个纳税年度内，已完税的车船被盗抢、报废、灭失的，纳税人可以凭有关管理机关出具的证明和完税证明，向纳税所在地的主管税务机关申请退还自被盗抢、报废、灭失月份起至该纳税年度终了期间的税款。

已办理退税的被盗抢车船，失而复得的，纳税人应当从公安机关出具相关证明的当月起计算缴纳车船税。

（6）纳税人应按照规定及时办理纳税申报，并如实填写车船税纳税申报表。

第五节 契税法

引　例

张某投资失败，欠下李某 150 万元债务，无力偿还，只好用价值 160 万元的房屋抵债给李某。

请问：张某用房屋抵债的行为是否要缴纳契税？是张某缴还是李某缴？怎样确定计税依据？

一、契税概述

契税是以所有权发生转移变动的不动产为征税对象，向产权承受人征收的一种财产税。现行契税的基本规范是国务院 1997 年 7 月 7 日重新修订颁布，于同年 10 月 1 日起实施的《中华人民共和国契税暂行条例》以及 1997 年 10 月 28 日财政部制定的《中华人民共和国契税暂行条例实施细则》。

我国目前房地产类税收主要有耕地占用税、契税、房产税、城镇土地使用税、土地增值税等，契税是对土地、房屋权属转移行为征收的一种税，是唯一从需求方进行调节的税种，具有课税范围广泛性、取得收入及时性和税基相对稳定性等特点，筹集财政收入的功能特别强，同时具有调控房地产市场、促进社会经济健康发展的作用。

二、契税的纳税人和征税对象

契税的纳税人是指在我国境内承受土地、房屋权属转移的单位和个人。契税由权属的承受方缴纳，所说的“承受”是指以受让、购买、受赠、交换等方式取得土地、房屋权属的行为；“土地、房屋权属”是指土地使用权和房屋所有权；“单位”是指企业单位、事业单位、国家机关、军事机关和社会团体以及其他组织；“个人”是指个体经营者和其他个人。

契税以在我国境内转移土地、房屋权属的行为作为征税对象，土地、房屋权属未发生转移的，不征收契税。国有土地使用权出让、土地使用权转让、房屋买卖、房屋赠与和房屋交换等行为要征契税；土地、房屋的典当、继承、分拆、出租或抵押等行为不征契税。

下列方式实现土地、房屋权属转移的，视同土地使用权转让、房屋买卖或赠与征收契税：①以土地、房屋权属作价投资入股；②以土地、房屋权属抵债；③以获奖方式承受土地、房屋权属；④以预购方式或者预付集资建房款方式承受土地、房屋权属等。

三、契税的计算

（一）计税依据的确定

契税的计税依据是在土地、房屋权属转移时双方当事人签订的签约价格，按照土地、房屋权属转移的形式、定价不同，具体规定如下：

（1）国有土地使用权出让、土地使用权出售、房屋买卖，以成交价格为计税依据。

（2）土地使用权和房屋赠与，由征收机关参照土地使用权出售、房屋买卖的市场价格核定。

（3）土地使用权和房屋交换，以交换的土地使用权、房屋的价格差额为计税依据。交换价格相等的，免征契税；交换价格不相等的，由支付差价款的一方缴纳契税。

（4）以划拨方式取得土地使用权的，经批准转让房地产时，以补交的土地使用权出让费用或土地收益作为计税依据。

（5）房屋附属设施计税依据按下列规定确定：采取分期付款方式购买房屋、附属设施土地使用权、房屋所有权的，按合同规定的总价款计征契税；承受的房屋附属设施权属如为单独计价的，按当地确定的适用税率征收契税，如与房屋统一计价的，适用与房屋相同的税率征税。

【提示】

“营改增”后，契税的计税依据为不含增值税的成交价格。免征增值税的，计税依据不扣减增值税税额。

引例解析

张某用房屋抵债给李某的行为需要缴纳契税，由李某缴纳契税，张某不需要缴纳，在办理产权过户手续时以房屋现值 160 万元作为计算契税的依据。

（二）税率的选择

契税采用比例税率，并实行 3%～5%的幅度税率。具体税率由省、自治区、直辖市人民政府在规定的幅度内按本地区的实际情况确定，以适应不同地区纳税人的负担水平和调控房地产交易市场价格。

自 2016 年 2 月 22 日起对个人购买家庭唯一住房，面积为 90 平方米及以下的，减按 1%的税率征收契税，面积为 90 平方米以上的，减按 1.5%的税率征收契税；对个人购买家庭第二套改善性住房，面积为 90 平方米及以下的，减按 1%的税率征收契税；面积为 90 平方米以上的，减按 2%的税率征收契税。

（三）优惠政策的运用

（1）国家机关、事业单位、社会团体、军事单位承受土地、房屋用于办公、教学、医疗、科研和军事设施的，免征契税。

（2）城镇职工按规定第一次购买公有住房的，免征契税。

（3）因不可抗力灭失住房而重新购买住房的酌情减征或者免征契税。

（4）土地、房屋被县级以上人民政府征用、占用后，重新承受土地、房屋权属的，由省级人民政府确定是否减免。

（5）承受荒山、荒沟、荒丘、荒滩土地使用权，并用于农、林、牧、渔业生产的，免征契税。

（6）依照我国有关法律规定以及我国缔结或参加的双边和多边条约或协定，应予免税的外国驻华使馆、领事馆、联合国驻华机构及其外交代表、领事官员和其他外交人员承受土地、房屋权属的，经外交部确认，免征契税。

（7）法定继承人继承土地、房屋权属的不征契税；非法定继承人根据遗嘱承受死者生前土地、房屋权属的，属于赠与行为，应征契税。

（8）对拆迁居民因拆迁重新购置住房的，对购房成交价格中相当于拆迁补偿款的部分免征契税；超过拆迁补偿款部分的，征收契税。

经批准减征、免征契税的纳税人，改变有关土地、房屋的用途的，就不再属于减征、免征契税范围，并且应当补缴已经减征、免征的税款。

（四）应纳税额的计算

契税应纳税额依照省、自治区、直辖市人民政府确定的适用税率和税法规定的计税依据计算征收，其计算公式如下：

$$应纳税额=计税依据\times税率$$

【例 7-5】某房地产开发公司，2016 年 5 月通过拍卖方式取得国有土地一块，准备开发商品住宅，支付地价款 12 000 000 元，当地政府规定契税税率为 5%，房地产开发公司应缴纳的契税计算如下：

该房地产开发公司作为土地的承受者需要就土地的价值计算契税。土地所有者出让土地使用权，免征增值税，因此契税计税依据不扣减增值税额。

应纳税额=12 000 000×5%=600 000（元）

四、契税的征收管理

（一）纳税期限

纳税人应当自纳税义务发生之日起 10 日内，向土地、房屋所在地的税收征收机关办理纳税申报，并在税收征收机关核定的期限内缴纳税款。

（二）纳税义务发生时间

契税的纳税义务发生时间是纳税人签订土地、房屋权属转移合同的当天，或者纳税人取得其他具有土地、房屋权属转移合同性质凭证的当天。

（三）纳税地点

契税实行属地征收管理，纳税人发生契税纳税义务时，应向土地、房屋所在地的税务征收机关申报纳税。

（四）纳税申报

纳税人应当在规定的期限内，填制契税纳税申报表，向契税的征收机关办理纳税申报，并在核定的期限内缴纳税款。契税征收机关一般为土地、房屋所在地的地方税务机关，具体由省、自治区、直辖市人民政府确定。

第六节 土地增值税法

引　例

2016 年 6 月，某市房地产开发公司转让写字楼一幢，取得转让收入 5 250 万元（含增值税），公司采用简易计税办法缴纳了增值税 250 万元，城市维护建设税、教育费附加等 25 万元。该公司为取得土地使用权而支付的金额为 500 万元；投入房地产开发成本 1 500 万元；开发费用 400 万元，其中计算分摊给这幢写字楼的利息支出 120 万元（有金融机构证明），比按商业银行同类同期贷款利率计算的利息多 10 万元。公司所在地政府规定的其他开发费用的计算扣除比例为 5%。

请问：该房地产公司在开发并转让此写字楼时应缴纳多少土地增值税？

一、土地增值税概述

土地增值税是对转让国有土地使用权、地上建筑物及其附着物（简称转让房地产）并取得收入的单位和个人，就其转让房地产所取得的增值额征收的一种税。现行土地增值税的基本规范，是1993年12月13日国务院颁布并于1994年1月1日起实施的《中华人民共和国土地增值税暂行条例》和1995年1月27日财政部制定的《中华人民共和国土地增值税暂行条例实施细则》。

土地增值税是国家为了规范土地、房地产市场交易秩序，合理调节土地增值收益，维护国家权益而开征的税种。开征土地增值税是加强对房地产市场的调控能力的客观需要，对抑制房地产的炒作等投机行为，规范房地产市场健康、有序地发展有着重要的作用。

二、土地增值税的纳税人和征税范围

（一）土地增值税的纳税人

转让国有土地使用权、地上建筑物及其附着物并取得收入的单位和个人为土地增值税的纳税人。所称的单位包括各类企业单位、事业单位、国家机关、社会团体及其他组织；所称的个人包括个体经营者，此外，还包括外商投资企业、外国企业、外国驻华机构及海外华侨、港澳台同胞和外国公民。

（二）土地增值税的征税范围

1. 土地增值税征税范围的一般规定

土地增值税征税范围具有以下三个标准：

（1）“国有”标准。“国有”标准是指转让的土地使用权必须是国家所有，即转让的土地使用权只能是国有土地使用权，不包括集体土地及耕地。

（2）“产权转让”标准。“产权转让”标准是指土地使用权、地上建筑物及其附着物必须发生产权转让。地上建筑物是指建于土地上的一切建筑物，包括地上地下的各种附属设施。附着物是指附着于土地上的不能移动，一经移动即遭损坏的物品。

【提示】

土地使用权转让行为不同于土地使用权出让行为。转让是指土地使用者将土地使用权再转移的行为，包括出售、交换和赠与行为。出让是国家以土地所有者的身份将国有土地使用权在一定年限内出让给土地使用者，由土地使用者向国家支付土地使用权出让金的行为。国有土地使用权转让的行为征土地增值税，而国有土地使用权出让行为不征土地增值税。

（3）“取得收入”标准。“取得收入”标准是指征收土地增值税的行为必须取得转让收入。房地产的权属虽转让但未取得收入的行为，如以继承、赠与方式无偿转让房地产的行为不征税。

2. 土地增值税征税范围的特殊规定

（1）以房地产进行投资、联营的，投资、联营的一方以房地产作价入股进行投资或作为联营条件，将房地产转让到所投资、联营的企业时，暂免征收土地增值税；投资、联营企业将上述房地产再转让时，应征收土地增值税。

（2）对于一方出地，一方出资金，双方合作建房，建成后按比例分房自用的，暂免征收土地增值税；建成后转让的，应征收土地增值税。

（3）在企业兼并中，对被兼并企业将房地产转让到兼并企业中的，暂免征收土地增值税。

（4）房地产交换，应征土地增值税，但个人之间互换自有居住用房的，经当地税务机关核实，可以免征土地增值税。

（5）房地产作抵押的，抵押期间不征土地增值税；抵押期满以房产抵债而发生房地产权属转让的，应征土地增值税。

（6）代建行为，即房地产开发公司代客户进行房地产的开发，开发完成后向客户收取代建收入，由于没有发生房地产权属的转移，其收入属于劳务收入性质，不属于土地增值税的征税范围。

（7）房地产的重新评估，即国有企业在清产核资时对房地产进行重新评估而产生的评估增值，既没有发生房地产权属的转移，也未取得收入，不属于土地增值税的征税范围。

三、土地增值税的计算

（一）计税依据的确定

土地增值税的计税依据是纳税人转让房地产所取得的增值额，即纳税人转让房地产所取得的收入额减除规定的扣除项目金额后的余额，因此，要准确地界定增值额必须确定应税的收入额和扣除项目金额。

1. 应税收入的确定

应税收入主要包括转让房地产的全部价款及有关的经济收益，体现为货币收入、实物收入和其他收入。“营改增”后，转让房地产取得的应税收入为不含增值税收入，免征增值税的，转让房地产取得的收入不扣减增值税税额。

（1）货币收入。货币收入是指纳税人转让房地产而取得的现金、银行存款和国库券、金融债券、企业债券、股票等有价证券。

（2）实物收入。实物收入是指纳税人转让房地产而取得的各种实物形态的收入，如钢材、水泥等建材，房屋、土地等不动产。对于这些实物收入一般要按公允价值确认应税收入。

（3）其他收入。其他收入是指纳税人转让房地产而取得的无形资产收入或具有财产价值的权利，如专利权、商标权、著作权、专有技术使用权、土地使用权、商誉权等。

2. 扣除项目及其金额的确定

根据税法规定，准予从转让收入中扣除的项目包括以下六个方面：

（1）取得土地使用权所支付的金额。取得土地使用权所支付的金额包括纳税人为取得土地使用权所支付的地价款和在取得土地使用权时按国家统一规定缴纳的有关费用。其中：以出让方式取得的，以支付的土地出让金为地价款；以行政划拨方式取得的，以补交的土地出让金为地价款；以转让方式取得的，以向原土地使用人实际支付的金额为地价款。

（2）房地产开发成本。房地产开发成本是指房地产开发项目实际发生的成本，包括土地征用及拆迁补偿费、前期工程费、建筑安装工程费、基础设施费、公共配套设施费、开发间接费用等。

（3）房地产开发费用。房地产开发费用是指与房地产开发项目有关的销售费用、管理费用和财务费用。从转让收入中扣除的房地产开发费用，不按实际发生额扣除，而是按税法规定标准计算扣除。具体计算方法视财务费用中的利息支出的不同分别下列两种处理。

① 财务费用中的利息支出，凡能够按转让房地产项目计算分摊并提供金融机构证明的，允许据实扣除，但最高不能超过按商业银行同类、同期贷款利率计算的金额；其他房地产开发费用，按取得土地使用权所支付的金额和房地产开发成本金额之和的 5%以内计算扣除。计算公式如下：

房地产开发费用=利息+（取得土地使用权所支付的金额+房地产开发成本）×5%

② 财务费用中的利息支出，凡不能按转让房地产项目计算分摊利息或不能提供金融机构证明的，房地产开发费用按取得土地使用权支付金额和房地产开发成本之和的 10%以内计算扣除。计算公式如下：

房地产开发费用=（取得土地使用权所支付的金额+房地产开发成本）×10%

（4）与转让房地产有关的税金。与转让房地产有关的税金包括在转让房地产时缴纳的城建税、印花税、教育费附加。房地产开发企业发生转让行为时缴纳的印花税已列入管理费用，不再在此单独扣除，其他纳税人缴纳的印花税允许在此扣除。

【提示】

扣除项目涉及的增值税进项税额，允许在销项税额中计算抵扣的，不计入扣除项目，不允许在销项税额中计算抵扣的，可以计入扣除项目。

（5）其他扣除项目。特指从事房地产开发的纳税人，可按取得土地使用权所支付的金额和房地产开发成本金额之和的 20%加计扣除，除此之外的其他纳税人不适用。计算公式如下：

加计扣除费用=（取得土地使用权所支付的金额+房地产开发成本金额）×20%

（6）旧房及建筑物的评估价格。即在转让已使用房屋及建筑物时，由政府批准设立的房地产评估机构评定的重置成本乘以成新度折扣率后的价格。

营改增后，纳税人转让旧房及建筑物，凡不能取得评估价格，但能提供购房发票的，扣除项目的金额按照下列方法计算：①提供的购房凭据为营改增前取得的营业税发票的，按照发票所载金额（不扣减营业税）从购买年度起至转让年度止每年加计 5%计算。②提供的购房凭据为营改增后取得的增值税普通发票的，按照发票所载价税合计金额从购买年度起至转让年度止每年加计 5%计算。③提供的购房发票为营改增后取得的增值税专用发票的，按照发票所载不含增值税金额加上不允许抵扣的增值税进项税额之和，从购买年度起至转让年度止每年加计 5%计算。

（二）税率的选择

土地增值税实行四级超率累进税率，是我国唯一采用超率累进税率的税种，具体如表 7-4 所示。

表 7-4 土地增值税税率

级 次	增值额占扣除项目金额的比例	税率（%）	速算扣除系数（%）
1	50%（含）以下	30	0
2	50%～100%（含）	40	5
3	100%～200%（含）	50	15
4	200%以上	60	35

（三）优惠政策的运用

（1）纳税人建造普通标准住宅出售，增值额未超过扣除项目金额 20%的，免征土地增值税；增值额超过扣除项目金额 20%的，应就其全部增值额按规定计税。

（2）因国家建设需要依法征用、收回的房地产，免征土地增值税。

（3）个人拥有的普通住宅，在其转让时暂免征收土地增值税；个人因工作调动或改善居住条件而转让非普通住宅，经向税务机关申报核准，凡居住满 5 年或 5 年以上的，免征土地增值税；居住满 3 年未满 5 年的，减半征收土地增值税。居住未满 3 年的，按规定征收土地增值税。

（四）应纳税额的计算

土地增值税应纳税额计算步骤如下：

第一步，计算增值额。

增值额=转让收入–扣除项目金额

第二步，计算增值率。

增值率=增值额÷扣除项目金额×100%

第三步，确定适用税率和速算扣除系数。

第四步，计算应纳税额。

应纳税额=∑（每级距增值额×适用税率）

或 =增值额×适用税率–扣除项目金额×速算扣除系数

【提示】

新建房地产和存量房地产，在计算土地增值税时，两者的扣除项目内容不同，具体如表 7-5 所示。

表 7-5 新建房地产与存量房地产扣除项目的比较

扣除项目	新建房地产		存量房地产	
	非房地产企业	房地产企业	旧房及建筑物	土地使用权
取得土地使用权所支付的金额	√	√	√	√
房地产开发成本	√	√	—	—
房地产开发费用	√	√	—	—
与转让房地产有关的税金	√	√	√	—
其他扣除项目（加计扣除）	—	√	—	√
旧房及建筑物的评估价格	—	—	√	—

注："√"表示包含；"—"表示不含。

引例解析

该房地产开发公司在开发并转让此写字楼时，应缴纳的土地增值税计算如下。

① 取得土地使用权所支付的金额=500（万元）。

② 房地产开发成本=1 500（万元）。

③ 房地产开发费用=（120–10）+（500+1 500）×5%=210（万元）。

④ 转让房地产可扣除的有关税费=25（万元）。

⑤ 20%加计扣除=（500+1 500）×20%=400（万元）。

综上：

扣除项目=500+1 500+210+25+400=2 635（万元）；

增值额=5 250÷（1+5%）–2 635=2 365（万元）；

增值率=2 365÷2 635×100%=89.75%，适用 40%的税率。

因此，应纳土地增值税税额=2 365×40%–2 635×5%=814.25（万元）。

【例 7-6】2016 年 6 月，某单位转让一幢旧房，取得收入 945 万元（含增值税），采用简易计税办法缴纳了增值税 45 万元，城市维护建设税、教育费附加等 4.5 万元。该房建于 20 世纪 70 年代，当时造价为 70 万元，现经房地产评估机构评定的重置成本价为 380 万元，有六成新。旧房占地原来是行政划拨的，转让时，补交了土地出让金 80 万元。

该单位转让旧房应纳的土地增值税税额计算如下。

① 取得土地使用权所支付的金额=80（万元）。

② 与转让房地产有关的税费=4.5（万元）。

③ 旧房及建筑物的评估价格=380×60%=228（万元）。

综上：

扣除项目=80+4.5+228=312.5（万元）；

增值额=945÷（1+5%）–312.5=587.5（万元）；

增值率=587.5÷312.5×100%=188%，适用 50%的税率。

因此，应纳土地增值税税额=587.5×50%–312.5×15%=246.875（万元）。

四、土地增值税的征收管理

（一）纳税期限

土地增值税的纳税人应在转让房地产合同签订后的 7 日内，到房地产所在地主管税务机关办理纳税申报，并向税务机关提交房屋及建筑物产权证、土地使用权证书、土地转让与房产买卖合同、房地产评估报告及其他与转让房地产有关的资料。纳税人因经常发生房地产转让而难以在每次转让后申报的，经税务机关审核同意，可以定期进行纳税申报，具体期限由税务机关确定。纳税人预售房地产取得的收入，凡当地税务机关规定预征土地增值税的，纳税人应当到主管税务机关办理纳税申报，并按规定比例预交，待办理决算后，多退少补；凡当地税务机关规定不预征土地增值税的，也应在取得收入时先到税务机关登记或备案。

（二）纳税地点

土地增值税纳税地点的确定，根据纳税人性质不同有以下两种情况：

（1）法人纳税人。转让的房地产坐落地与其机构所在地一致的，以办理税务登记的原管辖税务机关为纳税地点；转让的房地产坐落地与其机构所在地或经营所在地不一致的，以房地产坐落地所管辖的税务机关为纳税地点。

（2）自然人纳税人。转让的房地产坐落地与其居住所在地一致的，以住所所在地税务机关为纳税地点；转让的房地产坐落地与其居住所在地或经营所在地不一致的，以办理过户手续所在地税务机关为纳税地点。

（三）纳税申报

土地增值税的纳税申报表分为从事房地产开发纳税人和其他纳税人两种类型，纳税人应按照规定期限办理纳税申报，并如实填写土地增值税纳税申报表。

第七节 城镇土地使用税法

引 例

某县地方税务局稽查局于2015年8月对位于城郊的国有企业名帆远洋公司2015年1—6月的纳税情况进行了检查，在检查城镇土地使用税纳税情况时，检查人员发现名帆远洋公司提供的政府部门核发的土地使用证书显示该公司实际占用土地面积为80 000平方米。其中：

（1）公司内学校和医院共占地2 000平方米。

（2）公司区域外公共绿化用地 5 000 平方米，公司区域内生活小区的绿化用地 1 000平方米。

（3）2015年1月1日，公司将一块1 000平方米的土地对外出租给另一公司，用以生产经营。

（4）2015年3月1日，公司将一块1 500平方米的土地无偿借给某国家机关作公务使用。

（5）除上述土地外，其余土地均为公司生产经营用地（该公司所在地适用税额为 5 元/平方米）。

请问：该公司不同用途的土地都需要缴纳城镇土地使用税吗？该企业 2015 年上半年实际需要缴纳多少城镇土地使用税？

一、城镇土地使用税概述

城镇土地使用税简称“土地使用税”，是对城市、县城、建制镇和工矿区范围内使用土地的单位和个人，按实际占用土地面积所征收的一种税。城镇土地使用税是一种资源税性质的税种，对拥有土地使用权的单位和个人征收的一种税。土地使用税法是用以调整国家与土地使用税纳税人之间征纳关系的法律规范。其基本法律依据是 1988 年 9 月国务院颁布的《中华人民共和国城镇土地使用税暂行条例》，2006 年 12 月 31 日国务院发布第 483 号令，对其做了相应修改，提高了城镇土地使用税税额标准，同时将城镇土地使用税的征收范围扩大到外商投资企业和外国企业，并于 2007 年 1 月 1 日起执行。

城镇土地使用税的征收有利于合理使用城镇土地，用经济手段加强对土地的控制和管理，变土地的无偿使用为有偿使用；调节不同地区、不同地段之间的土地级差收入，使纳税人的收入水平大体均衡；促进全社会节约使用土地，提高土地使用效益。

二、城镇土地使用税的纳税人和征税对象

城镇土地使用税的纳税人是我国境内城市、县城、建制镇范围内使用土地的单位和个人。拥有土地使用权的纳税人不在土地所在地的，由该土地的代管人或实际使用人缴纳；土地使用权未确定或权属纠纷未解决的，由实际使用人纳税；土地使用权为多方共有的，由共有各方分别纳税。

城镇土地使用税的课税对象是土地。征税范围为城市、县城、建制镇范围内的国家所有和集体所有的土地，不包括农村集体所有的土地。

自 2009 年 1 月 1 日起，公园、名胜古迹内的索道公司经营用地，应按规定缴纳城镇土地使用税。自 2009 年 12 月 1 日起，单独建造的地下建筑用地，按规定征收城镇土地使用税。

三、城镇土地使用税的计算

（一）计税依据的确定

城镇土地使用税以纳税人实际占用的土地面积为计税依据，土地面积计量标准为每平方米，按下列办法确定：

（1）由省、自治区、直辖市人民政府确定的单位组织测定土地面积的，以测定的面积为准。

（2）尚未组织测量，但纳税人持有政府部门核发的土地使用证书的，以证书确认的土地面积为准。

（3）尚未核发土地使用证书的，应由纳税人据实申报土地面积，据以纳税，待核发土地使用证以后再做调整。

（二）税率的选择

城镇土地使用税采用定额税率，即采用有幅度的差别税额，按大、中、小城市和县城、建制镇、工矿区分别规定每平方米土地使用税年应纳税额。城镇土地使用税税率如表 7-6 所示。

表 7-6　城镇土地使用税税率

级　别	人 口（人）	每平方米税额（元）
大城市	50 万以上	1.5 ~ 30
中等城市	20 万 ~ 50 万	1.2 ~ 24
小城市	20 万以下	0.9 ~ 18
县城、建制镇、工矿区	—	0.6 ~ 12

各省、自治区、直辖市人民政府可根据市政建设情况和经济繁荣程度在规定幅度内，确定所辖地区的适用税额幅度。经济落后地区，土地使用税的适用税额标准可适当降低，但降低额不得超过上述规定最低税额的 30%，经济发达地区的适用税额标准可以适当提高，但须报财政部批准。

（三）优惠政策的运用

下列土地免征城镇土地使用税。

（1）国家机关、人民团体、军队自用的土地。

（2）由国家财政部门拨付事业经费的单位自用土地。

（3）宗教寺庙、公园、名胜古迹自用的土地。

（4）市政街道、广场、绿化地带等公共用地。

（5）直接用于农、林、牧、渔业的生产用地。

（6）经批准开山填海整治的土地和改造的废弃土地，从使用之月起免交土地使用税 5 年至 10 年。

（7）非营利性医疗机构、疾病控制机构和妇幼保健机构自用的土地，自 2000 年 7 月起免征城镇土地使用税。对营利性医疗机构自用的土地自取得执照之日起免征城镇土地使用税 3 年。

（8）企业办学校、医院、托儿所、幼儿园，其用地能与企业其他用地明确区分的，免征城镇土地使用税。

（9）免税单位无偿使用纳税单位的土地，如公安、海关等单位使用铁路、民航等单位的土地免税；但纳税单位无偿使用免税单位的土地，纳税单位应依法缴纳城镇土地使用税。

（10）部分特殊行业用地暂免征收土地使用税：①高校后勤实体用地；②企业的铁路专用线及公路等用地；③企业厂区以外的公共绿化用地和向社会开放的公园用地；④港口的码头用地；⑤盐场的盐滩和盐矿的矿井用地；⑥水利设施管护用地；⑦机场飞行区。

（11）从 2015 年 7 月 1 日起，下列用地暂免征城镇土地使用税：①石油天然气（含页岩气、煤层气）生产建设用地（包括地质勘探、钻井、井下作业、油气田地面工程等施工临时用地；企业厂区以外的铁路专用线、公路及输油、输气、输水管道用地；油气长输管线用地）。②在城市、县城、建制镇以外工矿区内的消防、防洪排涝、防风、防沙设施用地。

（12）下列土地由省级地方税务局确定减免土地使用税：个人所有的居住房屋及院落用地；单位职工家属的宿舍用地；集体和个人办的学校、医院、托儿所及幼儿园用地；基建项目在建期间使用的土地以及城镇集贸市场用地等。

（四）应纳税额的计算

城镇土地使用税的应纳税额可以通过纳税人实际占用的土地面积乘以该土地所在地段适用税额求得，其计算公式为：

全年应纳税额=实际占用应税土地面积（平方米）×适用税额

【例 7-7】物美企业坐落于某中等城市，占用土地 20 000 平方米，其中企业自办的托幼机构占用土地 1 000 平方米，当地政府核定的城镇土地使用税税额每平方米 4 元，计算该企业当年应纳的土地使用税税额。

全年应纳土地使用税税额=（20 000–1 000）×4=76 000（元）

引例解析

（1）名帆远洋公司办的学校、医院自用的 2 000 平方米土地，免征城镇土地使用税。

（2）公司区域以外的 5 000 平方米公共绿化用地，免征城镇土地使用税；公司区域以内的 1 000 平方米生活小区绿化用地，应按规定征收城镇土地使用税。

（3）公司用于土地使用权出租的 1 000 平方米土地，由承租方缴纳城镇土地使用税，名帆远洋公司不缴税。

（4）公司在 3 月 1 日，将一块 1 500 平方米的土地无偿借给某国家机关作公务使用，在这种情况下，该公司只需缴纳 1—2 月自己使用时间的城镇土地使用税，3 月以后就不需要缴税。同时，国家机关使用土地时也不需要缴纳城镇土地使用税。

（5）名帆远洋公司自己使用的用于生产经营的土地需要缴纳城镇土地使用税，具体计算为：名帆远洋公司上半年应缴纳的城镇土地使用税税额=（80 000–2 000–5 000–1 000–1 500）×5÷2+1 500×5÷6=177 500（元）。

四、城镇土地使用税的征收管理

（一）纳税期限

城镇土地使用税实行按年计算、分期缴纳的征收方法，具体纳税期限由省、自治区、直辖市人民政府确定。

（二）纳税义务发生时间

（1）纳税人购置新建商品房，自房屋交付使用之次月起，缴纳城镇土地使用税。

（2）纳税人购置存量房，自办理房屋权属转移、变更登记手续，房地产权属登记机关签发房屋权属证书之次月起，缴纳城镇土地使用税。

（3）纳税人出租出借房产，自交付出租、出借房产之次月起，缴纳城镇土地使用税。

（4）纳税人新征用的耕地，自批准征用之日起满 1 年时开始缴纳城镇土地使用税。

（5）纳税人新征用的非耕地，自批准征用次月起缴纳城镇土地使用税。

（6）纳税人以出让或转让方式有偿取得城镇土地使用权的，应由受让方从合同约定交付土地时间的次月起缴纳城镇土地使用税；合同未约定交付时间的，由受让方从合同签订的次月起缴纳城镇土地使用税。

【提示】

只有第四种情况从“征用之日起满1年”时缴纳城镇土地使用税，其余都是从“次月”起缴纳城镇土地使用税。

（三）纳税地点

城镇土地使用税的纳税地点为土地所在地，由土地所在地地方税务机关征收。

纳税人使用的土地不属于同一省、自治区、直辖市管辖的，由纳税人分别向土地所在地的税务机关申报缴纳；在同一省、自治区、直辖市管辖范围内，纳税人跨地区使用土地，其纳税地点由各省、自治区、直辖市税务机关确定。

（四）纳税申报

城镇土地使用税的纳税人应按照条例的有关规定及时办理纳税申报，如实填写城镇土地使用税纳税申报表。

第八节 资源税法

引例

税务人员审查某煤矿第一季度资源税缴纳情况时，根据“库存商品”账户记载，计算出产品出库量，将此数字与该煤矿的“主营业务收入”账户所记的销售数量相核对，发现销售收入数量比产品出库量少1 000吨。审查“应交税费——应交资源税”账户贷方发生额，发现企业全部按“主营业务收入”账户记载的销售金额申报纳税，对减少的原因，税务人员进一步审查“库存商品”记账凭证，从中发现有一笔分录如下：

借：固定资产　　250 000

　　贷：库存商品　　250 000

经查证核实，该煤矿用1 000吨原煤换取了固定资产，未计算缴纳资源税。

请问：该煤矿用原煤换取固定资产的行为是否要缴纳资源税？

一、资源税概述

资源税是对在我国领域及管辖海域从事应税矿产品开采或生产盐的单位和个人征收的一种税。其基本法律依据是国务院于1993年12月颁布的《中华人民共和国资源税暂行条例》和财政部同年发布的资源税实施细则，自1994年1月1日起执行。2011年9月30

日，国务院对资源税法进行了修订，2011 年 11 月 1 日起实施。从 2016 年 7 月 1 日起按照“清费立税、合理负担、适度分权、循序渐进”的原则，全面推进资源税的改革。

对资源占用行为征税不仅为当今许多国家广泛采用，而且具有十分悠久的历史，我国对资源占用征税的历史至少可以追溯到周代，当时的“山泽之赋”就是对伐木、采矿、狩猎、捕鱼、煮盐等开发、利用自然资源的生产活动课征的赋税。此后，我国历代政府一直延续了对矿冶资源、盐业资源等自然资源开发利用课税的制度。

二、资源税的纳税人和征税范围

（一）资源税的纳税人和扣缴义务人

在我国领域及管辖海域开采应税矿产品或生产盐的单位和个人为资源税的纳税人，包括各类企业、行政单位、事业单位、军事单位、社会团体及个人。收购未税矿产品的单位为资源税的扣缴义务人，包括独立矿山、联合企业和其他收购未税矿产品的单位。

（二）征税范围的确定

资源税的课税对象是各种自然资源，我国目前只选择对矿产品和盐两类资源征收资源税。具体征税范围如下：

（1）原油。原油是指开采的天然原油，不包括人造石油。

（2）天然气。天然气是指专门开采或者与原油同时开采的天然气。

（3）煤炭。煤炭包括原煤和以未税原煤加工的洗选煤。

（4）其他非金属矿原矿、精矿。其他非金属矿原矿、精矿是指原油、天然气、煤炭和井矿盐、湖盐以外的非金属矿原矿、精矿，包括石墨、硅藻土、高岭土、萤石、石灰石、硫铁矿、磷矿、氯化钾、硫酸钾、煤层气、黏土、砂石等原矿、精矿。

（5）金属矿原矿、精矿。金属矿原矿、精矿是指纳税人开采后自用、销售的金属矿原矿、精矿，包括铁矿、金矿、铜矿、铅锌矿、铝土矿、钨矿、锡矿、镍矿、稀土矿、钼矿等原矿、精矿。

（6）盐。盐包括湖盐、井矿盐、提取地下卤水晒制的盐和海水晒制的盐。

未列举名称且未确定具体适用税率的其他非金属矿原矿、精矿和金属矿原矿、精矿，由省、自治区、直辖市人民政府根据实际情况确定，报财政部和国家税务总局备案。

目前开展的水资源税改革试点工作，自 2016 年 7 月 1 日起先在河北省试点；之后，逐步将森林、草场、滩涂等其他自然资源纳入征收范围。

引例解析

该煤矿用自产产品换取固定资产，虽然没有直接销售，但在税法上属于视同销售，要征收增值税和资源税，同时也不能按售价结转成本，应确认“主营业务收入”。因此，该煤矿要补缴资源税、增值税，并接受相应处罚。

三、资源税的计算

（一）计税依据的确定

资源税按照从价定率为主、从量定额为辅的办法征收，其计税依据规定如下。

1. 计税销售额的确定

销售额为纳税人销售应税产品向购买方收取的全部价款和价外费用，但不包括收取的增值税销项税额。价外费用，包括价外向购买方收取的手续费、补贴、基金、集资费、返还利润、奖励费、违约金、滞纳金、延期付款利息、赔偿金、代收款项、代垫款项、包装费、包装物租金、储备费、优质费、运输装卸费以及其他各种性质的价外收费。但下列项目不包括在内。

（1）同时符合以下条件的代垫运输费用：①承运部门的运输费用发票开具给购买方的；②纳税人将该项发票转交给购买方的。

（2）同时符合以下条件代为收取的政府性基金或者行政事业性收费：①由国务院或者财政部批准设立的政府性基金，由国务院或者省级人民政府及其财政、价格主管部门批准设立的行政事业性收费；②收取时开具省级以上财政部门印制的财政票据；③所收款项全额上缴财政。

（3）运杂费用。运杂费用是指应税产品从坑口或洗选（加工）地到车站、码头或购买方指定地点的运输费用、建设基金以及随运销产生的装卸、仓储、港杂费用。运杂费用应与销售额分别核算，凡未取得相应凭据或不能与销售额分别核算的，应当一并计征资源税。

纳税人以人民币以外的货币结算销售额的，应当折合成人民币计算。其销售额的人民币折合率可以选择销售额发生的当天或者当月 1 日的人民币汇率中间价。纳税人应在事先确定采用何种折合率计算方法，确定后 1 年内不得变更。

为公平原矿与精矿之间的税负，对同一种应税产品，征税对象为精矿的，纳税人销售原矿时，应将原矿销售额换算为精矿销售额缴纳资源税；征税对象为原矿的，纳税人销售自采原矿加工的精矿，应将精矿销售额折算为原矿销售额缴纳资源税。换算比或折算率原则上应通过原矿售价、精矿售价和选矿比计算，也可通过原矿销售额、加工环节平均成本和利润计算。金矿以标准金锭为征税对象，纳税人销售金原矿、金精矿的，应比照上述规定将其销售额换算为金锭销售额缴纳资源税。换算比或折算率应按简便可行、公平合理的原则，由省级财税部门确定，并报财政部、国家税务总局备案。

纳税人申报的应税产品销售额明显偏低并且无正当理由的、有视同销售应税产品行为而无销售额的，除财政部、国家税务总局另有规定外，按下列顺序确定销售额：

（1）按纳税人最近时期同类产品的平均销售价格确定。

（2）按其他纳税人最近时期同类产品的平均销售价格确定。

（3）按组成计税价格确定。

组成计税价格为：

$$组成计税价格=成本×（1+成本利润率）÷（1-税率）$$

公式中的成本是指应税产品的实际生产成本。公式中的成本利润率由省、自治区、直辖市税务机关确定。

2. 课税数量的确定

（1）各种应税产品，凡直接对外销售的，以实际销售数量为课税数量。

（2）各种应税产品，凡产品自用的，以移送自用数量为课税数量。

（3）纳税人不能准确提供应税产品销售数量的，以应税产品的产量或者主管税务机关确定的折算比换算成的数量为计征资源税的销售数量。

（二）税目与税率的选择

从 2016 年 7 月 1 日起，资源税实行幅度的比例税率为主和定额税率为辅的计征方式，具体适用税率由财政部会同国务院有关部门，根据纳税人所开采或者生产应税产品的资源品位、开采条件等情况确定。具体如表 7-7 所示。

表 7-7 资源税税目税率

税目		征税对象	税率
一、原油			5%～10%
二、天然气			5%～10%
三、煤炭			2%～10%
四、其他非金属矿	石墨	精矿	3%～10%
	高岭土、石灰石	原矿	1%～6%
	硅藻土、萤石、硫铁矿	精矿	1%～6%
	磷矿	原矿	3%～8%
	氯化钾	精矿	3%～8%
	硫酸钾	精矿	6%～12%
	井矿盐、湖盐	氯化钠初级产品	1%～6%
	提取地下卤水晒制的盐	氯化钠初级产品	3%～15%
	煤层（成）气	原矿	1%～2%
	黏土、砂石	原矿	每吨或立方米 0.1～5 元
	未列举名称的其他非金属矿产品	原矿或精矿	从量税率每吨或立方米不超过 30 元；从价税率不超过 20%

续表

税目		征税对象	税率
五、金属矿	稀土矿	原矿	轻稀土按地区执行不同的适用税率，其中，内蒙古为 11.5%、四川为 9.5%、山东为 7.5%；中重稀土资源税适用税率为 27%
	钨矿	原矿	6.5%
	钼矿	原矿	11%
	铝土矿	原矿	3%～9%（包括耐火级矾土、研磨级矾土等高铝黏土）
	铁矿	精矿	1%～6%
	金矿	金锭	1%～4%
	铜矿	精矿	2%～8%
	铅锌矿、镍矿、锡矿	精矿	2%～6%
	未列举名称的其他金属矿产品	原矿或精矿	税率不超过 20%
六、海盐		氯化钠初级产品	1%～5%

注：氯化钠初级产品是指井矿盐、湖盐原盐、提取地下卤水晒制的盐和海盐原盐，包括固体和液体形态的初级产品。

纳税人开采或者生产不同税目应税产品的，应当分别核算，不能准确提供不同税目应税产品的销售额或者销售数量的，从高适用税率。

（三）优惠政策的运用

（1）原油、天然气资源税优惠政策：①对油田范围内运输稠油过程中用于加热的原油、天然气免征资源税；②对稠油、高凝油和高含硫天然气资源税减征 40%；③对三次采油资源税减征 30%；④对低丰度油气田资源税暂减征 20%；⑤对深水油气田资源税减征 30%。

（2）对符合条件的采用充填开采方式采出的矿产资源，资源税减征 50%；对符合条件的衰竭期矿山开采的矿产资源，资源税减征 30%。

（3）对鼓励利用的低品位矿、废石、尾矿、废渣、废水、废气等提取的矿产品，由省级人民政府根据实际情况确定是否减税或免税，并制定具体办法。

（4）纳税人开采或生产应税产品过程中，因意外事故或自然灾害等原因遭受重大损失的，由省、自治区、直辖市人民政府酌情决定减税或免税。

（5）国务院规定的其他减税、免税项目。

（四）应纳税额的计算

资源税按照从价定率为主、从量定额为辅的办法征收，分别以应税产品的销售额乘以纳税人具体适用的比例税率或者以应税产品的销售数量乘以纳税人具体适用的定额税率计算。

资源税在应税产品的销售或自用环节计算缴纳。以自采原矿加工精矿产品的，在原矿移送使用时不缴纳资源税，在精矿销售或自用时缴纳资源税。纳税人以自采原矿加工金锭的，在金锭销售或自用时缴纳资源税。纳税人销售自采原矿或者自采原矿加工的金精矿、粗金，在原矿或者金精矿、粗金销售时缴纳资源税，在移送使用时不缴纳资源税。以应税产品投资、分配、抵债、赠与、以物易物等，视同销售，计算缴纳资源税。

实行从价计征的，其应纳税额计算公式如下：

应纳税额=计税销售额×适用税率

实行从量计征的，其应纳税额计算公式如下：

应纳税额=课税数量×定额税率

【例 7-8】某冶金联合企业附属的矿山，2016 年 7 月开采铅锌精矿 6 000 吨，销售 5 000 吨，每吨销售价格 8 000 元（不含增值税），铅锌精矿适用资源税税率为 5%。该矿山 7 月应纳资源税税额计算如下：

应纳税额=5 000×8 000×5%=2 000 000（元）

四、资源税的征收管理

（一）纳税期限

资源税的纳税期限为 1 日、3 日、5 日、10 日、15 日或 1 个月，具体由主管税务机关根据实际情况核定。不能按固定期限计算纳税的，可以按次计算纳税。

纳税人以 1 个月为一期纳税的，自期满之日起 10 日内申报纳税；以 1 日、3 日、5 日、10 日或 15 日为一期纳税的，自期满之日起 5 日内预缴税款，于次月 1 日起 10 日内申报纳税并结清上月税款。

扣缴义务人解缴税款期限，比照上述规定执行。

（二）纳税义务发生时间

（1）纳税人销售应税产品，其纳税义务发生时间是：

① 纳税人采取分期收款结算方式的，其纳税义务发生时间，为销售合同规定的收款日期的当天。

② 纳税人采取预收货款结算方式的，其纳税义务发生时间，为发出应税产品的当天。

③ 纳税人采取其他结算方式的，其纳税义务发生时间，为收讫销售款或者取得索取销售款凭据的当天。

（2）纳税人自产自用应税产品的纳税义务发生时间，为移送使用应税产品的当天。

（3）扣缴义务人代扣代缴税款的纳税义务发生时间，为支付货款的当天。

（三）纳税地点

（1）纳税人应纳的资源税，应当向应税产品的开采或者生产所在地主管税务机关缴纳。

（2）纳税人在本省、自治区、直辖市范围内开采或者生产应税产品，其纳税地点需要调整的，由省、自治区、直辖市税务机关决定。

（3）纳税人跨省、自治区、直辖市开采或者生产应税产品，其下属生产单位与核算单位不在同一省、自治区、直辖市的，对其开采或者生产的应税产品，一律在开采地或者生产地纳税。实行从价计征的应税产品，其应纳税款一律由独立核算的单位按照每个开采地或者生产地的销售量、单位销售价格及适用税率计算划拨；实行从量计征的应税产品，其应纳税款一律由独立核算的单位按照每个开采地或者生产地的销售量及适用税率计算划拨；扣缴义务人代扣代缴的资源税，应当向收购地主管税务机关缴纳。

（四）纳税申报

纳税人填制资源税纳税申报表时，首先，应对其开采或生产的资源产品，按税法规定区分应税和非应税、免税项目，并确定应税产品的适用税率；其次，根据“库存商品”等账户及有关会计凭证，核实应税产品的销售金额、销售数量、自用数量，或按规定的办法折算原矿数量；最后，根据核实后的应税数量和确定的税率计算应缴纳的资源税税额，并与“应交税费——应交资源税”账户资料核对相符，填制资源税纳税申报表，并办理签章手续。

本章小结

本章其他税法内容结构如图 7-1 所示

- 其他税法
  - 城市维护建设税法
    - 城市维护建设税概述
    - 纳税人和征税对象的确定
    - 应纳税额计算（附加税）：计税依据的确定、税率（比例税率）的选择、优惠政策的运用、应纳税额的计算
    - 城建税的征收管理：纳税地点、纳税期限、纳税申报
    - 附：教育费附加基础知识
  - 房产税法
    - 房产税概述
    - 纳税人和征税对象的确定
    - 应纳税额计算：计税依据的确定、税率（比例税率）的选择、优惠政策的运用、应纳税额的计算（从价计征和从租计征）
    - 房产税的征收管理：纳税地点、纳税期限、纳税申报
  - 印花税法
    - 印花税概述
    - 纳税人（5 种）和征税对象（5 大类 13 个税目）的确定
    - 应纳税额计算：计税依据的确定、税率的选择（比例税率、定额税率）、优惠政策的运用、应纳税额的计算
    - 印花税的征收管理：纳税地点、纳税期限、纳税申报
  - 车船税法
    - 车船税概述
    - 纳税人和征税对象的确定
    - 应纳税额计算：计税依据的确定、税率的选择（定额税率）、优惠政策的运用、应纳税额的计算（从量计征）
    - 车船税的征收管理：纳税地点、纳税期限、纳税申报
  - 契税法
    - 契税概述
    - 纳税人和征税对象的确定
    - 应纳税额计算：计税依据的确定、税率的选择（比例税率）、优惠政策的运用、应纳税额的计算
    - 契税的征收管理：纳税地点、纳税期限、纳税申报
  - 土地增值税法
    - 土地增值税概述
    - 纳税人和征税对象的确定
    - 应纳税额计算：计税依据的确定、税率（超率累进税率）的选择、优惠政策的运用、应纳税额的计算（应税收入、扣除项目、增值率）
    - 土地增值税的征收管理：纳税地点、纳税期限、纳税申报
  - 城镇土地使用税法
    - 城镇土地使用税概述
    - 纳税人和征税对象的确定
    - 应纳税额计算：计税依据的确定、税率（定额税率）的选择、优惠政策的运用、应纳税额的计算（从量计征）
    - 城镇土地使用税的征收管理：纳税地点、纳税期限、纳税申报
  - 资源税法
    - 资源税概述
    - 纳税人和征税对象的确定
    - 应纳税额计算：计税依据的确定、税率（比例税率、定额税率）的选择、优惠政策的运用、应纳税额的计算（从价计征、从量计征）
    - 资源税的征收管理：纳税地点、纳税期限、纳税申报

图 7-1　本章内容结构

习题训练

一、判断题

1. 由受托方代收代缴消费税的，应代收代缴的城市维护建设税按委托方所在地的适用税率计税。 ( )

2. 发生增值税、消费税减征时，不减征城市维护建设税。 ( )

3. 对应税凭证，凡由两方或以上当事人共同订立的，由当事人协商确定其中一方为印花税纳税人。 ( )

4. 对于多贴印花税票者，可以向当地税务机关申请退税或者抵用。 ( )

5. 同一应税凭证载有两项经济事项，并分别记载金额，可按两项金额合计和最低的适用税率，计税贴花。 ( )

6. 对城市征收城镇土地使用税不包括其郊区的土地。 ( )

7. 农民在农村开设的商店占地，不缴纳城镇土地使用税。 ( )

8. 对个人按市场价格出租的居民住房，可暂按其租金收入的4%征收房产税。 ( )

9. 宗教寺庙附设的营业单位使用的房产，免征房产税。 ( )

10. 车辆的具体适用税额由省、自治区、直辖市人民政府在规定的税额幅度内确定。 ( )

11. 甲企业以价值300万元的办公用房与乙企业互换一处厂房，并向乙企业支付差价款100万元，在这次互换中，乙企业不需要缴纳契税，应由甲企业缴纳。 ( )

12. 土地、房屋权属变动中的各种形式，如典当、继承、出租或者抵押等，均属于契税的征税范围。 ( )

13. 某工业企业利用一块闲置的土地的使用权换取某房地产公司的新建商品房，作为本单位职工的居民用房，由于没有取得收入，所以，该企业不需要缴纳土地增值税。 ( )

14. 在计算土地增值税时，对从事房地产开发的纳税人销售使用过的旧房及建筑物，仍可按取得土地使用权所支付的金额和房地产开发成本金额之和的20%加计扣除。 ( )

15. 资源税是对在中国境内开采、生产以及进口的矿产品和盐的单位和个人征收。 ( )

二、单项选择题

1. 下列情况应缴纳城市维护建设税的是（ ）。

A. 外贸单位进口货物　　B. 外贸单位出口货物
C. 内资企业销售免征增值税货物　　D. 旅行社取得营业收入

2. 纳税人所在地在县城的，其适用的城市维护建设税的税率是（　　）。
A. 1%　　B. 3%　　C. 5%　　D. 7%

3. 对于获准汇总缴纳印花税的纳税人，其汇总缴纳的期限，最长不得超过（　　）。
A. 1个月　　B. 2个月　　C. 3个月　　D. 半个月

4. 市区某公司委托县城内一加工厂加工材料，加工后收回产品时，加工厂为该公司代扣代缴消费税10万元，那么应代扣代缴城市维护建设税（　　）元。
A. 5 000　　B. 7 000　　C. 3 000　　D. 1 000

5. 甲公司向乙公司租入2辆载重汽车，签订的合同规定：汽车总价值为20万元，租期2个月，租金为1.28万元，则甲公司应纳印花税税额为（　　）元。
A. 3.2　　B. 12.8　　C. 60　　D. 240

6. 经济落后地区土地使用税的适用税额标准降低幅度为（　　）。
A. 10%　　B. 20%　　C. 30%　　D. 40%

7. 某企业占用土地面积1万平方米，经税务部门核定，该土地税额为每平方米5元，则该企业全年应缴纳土地使用税（　　）万元。
A. 5　　B. 7.5　　C. 6.25　　D. 60

8. 按照房产租金收入计算房产税所适用的税率是（　　）。
A. 12%　　B. 10%　　C. 2%　　D. 1.2%

9. 我国不征收房产税的地方是（　　）。
A. 城市的市区　　B. 县城　　C. 农村　　D. 城市的郊区

10. 下列项目中以“净吨位”为计税单位的是（　　）元。
A. 载客汽车　　B. 摩托车　　C. 船舶　　D. 载货汽车

11. 下列各项中，应缴纳契税的是（　　）。
A. 承包者获得农村集体土地承包经营权　　B. 企业受让土地使用权
C. 企业将厂房抵押给银行　　D. 个人承租居民住宅

12. 下列属于契税纳税义务人的是（　　）。
A. 土地、房屋抵债的抵债方　　B. 房屋赠与中的受赠方
C. 房屋赠与中的赠与方　　D. 土地、房屋投资的投资方

13. 下列各项中，应当缴纳土地增值税的是（　　）。
A. 继承房地产　　B. 以房地产作抵押向银行贷款
C. 出售房屋　　D. 出租房屋

14. 我国现行土地增值税实行的税率属于（　　）。
A. 比例税率　　B. 超额累进税率
C. 定额税率　　D. 超率累进税率

15. 下列各项中不属于资源税征税范围的是（　　）。

A. 与原油同时开采的天然气　　B. 煤矿生产的天然气

C. 开采的天然原油　　D. 生产的海盐原盐

三、多项选择题

1. 对出口产品退还（　　）的，不退还已缴纳的城市维护建设税。

A. 增值税　　B. 关税　　C. 企业所得税　　D. 消费税

2. 城市维护建设税的计税依据有（　　）。

A. 纳税人缴纳的增值税税额　　B. 纳税人缴纳的关税税额

C. 纳税人缴纳的消费税税额　　D. 纳税人缴纳的所得税税额

3. 财产所有人将财产赠给（　　）所书立的书据，免纳印花税。

A. 乡镇企业　　B. 国有独资企业　　C. 社会福利单位　　D. 政府

4. 适用于印花税定额税率的有（　　）。

A. 借款合同　　B. 产权转移书据

C. 其他账簿　　D. 权力许可证照

5. 记载资金的账簿，印花税计税依据是（　　）的合计数。

A. 实收资本　　B. 注册资本　　C. 资本公积　　D. 盈余公积

6. 城镇土地使用税的纳税人包括（　　）。

A. 土地的实际使用人　　B. 土地的代管人

C. 拥有土地使用权的单位和个人　　D. 土地使用权共有的各方

7. 下列项目中，税法明确规定免征城镇土地使用税的有（　　）。

A. 市妇联办公楼用地　　B. 寺庙开办的旅店用地

C. 街道绿化地带用地　　D. 个人居住房屋用地

8. 房产税的纳税人有（　　）。

A. 产权所有人　　B. 承典人　　C. 房产使用人　　D. 经营管理人

9. 房产税的计税依据有（　　）。

A. 房产净值　　B. 房产的租金收入

C. 房产余值　　D. 房产的计税价值

10. 车船税的免税项目有（　　）。

A. 军队自用的车船　　B. 消防车船

C. 游船　　D. 行政单位自用的车船

11. 下列以成交价格为依据计算契税的有（　　）。

A. 土地使用权赠与　　B. 土地使用权出让

C. 土地使用权交换　　D. 土地使用权转让

12. 下列各项中，可以享受契税免税优惠的有（　　）。

A. 城镇职工自己购买商品住房
B. 政府机关承受房屋用于办公
C. 遭受自然灾害后重新购买住房
D. 军事单位承受房屋用于军事设施

13. 下列各项中，属于土地增值税纳税人的有（　　）。

A. 建造房屋的施工单位
B. 出售房产的中外合资房地产公司
C. 转让国有土地使用权的事业单位
D. 房地产管理的物业公司

14. 计算土地增值税税额时可以扣除的项目包括（　　）。

A. 取得土地使用权所支付的金额
B. 建筑安装工程费
C. 公共配套设施费
D. 转让房地产有关的税金

15. 某铜矿 2016 年 7 月销售铜精矿 20 000 吨，每吨不含税售价 300 元，当地铜精矿资源税税率为 5%，应纳资源税和增值税税额为（　　）。

A. 资源税 16.8 万元
B. 资源税 30 万元
C. 增值税 78 万元
D. 增值税 102 万元

四、业务题

1. 某市区一公司 2015 年 9 月缴纳增值税 100 万元、消费税 20 万元，补交上月应纳消费税 10 万元。

要求：计算该公司应缴纳的城市维护建设税和教育费附加。

2. 某公司 2015 年 5 月开业，领受房产权证、工商营业执照各一件；签订借款合同一份，金额为 100 万元；资金账簿中载明实收资本 500 万元，资本公积 100 万元，其他账簿 12 本。

要求：计算该公司应纳的印花税税额。

3. 某公司实际占用土地面积 10 000 平方米，其中自办幼儿园占地 1 000 平方米，经当地税务机关核定适用的税额为每平方米 8 元。

要求：计算该公司应纳的土地使用税。

4. 某县城一家企业 2016 年 5 月 1 日将一闲置的房产出租给另一家企业，租期 5 年，每年租金为 21 万元（含增值税）。该房产原值为 100 万元，当地政府规定的扣除比例为 30%。企业采用简易计税办法计征增值税。

要求：计算该公司 2016 年应纳的房产税。

5. 某运输公司拥有载货汽车 20 辆（每辆整备质量吨位数 6 吨），单位税额为 90 元/吨；拥有载客汽车 8 辆，其中核定载客人数 30 人的 5 辆，核定载客人数 9 人的 3 辆，大型客车单位税额为 600 元/辆，小型客车单位税额为 400 元/辆。

要求：计算该公司全年应纳车船税税额。

6. 居民乙因拖欠居民甲 180 万元款项无力偿还，2016 年 6 月经当地有关部门调解，以房产抵偿该笔债务，居民甲因此取得该房产的产权并支付给居民乙差价款 21 万元（含增值税）。假定当地省政府规定的契税税率为 3%。

要求：计算居民甲、居民乙各自应缴纳的契税。

7. 2016年6月，某房地产开发公司销售其新建商品房一幢，取得销售收入1.47亿元（含增值税），已知该公司支付与商品房相关的土地使用权费及开发成本合计为4 800万元；该公司没有按房地产项目计算分摊银行借款利息；该商品房所在地的省政府规定计征土地增值税时房地产开发费用扣除比例为10%；销售商品房缴纳增值税700万元，城市维护建设税及教育费附加70万元。

要求：计算该公司销售该商品房应缴纳的土地增值税税额。

8. 位于县城的某内资原煤生产企业为增值税一般纳税人，2015年9月发生以下业务。

（1）开采原煤10 000吨。采取分期收款方式销售原煤9 000吨，每吨不含税单价500元，购销合同约定，本月应收取1/3的价款，但实际只收取不含税价款120万元。另支付运费取得增值税专用发票，注明运费6万元，税款6 600元；支付装卸费取得增值税专用发票，注明装卸费2万元，税款1 200元。

（2）为职工宿舍供暖，使用本月开采的原煤200吨；另将本月开采的原煤500吨无偿赠送给某有长期业务往来的客户。

（3）销售开采原煤过程中产生的天然气125千立方米，取得不含税销售额25万元。

（假设该煤矿所在地原煤的资源税税率为5%，天然气资源税税率为5%。）

要求：计算该企业当月应缴纳的资源税。

第八章

税收征收管理法

学习目标

1. 掌握涉税事务登记的相关规定和要求；能办理企业的各类涉税事务登记工作和日常税务管理工作。
2. 熟悉发票管理、账证设置的相关内容，会根据企业的经营业务进行账证管理和发票管理。
3. 掌握税款征收措施，依法征收税款。
4. 熟悉税务检查的内容、形式和权限；会进行税务检查，并对查出的税务违法行为依法处理。

第一节 税务管理

引　例

陈光是某高职院校的2016届会计专业毕业生。2016年5月，他在人才交流会上看到一家企业在招聘报税岗位的会计人员，于是前去应聘，被当场录用。陈光非常兴奋，但同时也感到非常困惑。作为报税岗位的会计人员，企业创办之时，在办理了工商登记、取得由工商行政部门核发加载法人和其他组织统一社会信用代码的营业执照即“三证合一、一照一码”之后，还需到税务机关办理哪些涉税事务登记？在企业后来的经营活动中，如果企业原先登记的有关信息发生变化，还需向税务机关办理变更，那么如何办理变更？当企业发生解散、破产或撤销时如何办理注销和清税手续？

税务管理是税务机关在税收征收管理中，对征纳过程实施的基础性的管理制度和管理行为，包括涉税登记、账证管理和纳税申报等内容。它是整个税收征管工作的基础环节，是做好税款征收和税务检查的前提工作。

一、涉税登记

为改革市场准入制度、简化手续、缩短时限，2015 年 6 月 23 日，国务院办公厅发布了《关于加快推进“三证合一”登记制度改革的意见》。“三证合一”登记制度是指将企业登记时依次申请，分别由工商行政部门核发工商营业执照、质量技术监督部门核发组织机构代码证和税务部门核发税务登记证，改为一次申请、由工商行政管理部门核发一个营业执照的登记制度。为具体落实“三证合一”登记制度改革，同年 9 月 10 日，国家税务总局发布了《国家税务总局关于落实“三证合一”登记制度改革的通知》，就税务部门落实“三证合一”登记制度改革做出了具体部署。在全面实施工商营业执照、组织机构代码证、税务登记证“三证合一”登记制度改革的基础上，再整合社会保险登记证和统计登记证，从 2016 年 10 月 1 日起，实现“五证合一、一照一码”登记制度的改革。

自 2015 年 10 月 1 日起，新设立企业和农民专业合作社领取由工商行政部门核发加载法人和其他组织统一社会信用代码（简称统一代码）的营业执照后，无须再次进行税务登记，不再领取税务登记证。企业办理涉税事宜时，在完成补充信息采集后，凭加载统一代码的营业执照可代替税务登记证使用。除以上情形外，其他税务登记按照原有法律制度执行外，改革前核发的原税务登记证件在 2017 年底前过渡期内继续有效，2018 年 1 月 1 日起，一律改为使用加载统一代码的营业执照，原发税务登记证件不再有效。

工商登记“一个窗口”统一受理申请后，申请材料和登记信息在部门间共享，各部门数据互换、档案互认。各级税务机关应加强与登记机关的沟通协调，确保登记信息采集准确、完整。各省税务机关在交换平台获取“五证合一”企业登记信息后，依据新设立企业和农民专业合作社住所按户分配至县（区）税务机关；县（区）税务机关确认分配有误的，将其退回至市（地）税务机关，由市（地）税务机关重新进行分配；省税务机关无法直接分配至县（区）税务机关的，将其分配至市（地）税务机关，由市（地）税务机关向县（区）税务机关进行分配。对于工商登记机关已经采集的信息，税务登记不再重复采集；其他必要涉税的基础信息，可在新设立企业和农民专业合作社办理有关涉税事宜时，及时采集，陆续补齐。发生变化的，由新设立企业和农民专业合作社直接向税务机关申报变更，税务机关及时更新税务系统中的企业信息。

已实行“五证合一、一照一码”登记模式的新设立企业和农民专业合作社办理注销登记，须先向税务主管机关申报清税，填写清税申报表（见表 8-1）。新设立企业和农民专业合作社可向国税、地税任何一方税务主管机关提出清税申报，税务机关受理后应将企业清税申报信息同时传递给另一方税务机关，国税、地税税务主管机关按照各自职责分别进行清税，限时办理。清税完毕后一方税务机关及时将本部门的清税结果信息反馈给受理税务机关，由受理税务机关根据国税、地税清税结果向纳税人统一出具清税证明，并将信息共享到交换平台。

表 8-1　清税申报表

<table>
<tr><td>纳税人名称</td><td></td><td>统一社会信用代码</td><td></td></tr>
<tr><td>注销原因</td><td colspan="3"></td></tr>
<tr><td rowspan="4">附送资料</td><td></td><td colspan="2"></td></tr>
<tr><td></td><td colspan="2"></td></tr>
<tr><td></td><td colspan="2"></td></tr>
<tr><td></td><td colspan="2"></td></tr>
<tr><td colspan="4">纳税人
经办人：　　　　　　　　法定代表人（负责人）：　　　　　　　　纳税人（公章）
年　月　日　　　　　　　　年　月　日　　　　　　　　年　月　日</td></tr>
<tr><td colspan="4">以下由税务机关填写</td></tr>
<tr><td>受理时间</td><td colspan="2">经办人：
年　月　日</td><td>负责人：
年　月　日</td></tr>
<tr><td>清缴税款、滞纳金、罚款情况</td><td colspan="2">经办人：
年　月　日</td><td>负责人：
年　月　日</td></tr>
<tr><td>缴销发票情况</td><td colspan="2">经办人：
年　月　日</td><td>负责人：
年　月　日</td></tr>
<tr><td>税务检查意见</td><td colspan="2">检查人员：
年　月　日</td><td>负责人：
年　月　日</td></tr>
<tr><td>批准意见</td><td colspan="2">部门负责人：
年　月　日</td><td>税务机关　（签章）
年　月　日</td></tr>
</table>

税务机关应当分类处理纳税人清税申报，扩大即时办结范围。根据企业经营规模、税款征收方式、纳税信用等级指标进行风险分析，对风险低的当场办结清税手续；对于存在疑点情况的，企业也可以提供税务中介服务机构出具的鉴证报告。税务机关在核查、检查过程中发现涉嫌偷、逃、骗、抗税或虚开发票的，或者需要进行纳税调整等情形的，办理时限自然中止。在清税后，经举报等线索发现少报、少缴税款的，税务机关将相关信息传至登记机关，纳入“黑名单”管理。

过渡期间未换发“五证合一、一照一码”营业执照的企业申请注销，税务机关按原规定办理。

二、账证管理

（一）账簿设置

从事生产、经营的纳税人应当自领取营业执照之日起 15 日内设置账簿，一般企业要设置的涉税账簿有总分类账、明细账（按具体税种设置）及有关辅助性账簿。“应交税费——应交增值税”明细账使用特殊的多栏式账页，其他明细账使用三栏式明细账页，总分类账使用总分类账页。扣缴义务人应当自税法规定的扣缴义务发生之日起 10 日内，按照所代扣、代收的税种设置代扣代缴、代收代缴税款账簿。同时从事生产、经营的纳税人应当自领取加载统一代码的营业执照之日起 15 日内，将其企业的财务制度、会计处理办法及会计核算软件报送税务机关备案。

生产经营规模小又确无建账能力的纳税人，可以聘请注册会计师或者经税务机关认可的财会人员代为建账和办理账务；聘请上述机构或者人员有实际困难的，报经县以上税务机关批准，可以按照税务机关的规定，建立收支凭证粘贴簿、进货销货登记簿或者使用税控装置。

（二）发票领购

纳税人领取加载统一代码的营业执照后，应携带有关证件向税务机关提出领购发票的申请，然后凭税务机关发给的发票领购簿中核准的发票种类、数量以及购票方式，向税务机关领购发票。

发票是指在购销商品、提供或者接受劳务和其他经营活动中，开具、收取的收付款凭证。发票是确定经济收支行为发生的证明文件，是财务收支的法定凭证和会计核算的原始凭证，也是税务稽查的重要依据。《中华人民共和国税收征收管理法》规定：税务机关是发票主管机关，负责发票印制、领购、开具、取得、保管、缴销的管理和监督。发票一般分为普通发票和增值税专用发票。

1. 普通发票的领购

（1）发票领购簿的申请、核发。纳税人凭加载统一代码的营业执照副本到主管税务机关领取并填写发票领购申请审批表，同时提交如下材料：经办人身份证明（居民身份证或护照）、财务专用章或发票专用章印模及主管税务机关要求报送的其他材料。

主管税务机关发票管理环节对上述资料审核无误后，将核批的发票名称、种类、购票数量、购票方式（包括批量供应、验旧供新、交旧供新）等填写在发票领购簿上，同时对发票领购簿号码进行登记。

【提示】

纳税人到外省（市、区）从事临时经营活动的，可以向临时经营活动所在地税务机关申请领购发票，在申请领购发票时，需提供保证人或者根据所领购发票的票面限额及数量缴纳不超过10 000元的保证金，并限期缴销发票。

（2）领购普通发票。领购普通发票时，纳税人须报送加载统一代码的营业执照副本、发票领购簿及经办人身份证明，一般纳税人领购增值税普通发票还需提供税控 IC 卡，供主管税务机关发票管理环节在审批发售普通发票时查验，对验旧供新和交旧供新方式售票的，还需提供前次领购的发票存根联。

审验合格后，纳税人按规定支付工本费，领购发票，并审核领购发票的种类、版别和数量。

2. 增值税专用发票的领购

（1）增值税专用发票领购簿的申请、核发。增值税一般纳税人，凭增值税一般纳税人申请认定表，到主管税务机关发票管理环节领取并填写增值税专用发票领购簿申请书，然后提交下列资料：①领取增值税专用发票领购簿申请书；②加载统一代码的营业执照副本；③办税员的身份证明；④财务专用章或发票专用章印模；⑤领取最高开票限额申请表。

主管税务机关发票管理环节对上述资料审核无误后，填发增值税专用发票领购簿，签署准购发票名称、种类、数量、面额、购票方式、保管方式等审核意见。

（2）增值税专用发票的初始发行，一般纳税人领购专用设备后，凭最高开票限额申请表、发票领购簿到主管税务机关办理初始发行，即主管税务机关将一般纳税人的下列信息载入空白金税卡和 IC 卡：①企业名称；②加载统一代码的营业执照代码；③开票限额；④购票限量；⑤购票人员姓名、密码；⑥开票机数量；⑦国家税务总局规定的其他信息。

一般纳税人发生上列信息变化，应向主管税务机关申请变更发行；发生第②项信息变化，应向主管税务机关申请注销发行。

（3）增值税专用发票的领购。增值税专用发票一般由县级主管税务机关发票管理环节发售，发售增值税专用发票实行验旧供新制度。

审批后，日常领购增值税专用发票，需提供以下资料：发票领购簿；IC 卡；经办人身份证明；上一次发票的使用清单；税务部门规定的其他材料。

对资料齐备、手续齐全、符合条件而又无违反增值税专用发票管理规定行为的，主管税务机关发票管理环节予以发售增值税专用发票，并按规定价格收取发票工本费，同时开具收据交纳税人。

（三）发票开具

纳税义务人在对外销售商品、提供服务以及发生其他经营活动收取款项时，必须向付款方开具发票。在特殊情况下由付款方向收款方开具发票（收款单位和扣缴义务人支付给个人款项时开具的发票），未发生经营业务一律不准开具发票。

1. 普通发票的开具要求

开具普通发票应遵守以下开具要求：①发票开具应该按规定的时限，按顺序、逐栏、全联、全部栏次一次性如实开具，并加盖单位财务印章或发票专用章；②发票限于领购单位在本省、自治区、直辖市内开具；未经批准不得跨越规定的使用区域携带、邮寄或者运输空白发票；③任何单位和个人都不得转借、转让、代开发票；未经税务机关批准，不得拆本使用发票；不得自行扩大专用发票使用范围；④开具发票后，如果发生销货退回需要开具红字发票，必须收回原发票并注明“作废”字样，或者取得对方有效证明；发生折让的，在收回原发票并注明“作废”字样后重新开具发票。

2. 专用发票的开具要求

开具增值税专用发票，除要按照普通发票的要求外，还要遵守以下规定：①项目齐全，与实际交易相符；②字迹清楚，不得压线、错格；③发票联和抵扣联加盖财务专用章或者发票专用章；④按照增值税纳税义务的发生时间开具。

（四）账证保管

单位和个人领购使用发票，应建立发票使用登记制度，设置发票登记簿，定期向主管税务机关报告发票的使用情况。增值税专用发票要专人保管，在启用前要检查有无缺号、串号、缺联以及有无防伪标志等情况，如发现问题应整本退回税务机关，并设立发票分类登记簿以记录增值税专用发票的购、领、存情况，每月进行检查统计并向税务机关汇报。

对已开具的发票存根和发票登记簿要妥善保管，保存期为 5 年，保存期满需要经税务机关查验后销毁。

纳税人、扣缴义务人必须按有关规定保管会计档案，自 2016 年 1 月 1 日起，会计凭证、账簿保管 30 年，月度、季度财务会计报告和纳税申报表保管 10 年，年度财务会计报告永久保管。不得伪造、变造或者擅自销毁。

三、纳税申报

（一）正常的纳税申报

纳税申报是指纳税人、扣缴义务人、代征人为正常履行纳税、扣缴税款义务，就纳税事项向税务机关提出书面申报的一种法定手续。进行纳税申报是纳税人、扣缴义务人、代征人必须履行的义务。

1. 纳税申报主体

凡是按照国家法律、行政法规的规定负有纳税义务的纳税人或代征人、扣缴义务人（含享受减免税的纳税义务人），无论本期有无应纳、应缴税款，都必须按税法规定的期限如实向主管税务机关办理纳税申报。

纳税人应指派专门办税人员持办税员证办理纳税申报。纳税人必须如实填报纳税申报表，并加盖单位公章，同时按照税务机关的要求提供有关纳税申报资料，纳税人应对其申报的内容，承担完全的法律责任。

2. 纳税申报方式

一般来说，纳税申报主要有直接申报（上门申报）、邮寄申报、电子申报、简易申报和其他申报等方式。

直接申报是目前最常用的申报方式，是指由纳税人和扣缴义务人在法定税款征收期内自行到税务机关报送纳税申报表和其他有关纳税申报资料。

邮寄申报是指经税务机关批准的纳税人、扣缴义务人使用统一规定的纳税申报特快专递专用信封，通过邮政部门办理交寄手续，并向邮政部门索取收据作为申报凭证的方式。

电子申报是指经税务机关批准的纳税人通过电子系统联网的电脑终端按照规定和系统发出的指示输入内容的纳税申报。纳税人采用电子方式办理纳税申报的，应当按照税务机关规定的期限和要求保存有关资料，并定期书面报送主管税务机关。

简易申报是指实行定期定额的纳税人，经税务机关批准，通过以缴纳税款凭证代替申报或简并征期的一种申报方式。

其他方式是指纳税人、扣缴义务人采用直接办理、邮寄办理、电子申报以外的方法向税务机关办理纳税申报或者报送代扣代缴、代收代缴报告表。

3. 纳税申报期限

纳税申报期限是法律、行政法规规定的或者税务机关依照法律、行政法规的规定确定的纳税人、扣缴义务人向税务机关申报应纳或应解缴税款的期限。

纳税申报期限是根据各个税种的特点确定的，各个税种的纳税期限因其征收对象、计税环节的不同而不尽相同，同一税种，也可以因为纳税人的经营情况不同、财务会计核算不同、应纳税额大小的不等，申报期限也不一样。纳税人的具体纳税期限，由主管税务机关按各税种的有关规定确定；不能按照固定期限的，可以按次纳税。

纳税申报期限内遇有法定休假日的，申报期限依法须向后顺延。纳税人、扣缴义务人办理纳税申报期限的最后一日是法定休假日的，以休假日期满的次日为最后一日；在期限内有连续 3 日以上法定休假日的，按休假日天数顺延。

4. 纳税申报应报送的有关资料

纳税人依法办理纳税申报时，应向税务机关报送纳税申报表及规定报送的各种附表资料、异地完税凭证、财务报表以及税务机关要求报送的其他有关资料。

代扣代缴义务人发生代扣代缴义务，在其第一次向税务机关报送资料时，需领取并填写代扣代缴义务人情况表一式两份（一份税务机关留存，另一份扣缴义务人留存），由税务机关确认代扣税种、代扣税种的税目或品目、代扣期限、结缴期限、征收率（单位税额）

等有关事宜。如代扣代缴义务人的代扣代缴情况发生变化，需到税务机关重新领取并填写代扣代缴义务人情况表。

5. 滞纳金和罚金

我国税法规定，纳税人未按规定纳税期限缴纳税款的，扣缴义务人未按规定期限解缴税款的，税务机关除责令限期缴纳外，从滞纳税款之日起，按日加收滞纳税款 0.5‰的滞纳金。

税法还规定，纳税人发生违章行为的，按规定可以处一定数量的罚款。企业支付的各种滞纳金、罚款等不得列入成本费用，不得在税前列支，应当计入企业的营业外支出。

（二）延期申报与零申报

1. 延期申报

延期申报是指纳税人、扣缴义务人不能按照税法规定的期限办理纳税申报或扣缴税款申报。经申请由税务机关批准可适当推延时间进行纳税申报。造成延期申报的原因有主观原因和客观原因。凡纳税人或扣缴义务人完全出于主观原因或有意拖缴税款而不按期办理纳税申报的，税务机关可视违法行为的轻重，给予处罚。纳税人、扣缴义务人延期申报，主要有两方面特殊情况：一是因不可抗力的作用，需要办理延期申报。不可抗力是指不可避免和无法抵御的自然灾害。二是因财务会计处理上的特殊情况，导致不能办理纳税申报而需要延期申报。出现这种情况一般是由于账务未处理完，不能计算应纳税款。纳税人、扣缴义务人按期办理纳税申报或者报送代扣代缴、代收代缴税款报告表确有困难，需要延期申报的，应当在规定的纳税申报期限内提出书面申请，报请税务机关批准，并在核准期内办理纳税申报。主管税务机关视其具体情况批准延长期限。

根据审批意见，将制发核准延期申报通知书；当场或在规定时间内发给核准延期申报通知书，并告知纳税人按上期实际缴纳税款或按税务机关核定的税额预缴税款。未核准的，在延期申报申请审批表签署意见后连同有关资料退回给纳税人，并告知其按规定要求申报缴纳。纳税人则应按税务机关的要求进行申报纳税。

2. 零申报

零申报是纳税人在规定的纳税申报期内按照计税依据计算申报的应纳税额为零（企业所得税的纳税人在申报期内应纳税所得额为负数或零）而向税务机关办理的申报行为。纳税人和扣缴义务人在有效期间内，没有取得应税收入或所得，没有应缴税款发生，或者已办理加载统一代码的营业执照但未开始经营或者开业期间没有经营收入的纳税人，除已办理停业审批手续的以外，必须按规定的纳税申报期限进行零申报。纳税人进行零申报，应在申报期内向主管税务机关正常报送纳税申报表及有关资料，并在纳税申报表上注明“零”或“无收入”字样。

第二节 税款征收

企业办理了纳税申报以后，现需要缴纳税款，办税人员应根据企业的具体情况选择合适的税款缴纳方法。当企业发生税款减免、退还时，应如何办理？国家在征税时会采取哪些征收措施？

一、税款征收方式

税款征收方式是指税务机关根据各税种的不同特点和纳税人的具体情况而确定的计算、征收税款的形式。

1. 查账征收

查账征收是税务机关按照纳税人提供的账表所反映的经营情况，依照适用的税率计算缴纳税款的方法。即先由纳税人在规定的纳税期限内，用纳税申报表的形式向税务机关办理纳税申报，经税务机关审查核实后，填写缴款书，并由纳税人到当地开户银行（国库）缴纳税款。这种征收方式适用于账簿、凭证和财务会计核算比较健全的纳税人。

2. 查定征收

查定征收是由税务机关依据纳税人的生产设备、生产能力、从业人员数量和正常情况下的生产销售情况，对其生产的应税产品实行查定产量、销售量或销售额，依率计征的一种征收方法。它适用于生产经营规模较小、产品零星、税源分散、会计账册不健全，但能控制原材料或进销货的小型厂矿或作坊。

3. 查验征收

查验征收是税务机关对纳税人的应税商品、产品，通过查验数量，按市场一般销售单位计算其销售收入，并据以计算应纳税款的征收方式。它适用于纳税人财务制度不健全、生产经营不固定、零星分散、流动性大的税源。

4. 定期定额

定期定额是税务机关对一些营业额和所得额难以准确计算的纳税，采取由纳税人自报自议，由税务机关核定一定时期的营业额和所得税附征率，实行多税种合并征收的一种征收方式。纳税人在核定期内营业额达到或超过核定定额 20% ~ 30%时，应及时向税务机关申报调整定额。它一般适用于小型的个体工商户。

二、税款缴纳方式

1. 纳税人直接向国库经收处缴纳

纳税人在申报前，先向税务机关领取税票，自行填写，然后到国库经收处缴纳税款，以国库经收处的回执联和纳税申报等资料，向税务机关申报纳税。这种方式适用于纳税人在设有国库经收处的银行和其他金融机构开设账户，并且向税务机关申报的纳税人。

2. 税务机关自收税款并办理入库手续

由税务机关直接收取税款并办理入库手续的缴纳方式，适用于由税务机关代开发票的纳税人缴纳的税款；临时发生纳税义务，需向税务机关直接缴纳的税款；税务机关采取强制执行措施，以拍卖所得或变卖所得缴纳的税款。

3. 代扣代缴

代扣代缴，是指按照税法规定负有扣缴税款义务的单位和个人，负责对纳税人应纳的税款进行代为扣缴的一种方式。即由支付人在向纳税人支付款项时，从所支付款项中依法直接扣收税款并代为缴纳。其目的是对零星分散、不易控管的税源进行源泉控制。如单位在支付个人工资薪金时，需依法代扣其应纳的个人所得税。

4. 代收代缴

代收代缴是指按照税法规定负有收缴税款义务的单位和个人，负责对纳税人应纳的税款进行代收代缴的一种方式。即由与纳税人有经济业务往来的单位和个人在向纳税人收取款项时依法收取税款并代为缴纳。其目的在于对税收网络覆盖不到或者难以控管的领域进行源泉控制。如受托加工应缴消费品的消费品，由受托方代收代缴消费税。

5. 委托代征

委托代征是指受托的有关单位按照税务机关核发的代征证书的要求，以税务机关的名义向纳税人征收一些零散税款的方式。目前，各地对零散、不易控管的税源，大多是委托街道办事处、居委会、乡政府、村委会及交通管理部门等代征税款。

6. 其他方式

随着现代技术的发展，新的纳税方式不断出现，如利用网络、用 IC 卡纳税等，适用于采用电子方式办理税款缴纳的纳税人。

三、税款征收措施

为了保证税款征收的顺利进行，《中华人民共和国税收征收管理法》赋予了税务机关在税款征收中根据不同情况可以采取相应措施的权力。这对维护税收法纪和保障税款及时足额入库等具有重要的作用。对税款征收中的行政措施主要有如下规定。

1. 加收滞纳金

纳税人、扣缴义务人未按规定期限缴纳、解缴税款的，税务机关除责令限期缴纳外，从应缴税款期限届满之日的次日起到实际缴纳的当天，按日加收滞纳税款 0.5‰的滞纳金。

2. 核定应纳税额

纳税人有下列情况，税务机关有权核定其应纳税额：可以不设置账簿的或应设未设置账簿的；虽设账簿但难以进行查账的；擅自销毁账簿或拒不提供纳税资料的；税务机关责令限期纳税申报逾期仍不申报的；纳税人申报的计税依据明显偏低又无正当理由的。

3. 调整计税金额

纳税人与关联企业有业务往来时，应当按照独立企业之间的业务往来收取或支付价款、费用。不按照独立企业之间的业务往来收取或者支付价款、费用，而减少其应税收入或所得额的，税务机关有权对其计税金额进行合理调整。所谓独立企业之间的业务往来，是指没有关联关系的企业之间按照公平成交价格和营业常规所进行的业务往来。

4. 提供纳税担保

纳税担保是税务机关为使纳税人能及时履行纳税义务而要求做出保证的一种控制管理措施，其主要内容如下。

（1）提交纳税保证金。对未领取营业执照从事工程承包或提供劳务的单位和个人，税务机关可以令其提交纳税保证金。有关单位和个人应当在规定的期限内到税务机关进行纳税清算；逾期未清算的，以纳税保证金抵顶税款。

（2）担保人担保。纳税担保人是指在中国境内具有纳税担保能力（有足够的资金或财产支付其担保的税款）的公民、法人或其他经济组织，但国家权力、行政、司法机关不能作为担保人。该种担保要填写纳税担保人审批表，经纳税人、担保人和税务机关三方签字后有效。

（3）财产担保。纳税人以其拥有的未抵押的财产（包括动产和不动产）可作为纳税担保，同时填写作为纳税担保的财产清单，但清单需经税务机关和纳税人签字盖章后有效。

5. 税收保全措施

税收保全是指税务机关对可能由于纳税人的行为或者某种客观原因，致使以后税款的征收不能保证或难以保证的案件，采取限制纳税人处理或转移商品、货物或其他财产的措施。

税务机关有根据认为从事生产、经营的纳税人有逃避纳税义务行为的，可以在规定的纳税期之前，责令限期缴纳税款；在限期内发现有明显的转移、隐匿其应纳税的商品、货物以及其他财产迹象的，税务机关应责令其提供纳税担保，如果纳税人不能提供担保，经县级以上税务局（分局）局长的批准，税务机关可以采用下列税收保全措施：

（1）冻结存款。书面通知纳税人开户银行或其他金融机构冻结纳税人的金额相当于应纳税款的存款。

（2）扣押财产。扣押、查封纳税人的商品、货物或其他财产，其价值以相当于纳税人应纳税款为原则。

个人及其所扶养家属维持生活必需的住房和用品，不在税收保全措施的范围之内。个人所扶养的家属是指与纳税人共同居住生活的配偶、直系亲属以及无生活来源并由纳税人扶养的其他亲属；维持生活必需的住房和用品不包括机动车辆、金银饰品、古玩字画、豪华住宅或者一处以外的住房。税务机关对单价 5 000 元以下的其他生活用品，不采取税收保全措施。

6. 税收强制执行措施

税收强制执行是指纳税人等税收管理相对人在规定的期限内未履行法定义务，税务机关采取法定的强制手段强迫其履行纳税义务的行为。

纳税人、扣缴义务人和纳税担保人未按规定期限缴纳、解缴税款或缴纳应担保的税款，经限期 15 日内缴纳税款仍未缴纳的，经县以上税务局（分局）局长批准，可采取强制执行措施。

（1）扣缴税款。书面通知纳税人、扣缴义务人或纳税担保人开户银行或其他金融机构从其存款中扣缴应缴纳、解缴、担保的税款。

（2）拍卖抵缴。扣押、查封、依法拍卖或变卖其价值相当于应纳税款的商品、货物或其他财产，以拍卖或变卖所得抵缴税款。拍卖的财产，由拍卖机构执行或由商业企业按市场价格收购。

采取强制执行措施时，其加收的滞纳金同时执行。但个人及其所抚养家属维持生活必需的住房和用品，不在强制执行措施的范围之内。

【提示】

税收“保全”与税收“强制”主要有以下三方面区别：①对象范围不同。保全措施仅适用于从事生产经营的纳税人，而强制执行措施适用于从事生产经营的纳税人、扣缴义务人和纳税担保人。②前提条件不同。保全是税务机关有根据认为纳税人有逃避纳税义务的行为，并有明显的转移、隐匿其应纳税的货物、财产或应税收入迹象的；强制是纳税人、扣缴义务人未按规定期限缴纳税款，担保人未按规定期限缴纳所担保的税款，经税务机关责令限期缴纳，逾期仍未缴纳。③实施内容不同。保全措施内容的重点是“冻结”、“扣押”和“查封”6 个字；强制措施内容的重点是“扣缴”、“拍卖”和“变卖”6 个字。

7. 阻止出境

欠缴税款的纳税人或其他的法定代表人需要出境的，应在出境前向主管税务机关结清应纳税款、滞纳金或提供纳税担保；未结清税款、滞纳金，又不提供纳税担保的，主管税务机关可通知出境管理机关阻止其出境。

为了保证离境清税办法的实施，税务机关必须加强与公安、边防、海关等出境管理机关的联系配合，通过制定必要的阻止出境具体办法进行实施。

四、税款征收的其他法律规定

1. 税收优先权

除法律另有规定外，税务机关征收税款，税收优先于无担保债权；纳税人欠缴的税款发生在纳税人以其财产设定抵押、质押或者纳税人的财产被留置之前的，税收应当先于抵押权、质押权、留置权执行。纳税人欠缴税款，同时又被行政机关决定处以罚款、没收违法所得的，税收优先于罚款、没收非法所得。

2. 税收代位权与撤销权

欠缴税款的纳税人因怠于行使其到期债权，或者放弃到期债权，或者无偿转让财产，或者以明显不合理的低价转让财产而受让人知道该情形，对国家税收造成损害的，税务机关可以按照《中华人民共和国合同法》的规定行使代位权、撤销权。税务机关行使代位权、撤销权的，不免除欠缴税款的纳税人尚未履行的纳税义务和应承担的法律责任。

3. 纳税人涉税事项的公告与报告

（1）县以上（含县）税务机关应当按期在办税场所或者广播、电视、报纸、期刊、网络等新闻媒体上公布纳税人的欠缴税款情况，以督促纳税人自觉缴纳欠税，防止新的欠税发生，保证国家税款的及时足额入库。

（2）欠缴税款数额较大（5 万元以上）的纳税人在处分其不动产或者大额资产之前，应当向税务机关报告。

（3）纳税人有欠税情形而以其财产设定抵押、质押的，应当向抵押权人、质押权人说明情况，抵押权人、质押权人可以请求税务机关提供有关的欠税情况。

（4）纳税人有合并、分立情形的，应当向税务机关报告，并依法缴清税款。纳税人合并时未缴清税款的，应当由合并后的纳税人继续履行未履行的纳税义务；纳税人分立未缴清税款的，分立后的纳税人对未履行纳税义务应当承担连带责任。

（5）纳税人有解散、撤销、破产情形的，在清算前应当向其主管税务机关报告；未结清税款的，由其主管税务机关参加清算。

4. 税款退还与追征

（1）税款的退还：税款退还的前提是纳税人已经缴纳了超过应纳税额的税款。退税情形有两种：一是技术差错和结算性质的退税；二是为加强对收入的管理，规定纳税人先按应纳税额如数缴纳入库，经核实后再从中退还应退的部分。

① 退还的方式。可以是税务机关发现后立即退还，也可以是纳税人发现后申请退还。

② 退税的时限要求：税务机关发现的多征税款，无论多长时间都必须退还给纳税人；

纳税人发现的多征税款，可以自结算缴纳税款之日起 3 年内要求退还；税务机关发现纳税人多缴税款的，应当自发现之日起 10 日内办理退还手续；纳税人发现多缴税款，要求退还的，税务机关应当自接到纳税人退还申请之日起 30 日内查实并办理退还手续，也可以按照纳税人的要求抵缴下期应纳税款。

③ 纳税人申请退税需报送的资料和证件：主要有税务登记证件副本、退税申请表一式三份、有关的税款缴纳凭证及纳税申报表。

（2）税款的追征。追征税款是指在实际的税款征缴过程中，由于征纳双方的疏忽、计算错误等原因造成的纳税人、扣缴义务人未缴或者少缴税款，税务机关依法对未征少征的税款要求补缴，对未缴少缴的税款进行追征的制度。

① 追征税款的范围：税务机关适用税收法律、行政法规不当或者执法行为违法造成的未缴或少缴税款；纳税人、扣缴义务人非主观故意的计算错误以及明显笔误造成的未缴、少缴税款；偷税、骗税和抗税。

② 追征税款的时限：因税务机关的责任，致使纳税人、扣缴义务人未缴或者少缴税款的，税务机关在 3 年内应要求纳税人、扣缴义务人补缴税款；因纳税人、扣缴义务人计算错误等失误，未缴或者少缴税款的，税务机关在 3 年内应追征税款、滞纳金；有特殊情况的，追征期可以延长到 5 年。“特殊情况”是指纳税人或者扣缴义务人因计算错误等失误，未缴或者少缴、未扣或者少扣、未收或者少收税款，累计数额在 10 万元以上的；对偷税、抗税、骗税的，税务机关可以无限期追征其未缴或者少缴的税款、滞纳金或者所骗取的税款。

五、税款缴纳程序

1. 正常缴纳税款

税款缴纳程序因征收方式不同而有所不同。一般来说是由纳税义务人、扣缴义务人直接向国库或者国库经收处缴纳，也可以由税务机关自收或者委托代征税款。如果自收或者委托代征税款，应由税务机关填制汇总缴纳书，随同税款缴入国库经收处。国库经收处收纳的税款，随同缴款书划转入库后，才完成了税款征收手续。无论采取哪种缴纳程序，征缴税款后，税务机关必须给纳税人开具完税凭证——中华人民共和国税收缴款书（盖有国库经收处收款章）或者税收完税证。

2. 延期缴纳税款

纳税人或扣缴义务人必须按法律、法规规定的期限缴纳税款，但有特殊困难不能按期缴纳税款的，按照《中华人民共和国税收征收管理法》的规定，可以申请延期缴纳税款。

纳税人申请延期缴纳税款应符合下列条件之一，并提供相应的证明材料：①水、火、风、雹、海潮、地震等自然灾害的灾情报告；②可供纳税的现金、支票以及其他财产遭受查封、冻结、偷盗、抢劫等意外事故，由法院或公安机关出具的执行通告或事故证明；③国家经济政策调整的依据；④货款拖欠情况说明及所有银行账号的银行对账单、资产负债表。

纳税人延期缴纳税款申报的操作程序分为两步：

第一步，向主管税务机关填报延期缴纳税款申请审批表进行书面申请。

第二步，主管税务机关审核无误后，必须经省（自治区、直辖市）国家税务局或地方税务局批准方可延期缴纳税款。

需要注意的是，延期期限最长不能超过3个月，且同一笔税款不得滚动审批。

第三节 税务检查

对纳税人而言，税务检查可用来检验其纳税的错漏或问题，避免税务违法尤其是犯罪行为的发生；对税务机关而言，税务检查可为依法处理税收违法行为提供可靠的事实依据。因此，对征纳双方而言，税务检查都是十分必要的，没有税务检查，税收征收管理就难以实现有效控制。

一、税务检查的概念

税务检查是税务机关根据税收法律、行政法规的规定对纳税人、扣缴义务人履行纳税义务、扣缴义务及其他有关税务事项进行审查、核实、监督活动的总称。

通过税务检查，可检验、考核税收征收管理质量，查明和惩治各种税务违法行为，强化征管控制。它是税收征收管理工作的一项重要内容，是确保国家财政收入和税收法律法规贯彻落实的重要手段。

二、税务检查的类型

税务检查主要包括两个方面：一是检查纳税人履行纳税义务情况，这是税务检查的核心内容；二是检查税务机关和税务人员执行税收征管法律制度的情况。按检查的目的、对象、来源和检查内容的范围不同，税务检查可分为以下5种：

（1）重点检查。重点检查是指对公民举报、上级机关交办或有关部门转来的有偷税行为或偷税嫌疑的、纳税申报与实际生产经营情况有明显不符的纳税人及有普遍逃税行为的行业的检查。

（2）专项检查。专项检查是指税务机关根据税收工作实际，对某一税种或税收征收管理某一环节进行的检查，如增值税一般纳税专项检查、漏征漏管户专项检查等。

（3）分类检查。分类检查是指根据纳税人历来纳税情况、纳税人的纳税规模及税务检查间隔时间的长短等综合因素，按事先确定的纳税人分类、计划检查时间及检查频率而进行的检查。

（4）集中性检查。集中性检查是指税务机关在一定时间、一定范围内，统一安排、统一组织的税务检查，这种检查一般规模比较大，如全国范围内的税收、财务大检查就属于这类检查。

（5）临时性检查。临时性检查是指由各级税务机关根据不同的经济形势、偷逃税趋势、税收任务完成情况等综合因素，在正常的检查计划之外安排的检查，如行业性解剖、典型调查性的检查等。

三、税务检查方法

（1）全查法。全查法是指对被查纳税人一定时期内所有会计凭证、账簿、报表及各种存货进行全面、系统的检查的方法。

（2）抽查法。抽查法是指对被查纳税人一定时期内的会计凭证、账簿、报表及各种存货，抽取一部分进行检查的方法。

（3）顺查法。顺查法是指按照被查纳税人会计核算的顺序，依次检查会计凭证、账簿、报表，并将其相互核对的检查方法。

（4）逆查法。逆查法是指逆会计核算的顺序，依次检查会计报表、账簿及凭证，并将其相互核对的检查方法。

（5）比较分析法。比较分析法是指将被查纳税人检查期有关财务指标的实际完成数进行纵向或横向比较，分析其异常变化情况，从中发现纳税问题线索的方法。

（6）控制计算法。控制计算法也称逻辑推算法，是指根据被查纳税人财务数据的相互关系，用可靠或科学测定的数据，验证其检查期账面记录或申报的资料是否正确的检查方法。

（7）审阅法。审阅法是指对被查纳税人的会计账簿、凭证等财务资料，通过直观的审查阅览，发现在纳税方面存在的问题的方法。

（8）核对法。核对法是指对被查纳税人的各种相关联的会计凭证、账簿、报表及实物进行相互核对，验证其在纳税方面存在的问题的检查方法。

（9）观察法。观察法是指通过到被查纳税人的生产经营场所、仓库、工地等现场，实地察看其生产经营及存货等情况，以发现纳税问题或验证账簿中可疑的问题的检查方法。

（10）外调法。外调法是指对被查纳税人有怀疑或已掌握一定线索的经济事项，通过向与其有经济联系的单位或个人进行调查，予以查证核实的方法。

（11）盘存法。盘存法是指通过对被查纳税人的货币资金、存货及固定资产等实物进行盘点清查，核实其账实是否相符，进而发现纳税问题的检查方法。

（12）交叉稽核法。交叉稽核法是指国家为加强增值税专用发票管理，应用计算机将开出的增值税专用发票抵扣联与存根联进行交叉稽核，以查出虚开及假开发票的行为。

四、税务检查的权责

1. 税务机关在税务检查中的权限

（1）账证检查权。账证检查权是指税务机关有权检查纳税人的账簿、记账凭证、报表和有关资料以及扣缴义务人代扣代收税款的账簿、记账凭证和有关资料。

（2）场地检查权。场地检查权是指税务机关有权到纳税人的生产经营场所和货物存放地检查纳税人应纳税的商品、货物或其他财产，检查扣缴义务人与代扣、代收税款有关的经营情况。

（3）责成提供资料权。责成提供资料权是指税务机关有权责成纳税人、扣缴义务人提供与纳税或者代扣代收税款有关的文件、证明材料和有关资料。

（4）询问权。询问权是指税务机关有权查询、访问纳税人、扣缴义务人与纳税或者代扣代收税款有关的问题和情况。

（5）交通邮政检查权。交通邮政检查权是指税务机关有权到车站、码头、机场、邮政企业及其分支机构，检查纳税人托运、邮寄应纳税商品、货物或其他财产的有关单据、凭证和有关资料。

（6）存款账户检查权。存款账户检查权是指经县以上税务局（分局）局长批准，凭全国统一格式的检查存款账户许可证明，税务人员有权查询从事生产经营的纳税人、扣缴义务人在银行或其他金融机构的存款账户。税务机关在调查税收违法案件时，经设区的市、自治州以上税务局（分局）局长批准，可以查询案件涉嫌人员的储蓄存款。税务机关查询所获得的资料，不得用于税收以外的用途。

2. 税务机关在税务检查中的措施

税务机关对纳税人以前纳税期的纳税情况依法进行税务检查时，发现纳税人有逃避纳税义务行为，并有明显的转移、隐匿其应纳税的商品、货物以及其他财产或者应纳税的收入的迹象的，可以按照批准权限采取税收保全措施或者强制执行措施。

税务机关采取税收保全措施的期限一般不得超过 6 个月；重大案件需要延期的，应当报国家税务总局批准。

3. 税务机关在税务检查中的取证手段

税务机关检查税务违法案件时，对与案件有关的情况和资料，可以记录、录音、录像、照相和复制。但应注意的是，上述五种取证手段只能在检查税务违法案件时使用，不是对所有的税务检查对象都适用。

对采用电算化会计系统的纳税人，税务机关有权对其会计电算化系统进行检查，并可复制与纳税有关的电子数据作为证据。税务机关进入纳税人电算化系统进行检查时，有责任保证纳税人会计电算化系统的安全性，并保守纳税人的商业秘密。

4. 税务机关在税务检查中的义务

税务人员进行税务检查时，应出示税务检查证和税务检查通知书；无税务检查证和税务检查通知书的，纳税人、扣缴义务人及其他当事人有权拒绝检查。税务机关对集贸市场及集中经营业户进行检查时，可以使用统一的税务检查通知书。

5. 纳税人、扣缴义务人在税务检查中的义务与权利

纳税人、扣缴义务人必须接受税务机关依法进行的税务检查，如实反映情况，提供有关资料，不得拒绝、隐瞒。

纳税人、扣缴义务人在接受税务检查人员检查时，有权要求税务人员出示税务检查证和税务检查通知书，不能提供的，有权拒绝检查；纳税人、扣缴义务人有权要求检查人员为其保守秘密。

第四节 法律责任

引　例

从事个体加工业务是王某，听别人说，只要每次偷税金额在1万元以下，就可以不承担刑事责任。因此王某通过伪造、变造、隐匿记账凭证或者在账簿上多列支出或不列、少列收入达到偷税的目的，在受到税务机关警告和行政处罚后还照样我行我素，最后被司法机关追究刑事责任。

你熟悉偷税行为及其应承担的责任吗？学了本节内容，你就能明白其中的道理。

一、纳税人、扣缴义务人违反税收法律制度的法律责任

1. 违反税务管理基本规定的法律责任

（1）纳税人有下列行为之一的，由税务机关责令限期改正，可以处2 000元以下的罚款；情节严重的，处2 000元以上1万元以下的罚款：①未按照规定设置、保管账簿或者保管记账凭证和有关资料的；②未按规定将财务、会计制度或者财务、会计处理办法报送税务机关备查的；③未按照规定将其全部银行账号向税务机关报告的；④未按规定安装、使用税控装置或损毁或擅自改动税控装置的。

（2）扣缴义务人未按照规定设置、保管代扣代缴、代收代缴税款账簿或者保管代扣代缴、代收代缴税款记账凭证和有关资料的，由税务机关责令限期改正，可以处2 000元以下的罚款；情节严重的，处2 000元以上5 000元以下的罚款。

（3）纳税人未按照规定的期限办理纳税申报和报送纳税资料的，或者扣缴义务人未按照规定的期限向税务机关报送代扣代缴、代收代缴税款报告表和有关资料的，由税务机关

责令限期改正，可以处 2 000 元以下的罚款；情节严重的，处 2 000 元以上 1 万元以下的罚款。

2. 偷税行为的法律责任

偷税，是指纳税人采取伪造、变造、隐匿、擅自销毁账簿、记账凭证，或者在账簿上多列支出或者不列、少列收入，或者经税务机关通知申报而拒不申报或者运用虚假的纳税申报手段，不缴或者少缴应纳税款的行为。

纳税人偷税数额不满 1 万元或者偷税数额占应纳税额不到 10%的，由税务机关追缴其偷税款、滞纳金，并处不缴或者少缴税款 50%以上 5 倍以下的罚款。

扣缴义务人采取前款所列手段，不缴或者少缴已扣、已收税款，数额不满 1 万元或者数额占应纳税额不到 10%的，由税务机关追缴其不缴或者少缴的税款、滞纳金，并处不缴或者少缴税款 50%以上 5 倍以下的罚款。

依据《中华人民共和国刑法》第 201 条规定，犯偷税罪，偷税数额占应纳税额的 10%以上不满 30%且偷税数额在 1 万元以上不满 10 万元，或者因偷税被税务机关给予过两次行政处罚又偷税的，处 3 年以下有期徒刑或者拘役，并处偷税数额 1 倍以上 5 倍以下罚金；偷税数额占应纳税额的 30%以上且超过 10 万元的，处 3 年以上 7 年以下有期徒刑，并处偷税数额 1 倍以上 5 倍以下罚金。单位犯偷税罪的，对单位判处罚金，并对其直接负责的主管人员和其他直接责任人员依照自然人犯偷税罪处罚。

扣缴义务人采取前款所列手段，不缴或者少缴已扣、已收税款，数额占应缴税额的 10%以上并且数额在 1 万元以上的，依照前款的规定处罚，对多次犯有前两款行为，未经处理的，按照累计数额计算。

3. 逃避追缴欠税行为的法律责任

纳税人欠缴应纳税款，采取转移或隐匿财产的手段，致使税务机关无法追缴欠缴的税款，数额不满 1 万元的，由税务机关追缴欠缴的税款、滞纳金，并处欠缴税款 50%以上 5 倍以下的罚款。

依据《中华人民共和国刑法》第 203 条规定，犯逃避追缴欠税罪，致使税务机关无法追缴欠缴的税款数额在 1 万元以上 10 万元以下的，处 3 年以下有期徒刑或者拘役，并处或者单处欠缴税款 1 倍以上 5 倍以下罚金；数额在 10 万元以上的，处 3 年以上 7 年以下有期徒刑，并处欠缴税款 1 倍以上 5 倍以下罚金。单位犯逃避追缴欠税罪的，对单位判处罚金，并对其直接负责的主管人员和其他直接责任人员依照自然人犯逃避追缴欠税罪处罚。

4. 骗税行为的法律责任

企业、事业单位采取对所生产或者经营的商品假报出口或者其他欺骗手段，骗取国家出口退税款的，由税务机关追缴其骗取的退税款，并处骗取税款 1 倍以上 5 倍以下的罚款；构成犯罪的，依法追究刑事责任。对骗取国家出口退税款的，税务机关可以在规定期间内停止为其办理出口退税。

依据《中华人民共和国刑法》第204条规定，犯骗取出口退税罪，骗取国家出口退税数额较大的（5万元以上），处5年以下有期徒刑或者拘役，并处骗取税款1倍以上5倍以下罚金；骗取国家出口退税数额巨大（50万元以上）或者有其他严重情节的，处5年以上10年以下有期徒刑，并处骗取税款1倍以上5倍以下罚金；数额特别巨大（250万元以上）或者有其他特别严重情节的，处10年以上有期徒刑或者无期徒刑，并处骗取税款1倍以上5倍以下罚金或者没收财产。单位犯骗取出口退税罪的，对单位判处罚金，并对其直接负责的主管人员和其他直接责任人员依照自然人犯骗取出口退税罪处罚。

5. 抗税行为的法律责任

以暴力、威胁方法拒不缴纳税款的，是抗税，除由税务机关追缴其拒缴的税款、滞纳金外，应由司法机关追究刑事责任；情节轻微，未构成犯罪的，由税务机关追缴其拒缴的税款、滞纳金，并处拒缴税款1倍以上5倍以下的罚款。

依据《中华人民共和国刑法》第202条规定，犯抗税罪的，处3年以下有期徒刑或者拘役，并处拒缴税款1倍以上5倍以下罚金；情节严重的（一般是指抗税数额较大、多次抗税、抗税造成税务工作人员伤亡以及造成较为恶劣的影响等），处3年以上7年以下有期徒刑，并处拒缴税款1倍以上5倍以下罚金。

6. 非法印制发票行为的法律责任

非法印制发票的，由税务机关销毁非法印制的发票，没收违法所得和作案工具，并处1万元以上5万元以下的罚款；构成犯罪的，依法追究刑事责任。

（1）虚开专用发票罪。依据《中华人民共和国刑法》第206条规定，虚开专用发票的，处3年以下有期徒刑或者拘役，并处2万元以上20万元以下罚金；虚开的税款数额较大或者有其他严重情节的，处3年以上10年以下有期徒刑，并处5万元以上50万元以下罚金；虚开的税款数额巨大或者有其他特别严重情节的，处10年以上有期徒刑或者无期徒刑，并处5万元以上50万元以下罚金或者没收财产；骗取国家税款数额特别巨大，情节特别严重，给国家利益造成特别重大损失的，处无期徒刑或死刑，并处没收财产。

单位犯虚开专用发票罪的，对单位判处罚金，并对其直接负责的主管人员和其他直接责任人员依照自然人犯虚开专用发票罪处罚。

（2）伪造或出售伪造专用发票罪。依据《中华人民共和国刑法》第206条规定，伪造或者出售伪造的增值税专用发票的，处3年以下有期徒刑、拘役或管制，并处2万元以上20万元以下罚金；数量较大或者有其他严重情节的，处3年以上10年以下有期徒刑，并处5万元以上50万元以下罚金；数量巨大或者有其他特别严重情节的，处10年以上有期徒刑或者无期徒刑，并处5万元以上50万元以下罚金或者没收财产；数量特别巨大、情节特别严重、严重破坏经济秩序的处无期徒刑或者死刑，并处没收财产。单位犯伪造、出售伪造的专用发票罪的；对单位判处罚金，并对其直接的主管人员和其他直接责任人员依照自然人犯伪造、出售伪造专用发票罪处罚。

（3）非法出售专用发票罪。依据《中华人民共和国刑法》第207条规定，非法出售增值税专用发票的，处3年以下有期徒刑、拘役或管制，并处2万元以上20万元以下罚金；数量较大的，处3年以上10年以下有期徒刑，并处5万元以上50万元以下罚金；数量巨大的，处10年以上有期徒刑或者无期徒刑，并处5万元以上50万元以下罚金或者没收财产。

（4）非法购买或购买伪造的专用发票罪。依据《中华人民共和国刑法》第208条规定，非法购买增值税专用发票或者购买伪造的增值税专用发票的，处5年以下有期徒刑或者拘役，并处或者单处2万元以上20万元以下罚金。

（5）非法制造、出售非法制造其他专用发票罪。依据《中华人民共和国刑法》第209条规定，伪造、擅自制造或者出售伪造、擅自制造的可以用于骗取出口退税、抵扣税款的其他发票的，处3年以下有期徒刑、拘役或者管制，并处2万元以上20万元以下罚金；数量巨大的，处3年以上7年以下有期徒刑，并处5万元以上50万元以下罚金；数量特别巨大的，处7年以上有期徒刑，并处5万元以上50万元以下罚金或者没收财产。伪造、擅自制造或者出售伪造、擅自制造其他发票的，处2年以下有期徒刑、拘役或者管制，并处或者单处1万元以上5万元以下罚金；情节严重的，处2年以上7年以下有期徒刑，并处5万元以上50万元以下罚金。

7. 纳税人、扣缴义务人不配合税务机关进行税务检查的法律责任

（1）纳税人、扣缴义务人逃避、拒绝或者以其他方式阻碍税务机关检查的，由税务机关责令改正，可以处1万元以下的罚款；情节严重的，处1万元以上5万元以下的罚款。

（2）纳税人、扣缴义务人有下列情形之一的，依照前款规定处罚：①提供虚假资料，不如实反映情况，或者拒绝提供有关资料的；②拒绝或者阻止税务机关记录、录音、录像、照相和复制与案件有关的情况和资料的；③在检查期间，纳税人、扣缴义务人转移、隐匿、销毁有关资料的；④有不依法接受税务检查的其他情形的。

（3）税务机关依照《中华人民共和国税收征收管理法》的规定，到车站、码头、机场、邮政企业及其分支机构检查纳税人有关情况时，有关单位拒绝的，由税务机关责令改正，可以处1万元以下的罚款；情节严重的，处1万元以上5万元以下的罚款。

8. 银行及其他金融机构拒绝配合税务机关依法执行职务的法律责任

（1）银行和其他金融机构未依照《中华人民共和国税收征收管理法》的规定在从事生产、经营的纳税人账户中登录税务登记证件号码，或未按规定在税务登记证件中登录纳税人的账户账号的，由税务机关责令限期改正，处2 000元以上2万元以下的罚款；情节严重的，处2万元以上5万元以下的罚款。

（2）纳税人、扣缴义务人的开户银行或者其他金融机构拒绝接受税务机关对纳税人、扣缴义务人存款账户的检查，或拒绝执行税务机关做出的冻结存款或扣缴税款的决定，或在接到税务机关的书面通知后帮助纳税人、扣缴义务人转移存款，造成税款流失的，由税务机关处10万元以上50万元以下的罚款，对直接责任人处1 000元以上1万元以下的罚款。

（3）为纳税人、扣缴义务人非法提供银行账户、发票、证明或者其他方便，导致未缴、少缴税款或者骗取国家出口退税款的，税务机关除没收其违法所得外，可以处未缴、少缴或者骗取的税款1倍以下的罚款。

9. 其他税收违法行为的法律责任

（1）纳税人、扣缴义务人在规定期限内不缴或者少缴应纳或者应解缴的税款，经税务机关责令限期缴纳，逾期仍未缴纳的，税务机关除可采取强制执行措施追缴其不缴或者少缴的税款外，并可处不缴或者少缴的税款50%以上5倍以下的罚款。

（2）扣缴义务人应扣未扣、应收而不收税款的，由税务机关向纳税人追缴税款，对扣缴义务人处应扣未扣、应收未收税款50%以上5倍以下的罚款。

（3）非法印制、转借、倒卖、变造或者伪造完税凭证的，由税务机关责令改正，处2 000元以上1万元以下的罚款；情节严重的，处1万元以上5万元以下的罚款；构成犯罪的，依法追究刑事责任。

（4）税务代理人违反税收法律、行政法规，造成纳税人未缴或者少缴税款的，除由纳税人缴纳或者补缴应纳税款、滞纳金外，对税务代理人处纳税人未缴或者少缴税款50%以上3倍以下的罚款。

根据《中华人民共和国税收征收管理法》的规定，违反税收法律、行政法规应当给予行政处罚的行为，在5年内未被发现的，不再给予行政处罚。

《中华人民共和国税收征收管理法》规定的行政处罚，由县以上税务局（分局）决定；罚款额在2 000元以下的，可以由税务所决定。

二、税务机关和税务人员违反税收法律制度的法律责任

1. 擅自改变税收征收管理范围的法律责任

税务机关违反规定擅自改变税收征收管理范围和税款入库预算级次的，责令限期改正，对直接负责的主管人员和其他直接责任人员依法给予降级或者撤职的行政处分。

2. 不移送的法律责任

纳税人、扣缴义务人有涉嫌犯罪的，税务机关应当依法移交司法机关追究刑事责任。税务人员徇私舞弊，对依法应当移交司法机关追究刑事责任的不移交，情节严重的，依法追究刑事责任。

3. 不依法行政的法律责任

税务人员与纳税人、扣缴义务人勾结，唆使或者协助纳税人、扣缴义务人犯罪的，依照《中华人民共和国刑法》关于共同犯罪的规定处罚；尚不构成犯罪的，依法给予行政处分。

税务机关、税务人员查封、扣押纳税人个人及其所扶养家属维持生活必需的住房和用品的，责令退还，依法给予行政处分；构成犯罪的，依法追究刑事责任。

4. 渎职行为的法律责任

（1）税务人员利用职务上的便利，收受或者索取纳税人、扣缴义务人财物或者谋取其他不正当利益，构成犯罪的，依照《中华人民共和国刑法》受贿罪追究刑事责任；尚不构成犯罪的，依法给予行政处分。

（2）税务人员滥用职权，故意刁难纳税人、扣缴义务人的，调离税收工作岗位，并依法给予行政处分。税务人员对控告、检举税收违法违纪行为的纳税人、扣缴义务人以及其他检举人进行打击报复的，依法给予行政处分；构成犯罪的，依法追究刑事责任。

（3）税务人员徇私舞弊或者玩忽职守，不征或者少征应征税款，致使国家税收遭受重大损失的，依照《中华人民共和国刑法》渎职罪追究刑事责任，处 5 年以下有期徒刑或拘役；造成特别重大损失的，处 5 年以上有期徒刑；尚不构成犯罪的，依法给予行政处分。

（4）税务人员违反法律、行政法规的规定，在办理发票、抵扣税款、出口退税工作中，徇私舞弊，致使国家利益遭受重大损失的，处 5 年以下有期徒刑或拘役；致使国家利益遭受特别重大损失的，处 5 年以上有期徒刑。

5. 不按规定征收税款的法律责任

（1）违反法律、行政法规的规定提前征收、延缓征收或者摊派税款的，由其上级机关或者行政监察机关责令改正，对直接负责的主管人员和其他直接责任人员依法给予行政处分。

（2）违反法律、行政法规的规定，擅自做出税收的开征、停征或者减税、免税、退税、补税以及其他同税收法律、行政法规相抵触的决定的，除依照《中华人民共和国税收征收管理法》规定撤销其擅自做出的决定外，还应补征应征未征税款，退还不应征收而征收的税款，并由上级机关追究直接负责的主管人员和其他直接责任人员的行政责任；构成犯罪的，依法追究刑事责任。

6. 违反税务代理的法律责任

税务代理人违反税收法律、行政法规，造成纳税人未缴或者少缴税款的，除由纳税人缴纳或者补缴应纳税款、滞纳金外，对税务代理人处纳税人未缴或者少缴税款 50%以上 3 倍以下的罚款。

本章小结

本章税收征收管理法内容结构如图 8-1 所示。

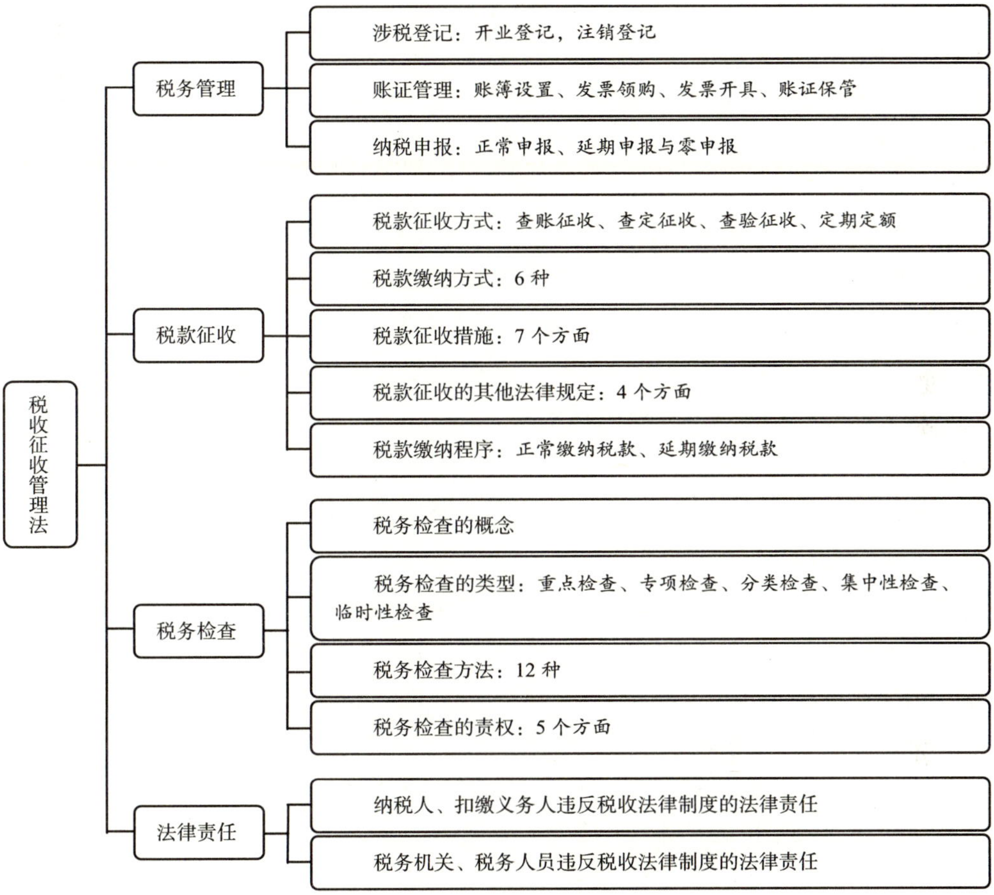

图 8-1 本章内容结构

习题训练

一、判断题

1. 财政机关和税务机关是发票主管机关，但增值税专用发票必须由主管税务机关进行监督管理。 (　　)

2. 税务机关对可不设或应设而未设账簿的，或虽设账簿但难以查账的纳税人，可以

采取查定征收方式。 （ ）

3. 从事生产经营的纳税人到外县（市）从事生产经营活动的，必须持所在地税务机关填发的外出经营活动税收管理证明，向营业地税务机关报验登记，接受税务管理。

（ ）

4. 新设立企业和农民专业合作社领取由工商行政部门核发加载统一代码的营业执照后，无须再次进行税务登记，不再领取税务登记证。 （ ）

5. 税务机关可依法到纳税人的生产、生活、经营场所和货物存放地检查纳税人应纳税的商品、货物或其他财产。 （ ）

6. 企业办理涉税事宜时，在完成补充信息采集后，凭加载统一代码的营业执照可代替税务登记证使用。 （ ）

7. 纳税人因偷税未缴或少缴的税款，税务机关可以无限期追缴。 （ ）

8. 已实行“五证合一、一照一码”登记模式的新设立企业和农民专业合作社办理注销登记，需分别向国税、地税主管机关提出清税申报。 （ ）

9. 纳税人在纳税申报期内若有收入，应按规定的期限办理纳税申报；若申报期内无收入或在减免税期间，可以不办理纳税申报。 （ ）

10. 纳税人因有特殊困难，不能按期缴纳税款的，经县级税务局批准，可以延期纳税3个月；延期纳税3个月以上者，需经市（地）级税务局批准。 （ ）

二、单项选择题

1. “三证合一、一照一码”登记模式，在税务机关正式实施的时间为（ ）。

A. 2015年10月1日　　B. 2015年6月23日

C. 2015年9月10日　　D. 2016年10月1日

2. 根据《中华人民共和国税收征收管理法》的规定，从事生产经营的纳税人应当自领取加载统一代码的营业执照之日起（ ）内，将其财务、会计制度或者财务、会计处理办法和会计核算软件报送税务机关备案。

A. 5日　　B. 10 日　　C. 15日　　D. 30日

3. 根据《中华人民共和国发票管理办法》的规定，（ ）统一负责全国发票管理工作。

A. 国务院

B. 财政部

C. 国家税务总局

D. 省、自治区、直辖市国家税务局、地方税务局

4.《会计档案管理办法》规定，会计账簿、会计凭证应当保存（ ）。

A. 3年　　B. 5年　　C. 10年　　D. 30年

5. 纳税人、扣缴义务人和纳税担保人未按规定期限缴纳或解缴税款或缴纳应担保的税款，在限期（ ）内仍未缴纳的，经依法批准可采取强制执行措施。

A. 10 日　　B. 15 日　　C. 30 日　　D. 60 日

6. 如果由于不可抗力或其他特殊情况等原因，纳税人不能按期缴纳税款的，经税务机关核准，可以延期缴纳，但最长不得超过（　　）。

A. 1 个月　　B. 3 个月　　C. 半年　　D. 1 年

7. 发票的存放和保管应按税务机关的规定办理，不得丢失和擅自损毁。已经开具的发票存根联和发票等登记簿，应当保存（　　）。

A. 1 年　　B. 2 年　　C. 3 年　　D. 5 年

8. 因税务机关的责任，致使纳税人、扣缴义务人未缴或少缴税款的，税务机关在(　　)内可以要求纳税人、扣缴义务人补缴税款，但是不得加收滞纳金。

A. 1 年　　B. 2 年　　C. 3 年　　D. 5 年

9. 对账簿、凭证、会计等核算制度比较健全的纳税人应采取的税款征收方式为(　　)。

A. 查账征收　　B. 查定征收　　C. 查验征收　　D. 邮寄申报

10. 根据《中华人民共和国税收征收管理法》的规定，致使纳税人未按规定的期限缴纳或者解缴税款的，税务机关除责令限期缴纳外，应当从滞纳税款之日起，按日加收滞纳税款（　　）的滞纳金。

A. 1‰　　B. 2‰　　C. 0.3‰　　D. 0.5‰

三、多项选择题

1. “五证合一、一照一码”登记制度的“五证”是指（　　）。

A. 税务登记证　　B. 工商营业执照

C. 组织机构代码证　　D. 社会保险登记证

E. 统计登记证　　F. 残疾人登记证

2. 普通发票一般包括的三个联次有（　　）。

A. 发票联　　B. 抵扣联　　C. 存根联　　D. 记账联

3. 税务部门在（　　）时，会取消纳税人的一般纳税人资格。

A. 上一年度应税销售额没有达到规定的增值税一般纳税人限额标准

B. 会计账簿设置不符合要求

C. 有虚开增值税专用发票行为

D. 连续 2 个月没按时报税

4. 纳税人有下列（　　）情形之一的，可申请延期缴纳税款。

A. 因不可抗力事件发生，导致纳税人发生较大损失，正常生产经营活动受到较大影响的

B. 当期财务会计处理出现特殊情况，账务未处理完，不能计算应纳税款

C. 因企业的法定代表人、财会人员外出，不能按期缴纳税款

D. 企业内部进行财务审计

5. 纳税人在（　　）情况下可以申请延期纳税。

A. 遇到人力不可抗拒的自然灾害　　B. 可供纳税的财产等遭遇偷盗

C. 可供纳税的货款拖欠　　D. 可减免税时

6. 税务检查权是税务机关在检查活动中依法享受的权利，《中华人民共和国税收征收管理法》规定税务机关有权（　　）。

A. 检查纳税人的账簿、记账凭证、报表和有关资料

B. 责成纳税人提供与纳税有关的文件、评审材料和有关资料

C. 到纳税人的生产、经营场所和货物存放地检查纳税人应纳税的商品、货物或者其他财产

D. 对纳税人的住宅及其他生活场所进行检查

7. 根据《发票管理办法》及其实施细则的规定，税务机关在发票检查中享有的职权有（　　）。

A. 调出发票转让　　B. 调出发票查验

C. 鉴定发票真伪　　D. 复制与发票有关的资料

8. 下列可以采用“核定征收”方式征税的有（　　）。

A. 依《中华人民共和国税收征收管理法》可以不设账簿的

B. 账目混乱、凭证不全、难以查账的

C. 外国企业会计账簿以外币计价的

D. 因偷税受两次行政处罚后再犯的

9. 纳税人有逃避纳税义务行为或欠税需出境等情形时，税务机关可要求纳税人采取下列（　　）方式提供担保。

A. 提交纳税保证金　　B. 提供财产担保

C. 提供纳税担保人　　D. 变卖财产抵缴

10. 税务机关检查纳税人存款账户时，须做到（　　）。

A. 经县以上税务局（分局）局长批准

B. 凭全国统一格式的检查存款账户许可证明

C. 指定专人进行

D. 为纳税人保密

四、业务题

1. 某市娱乐中心 2015 年 2 月实际应纳营业税 50 万元，由于资金周转困难，该单位决定向主管地税局申报缴纳 30 万元税款。同年 3 月，税务部门在检查中发现了该问题。该酒店的行为属于何种性质的税务违法行为？应做何种处罚？

2. 某市纺织公司 2015 年 11 月应纳增值税 2 156 万元，当地国税局税务人员多次电话催缴，至 2015 年 12 月 20 日仍未缴纳。12 月 21 日税务人员依法查询了该公司的银行账户，

发现其账上刚有 3 000 余万元货款。税务人员填制了扣缴税款通知书，经局长签字批准后通知银行从该公司账上扣缴所欠的 2 156 万元税款和 1 078 元滞纳金。公司经理得知后非常生气，认为国税局不打招呼就扣了钱，还扣了滞纳金，有损企业形象。你认为国税局的扣款行为合理吗？为什么？

3. 2015 年 11 月某税务机关对某公司 10 月的业务进行纳税检查，发现了以下几个问题：

（1）该公司从一些个体工商户处购买货物，未经税务机关同意，取得了一部分增值税专用发票，并作为进项入账，已抵扣进项税款 140 000 元。

（2）账外销售货物 280 000 元（不含税价格），未计入销售额，计算销项税额为 47 600 元。

（3）经核实，该公司 10 月已纳增值税 430 000 元，税务机关对该公司做出追缴税款 187 600 元（140 000+47 600）的处罚，并罚款 93.8 万元。

要求：请根据《中华人民共和国税收征收管理法》的规定，对上述公司的行为和税务机关的行为做出判断，并提出处理意见。

第九章

税务行政管理法

学习目标

1. 理解现行税收管理权限的划分、税务机构的设置及征管范围。
2. 掌握税务行政处罚、复议、诉讼和赔偿的主要规定；依法对税收违法行为进行税务行政处罚。
3. 熟悉税务违法的处罚程序、税收征管中税务争议的处理程序和税务机关应承担的行政赔偿责任；办理税收案件的税务行政复议和税务行政诉讼业务。

第一节 税收管理体制

新中国成立 60 多年来，中国税收制度先后进行了五次重大改革，特别是 1994 年进行的大规模工商税制的改革，并且进行了分税制管理。“营改增”全面推开试点后，在现行征收的 17 个税种中，分为中央税、地方税、中央地方共享税。按立法权来分，我国税收制度有全国人大制定的税收法律，也有国务院颁布的税收暂行条例，还有其他部门制定的税收规章等。

一、税收管理体制的概念

税收管理体制是指在中央与地方，以及地方各级政府之间划分税收管理权限，确立各自税权范围的一种税收制度。税收管理权限主要规定税收的立法权和执法权两大类，具体包括税收立法权、税收法律解释权、税种开征停征权、税目与税率调整权、税收加征和减免权、税收征收管理权等。

税收管理体制既是财政体制的重要组成部分，属于上层建筑的范畴，也是税务行政管理法的一项重要内容。其实质体现了中央和地方在行使课税及其管理全过程中的一种权利分配关系。

二、我国税收管理权限的划分

（一）税收立法权的划分

税收立法权是指制定、修改、解释或废止税收法律、法规、规章和规范性文件的权力。我国的税收立法权是按照税收执法级次来划分的，大体包括以下几个方面：

（1）全国人大及其常委会的税收立法权。全国人大及其常委会有全国性税种的立法权，包括全部中央税和在全国范围内征收的地方税税法的制定、公布和税种的开征、停征权。

（2）国务院的税收立法权。经全国人大及其常委会授权，全国性税种可先由国务院以“条例”或“暂行条例”的形式发布施行，经过一段时期后，再修订并通过正式立法程序。国务院有权制定税法实施细则、增减税目和调整税率；有权解释税法等。

（3）财政部和国家税务总局的税收立法权。经国务院授权，国家税务主管部门即财政部和国家税务总局有税收条例的解释权和税收条例实施细则的制定权。

（4）省级人大及其常委会的税收立法权。省级人大及其常委会可根据本地区经济发展的具体情况和实际需要，在不违背国家统一税法的前提下，有权制定、公布、开征、停征全国性税种以外的地方税种（包括各种“基金”和“费”）。但是所立税法在公布实施前，须报全国人大常委会备案。

（5）省级人民政府的税收立法权。经省级人大及其常委会授权，省级人民政府有本地区地方税法的解释权和制定地方税法实施细则、调整税目与税率的权力；在全国性地方税条例规定的幅度内，确立本地区使用的税率（税额）。除税法解释权外，其他在发布实施前须报国务院备案。

（二）税收执法权的划分

税收执法权是贯彻各种税收法律、法规的权力。根据现行有关法律、法规的规定，我国现行税收执法权的划分主要包括以下几个方面：

（1）各税种的征收管理权。分税制财政管理体制下，中央税的管理权归属于国务院及其财政部和国家税务总局，由各级国家税务局负责征收管理；地方税的管理权限归属于地方人民政府及其税务主管部门，由各级地方税务局负责征收管理；中央与地方共享税的管理权，按中央和地方政府各自的收入归属划分，主要由各级国家税务局负责征收管理，并将其地方收入部分直接划入地方金库。

（2）涉外税收政策调整权。涉外税收必须执行统一税法，涉外税收政策的调整权集中在全国人大及其常委会和国务院，各地一律不得自行制定涉外税收的优惠措施。

（3）减免税的审批管理权。根据国务院的有关规定，各地区、部门及单位和个人，在税收法律、行政法规规定之外一律不得减免税，也不得采取先征后返的形式变相减免税。

（4）地方性税种的管理权。属于地方税收的管理权限，在省级及其以下的地区如何划分，由省级人大或省级人民政府决定。地方自行立法的地区性税种，其税收管理权归属于省级人民政府及其税务主管部门。

（5）地方性税种的停征权。省级人民政府可根据本地区经济发展的实际情况，自行决定继续征收或停止征收屠宰税和筵席税，其具体征收办法要报国务院备案。除少数民族自治区和经济特区外，各地均不得擅自停征全国性的地方税种。

（6）税务具体征收管理权。税务的登记管理、账证管理、发票管理、纳税申报、税款征收、税务检查、减免税管理、税务行政处罚等执法权，一般由税务机关拥有。

三、税务机构及其权限的划分

（一）税务机构的总体设置

税务机构是国家为实现税收功能专门设立的，代表国家行使税收管理权的专职部门。税务机关是代表国家行使税务行政管理、执行税收法令、组织税收收入等的职能机关。

我国现行税务机构的设置是中央政府设立国家税务总局，省及省以下税务机构分设国家税务局和地方税务局两个系统。国家税务总局对各地国家税务局实行机构、编制、干部、经费的垂直管理，协同省级政府对省级地方税务局实行双重领导。

（二）国家税务局系统及其征管范围

国家税务局系统包括省（自治区、直辖市）、市（地区、自治州、盟）、县（县级市、旗）国家税务局、征收分局和税务所。征收分局、税务所是县级税务局的派出机构。省级国家税务局是国家税务总局直属的正厅（局）级行政机构，是本地区主管国家税收工作的职能部门，负责贯彻执行国家的有关税收法律、法规和规章，并结合本地实际情况制定具体实施办法。

国家税务局系统负责征收和管理的范围包括：增值税；消费税；铁路部门、各银行总行、各保险总公司集中缴纳的所得税、城市维护建设税；中央企业缴纳的所得税；中央与地方所属企业、事业单位组成的联营企业、股份制企业缴纳的所得税；地方银行、非银行金融企业缴纳的所得税；2002 年 1 月 1 日以后注册的企业、事业单位缴纳的所得税；海洋石油企业缴纳的所得税、资源税；外商投资企业和外国企业所得税；证券交易印花税；中央税的滞纳金、补税、罚款。

（三）地方税务局系统及其征管范围

地方税务局系统包括省（自治区、直辖市）、市（地区、自治州、盟）、县（县级市、旗）地方税务局、征收分局和税务所。省级地方税务局是省级人民政府所属的主管本地区地方税收工作的职能部门，一般为正厅（局）级行政机构，实行地方政府和国家税务总局双重领导，以地方政府领导为主的管理体制。

地方税务局系统负责征收和管理的范围包括：城市维护建设税（不包括上述由国家税务局系统负责征收管理的部分）；地方国有企业、集体企业、私营企业缴纳的所得税；个人所得税；资源税；城镇土地使用税；耕地占用税；土地增值税；房产税；车船税；印花税；契税；烟叶税及其他地方附加；地方税的滞纳金、补税、罚款。在大部分地区，耕地占用税由地方财政部门负责征管。

为了加强税收管理，降低征收成本，避免工作交叉，简化征收手续，方便纳税人，在某些情况下，国家税务局和地方税务局可以相互委托对方代征某些税收。

海关系统负责征收和管理的范围包括关税、行李和邮递物品进口税、船舶吨税以及负责代征进口环节的增值税和消费税。

（四）中央与地方政府税收收入的划分

根据现行分税制财政管理体制的规定，我国的税收收入分为中央政府固定收入、地方政府固定收入、中央政府与地方政府共享收入。

1. 中央政府固定收入

中央政府固定收入包括国内消费税、车辆购置税、关税、船舶吨税和海关代征增值税、消费税收入。

2. 地方政府固定收入

地方政府固定收入包括城镇土地使用税、耕地占用税、土地增值税、房产税、车船税、契税、烟叶税及其地方附加。

3. 中央政府与地方政府共享收入

（1）增值税（不包括海关代征的部分）：中央政府分享 75%，地方政府分享 25%。2016 年 5 月 1 日起，全面推开“营改增”后，试点期间，分享比例调整为各占 50%。

（2）企业所得税：铁路运输、邮电、国有商业银行、开发行、农发行、进出口行以及海洋石油天然气企业缴纳的所得税为中央收入；其余部分由中央与地方共享。中央分享 60%，地方政府分享 40%。

（3）个人所得税：中央政府分享 60%，地方政府分享 40%。

（4）资源税：海洋石油企业缴纳的部分归中央政府（目前暂不征税），其余部分归地方政府。

（5）城市维护建设税：中国铁道总公司、各银行总行、各保险总公司集中缴纳的部分归中央政府，其余部分归地方政府。

（6）印花税：从 2016 年 1 月 1 日起，股票交易印花税收入归中央政府，其他印花税收入归地方政府。

第二节 税务行政处罚

引 例

某地税局于2015年7月18日向辖区内一家建筑公司下达了限期缴纳税款通知书，责令该公司于2015年7月19日前缴清所欠税款和滞纳金共计16.2万元，遭到该建筑公司的拒绝。2015年7月20日地税局下达税务行政处罚事项告知书，告知拟处以其未缴税款1倍的罚款及其享有的权利。2015年7月22日地税局按上述处理意见做出了税务处理决定书和税务行政处罚决定书，限期建筑公司于2015年7月23日前缴纳税款、滞纳金和罚款共计31.2万元，并于当天将两份文书送达建筑公司。

上述案例中，地税局对建筑公司的税务行政处罚正确吗？

一、税务行政处罚的概念和原则

（一）税务行政处罚的概念

税务行政处罚是指公民、法人或者其他组织有违反税收法律、行政法规的违法行为，尚未构成犯罪，依法应承担行政责任的，由税务机关给予的处罚。它包括以下几个方面：

（1）当事人行为违反了税收法律规范，侵犯的客体是税收征收管理秩序，应当承担税务行政责任。

（2）对当事人来说，不区分是否具有主观故意或者过失，只要有税务违法行为存在，并有法定依据给予行政处罚的，就要承担行政责任，依法给予税务行政处罚。

（3）进行税务行政处罚的一般是尚不构成税收犯罪的行为，如果构成了危害税收征管罪，就应当追究刑事责任。

（4）给予税务行政处罚的主体是税务机关。

税务行政处罚是行政处罚的重要组成部分，为了贯彻实施《中华人民共和国行政处罚法》，规范税务行政处罚的实施，保护纳税人和其他税务当事人的合法权益，1996年9月国家税务总局发布了《税务案件调查取证与处罚决定分开制度实施办法（试行）》和《税务行政听政程序实施办法（试行）》，并于1996年10月1日施行。

（二）税务行政处罚的原则

（1）法定原则。法定原则包括主体法定、职责法定、依据法定、程序法定、形式法定，即税务行政处罚要由法定的税务机关在法定的职权范围内根据法定依据、法定程序，以法定的形式实施。

（2）公正、公开原则。公正，一是要防止偏听偏信；二是要使当事人了解其违法行为的性质，并给予当事人进行陈述和申辩的机会。公开，一是指税务行政处罚的规定要公开，凡是需要公民、法人或者其他组织遵守的法律、规范都要事先公布；二是指处罚程序要公开，如依法举行听证会等。

（3）以事实为依据原则。坚持以事实为依据，以法律为准绳，客观公正，实事求是。

（4）过罚相当原则。过罚相当是指在实施税务行政处罚时，要根据税务违法行为的性质、情节以及对社会危害程度的大小来依法处理，防止畸轻畸重。

（5）处罚与教育相结合原则。税务行政处罚的目的是纠正违法行为，教育公民、法人或者其他组织自觉守法。处罚只是手段，不是目的。因此，税务机关在实施行政处罚时，要责令当事人纠正或者限期改正违法行为。对情节轻微的违法行为，可给予较轻的行政处罚，当事人纠正了违法行为，也可不给予行政处罚。

（6）监督、制约原则。一是税务机关内部的监督制约，如将违法行为的调查与处罚相分离，当场做出的处罚决定必须报上级税务机关备案，上级税务机关对下级税务机关依法进行监督等；二是税务机关与其他机关相互监督制约，如决定罚款的机关与收缴的机构分离；三是司法监督，如税务行政诉讼等。

（7）一事不二罚原则。一事不二罚是指对违法行为人的同一个违法行为，不得以同一事实和同一依据重复进行税务行政处罚。

二、税务行政处罚的设定和种类

（一）税务行政处罚的设定

税务行政处罚的设定是指由特定的国家机关通过一定形式首次独立规定公民、法人或者其他组织的行为规范，并规定违反该行为规范的行政制裁措施。我国税收法制的原则是税权集中、税法统一，税收的立法权主要集中在中央。

（1）立法机关设定的行政处罚。全国人民代表大会及其常务委员会可以通过法律的形式，设定各种税务行政处罚。

（2）行政机关设定的行政处罚。国务院可以通过行政法规的形式，设定除限制人身自由以外的税务行政处罚。

（3）税务机关设定的行政处罚。国家税务总局可以通过规章的形式设定警告和罚款。税务行政规章对非经营活动中的违法行为设定罚款不得超过 1 000 元；对非经营活动中的违法行为，有违法所得的，设定罚款不得超过违法所得的 3 倍，且最高不得超过 30 000 元；没有违法所得的，设定罚款不得超过 10 000 元；超过限额的，应当报国务院批准。

省、自治区、直辖市和计划单列市国家税务局、地方税务局及其以下各级税务机关制定的税收法律、法规、规章以外的规范性文件，在税收法律、法规、规章规定给予行政处罚的行为、种类和幅度的范围内做出具体规定，是一种执行税收法律、法规、规章的行为，不是对税务行政处罚的设定。因此，这类规范性文件与行政处罚法规定的处罚设定原则并不矛盾，是有效的，是可以执行的。

（二）税务行政处罚的种类

税务行政处罚包括以下四类：

（1）罚款。罚款是指税务机关强制违反税收法律、行政法规的纳税人、扣缴义务人缴纳一定数量货币的一种处罚，是税务行政处罚最基本、最常用的形式。

（2）没收违法所得。没收违法所得是指税务机关依法将纳税人、扣缴义务人通过违法行为获取的财产收归国有的处罚形式。

（3）停止出口退税。停止出口退税是指税务机关依法对纳税人、扣缴义务人有骗取国家出口退税款行为的，在规定的期间内停止为其办理出口退税的处罚。

（4）收缴发票和停止供应发票。收缴发票和停止供应发票是指税务机关对既有税收违法行为又拒不接受税务机关处理的从事生产、经营的纳税人、扣缴义务人，做出的收缴其发票或者停止向其供应发票的一种处罚。

三、税务行政处罚的主体与管辖

（一）税务行政处罚的主体

税务行政处罚的实施主体主要是县以上税务机关。各级税务机关的内设机构、派出机构不具备处罚主体资格，不能以自己的名义实施税务行政处罚。但税务所可以对个体工商户及未取得营业执照的单位、个人实施罚款在 2 000 元以下的税务行政处罚。

（二）税务行政处罚的管辖

税务行政处罚由当事人税收违法行为发生地的县（县级市、旗）以上税务机关管辖。有三层含义：一是从税务行政处罚的地域管辖来看，税务行政处罚实行行为发生地原则；二是从税务行政处罚的级别管辖来看，除法律特别授权的税务所外，必须是县（县级市、旗）以上的税务机关；三是从税务行政处罚的管辖主体要求来看，必须有税务行政处罚权。

四、税务行政处罚的程序与执行

（一）税务行政处罚的程序

税务行政处罚的程序分为简易程序和一般程序两种，分别适用于不同的情形。

1. 税务行政处罚简易程序

税务行政处罚简易程序是指税务机关及其执法人员对于公民、法人或者其他组织违反税收征收管理程序的行为，当场做出税务行政处罚决定的行政处罚程序。简易程序的适用条件：一是案情简单、事实清楚，违法后果比较轻微且有法定依据应当给予处罚的违法行为；二是给予的处罚较轻，仅适用于对公民处以 50 元以下和对法人或其他组织处以 1 000 元以下罚款的违法案件。

符合上述条件时，税务行政执法人员当场做出税务行政处罚决定应当按照下列程序进行：

（1）向当事人出示税务行政执法身份证件。

（2）告知当事人受到税务行政处罚的违法事实、依据和陈述申辩权。

（3）听取当事人陈述申辩意见。

（4）填写具有预定格式、编号的税务行政处罚决定书，并当场交付当事人。

2. 税务行政处罚一般程序

除了适用简易程序的税务违法案外，对于其他违法案件，税务机关在做出处罚决定之前都要经过立案、调查取证（有的案件还要举行听证）、审查、决定和执行等程序，适用于情节比较复杂、处罚比较重的案件。

（1）税务调查。由税务机关内部设立的调查机构（如管理、检查机构）负责对税务违法案件的调查；在调查取证后对依法应当给予行政处罚的，应及时提出处罚建议，以税务机关的名义制作税务行政处罚事项告知书，并送达当事人；在调查终结后应当制作调查报告，并及时将调查报告连同所有案卷材料移交审查机构（如法制机构）审查。

（2）税务审查。审查机构收到调查机构移交的案卷后，应对案卷材料进行登记，填写税务案件登记簿；审查机构应自收到调查机构移交案卷之日起 10 日内审查终结，制作审查报告，并连同案卷材料报送税务机关负责人审批。

（3）税务听证。听证范围是对公民做出 2 000 元以上或对法人或其他组织做出 10 000 元以上罚款的案件；听证主持人应由税务机关内设的非本案调查机构的人员担任；要求听证的当事人，应当在收到税务行政处罚事项告知书后 3 日内向税务机关书面提出听证要求，逾期不提出的，视为放弃听证权利；税务机关应当在当事人提出听证要求后 15 日内举行听证，并在举行听证的 7 日前将税务行政处罚听证通知书送达当事人；听证的全部活动，应由记录员制作笔录并交当事人阅核、签章；听证结束后，主持人应当制作听证报告并连同听证笔录附卷移交审查机构审查。

（4）税务决定。审查机构做出审查意见并报送税务机关负责人审批后，应当在收到审批意见之日起 3 日内，根据不同情况分别制作处理决定书后再报送税务机关负责人签发。依据不同情况，处理决定书分为四种：

① 有应受行政处罚的违法行为的，根据情节轻重及具体情况予以行政处罚。

② 违法行为轻微，依法可以不予行政处罚的不予行政处罚。

③ 违法事实不能成立，不得予以行政处罚。

④ 违法行为已经构成犯罪的，移送公安机关。

引例解析

地税局做出税务行政处罚决定书的时间不符合法律规定。按规定，要求听证的当事人，可在收到税务行政处罚事项告知书后3日内向税务机关书面提出听证要求，逾期不提出的，视为放弃听证权利。地税局7月20日送达告知书，7月22日就做出处罚决定，听证告知时间只有2天，不符合法定程序。另外，地税局在做出税收具体行政行为时，两次下达催缴文书向纳税人催缴税款、滞纳金和罚款，金额高达30余万元，而每次限期缴纳的期限都是1天，这虽未违反法律的明确规定，但应属于不适合的具体行为。

（二）税务行政处罚的执行

税务行政处罚的执行是指履行税务机关依法做出的行政处罚决定的活动。税务机关做出行政处罚决定后，应当依法送达当事人执行，当事人应当在行政处罚决定规定的期限内，予以履行。当事人在法定期限内不申请复议又不起诉，并且在规定期限内又不履行的，税务机关可以依法强制执行或者申请法院强制执行。

税务机关对当事人做出罚款行政处罚决定的，当事人应当在收到行政处罚决定书之日起15日内缴纳罚款，到期不缴纳的，税务机关可以对当事人每日按罚款数额的3%加处罚款。

第三节 税务行政复议与诉讼

引　例

小李在学习税法时了解到，纳税人对税务机关征税等具体行政行为不服的，可以申请行政复议。小李感到法律这样规定，保护了纳税人的合法权益，的确很有必要，但有一点不明白：既然如此，为什么必须先缴纳税款及滞纳金或者提供相应的担保，才能申请行政复议？

一、税务行政复议

（一）税务行政复议的概念

税务行政复议是指当事人（纳税人、扣缴义务人、纳税担保人）不服税务机关及其工作人员做出的税务具体行政行为，依法向上一级税务机关（复议机关）提出申请，复议机关经审理对原税务机关具体行政行为依法做出维持、变更、撤销等决定的活动。

为了防止和纠正违法的或不当的税务具体行政行为，保护纳税人及其他税务当事人的合法权益，保障和监督税务机关依法行使职权，国家税务总局根据《中华人民共和国行政复议法》和其他有关法律、行政法规的规定，于 1999 年 9 月发布了《税务行政复议规则（试行）》，自 1999 年 10 月 1 日起施行；2004 年 2 月、2010 年 2 月分别对《税务行政复议规则》进行了修订，2015 年 12 月以国家税务总局令第 39 号的形式发布了关于修改《税务行政复议规则》的决定，自 2016 年 2 月 1 日起施行。

（二）税务行政复议的受案范围

税务行政复议的受案范围包括如下 12 项内容。

（1）税务机关做出的征税行为。这包括确认纳税主体、征税对象、征税范围、减税、免税、退税、抵扣税款、适用税率、计税依据、纳税环节、纳税期限、纳税地点和税款征收方式等具体行政行为，征收税款、加收滞纳金，扣缴义务人、受税务机关委托的单位和个人做出的代扣代缴、代收代缴、代征行为。

（2）税务机关的行政许可、行政审批行为。

（3）税务机关的发票管理行为，包括发售、收缴、代开发票等。

（4）税务机关做出的税收保全措施、强制执行措施。

（5）税务机关做出的税务行政处罚行为。具体包括：①罚款；②没收非法所得；③停止出口退税权。

（6）税务机关不依法履行职责的行为。具体包括：①不予颁发税务登记；②不予开具、出具完税凭证、外出经营活动税收管理证明；③不予行政赔偿；④不予行政奖励；⑤其他不依法履行职责的行为。

（7）税务机关做出的资格认定行为。

（8）税务机关不依法确认纳税担保行为。

（9）税务机关做出的政府信息公开工作中的具体行政行为。

（10）税务机关做出的纳税信用等级评定行为。

（11）税务机关做出的通知出入境管理机关阻止出境行为。

（12）税务机关做出的其他税务具体行政行为。

纳税人及其他当事人认为税务机关的具体行政行为所依据的下列规定不合法，在对具体行政行为申请行政复议时，可一并向复议机关提出对该规定（不含规章）的审查申请：

（1）国家税务总局和国务院其他部门的规定。

（2）其他各级税务机关的规定。

（3）地方各级人民政府的规定。

（4）地方人民政府工作部门的规定。

（三）税务行政复议的申请与受理

1. 税务行政复议的申请

申请人可以在知道税务机关做出具体行政行为之日起 60 日内提出行政复议申请。因不可抗力或者被申请人设置障碍等其他正当理由耽误法定申请期限的，申请期限的计算应当扣除被耽误时间。

申请人对受案范围中第（1）项税务机关做出的征税行为不服的，应当先向复议机关申请行政复议；对行政复议不服的，可以向人民法院提起行政诉讼。对其他具体行政行为不服的，可以申请行政复议，也可以直接向人民法院提起行政诉讼。

申请人按规定申请行政复议的，必须先依照税务机关根据法律、行政法规确定的税额、期限，缴纳或者解缴税款及滞纳金或者提供相应的担保，方可在实际缴清税款和滞纳金后或者所提供的担保得到做出具体行政行为的税务机关确认之日起60日内提出行政复议申请。

申请人申请行政复议，可以书面申请，也可以口头申请；口头申请的，复议机关应当当场制作行政复议申请笔录，交申请人核对或者向申请人宣读，并由申请人确认。

2. 税务行政复议的受理

复议机关收到行政复议申请后，应在5日内进行审查，决定是否受理。对不符合规定的行政复议申请，决定不予受理，并书面告知申请人；对符合规定的行政复议申请，自行政复议机构收到之日起即为受理，受理行政复议申请，应当书面告知申请人。

对应当先向复议机关申请行政复议，对行政复议决定不服再向人民法院提起行政诉讼的具体行为，复议机关决定不予受理或受理后超过复议期限不做答复的，申请人和其他税务当事人可以自收到不予受理决定书之日起或行政复议期满之日起15日内，依法向人民法院提起行政诉讼。

在税务行政复议期间，税务具体行政行为不停止执行。但是，有下列情形之一的，可以停止执行：①被申请人认为需要停止执行的；②行政复议机关认为需要停止执行的；③申请人申请停止执行，行政复议机关认为其要求合理，决定停止执行的；④法律规定停止执行的。

引例解析

法律规定行政复议制度，以保护纳税人的合法权益不受侵害，但是，为了防止有些纳税人借行政复议之机，迟迟不缴纳税款，使国家权益受损，税法规定纳税人应当先缴纳税款及滞纳金或者提供相应的担保，再申请行政复议。只有符合几种法定情形之一时，才可以停止执行具体行政行为。这样规定，兼顾了纳税人与国家的合法权益。

（四）税务行政复议的决定与执行

1. 税务行政复议的决定

行政复议机构应当对被申请人的具体行政行为提出审查意见，经行政复议机关负责人批准，按照下列规定做出行政复议决定。

（1）具体行政行为认定事实清楚，证据确凿，适用依据正确，程序合法，内容适当的，决定维持。

（2）被申请人不履行法定职责的，决定其在一定期限内履行。

（3）具体行政行为有下列情形之一的，决定撤销、变更或确认该具体行政行为违法；决定撤销或确认该具体行政行为违法的，可以责令被申请人在一定期限内重新做出具体行政行为：①主要事实不清、证据不足的；②适用依据错误的；③违反法定程序的；④超越或者滥用职权的；⑤具体行政行为明显不当的。

复议机关责令被申请人重新做出具体行政行为的，被申请人不得以同一事实和理由做出与原具体行政行为相同或者基本相同的具体行政行为。

（4）被申请人不按照规定提出书面答复，提交当初做出具体行政行为的证据、依据和其他有关材料的，视为该具体行政行为没有证据、依据，决定撤销该具体行政行为。

复议机关应当自受理申请之日起 60 日内做出行政复议决定。情况复杂，不能在规定期限内做出行政复议决定的，经复议机关负责人批准，可以适当延长，并告知申请人和被申请人，但延长期限最多不超过 30 日。

复议机关做出行政复议决定，应当制作行政复议决定书，并加盖公章，行政复议决定书一经送达即发生法律效力。

2. 税务行政复议的执行

被申请人应当履行税务行政复议决定，被申请人不履行或者无正当理由拖延履行行政复议决定的，行政复议机关或者上级行政机关应当责令其限期履行。

申请人逾期不起诉又不履行行政复议决定的，或者不履行最终裁决的行政复议决定的，按下列规定分别处理：①维持具体行政行为的行政复议决定，由做出具体行政行为的行政机关依法强制执行或申请人民法院强制执行；②变更具体行政行为的行政复议决定，由复议机关依法强制执行或申请人民法院强制执行。

二、税务行政诉讼

（一）税务行政诉讼的概念

税务行政诉讼，是指纳税当事人认为税务机关及其工作人员的具体行政行为侵犯其合法权益，通过向人民法院提起诉讼，由人民法院来解决其与税务机关之间行政纠纷的活动。

我国税务行政诉讼具有以下特点：①税务行政诉讼一般以税务行政争议为基本前提；②税务行政诉讼是依法请求的活动，没有纳税当事人的起诉行为司法机关无权受理；③税务行政诉讼法律关系是纳税当事人、税务机关和人民法院“三方”的法律关系；④税务行政诉讼必须按照法定的诉讼程序和方式进行。

（二）税务行政诉讼的原则

税务行政诉讼应遵循以下几个特有原则：

（1）特定性主管原则。即人民法院对税务行政案件只有部分管辖权。根据《中华人民共和国行政诉讼法》第十一条的规定，人民法院只能受理因具体行政行为引起的税务行政争议案。

（2）合法性审查原则。除审查税务机关是否滥用权力、税务行政处罚是否显失公正外，人民法院只对具体税务行为是否合法予以审查，原则上不直接判决变更。

（3）不适用调解原则。税收行政管理权是国家权力的重要组成部分，税务机关无权依自己意愿进行处置，因此，人民法院也不能对税务行政诉讼法律关系的双方当事人进行调解。

（4）起诉不停止执行原则。即当事人不能以起诉为理由而停止执行税务机关所做出的具体行政行为，如采取的税收保全措施和税收强制执行措施。

（5）税务机关负举证责任原则。由于税务行政行为是税务机关单方依一定事实和法律做出的，只有税务机关最了解做出该行为的证据。如果税务机关不提供或不能提供证据，就可能败诉。

（6）由税务机关负责赔偿的原则。依据《中华人民共和国国家赔偿法》的有关规定，税务机关及其工作人员因执行职务（如税收保全和强制执行等）不当，给当事人造成人身及财产损害，应负担赔偿责任。

（三）税务行政诉讼的受案范围

（1）对于法律、行政法规规定应当先向复议机关申请行政复议的具体行政行为，纳税当事人应当先申请行政复议；对行政复议决定不服的，再向人民法院提起行政诉讼。具体包括：①对税务机关做出的征税行为，包括确认纳税主体、征税对象、征税范围、减税、免税及退税、适用税率、计税依据、纳税环节、纳税期限、纳税地点以及税款征收方式等具体行政行为和征收税款、加收滞纳金及扣缴义务人、受税务机关委托征收的单位做出的代扣代缴、代收代缴行为不服的；②对税务机关不予审批减免税或出口退税、不予抵扣税款、不予退还税款的行为不服的；应当先申请行政复议，不服行政复议决定的，再向人民法院提起行政诉讼。

（2）纳税当事人对税务机关的其他具体行政行为不服的，可以先申请行政复议，对复议决定不服的，再向人民法院提起诉讼；也可以直接向人民法院提起诉讼。

（四）税务行政诉讼的起诉与受理

税务行政诉讼起诉，是指公民、法人或其他组织认为自己的合法权益受到税务机关具体行政行为的侵害，而向人民法院提出诉讼请求，要求人民法院行使审判权，依法予以保护的诉讼行为。简言之，起诉是向人民法院提起诉讼的行为。

1. 起诉

（1）税务行政诉讼中，起诉权是单向性的权利，税务机关不享有起诉权，只有应诉权，即税务机关只能作为被告。且与民事诉讼不同，作为被告的税务机关不能反诉。

（2）税务行政诉讼的五个条件：①原告是行政管理的对方（公民、法人和其他组织）；②被告是行使国家行政管理职权的行政机关，即做出具体行政行为的行政机关，做出具体行政行为的行政机关工作人员并不直接成为被告；③原告提起诉讼是由于认为行政机关的具体行政行为侵犯其合法权益；④必须是法律、法规明文规定当事人可以向人民法院起诉的行政争议案件；⑤必须是在法律、法规规定的期限内向有管辖权的人民法院起诉。

上述五个条件紧密相连，缺乏其中任何一个条件，行政诉讼就不能成立。

（3）起诉期限和必经程序。纳税当事人不服税务行政复议决定的，可以在收到复议决定书之日起 15 日内向人民法院起诉。复议机关逾期不做决定的，申请人可以在复议期满之日起 15 日内向人民法院起诉。纳税当事人直接向人民法院提起诉讼的，应当在知道做出具体行政行为之日起 3 个月内提出。纳税当事人因不可抗力或者其他特殊情况耽误法定期限的，在障碍消除后的 10 日内，可以申请延长期限，由人民法院决定。

2. 受理

原告提起诉讼，经人民法院审查，认为符合起诉条件并立案审理的行为，称为受理。人民法院立案受理税务行政案件，税务行政诉讼法律关系即正式确立。非经法定程序，人民法院和双方当事人均不得变更或解除这一诉讼法律关系。

根据法律规定，人民法院接到诉讼，经过审查，应当在 7 天内立案或者做出裁定不予受理。原告对不予受理的裁定不服的，可以提起上诉。

（五）税务行政诉讼的审理

税务行政诉讼审理，是指人民法院对税务行政案件进行实质性审查，并确认、判决税务机关的具体行政行为是否合法、正确的诉讼活动，是人民法院自受理之后至终审判决前的各种诉讼行为的总称。

人民法院审理税务行政案件实行合议、回避、公开审判和两审终审的审判制度。审理的核心是审查被诉具体行政行为是否合法，即做出该行为的税务机关是否依法享有该税务行政管理权；该行为是否依据一定的事实和法律做出；税务机关做出该行为是否遵循法定程序等。当事人在行政诉讼中有权进行辩论。

诉讼期间，不停止具体行政行为的执行。但有下列情形之一的，停止具体行政行为的执行：①被告认为需要停止执行的；②原告申请停止执行，人民法院认为该具体行政行为的执行会造成难以弥补的损失，并且停止执行不损害社会公共利益，裁定停止执行的；③法律、法规规定停止执行的。

（六）税务行政诉讼的判决

行政诉讼判决，是指人民法院代表国家依法对被诉具体行政行为是否合法适当做出的具有法律约束力的判定。行政判决是人民法院行使国家审判权的意思表示，是国家司法意志的体现，是具有法律约束力的司法判断和处理。行政判决分一审判决和二审判决。

1. 一审判决

一审判决是最初受理税务行政案件的人民法院所做的判决。一般情况下，人民法院应当在立案之日起 3 个月内做出一审判决。对人民法院所做的一审判决，当事人（原、被告）如果不服可以上诉。

人民法院经过调查、核实证据、开庭审理之后，有权做出如下判决：

（1）维持判决。适用于具体行政行为证据确凿，适用法律、法规正确，符合法定程序的案件。

（2）撤销判决。撤销判决是人民法院对被诉税务具体行政行为做出的否定评价，是司法机关纠正违法行为的最有效手段，集中体现了人民法院对税务具体行政行为的监督和制约。

被撤销的具体行政行为主要证据不足，适用法律、法规错误，违反法定程序或者超越职权、滥用职权，人民法院应判决撤销或部分撤销，同时可判决税务机关重新做出具体行政行为。在判决被告重新做出具体行政行为时，税务机关不得以同一事实和理由做出与原具体行政行为基本相同的具体行政行为。

（3）履行判决。税务机关不履行或拖延履行法定职责的，判决其在一定期限内履行，如判决税务机关出售专用发票等。

（4）变更判决。税务行政处罚显失公正的，可以判决变更。变更，是指对具体行政行为的实体内容直接予以改变。根据行政诉讼法确定的原则，人民法院一般不审查具体行政行为的适当性，原则上也不做变更判决。此处的变更判决只适用于行政处罚显失公正这种情况。一般来讲，具体行政行为畸轻畸重，对不同的情况相同处理或对相同的情况不同处理，都有可能被认为显失公正。

2. 二审判决

一审人民法院做出裁判后，诉讼当事人不服，在一审判决做出后 15 日内，一审的原告、被告和第三人均有权提请一审法院的上一级法院重新进行审理并做出裁判。

二审法院收到上诉状后，对主体合格、未超出法定上诉期的上诉应当予以受理，并在 5 日内将上诉状副本送达被上诉人，被上诉人收到上诉状副本后应当在 10 日内提出答辩状。

二审判决是第二审人民法院所做的判决，是终局判决。对二审判决不服，不能再上诉，只能通过审判监督程序进行申诉。根据行政诉讼法的规定，二审判决的种类有：

（1）维持原判。适用于原判认定事实清楚，适用法律法规正确的案件。

（2）依法改判。适用于原判认定事实清楚，但适用法律法规错误的案件。

（3）发回重审。原判认定事实不清，证据不足，或者违反法定程序，可能影响案件的正确判决时，裁定撤销原判，发回原审人民法院重新审理。当事人对重审案件的判决、裁定不服，仍可上诉。

第四节 税务行政赔偿

“执法必严、违法必究”是依法治税的基本原则。为了维护国家税法的权威，确保良好的税收秩序，必须依法追究偷税、漏税、抗税等各种税收违法犯罪者的法律责任。但是，在税收征管过程中，由于税务机关及工作人员存在职务违法行为，给纳税人的合法权益造成损害的，国家理应依法进行赔偿。

一、税务行政赔偿的概念

税务行政赔偿是指税务机关作为履行国家赔偿义务的机关，对本机关及其工作人员的职务违法行为给纳税人和其他税务当事人的合法权益造成的损害，代表国家予以赔偿的制度。

国家赔偿，顾名思义就是以国家为赔偿主体的侵权损害赔偿。但显而易见，国家赔偿的费用虽然由国家负担，国家本身却无法履行赔偿义务，必须有机关代表国家履行赔偿义务。由于国家机关部门众多，各自的职能也不同，可能发生的对公民、法人和其他组织的合法权益造成损害的职务违法行为也会多种多样，很难确定由某一个固定机关代表国家履行赔偿义务，而只能按照谁侵权谁代表国家进行赔偿的原则确定履行国家赔偿义务的机关。这也正是税务行政赔偿存在的原因。

二、税务行政赔偿的相关要素

（一）税务行政赔偿的构成要件

（1）税务机关及其工作人员存在职务违法行为。这是构成税务行政赔偿责任的核心要件，也是税务行政赔偿责任存在的前提。如果税务机关及其工作人员合法行使职权，对纳税人和其他税务当事人合法权益造成损害，例如，税务机关依法对未按其限定期限缴纳税款的纳税人采取查封、扣押、拍卖等强制执行措施，被查封、扣押、拍卖的财产为纳税人与他人共有，那么对该纳税人的财产共有人合法权益所遭受的损害，税务机关应给予的是税务行政补偿，而不存在赔偿问题。

（2）存在对纳税人和其他税务当事人合法权益造成损害的事实。这是构成税务行政赔偿责任的必备要件。如果税务机关及其工作人员违法行使职权没有侵犯纳税人和其他税务当事人合法权益，或者侵犯的是非法利益，均不发生税务行政赔偿。这里的损害事实是指实际发生的损害，对尚未发生的损害，税务机关没有赔偿义务。

（3）税务机关及其工作人员的职务违法行为与现实发生的损害事实存在因果关系，即行为与结果之间存在逻辑上的直接关系。如果税务机关及其工作人员在行使职务时虽有违法行为，纳税人和其他税务当事人的合法权益也受到损害了，但是这种损害却不是税务机关及其工作人员的职务违法行为引起的，税务机关没有赔偿义务。

（二）税务行政赔偿的请求人

税务行政赔偿的请求人，是指有权对税务机关及其工作人员的职务违法行为造成的损害提出赔偿要求的人。根据现行有关法律规定，税务行政赔偿请求人主要有以下三类：

（1）受害的纳税人和其他税务当事人。作为税务机关及税务工作人员职务违法行为的直接受害者，他们有要求税务行政赔偿的当然权利。

（2）受害公民的继承人及其他有扶养关系的亲属。当受害公民死亡后，其权利由其继承人及其他有扶养关系的亲属继承。

（3）承受原法人或其他组织的法人或者其他组织。当受害法人或者其他组织终止后，其权利由其承受者继承。

（三）税务行政赔偿的义务机关

税务行政赔偿的义务机关，原则上是行使职权侵害公民法人和其他组织合法权益的税务机关。

通过上级税务机关行政复议的，最初造成侵害的税务机关为赔偿义务机关，但上级税务机关复议决定加重损害的，则上级税务机关对加重损害的部分履行赔偿义务；应当履行赔偿义务的税务机关被撤销的，继续行使其职权的税务机关或撤销该税务机关的行政机关为赔偿义务机关。

（四）税务行政赔偿的请求时效

现行法律规定，税务行政赔偿请求人请求赔偿的时效为 2 年，自税务机关及其工作人员行使职权时的行为被依法确认为违法之日起计算。如果税务行政赔偿请求人在赔偿请求时效的最后 6 个月内，因不可抗力或者其他障碍不能行使请求权的，时效中止。从中止时效的原因消除之日起，赔偿请求时效期间继续计算。

（五）税务行政赔偿的特别保障

现行法律规定，税务行政赔偿请求人要求赔偿的，赔偿义务机关、复议机关、人民法院不得向该赔偿请求人收取任何费用；对赔偿请求人取得的赔偿金不予征税。

三、税务行政赔偿的范围与程序

（一）税务行政赔偿的范围

税务行政赔偿的范围是指税务机关对本机关及其工作人员在行使职权时给受害人造成的哪些损害予以赔偿。依据现行法律的规定，税务行政赔偿的范围包括以下几个方面。

（1）侵犯人身权的赔偿。税务机关及其工作人员有下列行为的：①非法拘禁纳税人和其他税务当事人或者以其他方式剥夺纳税人和其他税务当事人人身自由的；②以殴打等暴力行为或者唆使他人以殴打等暴力行为造成纳税人和其他税务当事人身体伤害或者死亡的；③造成纳税人和其他税务当事人身体伤害或者死亡的其他违法行为。

（2）侵犯财产权的赔偿。税务机关及其工作人员有下列违法行为的：①违法征收税款及滞纳金的；②对税务当事人违法实施罚款、没收非法所得等行政处罚的；③对税务当事人财产违法采取强制措施或者税收保全措施的；④违反国家规定向税务当事人征收财物、摊派费用的；⑤造成税务当事人财产损害的其他违法行为。

（3）税务机关不承担赔偿责任的情形：一般情况下，有损害必赔偿；但在特定情况下，虽有损害发生，国家也不予赔偿。包括：①行政机关工作人员与行使职权无关的行为；②因纳税人和其他税务当事人自己的行为致使损害发生的；③法律规定的其他情形。

（二）税务行政赔偿的程序

税务行政赔偿的程序由两部分组成：一是非诉讼程序，即税务机关的内部程序；二是税务行政赔偿诉讼程序，即司法程序。

1. 税务行政赔偿的非诉讼程序

（1）赔偿请求的提出。税务赔偿请求人应当先向负有履行赔偿义务的税务机关提出赔偿要求，其赔偿的项数可以是一项或数项。在共同税务职务行为侵害赔偿案件中，赔偿请求人有权向其中任何一个赔偿义务机关要求赔偿，该赔偿义务机关应当依法先予全部赔偿。

（2）赔偿请求形式。要求税务行政赔偿的，应当递交申请书。如果税务行政赔偿请求人书写申请书确有困难，可以委托他人代书，也可以口头申请，由赔偿义务机关记入笔录。

（3）赔偿请求的处理。税务行政赔偿请求人在法定期限内提出赔偿请求后，负有赔偿义务的税务机关应当自收到申请之日起 2 个月内依照法定的赔偿方式和计算标准给予赔偿；逾期不赔偿或者赔偿请求人对赔偿数额有异议的，赔偿请求人可以在期限届满之日起 3 个月内向人民法院提起诉讼。

2. 税务行政赔偿的诉讼程序

当税务行政赔偿义务机关逾期不予赔偿或者行政赔偿请求人对赔偿数额有异议时，行政税务赔偿请求人可以向人民法院提起诉讼，此时进入税务行政赔偿诉讼程序，但需要注意的是，税务行政赔偿诉讼的提起必须以税务先行处理为条件，是否赔偿或赔偿多少可以进行调解，且税务机关对损害事实部分不承担举证责任。

3. 税务行政追偿制度

税务行政追偿制度是指违法行使职权，给纳税人和其他税务当事人合法权益造成损害的税务工作人员主观有过错，如故意和重大过失，税务机关赔偿其造成的损害后，再追究其责任的制度。其实质是对违法行使职权的税务人员的惩罚。主要包括：一是要求有故意或重大过失的工作人员承担全部或部分赔偿费用；二是酌情对有故意或重大过失的工作人员依法给予行政处分或依法追究刑事责任。

此外，如果税务行政赔偿义务机关因故意或重大过失造成赔偿的，或超出国家赔偿法规定的范围和标准赔偿的，同级人民政府可以责令该赔偿义务机关自行承担部分或全部赔偿费用。

四、税务行政赔偿的方式与费用标准

（一）税务行政赔偿的方式

税务行政赔偿方式是指税务机关代表国家承担赔偿责任的各种形式。依据现行法律规定，税务行政赔偿以支付赔偿金为主要方式。如果赔偿义务机关能够通过返还财产或者恢复原状实施国家赔偿的，应当返还财产或者恢复原状。

1. 支付赔偿金

支付赔偿金是最主要的赔偿形式。它既可以是针对财产权损害的赔偿，也可以是针对人身权损害的赔偿。支付赔偿金简便易行，适用范围广，它可以使受害人的赔偿要求迅速得到满足。

2. 返还财产

返还财产是对财产所有权造成损害后的赔偿方式。返还财产要求财产或者原物存在，只有这样才谈得上返还财产。返还财产所指的财产一般是特定物，但也可以是种类物，如罚款所收缴的货币。

3. 恢复原状

恢复原状是指对受到损害的财产进行修复，使之恢复到受损前的形状或者性能。使用这种赔偿方式必须是受损害的财产确能恢复原状且易行。

（二）税务行政赔偿的费用标准

1. 侵害人身权的赔偿标准

（1）侵犯人身自由的，每日赔偿金按照国家上年度职工日平均工资计算。

（2）造成身体伤害的，应当支付医疗费，以及赔偿因误工减少的收入。减少的收入每日赔偿金按照国家上年度职工日平均工资计算，最高额为国家上年度职工平均工资的 5 倍。

（3）造成部分或者全部丧失劳动能力的，应当支付医疗费，以及残疾赔偿金，最高额为国家上年度职工平均工资的 10 倍，全部丧失劳动能力的为国家上年度职工平均工资的 20 倍。造成全部丧失劳动能力的，对其抚养的无劳动能力的人，还应当支付生活费。

（4）造成死亡的，应当支付死亡赔偿金、丧葬费，总额为国家上年度职工平均工资的 20 倍。对死者生前抚养的无劳动能力的人，还应当支付生活费。

上述规定的生活费发放标准参照当地民政部门有关生活救济的规定办理。被扶养的人是未成年人的，生活费给付至 18 周岁为止；其他无劳动能力的人，生活费给付至死亡时为止。

2. 侵害财产权的赔偿标准

（1）违法征收税款、加收滞纳金的，应当返还税款、税款银行同期存款利息及滞纳金。

（2）违法对应予出口退税而未退税的，由赔偿义务机关办理退税。

（3）处罚款、没收非法所得或者违反国家规定征收财物、摊派费用的，返还财产。

（4）查封、扣押、冻结财产的，解除对财产的查封、扣押、冻结；造成财产损坏或者灭失的，应当恢复原状或者给付相应的赔偿金。

（5）应当返还的财产损坏的，能恢复原状的恢复原状，不能恢复原状的按照损害程度给付赔偿金。

（6）应当返还的财产灭失的，给付相应的赔偿金。

（7）财产已经拍卖的，给付拍卖所得的款项。

（8）对财产权造成其他损害的，按照直接损失给予赔偿。

按照现行法律规定，各级国家税务局税务行政赔偿费用由国家税务总局做出年度预算，向财政部申请核拨。各级地方税务局税务行政赔偿费用由各级财政部门按照财政管理体制分级负担。

本章小结

本章税务行政管理法内容结构如图 9-1 所示。

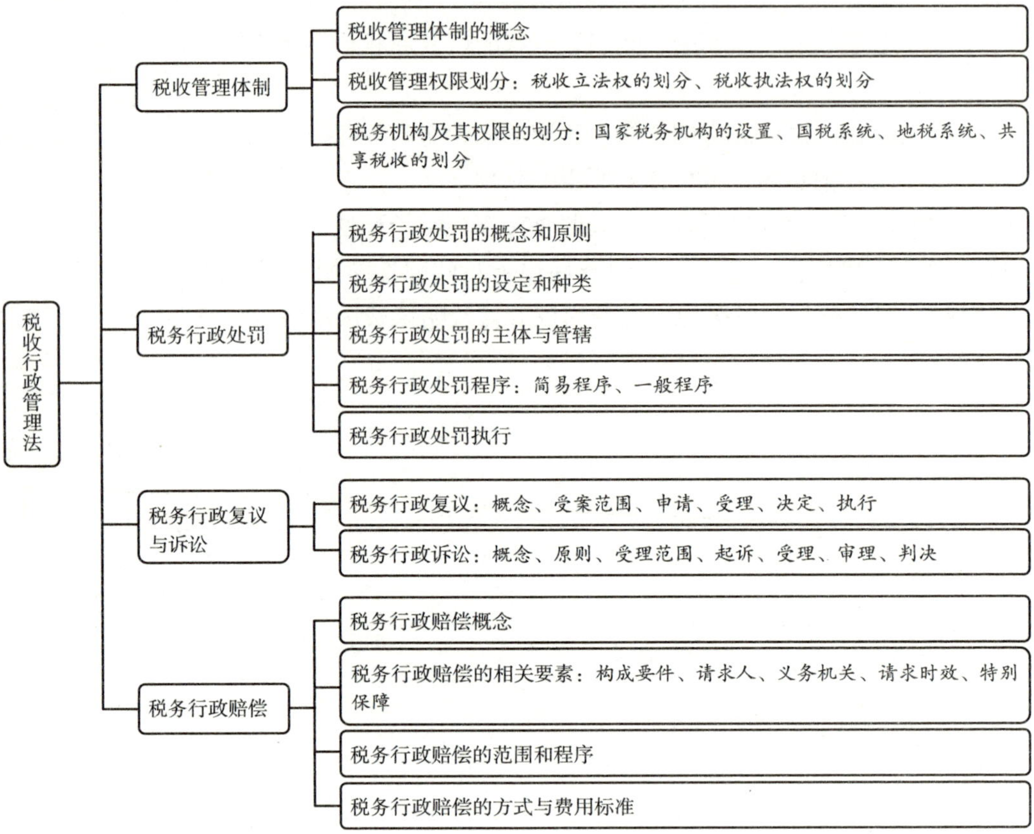

图 9-1　本章内容结构

习题训练

一、判断题

1. 我国税收立法权一律集中在中央，地方不享有任何税收立法权。（　　）

2. 经全国人大及其常委会的授权，国务院可以以“条例”或“暂行条例”的形式发布施行全国性税种。（　　）

3. 财政部和国家税务总局有税法解释权及制定税收条例、税收征管法实施细则的权

力。（ ）

4. 全国人大及其常委会可以通过法律形式设定各种税务行政处罚，包括经济处罚、限制人身自由等。（ ）

5. 国家税务总局可以通过规章的形式设定警告和罚款，但罚款有最高数额限制，超过限额的应报国务院批准。（ ）

6. 税务行政处罚的实施主体主要是县以上税务机关，派出机构不具备处罚主体资格。因此，税务所作为县级税务机关的派出机构，同样不能对任何纳税人的税务违法行为进行处罚。（ ）

7. 税务行政复议是税务行政诉讼的必需前置程序，未经复议一律不得向人民法院起诉，人民法院也不得受理。（ ）

8. 在税务行政诉讼中，税务机关只能作为被告，而且也不能反诉。（ ）

9. 税务行政赔偿的必备要件是税务机关及其工作人员的职务违法行为。（ ）

10. 税务行政赔偿请求人要求赔偿的，其赔偿的义务机关、复议机关、人民法院不得向该请求人收取任何费用；对赔偿请求人取得的赔偿金也不予征税。（ ）

二、单项选择题

1. 由国家税务局系统负责征收管理的税种是（ ）。

A. 增值税与消费税　　B. 增值税与房产税
C. 印花税与房产税　　D. 企业所得税与个人所得税

2. 我国税务行政处罚的实施主体是（ ）。

A. 税务机关的内设机关　　B. 税务机关的派出机构
C. 县以上的税务机关　　D. 税务所

3. 按照地域管理辖权，我国税务行政处罚实行的是（ ）。

A. 收入来源地原则　　B. 行为发生地原则
C. 居民所在地原则　　D. 户籍所在地原则

4. 税务行政处罚听证的范围是对公民和对法人或其他组织分别做出（ ）以上罚款额的案件。

A. 1 000 元、10 000 元　　B. 2 000 元、10 000 元
C. 1 000 元、20 000 元　　D. 2 000 元、50 000 元

5. 根据现行规定，纳税人对税务机关做出的（ ）不服，必须先申请行政复议；对复议决定不服的，再向人民法院起诉。

A. 加收滞纳金　　B. 责令提供纳税担保
C. 税收保全措施　　D. 税收强制执行措施

6. 税务复议机关决定不予受理或者受理后超过复议期限不做答复的，纳税人和其他税务当事人可以自收到不予受理决定书之日起或者行政复议期满之日起（ ）内，依法

向人民法院提起行政诉讼。

A. 10日　　B. 15日　　C. 30日　　D. 60日

7. 根据法律规定，人民法院接到税务行政诉讼状，应在（　　）内立案或做出不予受理裁定。

A. 7日　　B. 10日　　C. 15日　　D. 30日

8. 甲企业对乙地方税务局对其做出予以罚款的行政处罚行为不服，向丙法院提起行政诉讼，下列关于该案件审理过程的表述中，不符合法律规定的是（　　）。

A. 丙法院组成合议庭负责对该案件进行审判

B. 丙法院对甲和乙进行了调解

C. 乙地方税务局决定停止执行行政处罚决定

D. 丙法院判决变更乙地方税务局的行政处罚决定

9. 税务行政赔偿请求人在法定期限内提出赔偿请求后，负有赔偿义务的税务机关逾期不赔偿或者赔偿请求人对赔偿数额有异议的，赔偿请求人可以在期满之日起（　　）内向人民法院提起诉讼。

A. 15日　　B. 30日　　C. 3个月　　D. 1年

10. 下列项目中不属于税务行政赔偿的是税务机关（　　）。

A. 向税务当事人乱摊派　　B. 非法拘禁当事人

C. 税务人员殴打纳税人　　D. 因个人恩怨对他人造成损害

三、多项选择题

1. 全国人大及其常委会的税收立法权主要包括（　　）。

A. 中央税税法制定　　B. 税种开征停征权

C. 税目税率调整权　　D. 税收法律解释权

2. 经全国人大及其常委会授权，国务院的税收立法权主要有（　　）。

A. 全国性税种可先以“条例”的形式发布施行

B. 全国性税种可先以“暂行条例”的形式发布施行

C. 制定税法实施细则

D. 税目税率调整权

3. 税务行政处罚的设定机关有（　　）。

A. 全国人大及其常委会　　B. 国务院

C. 地方人大及其常委会　　D. 国家税务总局

4. 我国现行的税务行政处罚种类主要有（　　）。

A. 罚款　　B. 没收非法所得

C. 停止出口退税权　　D. 注销税务登记

5. 税务行政处罚的一般程序包括（　　）。

A. 税务调查　　B. 税务审查　　C. 税务听证　　D. 税务决定

6. 税务行政复议的当事人包括（　　）。

A. 纳税人　　B. 扣缴义务人　　C. 纳税担保人　　D. 其他税务当事人

7. 在税务行政复议期间，税务具体行政行为不停止执行，但是，（　　）可以停止执行。

A. 被申请人认为需要停止执行的　　B. 复议机关认为需要停止执行的

C. 法律规定停止执行的　　D. 申请人认为行政行为不当的

8. 纳税人对税务机关做出的（　　）行为不服，可申请复议或直接诉讼。

A. 不予核准延期纳税　　B. 加收滞纳金

C. 税收强制执行措施　　D. 税务行政处罚

9. 税务行政赔偿的构成要件包括（　　）。

A. 税务机关及其工作人员存在职务违法行为

B. 存在对纳税人和其他税务当事人的合法权益造成损害的事实

C. 税务职务违法行为与现实发生的损害事实存在因果关系

D. 税务职务违法行为与现实发生的损害事实不存在因果关系

10. 税务行政赔偿方式包括（　　）。

A. 支付赔偿金　　B. 返还财产　　C. 恢复原状　　D. 物品抵偿

四、业务题

2015 年 3 月，某市电缆厂与该市所属某县供电局签订一份电缆订购合同，合同要求电缆厂须在 2015 年 6 月底前为县供电局提供 PC 电缆 5 万米，每米电缆价格为 30 元，县供电局应在验收合格后的 3 个月内将电缆款 150 万元全部付清。

2015 年 6 月 20 日，电缆厂如期将 5 万米电缆送到县供电局中心仓库，但由于质量原因，县供电局一直未向电缆厂支付任何货款。2015 年 12 月 9 日，因电缆厂欠 2013 年上半年的增值税 73 万元，该市翔山区国税局在责令限期缴纳税款未果的情况下，欲对市电缆厂成品仓库内的电缆产品实施查封措施。这时，电缆厂的财务科长主动向翔山区国税局的同志介绍县供电局拖欠其 150 万元电缆款的情况，并说："如果你们能帮我们要回货款来缴税的话，不是比你们拍卖产品更方便吗？"

2015 年 12 月 12 日，翔山区国税局的同志们来到了县供电局，明确告诉县供电局局长："电缆厂欠缴税款，而你们又欠电缆厂的货款，根据《中华人民共和国税收征收管理法》第五十条规定，我们有权向你局行使代位权，请你们在 3 日内缴清市电缆厂欠缴的税款 73 万元，否则，我们将采取税收强制执行措施。"3 天后，翔山区国税局还是强行从县供电局的银行账户中扣缴了电缆厂欠缴的 73 万元的增值税税款。县供电局不服，向市国税局提出税务行政复议的申请。

请分析：翔山区国税局的强行扣款行为是否合法？请你帮助市国税局做出行政复议决定。

第九章

参考文献

［1］ 梁伟祥. 税费计算与申报（第三版）［M］. 北京：高等教育出版社，2016.
［2］ 梁伟祥. 税法（第五版）［M］. 北京：高等教育出版社，2016.
［3］ 梁伟祥. 税务会计（第四版）［M］. 北京：高等教育出版社，2016.
［4］ 梁伟祥. 企业纳税实务（第三版）［M］. 北京：清华大学出版社，2015.
［5］ 中国注册会计师协会. 税法［M］. 北京：经济科学出版社，2016.
［6］ 财政部会计资格评价中心. 经济法基础［M］. 北京：经济科学出版社，2016.
［7］ 财政部会计资格评价中心. 经济法［M］. 北京：中国财政经济出版社，2016.